ग्राम-स्वराज्य

ग्राम-स्वराज्य

महात्मा गांधी

वाणी प्रकाशन

प्रकाशन के उत्कृष्टतम 61 वर्ष

vaniprakashan.com

सजिल्द पहला संस्करण : 2024

वाणी प्रकाशन

4695, 21-ए, दरियागंज, नयी दिल्ली-110 002

फ़ोन : +91 11 23273167, 23275710

शाखाएँ

अशोक राजपथ, पटना-800 004, बिहार

कॉफ़ी हाउस कैम्पस, महात्मा गांधी मार्ग, प्रयागराज-211 001, उत्तर प्रदेश

महात्मा गांधी अन्तरराष्ट्रीय हिन्दी विश्वविद्यालय, वर्धा-442 001, महाराष्ट्र

36/ए, शेक्सपियर सरणी, रानी बिरला गर्ल्स कॉलेज के पास, कोलकाता-700 017, प. बंगाल

sales@vaniprakashan.in
vaniprakashan@gmail.com

Gram-Swarajya
by Mahatma Gandhi

ISBN : 978-93-6287-897-7
Sociology

मूल्य : ₹ 600

आर. टेक ऑफ़सेट प्रिंटर्स, दिल्ली-110 032 में मुद्रित

वाणी प्रकाशन का लोगो मक़बूल फ़िदा हुसेन की कूची से

पाठकों से

मेरे लेखों का मेहनत से अध्ययन करनेवालों और उनमें दिलचस्पी लेनेवालों से मैं यह कहना चाहता हूँ कि मुझे हमेशा एक ही रूप में दिखाई देने की कोई परवाह नहीं है। सत्य की अपनी खोज में मैंने बहुत से विचारों को छोड़ा है और अनेक नई बातें मैं सीखा भी हूँ। उम्र में भले ही मैं बूढ़ा हो गया हूँ, लेकिन मुझे ऐसा नहीं लगता कि मेरा आंतरिक विकास होना बंद हो गया है या देह छूटने के बाद मेरा विकास बंद हो जाएगा। मुझे एक ही बात की चिंता है, और वह है प्रतिक्षण सत्यनारायण की वाणी का अनुसरण करने की मेरी तत्परता। इसलिए जब किसी पाठक को मेरे दो लेखों में विरोध जैसा लगे, तब अगर उसे मेरी समझदारी में विश्वास हो तो वह एक ही विषय पर लिखे हुए दो लेखों में से मेरे बाद के लेख को प्रमाणभूत माने।

हरिजन बंधु, ३०-४-१९३३ **—मोहनदास करमचंद गांधीजी**

प्राक्कथन

यह सचमुच बड़े हर्ष की बात है कि नवजीवन ट्रस्ट महात्मा गांधी के 'ग्राम-स्वराज्य' विषयक विचारों का संग्रह पुस्तक के रूप में प्रकाशित कर रहा है। इस पुस्तक में खेती-बाड़ी, ग्रामोद्योग, पशुपालन, यातायात, बुनियादी शिक्षा, स्वास्थ्य और सफाई जैसे ग्राम-जीवन के विविध और विभिन्न पहलुओं पर गांधीजी के विचारों का समावेश किया गया है। आज हम राजनीतिक और आर्थिक सत्ता के विकेंद्रीकरण के आधार पर भारत में पंचायत-राज की स्थापना का प्रयत्न कर रहे हैं। ऐसे समय यह पुस्तक इस क्षेत्र में कार्य करनेवाले सरकारी तथा गैर-सरकारी कार्यकर्ताओं के लिए अवश्य ही बड़ी मूल्यवान् सिद्ध होगी। आज हमारे देश में सामूहिक विकास का जो आंदोलन चल रहा है, उसे ऐसा कार्यक्रम मानना गलत होगा, जो अधिकांश में पश्चिम के देशों में प्रचलित लोकतंत्रों से भारत में लाया गया है। हमारे राष्ट्र के सामूहिक विकास का आधार आवश्यक रूप से भारत की परिस्थितियों पर और भारत की परंपराओं पर ही होना चाहिए। इसलिए यह बड़े महत्त्व की बात है कि जिन कार्यकर्ताओं को इस आंदोलन और कार्यक्रम में भाग लेने की तालीम दी जाती है, उन सबको ग्राम-सुधार के विभिन्न पहलुओं पर गांधीजी के विचारों का पूरा परिचय हो। अगर हम भारतीय आयोजन से संबंधित गांधीजी के अनुभवों और आदर्शों की उपेक्षा करें और उनकी ओर ध्यान न दें, तो हम पक्की बुनियाद पर होने वाले अपने लोकतंत्र के विकास को बहुत बड़ी हानि पहुँचाकर ही ऐसा करेंगे।

यह सोचना गलत है कि गांधीजी आज के उद्योगीकरण के बारे में बहुत पुराने विचार रखते थे। सच पूछा जाए तो वे उद्योगों के यंत्रीकरण के विरुद्ध नहीं थे; वे कड़ा विरोध उस पागलपन का करते थे, जो आज यंत्रों के लिए बताया जाता है। गाँवों के

लाखों कारीगरों को काम दे सकने वाले छोटे यंत्रों में जो भी सुधार किया जाए, उसका वे स्वागत करते थे। गांधीजी बड़े-बड़े कारखानों में विपुल मात्रा में माल पैदा करने के बजाय देश के विशाल जनसमुदायों द्वारा अपने घरों और झोंपड़ों में माल का उत्पादन करने की हिमायत करते थे। वे भारत के प्रत्येक सबल व्यक्ति को पूरा काम देने के बारे में बहुत अधिक चिंतित रहते थे; और वे मानते थे कि यह ध्येय तभी सिद्ध होगा जब गाँवों में सुचारू रूप से ग्रामोद्योगों तथा कुटीर-उद्योगों का संगठन और संचालन किया जाएगा। जो आर्थिक योजना ग्रामीण क्षेत्रों में बेकार पड़ी रहनेवाली मानव-शक्ति का पूरा-पूरा उपयोग नहीं करती, वह पक्की नींव पर रची हुई अथवा बुद्धिमानी की योजना नहीं कही जा सकती। गांधीजी ने कहा था : "भूखों मरनेवाली और बेकार रहनेवाली जनता के सामने ईश्वर केवल एक ही स्वीकार्य रूप में प्रकट होने की हिम्मत कर सकता है। वह रूप है—काम और मजदूरी के रूप में भोजन का वचन।" *(निर्मलकुमार बोस : सलेक्शन फ्रॉम गांधी, पृ. ४९)* पश्चिम के अर्थशास्त्री आज पूरे काम या पूरी रोजी के इस आदर्श को योजनाबद्ध आर्थिक विकास की आधारशिला मानते हैं, विशेषत: ऐसे अर्धविकसित देशों के आर्थिक विकास के लिए, जिनकी जनसंख्या बड़ी है और दिनोदिन बढ़ती जा रही है। प्रो. गेल्ब्रेइथ इस मत के हैं—"बेकारी के साथ जुड़े हुए अधिक उत्पादन की अपेक्षा सब लोगों को पूरा काम देना अधिक वांछनीय है।" *(दि एंफ्लुएंट सोसाइटी, पृ. १५५)*

महात्मा गांधी ग्राम-पचायतों के संगठन द्वारा आर्थिक और राजनीतिक सत्ता के विकेंद्रीकरण का जोरदार समर्थन करते थे। उनका यह निश्चित मत था कि यदि वैज्ञानिक दृष्टि से ग्राम-पंचायतों का संगठन किया जाए तो उससे केवल गाँवों की सामाजिक और आर्थिक शक्ति ही नहीं बढ़ेगी, बल्कि वह विदेशी आक्रमण के खतरे से राष्ट्र की रक्षा करनेवाली शक्तियों को भी मजबूत और बलवान बनाएगी। आचार्य विनोबा भावे भी इस आवश्यकता पर बहुत जोर देते रहे हैं कि ग्रामदान द्वारा सहकारी समाज की रचना करके भारत के गाँवों का सुदृढ़ संगठन खड़ा किया जाए। पंचायत-राज या विकेंद्रित लोकतंत्र के इस आदर्श को मध्यकालीन कल्पनाओं पर खड़ी भावनाप्रधान वस्तु नहीं समझना चाहिए। पश्चिम के अद्यतन आर्थिक और राजनीतिक विचारों का अध्ययन करने से पता चलेगा कि वहाँ आज विकेंद्रित संस्थाओं को मजबूत नींव पर लोकतंत्र की स्थापना करने के लिए बहुत आवश्यक और महत्त्वपूर्ण माना जाता है। प्रो. जोड कहते हैं—"यदि सामाजिक कार्य में मानव की श्रद्धा को पुनर्जीवित करना हो तो राज्य को काटकर छोटे-छोटे क्षेत्रों में बाँट देना चाहिए और उसके कार्यों को विकेंद्रित कर डालना चाहिए।" *(मॉडर्न पॉलिटिकल थ्योरी, पृ. १२०-१२१)* अपनी 'फैबियन

सोशलिज्म' नामक पुस्तक में प्रो. कोल ने यह मत प्रकट किया है कि यदि सामान्य पुरुषों और स्त्रियों में सामूहिक कार्य की क्षमता का व्यापक प्रसार करना हो, तो "हमें छोटे-छोटे लोकतंत्रों के आधार पर अपने समाज की रचना करने लग जाना चाहिए।" इस दृष्टिकोण से भारत के गाँवों में उत्साह और उमंग के साथ पंचायतराज का जो प्रयोग आरंभ हुआ है, वह गांधीजी की कल्पना के 'ग्राम-स्वराज्य' का ध्येय सिद्ध करने की दिशा में उठाया गया सही कदम कहा जाएगा।

सबसे महत्त्वपूर्ण बात यह है कि हमें स्पष्ट रूप से यह समझ लेना चाहिए कि गांधीजी ऐसी सामाजिक और आर्थिक रचना के हिमायती नहीं थे, जो केवल भौतिक मूल्यों की बुनियाद पर खड़ी हो। वे सदा सरल और सादा जीवन तथा उच्च विचार के आदर्श का प्रतिपादन करते थे; उन्होंने केवल रहन-सहन के स्तर को अधिक ऊँचा उठाने के लिए ही काम नहीं किया, बल्कि समग्र जीवन के स्तर को अधिक ऊँचा उठाने के लिए कार्य किया। गांधीजी कहते हैं—"सच्चे अर्थ में सभ्यता जीवन की आवश्यकताओं को बढ़ाने में नहीं, परंतु जान-बूझकर और स्वेच्छा से उनकी मर्यादा बाँधने में है।"

दुर्भाग्य से आर्थिक जीवन के इस नैतिक और आध्यात्मिक पहलू की हमेशा उपेक्षा की गई है, जिसके फलस्वरूप सच्चे मानव-कल्याण को बड़ी हानि पहुँची है। आधुनिक अर्थशास्त्री अब इस महत्त्वपूर्ण आवश्यकता पर जोर देने लगे हैं कि यदि हमें विशाल पैमाने पर शीघ्र गति से आर्थिक विकास साधना हो तो 'वस्तुओं की गुणवत्ता' बढ़ाने के साथ 'मनुष्यता की गुणवत्ता' भी बढ़ानी चाहिए। प्रो. शुंपिटर का यह कथन यथार्थ है कि आर्थिक और राजनीतिक लोकतंत्र को सफल बनाना हो तो "उसमें काफी संख्या में ऐसे व्यक्ति होने चाहिए, जिनमें पूरी योग्यता हो और जिनका नैतिक चरित्र काफी ऊँचा हो।" *(कैपिटलिज्म, सोशलिज्म ऐंड डेमोक्रेसी)* इसी विचार को श्री क्रॉसलैंड ने प्रभावशाली शब्दों में इस प्रकार व्यक्त किया है, "हम विपुलता के युग में केवल यह जानने के लिए ही प्रवेश नहीं करना चाहते कि ऐसा करने में हमने जीवन के उन मूल्यों को खो दिया है, जो हमें इस विपुलता का उपभोग करने का सच्चा मार्ग बता सकते हैं।" *(फ्यूचर ऑफ सोशलिज्म, पृ. ५२१)* इसलिए जो कार्यकर्ता, चाहे वे सरकारी हों या गैर-सरकारी, गांधीजी के सपनों के नए भारत का निर्माण करने के भगीरथ कार्य में लगे हुए हैं, उन सबको हमारे राष्ट्रीय आयोजन के इस मानवतापूर्ण और नैतिक पहलू को निरंतर ध्यान में रखना चाहिए।

नई दिल्ली, १३ नवंबर, १९६२

—श्रीमन्नारायण

भूमिका

मानवजाति की एकता का आदर्श आज जितनी तीव्रता से दुनिया के राजनीतिज्ञों, वैज्ञानिकों, साहित्यिकों और सामान्य लोगों का ध्यान अपनी ओर आकर्षित कर रहा है, उतनी तीव्रता से इतिहास में पहले कभी उसने इन सबका ध्यान अपनी ओर आकर्षित नहीं किया था। श्री अरविंद के शब्दों में, ''आज मानव-एकता का आदर्श अस्पष्ट रूप में हमारी चेतना के सामने खड़ा हो रहा है। हमारे युग की बौद्धिक और भौतिक परिस्थितियों ने हमारी चेतना को इस आदर्श के लिए तैयार कर दिया है और विशेषत: आज की वैज्ञानिक शोधों ने, जिन्होंने हमारी पृथ्वी को इतना छोटा बना दिया है कि उसके बड़े-से-बड़े राज्य भी आज हमें किसी एक देश के प्रांतों से अधिक बड़े नहीं मालूम होते। इस आदर्श को हमारी चेतना पर लगभग लाद-सा दिया है।'' अर्नाल्ड टॉयनबी के ये उद्‌गार बिलकुल उचित हैं, ''पश्चिम की यंत्र-विज्ञान की शक्ति ने, जैसाकि हम काव्यमय भाषा में कहते हैं, 'अंतर का सर्वथा अंत कर दिया है', साथ ही इस शक्ति ने मानव-इतिहास में पहली बार मानव के हाथों को ऐसे शस्त्रास्त्रों से सुसज्जित कर दिया है, जो मानवजाति का सर्वनाश कर सकते हैं।…आज हमें मानव-एकता की इतनी अधिक आवश्यकता क्यों है, इसके कारण का पता लगाएँ तो वह रोमांचक है और साधारण भी। उसे संक्षेप में इस सूत्र में रख दिया है—'एक विश्व अथवा कुछ नहीं।' आज दुनिया में राजनीतिक दृष्टि से जाग्रत् प्रत्येक पुरुष और स्त्री के सामने यह बात स्पष्ट है कि इस अणु युग में यदि हम युद्ध का अंत नहीं करेंगे तो युद्ध हमारा अंत कर देगा।'' पिटिरिम सोरोकिन ने दुनिया के सामने खड़ी इस समस्या को अपनी अनोखी भाषा में इस प्रकार रखा है, ''आज मानवजाति, जिसके शरीर पर हुए युद्ध के घावों से रक्त की धारा बह रही है और जो सर्वनाश के आणिवक भस्मासुर

से अत्यंत त्रस्त और भयभीत है, निराश होकर मृत्यु के पंजे से बाहर निकलने का उपाय खोज रही है। वह शोभनीय मृत्यु के बदले जीवन की उत्कट कामना कर रही है। युद्ध के स्थान पर वह शांति चाहती है। घृणा के बदले में वह प्रेम की भूखी है। अव्यवस्था के स्थान पर वह व्यवस्था की स्थापना करने की आकांक्षा रखती है। वह उच्चतर मानवता के, अधिक बुद्धिमानी के तथा अपने शरीर के लिए यांत्रिक सभ्यता के रक्तरंजित चिथड़ों की अपेक्षा अधिक सुंदर सांस्कृतिक परिधान के स्वप्न देखती है। अपनी ही मूर्खता से मृत्यु के शिकंजे में फँस जाने तथा 'जीवन-मरण' की कठोर समस्या का सामना करने के कारण मानवजाति पहले से अधिक हताश बनकर जीवन को अमरता का शाश्वत शोध करने के लिए विवश हो गई है।''*

यदि मानवजाति, जिसे आज संहारक शस्त्रास्त्रों ने भयंकर चुनौती दे दी है, सही दिशा में काम करने से चूकती है, तो उसके सामने सर्वनाश का ही एकमात्र विकल्प रह जाएगा। विश्व-सरकार की स्थापना ही इस सर्वनाश से मनुष्य-जाति की रक्षा कर सकती है। युद्ध का अंत करने की आवश्यकता ने विश्व-सरकार की स्थापना को अनिवार्य कर दिया है। सच्चे विश्व-राज्य की स्थापना के साथ आवश्यक रूप में वर्तमान राज्यों की सार्वभौम राष्ट्रीय सत्ता के अंत का प्रश्न जुड़ा हुआ है।

विश्व-सरकार की स्थापना कैसे होगी, यह प्रश्न बड़े महत्त्व का है; क्योंकि राष्ट्र की सार्वभौम सत्ता का त्याग करना बहुत आसान नहीं होगा। दुनिया में ऐसे इने-गिने ही राजपुरुष होंगे, जो गांधीजी की तरह कहेंगे—''राष्ट्रीय स्वतंत्रता की अपेक्षा सार्वभौम परस्परावलंबन के लिए अपनी तत्परता प्रकट करने में न तो मुझे कोई भव्यता दिखाई देती और न ऐसा करना असंभव मालूम होता।...आत्मत्याग का स्वाभाविक क्रम यह होता है कि व्यक्ति समाज के लिए त्याग करता है, समाज जिले के लिए त्याग करता है, जिला प्रांत के लिए त्याग करता है, प्रांत राष्ट्र के लिए त्याग करता है और राष्ट्र सारी जनता के लिए त्याग करता है।'' अर्नाल्ड टॉयनबी कहते हैं—''आज के अणु युग में हमारे राजनीतिज्ञों में सम्राट् अशोक की भावना (अर्थात् अहिंसा) उत्पन्न होनी चाहिए। हमारा काम एकता के बिना चल ही नहीं सकता। लेकिन साथ-ही-साथ हम बल-प्रयोग अथवा दबाव की पद्धतियों से भी इस अनिवार्य उद्देश्य को सिद्ध नहीं कर सकते; ऐसा करने से हमारे उद्देश्य को हानि पहुँचेगी। आज के युग में हम मानवजाति की एकता सिद्ध करने के लिए बल-प्रयोग का नहीं, परंतु हृदय-परिवर्तन का ही उपाय काम में ले सकते हैं। अणु-युग में बल-प्रयोग का परिणाम मानवजाति की एकता में नहीं, परंतु आत्मनाश के रूप में ही आएगा। वर्तमान युग में हमारा भय और हमारी अंतरात्मा दोनों हमसे ऐसी नीति अपनाने का तकाजा करते हैं, जिसका अनुसरण करने

की प्रेरणा सम्राट् अशोक को अपने समय में केवल अंतरात्मा से प्राप्त हुई थी।''

इस प्रकार यह स्पष्ट हो जाता है कि हिंसा का मार्ग मानवजाति के सामने सदा के लिए बंद हो गया है। श्री भारतन कुमारप्पा की अंग्रेजी पुस्तक 'विलेजिज्म' की प्रस्तावना में महात्मा गांधी ने लिखा था, ''हमारी पीढ़ी के पिछले दो महायुद्धों ने आज की आर्थिक व्यवस्थाओं का पूरा-पूरा दिवालियापन सिद्ध कर दिया है। संयोगवश, इन दो महायुद्धों ने मेरी दृष्टि से युद्ध का भी दिवालियापन सिद्ध कर दिखाया है।'' क्या हम कह सकते हैं कि अब अहिंसा का युग आरंभ हो गया है ? अब संसार के सामने अहिंसा के इस असीम और अनंत भंडार का, जिसे आज तक संसार के व्यवहारकुशल राजनीतिज्ञों ने घृणा की नजर से देखा है, उपयोग किए बिना दूसरा कोई विकल्प नहीं रहेगा। गांधीजी का विश्वास था कि भारत को एक निश्चित 'मिशन' सिद्ध करना है। वे कहते हैं, ''जाग्रत् और स्वतंत्र भारत के पास हिंसा से कराहती दुनिया के लिए शांति और सद्‌भावना का संदेश है।'' एक अन्य अवसर पर उन्होंने कहा है, ''अपने हृदय की गहराइयों में मैं यह अनुभव करता हूँ कि युद्ध में होने वाले भयंकर मानव-संहार के कारण दुनिया आज मृत्यु के किनारे खड़ी है। दुनिया इस स्थिति से बाहर निकलने का मार्ग खोज रही है और मैं यह विश्वास करने का साहस करता हूँ कि शांति की भूखी दुनिया को इस विकट परिस्थिति से बाहर निकलने का मार्ग बताना शायद भारत की इस प्राचीन भूमि का विशेष अधिकार होगा।'' अर्नाल्ड टॉयनबी के मत से, ''भारत की उदारता और विशाल व्यापक दृष्टि मानव-एकता की सिद्धि में उसकी विशेष देन होगी।...और मेरा विश्वास है कि विश्व की भावी पीढ़ियाँ संयुक्त मानवजाति के लिए इसे भारत की एक विशिष्ट भेंट के रूप में स्वीकार करेंगी।''

आपस के झगड़ों और विवादों को मिटाने का अंतिम पृष्ठबल जब तक सैनिक शक्ति रहेगी तब तक विश्व-राज्य के द्वारा विश्वशांति स्थापित करने की अभिलाषा दिवास्वप्न जैसी बनी रहेगी। यदि हम चिरस्थायी शांति चाहते हैं तो बल के प्रयोग का हमें सर्वथा अंत करना होगा। केवल नैतिक पृष्ठ बलवाली विश्व-सरकार ही स्थायी शांति को निश्चित बना सकती है। छोटे या बड़े समस्त घटकों की समानता तथा भ्रातृभाव की बुनियाद पर खड़ा विश्व-संघ विश्वशांति की स्थापना में बहुत हद तक सहायक सिद्ध होगा। विश्व-सरकार की रचना अपने आप में शांति की गारंटी नहीं हो सकती, क्योंकि युद्ध की जड़ें राष्ट्र की संघर्ष को जन्म देनेवाली सामाजिक और आर्थिक व्यवस्थाओं में होती हैं। जब तक इन व्यवस्थाओं में जड़ से परिवर्तन नहीं होता तब तक विश्वशांति की आशा आकाश-कुसुम के समान बनी रहेगी। इसलिए विश्व-संगठन को चाहिए कि वह सच्चे लोकतंत्र के संचालन को निश्चित बनाए और हर प्रकार के शोषण का अंत

कर दे। और केवल छोटे-छोटे घटक ही सच्चे लोकतंत्र की व्यवस्था में सहायक होते हैं तथा व्यक्तियों के पूर्ण विकास का अवसर प्रदान करते हैं। घटक जितने बड़े होंगे उतना ही वैयक्तिक उपक्रम और स्वतंत्रता के लिए कम अवकाश मिलेगा। विशाल संगठन व्यक्तियों तथा छोटे समूहों को दबा देते हैं, क्योंकि वे एकरूपता सिद्ध करने और सबको एक साँचे में ढालने का प्रयत्न करते हैं। ये दोनों अंत में समाज की गति को रोक देते हैं और उसके ह्रास के कारण बनते हैं। इसलिए यह अत्यंत आवश्यक हो जाता है कि स्थायी विश्वशांति का हेतु सिद्ध करने के लिए वर्तमान राजनीतिक और आर्थिक व्यवस्थाओं में सुधार करके छोटे-छोटे विकेंद्रित घटकों की रचना की जाए। इसके अभाव में विश्वशांति का आदर्श छिन्न-भिन्न हो जाएगा और विश्व-सरकार ऐसी विशाल अजेय समस्याओं को जन्म देगी, जिनसे उसका अस्तित्व ही खतरे में पड़ जाएगा। अत: विकेंद्रित राजनीतिक और आर्थिक घटकों की रचना करना अब अनिवार्य हो गया है।

मनुष्यजाति का अनुभव इस बात को प्रमाणित करता है कि सामूहिक जीवन उस अवस्था में अधिक विविध, सफल और आनंदपूर्ण होता है, जब उसकी रचना छोटे घटकों तथा अधिक सादे संगठनों के आधार पर की जाती है। केवल छोटे घटकों या समाज में ही जीवन पूर्ण रूप में विकसित और समृद्ध होता आया है। विशाल क्षेत्रों में फैले हुए सामूहिक जीवन में एकता और संबद्धता तथा उत्पादक-शक्ति का अभाव पाया जाता है।

ग्रीस के प्राचीन नगर-राज्य तथा भारत के ग्राम-प्रजातंत्र समृद्ध और शक्तिशाली जीवन के सर्वांगीण विकास के सुंदर उदाहरण थे।

पंडित जवाहरलाल नेहरू ने लिखा है—

''ग्राम-स्वराज्य की यह पद्धति आर्यों की शासन-व्यवस्था की बुनियाद थी। इसी पद्धति ने उसे बल प्रदान किया। ग्रामसभाएँ अपनी स्वतंत्रताओं की इतनी जागरूकता से रक्षा करती थीं कि राज्य द्वारा यह नियम ही बना दिया गया था कि राजा की अनुमति के बिना कोई सैनिक गाँव में प्रवेश न करे। 'नीतिसार' कहता है कि जब प्रजाजन किसी अधिकारी की शिकायत करें तब राजा को 'अधिकारियों का पक्ष न लेकर अपने प्रजाजनों का पक्ष लेना चाहिए; और यदि बहुत लोगों की शिकायत हो तो अधिकारी को अपने पद से हटा दिया जाना चाहिए।' 'क्योंकि पद के अभिमान की मदिरा पीकर कौन मनुष्य मदोन्मत्त नहीं बन जाता?' (नीतिसार) आज इस देश में जो सरकारी अधिकारी हम पर बुरा शासन करते हैं और हमारे साथ बुरा व्यवहार करते हैं, उन पर विशेष रूप से ये बोधप्रद शब्द लागू होते हैं।''

"सन् १८३० में भारत के एक ब्रिटिश गवर्नर सर चार्ल्स मेटकॉफ ने ग्राम-समाज का निम्नलिखित के शब्दों में वर्णन किया था—

"ये ग्राम-समाज छोटे-छोटे प्रजातंत्र हैं, जिन्हें अपनी आवश्यकता की लगभग हर वस्तु अपने भीतर ही मिल जाती है और जो विदेशी संबंधों से लगभग स्वतंत्र होते हैं। वे ऐसी परिस्थितियों में भी टिके रहते हैं, जिनमें दूसरी हर वस्तु का अस्तित्व मिट जाता है। ग्राम-समाजों का यह संघ, जिनमें से प्रत्येक समाज अपने आपमें एक छोटा सा स्वतंत्र राज्य होता है, उनके सुख का बहुत बड़ी हद तक साधन बनता है और उसके अंतर्गत वे बड़ी मात्रा में स्वतंत्रता और स्वाधीनता का उपभोग करते हैं।"

"इस वर्णन में भारत की प्राचीन ग्राम-व्यवस्था की बड़ी प्रशंसा की गई है। इसमें लगभग ग्रामीण जीवन की आदर्श अवस्था का चित्र प्रस्तुत किया गया है। बेशक इस व्यवस्था में गाँवों को जो बहुत बड़ी स्थानीय स्वतंत्रता और स्वाधीनता प्राप्त थी, वह बहुत अच्छी बात कही जाएगी। इसके दूसरे अच्छे पहलू भी थे।...ग्राम-प्रजातंत्रों के पुनर्जन्म और पुनर्निर्माण का कार्य अभी हमारे लिए करना बाकी है।"

गांधीजी ने जिस ग्राम-स्वराज्य की कल्पना की है, उसमें पुरानी ग्राम-पंचायतों को पुनर्जीवन देने की बात नहीं है; उसमें आधुनिक जगत् को ध्यान में रखते हुए स्वराज्य के स्वतंत्र ग्राम-घटकों की नई रचना करने की बात है। ग्राम-स्वराज्य राजनीतिक, आर्थिक तथा सामाजिक क्षेत्रों में अहिंसा को मूर्तरूप प्रदान करता है।

गांधीजी की राय में आदर्श समाज एक राज्य-रहित लोकतंत्र है, प्रबुद्ध और जाग्रत् अराजकता की अवस्था है, जिसमें सामाजिक जीवन इतनी पूर्णता को पहुँच जाता है कि वह स्वयं-शासित और स्वयं-नियंत्रित बन जाता है। "आदर्श अवस्था में कोई राजनीतिक सत्ता नहीं होती, क्योंकि किसी राज्य का अस्तित्व नहीं होता।" गांधीजी मानते थे कि किसी आदर्श की संपूर्ण सिद्धि असंभव है। परंतु "आदर्श युक्लिड की उस रेखा के समान है, जिसकी कोई चौड़ाई नहीं होती और जिस रेखा को आज तक न तो कोई खींच पाया है और न भविष्य में कभी खींच पाएगा। परंतु फिर भी उस आदर्श रेखा को अपने सामने रखकर ही हमने रेखागणित में इतनी प्रगति की है।" राजनीतिक क्षेत्र में गांधीजी ने हमें ग्राम-स्वराज्य का विचार दिया है, जो उनके राज्य-रहित लोकतंत्र के आदर्श के समीप पहुँचता है। वे उस राज्य को उत्तम मानते हैं, जो कम-से-कम शासन करता है। साम्यवादी दर्शन के अनुसार, समाज का अंतिम रूप वह होगा, जिसमें 'राज्य का अंत हो जाएगा।' परंतु रूस के सर्वसत्ताधारी राज्य में राज्य के हाथ में सारी सत्ता केंद्रित हो गई है। यह विश्वास करना कठिन है कि रूस में किसी भी समय राज्य का अंत होगा। महात्मा गांधी व्यावहारिक आदर्शवादी थे। वे राज्य-रहित लोकतंत्र के आदर्श

की व्यावहारिक उपयोगिता को समझते थे, इसलिए उन्होंने हमारे समक्ष ग्राम-स्वराज्य का विचार प्रस्तुत किया। ग्राम-स्वराज्य में 'राज्य का अंत नहीं होता' परंतु 'राज्य का विकेंद्रीकरण होता है।' इस प्रकार ग्राम-स्वराज्य एक ऐसा आदर्श है, जिसे सिद्ध किया जा सकता है; वह 'राज्य के अंत' जैसा बहुत दूर का लक्ष्य नहीं है।

आधुनिक लोकतंत्रों में चुनावों की प्रधानता होती है, पार्टियों का प्रभुत्व होता है, एकमात्र लक्ष्य सत्ता-प्राप्ति का होता है और सारा शासन-तंत्र अत्यंत अटपटी केंद्रित पद्धति से चलाया जाता है। आज की लगभग समूची राजनीतिक पद्धतियों का—फिर वे पूँजीवादी हों, समाजवादी हों अथवा साम्यवादी हों—उनका प्रधान लक्षण सत्ता का केंद्रीकरण है; इन पद्धतियों के मातहत चलनेवाले राज्यतंत्र ऐसे विशाल बन जाते हैं कि उनकी व्यवस्था कठिन हो जाती है और ऊपर से वे भारी-भरकम बन जाते हैं। व्यक्तियों का उनमें कोई महत्त्व नहीं होता, यद्यपि मतदाताओं के नाते उन्हें स्वामी कहा जाता है। समय-समय पर जो चुनाव होते हैं, उनमें अपना मत देने के लिए व्यक्ति उपस्थित होते हैं और फिर अगले चुनाव तक के लिए लंबी तानकर सो जाते हैं। एकमात्र यही ऐसा राजनीतिक कार्य है, जो आधुनिक लोकतंत्र में अमुक निर्धारित समय में व्यक्ति एक बार करता है। यह कार्य व्यक्ति एक केंद्रित पार्टी-पद्धति के आदेशों तथा समाचार-पत्रों के मार्गदर्शन के अनुसार मजबूर होकर करता है और ये समाचार-पत्र मुख्यत: केंद्रित आर्थिक सत्ताधारियों के हाथ के खिलौने होते हैं। व्यक्ति सरकार की नीतियों के निर्माण में बहुत थोड़ा या बिलकुल हाथ नहीं होता। किसी कल्याणकारी राज्य या सर्वसत्ताधारी राज्य में व्यक्ति मानव का रूप रखते हुए भी एक सुपोषित, मूक तथा राज्य-संचालित पशु बन जाता है।

गांधीजी चाहते थे कि भारत में सच्चे लोकतंत्र की स्थापना हो। इसलिए उन्होंने कहा था, "सच्चा लोकतंत्र केंद्र में बैठे हुए बीस व्यक्तियों द्वारा नहीं चलाया जा सकता। उसे प्रत्येक गाँव के लोगों को नीचे से चलाना होगा।" ग्राम-स्वराज्य में गाँव संपूर्ण सत्ताएँ भोगनेवाला एक विकेंद्रित राजनीतिक घटक होगा, इसलिए प्रत्येक व्यक्ति का सरकार अथवा शासन में सीधा हाथ होगा। व्यक्ति अपनी सरकार का निर्माता होगा। गाँव का शासन चलाने के लिए प्रतिवर्ष गाँव के पाँच व्यक्तियों की एक पंचायत चुनी जाएगी। इसके लिए एक अल्पतम निर्धारित योग्यतावाले गाँव के वयस्क स्त्री-पुरुषों को अपने पंच चुनने का अधिकार होगा। इस पंचायत को सब प्रकार की आवश्यक सत्ताएँ और अधिकार प्राप्त होंगे। इस ग्राम-स्वराज्य में दंड की कोई प्रथा नहीं होगी, इसलिए यह पंचायत धारासभा, न्यायसभा और व्यवस्थापिका सभा—तीनों का कार्य संयुक्त रूप में करेगी।

ऐसी शासन-पद्धतियों में नागरिक सत्ता नियंत्रित न होकर स्वयं-नियंत्रित होंगे। वे प्रत्येक कार्य अपनी सूझ-बूझ से करेंगे और जीवन की सारी बातों के लिए सरकार की ओर ताकनेवाले न होकर नागरिक उत्तरदायित्व की उच्च विकसित भावना रखनेवाले होंगे।

सच्चा लोकतंत्र अर्थात् स्वराज्य व्यक्ति की पूर्ण स्वतंत्रता और विकास के लिए कार्य करता है; यह व्यक्ति ही किसी सच्ची राजनीतिक पद्धति का अंतिम प्रेरक बल होता है।

इस प्रकार गांधीजी की कल्पना का ग्राम-स्वराज्य एक सच्चा और शक्तिशाली लोकतंत्र है, जो आज की शासन-पद्धतियों के साथ जुड़ी हुई अनेक राजनीतिक बुराइयों का रामबाण इलाज है। ऐसा शासन विकेंद्रित लोकतंत्र संपूर्ण मानव-जाति के लिए आशा का उदात्त संदेश देने वाला होगा।

गांधीजी की दृष्टि में राजनीतिक सत्ता अपने आपमें कोई साध्य नहीं थी, परंतु लोगों के लिए जीवन के प्रत्येक क्षेत्र में अपनी स्थिति सुधारने की क्षमता प्राप्त करने का एक साधन मात्र थी। इसलिए अपने प्रसिद्ध आखिरी वसीयतनामे में गांधीजी ने कहा था कि भारत ने राजनीतिक स्वतंत्रता तो प्राप्त कर ली है, लेकिन उसे "अभी शहरों और कस्बों से भिन्न अपने सात लाख गाँवों के लिए सामाजिक, आर्थिक और नैतिक स्वतंत्रता प्राप्त करना बाकी है।" उस वसीयतनामे में ग्राम-स्वराज्य अर्थात् पंचायत-राज का चित्र और कार्यक्रम प्रस्तुत किया गया है, जो दूसरे शब्दों में संपूर्ण राजनीतिक सत्ता भोगने वाला एक प्रहिंसक, स्वावलंबी और स्वयंपूर्ण आर्थिक घटक है। गांधीजी की कल्पना का ग्राम-स्वराज्य मानव-केंद्रित है, जबकि पश्चिमी अर्थव्यवस्था धन-केंद्रित है। पहली अर्थव्यवस्था जीवन की अर्थव्यवस्था है और दूसरी मृत्यु की अर्थव्यवस्था है।

गांधीजी की कल्पना के ग्राम-स्वराज्य की योजना में ग्राम-सेवक का स्वभावतः केंद्रीय स्थान होगा। उसके कर्तव्यों के विषय में गांधीजी कहते हैं कि ग्रामसेवक गाँवों का इस प्रकार से संगठन करेगा कि वे खेती और ग्रामोद्योगों के द्वारा स्वयंपूर्ण और स्वावलंबी बन जाएँ; वह ग्रामवासियों को स्वास्थ्य और सफाई की तालीम देगा तथा इस बात की हर तरह से सावधानी रखेगा कि उनका स्वास्थ्य बिगड़ने न पाए और उन पर रोगों का आक्रमण न हो; साथ ही वह गाँव के लोगों को नई तालीम के आधार पर जन्म से मृत्यु तक की शिक्षा देने की व्यवस्था करेगा।

विश्वशांति की आकांक्षा रखनेवाले संसार के राजनीतिज्ञ ऊपर से नीचे की ओर जाने वाली योजना बनाने की बात सोचते हैं, जबकि गांधीजी की सारी योजना नीचे से ऊपर की दिशा में काम करने की थी। इसलिए उन्होंने कहा है—"स्वतंत्रता नीचे से

आरंभ होनी चाहिए। इस प्रकार प्रत्येक गाँव एक प्रजातंत्र अथवा पंचायत होगा, जिसके हाथ में संपूर्ण सत्ता होगी। इसका अर्थ यह है कि प्रत्येक गाँव को स्वाश्रयी और आत्म-निर्भर बनना होगा तथा अपने सारे कामकाज की व्यवस्था स्वयं करने की योग्यता प्राप्त करनी होगी। यहाँ तक कि सारी दुनिया से अपनी रक्षा करने की क्षमता भी उसे प्राप्त करनी होगी। प्रत्येक गाँव को ऐसी तालीम देनी होगी और इस तरह तैयार करना होगा कि वह किसी भी बाहरी आक्रमण से अपनी रक्षा करने के प्रयत्न में अपने आपको मिटा सके। इस प्रकार अंत में व्यक्ति ही गाँव का घटक यानी आधार होगा।" गांधीजी की दृष्टि में—"स्वराज्य का अर्थ है सरकार के नियंत्रण से स्वतंत्र रहने का निरंतर प्रयास, फिर वह विदेशी सरकार हो या राष्ट्रीय सरकार। यदि देश के लोग जीवन की हर बात की व्यवस्था और नियमन के लिए स्वराज्य सरकार की ओर ताकने लगें, तब तो उस सरकार का कोई अर्थ नहीं रह जाएगा।" ग्राम-स्वराज्य में अंतिम सत्ता व्यक्ति के हाथ में रहेगी। व्यक्ति यदि वास्तव में 'ग्राम-स्वराज्य' का आदर्श सिद्ध हुआ देखना चाहता है तो उसे सर्वप्रथम 'स्व-राज्य' सिद्ध करना चाहिए। 'यथा पिण्डे तथा ब्रह्माण्डे'—इस प्रकार 'ग्राम-स्वराज्य' 'स्व-राज्य' की उस भावना का प्रतीक होगा, जिसे ग्राम-स्वराज्य के अभिन्न अंग बने हुए व्यक्ति अपने दैनिक जीवन में प्रकट करेंगे। इसलिए ग्रामसेवक को सबसे पहले ग्रामवासियों की सच्ची शिक्षा पर अपना ध्यान केंद्रित करना होगा। वह शिक्षा व्यक्ति के मस्तिष्क, हृदय और हाथ का सामंजस्यपूर्ण विकास साधनेवाली होनी चाहिए। नई तालीम गांधीजी की तपस्या का सुफल है। वे मस्तिष्क, हृदय और हाथ के सामंजस्यपूर्ण विकास के मूर्तिमंत उदाहरण थे। नई तालीम की संपूर्ण योजना अहिंसा की भावना से ओत-प्रोत है। उसका उद्देश्य हस्त-उद्योग द्वारा बालक के शरीर, मन और आत्मा का सर्वांगीण विकास साधना है। नई तालीम के सिद्धांतों के अनुसार सच्ची शिक्षा प्राप्त किया हुआ नागरिक ग्राम-स्वराज्य के निर्माण में बहुत बड़ी सहायता करेगा।

ग्राम-स्वराज्य ऐसी सरल और सादी ग्राम-अर्थव्यवस्था है, जिसका केंद्र मनुष्य है, जो शोषण-रहित है और विकेंद्रित है। वह स्वेच्छापूर्ण सहयोग के आधार पर अपने हर नागरिक को पूरा काम देने का प्रबंध करती है और जीवन की अन्न-वस्त्र की प्राथमिक आवश्यकताओं तथा अन्य आवश्यकताओं के विषय में स्वालंबन सिद्ध करने का प्रयत्न करती है।

आज की सारी अर्थव्यस्थाओं का मूल भोग-विलास, आवश्यकताओं की वृद्धि और नीतिविहीन अर्थशास्त्र में है, इसलिए वे विशाल पैमाने के यंत्रप्रधान, केंद्रित और अटपटे संगठनों का रूप ग्रहण कर लेती हैं। वे बेकारी, अर्ध-बेकारी, गरीबी, कंगाली, शोषण, बाजार हथियाने की उन्मत्त दौड़ तथा कच्चे माल के लिए दूसरे देशों पर अधिकार

जमाने की लालसा आदि दोषों से दूषित हो जाती हैं। ऐसी अर्थव्यवस्थाएँ जिन भयंकर प्रतिस्पर्धाओं, संघर्षों और वर्ग-विग्रहों को जन्म देती हैं, वे समाज के शरीर को घुन की तरह कुरेदकर खा जाते हैं। वे व्यक्ति को गुलाम बना देती हैं, मानव को यंत्र के लिए खुराक मुहैया करनेवाला एक साधन मानती हैं और इस तरह से उसे यंत्र के साथ जुड़े हुए एक पुरजे की स्थिति में डाल देती हैं। कारखानों में निरंतर एक ही प्रकार का काम करते-करते मनुष्य की आत्मा मर जाती है और उसकी सूक्ष्म उदात्त भावनाएँ नष्ट हो जाती हैं। इसके फलस्वरूप वह मनोरंजन के लिए नैतिक पतन करनेवाले सिनेमागृहों, शराब की दुकानों और वेश्यालयों की शरण लेता है और इस प्रकार कारखाने के थकाने और ऊबानेवाले काम की क्रूरता से भागने का मिथ्या प्रयत्न करता है। आज का समाज विशेष अधिकारों से युक्त और ऐसे अधिकारों से वंचित वर्गों के बीच, धनी और निर्धन के बीच विभाजित हो गया है। आज समाज में जो अभूतपूर्व आर्थिक असमानता दिखाई देती है, उसमें लखपति और करोड़पति तो वैभव-विलास की गोद में निरुद्देश्य और ध्येयहीन जीवन बिताते हैं और कड़ा परिश्रम करनेवाले श्रमिकों को भरपेट भोजन भी नसीब नहीं होता। यंत्रोद्योगों की दृष्टि से बहुत आगे बढ़े हुए अमेरिका और इंग्लैंड जैसे समृद्ध माने जानेवाले देश भी अभी तक बेकारी की समस्या हल नहीं कर पाए हैं। भारत के सामने तो यह समस्या अनंत गुने अधिक भयंकर रूप में मुँह बाए खड़ी है, जिसके अनादि काल से मुख्यत: खेती पर निर्वाह करनेवाले करोड़ों लोग सात लाख गाँवों में फैले हुए हैं।

ग्राम-स्वराज गांधीजी के आजीवन शोध का परिणाम है, जो भारत के लाखों भूखों मरनेवाले लोगों के साथ एकरूप हो गए थे। उन्होंने भारत की सारी बुराइयों के रामबाण उपाय के रूप में ग्राम-स्वराज्य की योजना हमारे सामने रखी है—यह योजना सारे संसार के लिए भी उतनी ही परिणामकारी सिद्ध हो सकती है, जिसके आज तक के इतिहास में किसानों को सर्वत्र शोषण और भुखमरी का शिकार होना पड़ा है। अपने ४-१०-४५ के पत्र में गांधीजी ने पंडित नेहरू को (हिंदी में) लिखा था—

"मैं यह मानता हूँ कि अगर हिंदुस्तान को सच्ची आजादी पानी है और हिंदुस्तान के मार्फत दुनिया को भी, तब आज नहीं तो कल, देहातों में ही रहना होगा; झोंपड़ियों में, महलों में नहीं। कई अरब आदमी शहरों में और महलों में सुख से और शांति से कभी नहीं रह सकते। न एक-दूसरे का खून करके यानी हिंसा से, न झूठ से यानी असत्य से।

"सिवाय इस जोड़ी के (यानी सत्य और अहिंसा) मनुष्य-जाति का नाश ही है, इसमें मुझे जरा सा भी शक नहीं है। उस सत्य और अहिंसा का दर्शन हम देहातों की

सादगी में ही कर सकते हैं। वह सादगी चरखा में और चरखा में जो चीज भरी है, उसी पर निर्भर है। मुझे कोई डर नहीं है कि दुनिया उलटी ओर ही जा रही दिखती है। यों तो पतंगा जब अपने नाश की ओर जाता है, तब सबसे ज्यादा चक्कर खाता है और चक्कर खाते-खाते जल जाता है। हो सकता है कि हिंदुस्तान इस पतंगे के चक्कर में से न बच सके। मेरा फर्ज है कि आखिरी दम तक उसमें से उसे (हिंदुस्तान को) और उसके मार्फत जगत् को बचाने की कोशिश करूँ।

"मेरे कहने का निचोड़ यह है कि मनुष्य-जीवन के लिए जितनी जरूरत की चीज है, उस पर निजी काबू रहना ही चाहिए—अगर न रहे तो व्यक्ति बच ही नहीं सकता है। आखिर तो जगत् व्यक्तियों का ही बना है। बिंदु नहीं है तो समुद्र नहीं है।"

इस तरह गांधीजी मानते थे कि मनुष्य को सरल और सादा जीवन जीना चाहिए और स्वेच्छा से गरीबी का व्रत लेना चाहिए। इसका यह अर्थ नहीं कि मनुष्य जीवन की सामान्य सुख-सुविधाओं का उपभोग न करे। गांधीजी कहते थे कि प्रत्येक मनुष्य को संतुलित आहार, आवश्यक कपड़े और सुविधापूर्ण मकान मिलना ही चाहिए। उनका विश्वास था कि प्रत्येक प्राणी को भोजन पाने का अधिकार है। एक अवसर पर उन्होंने कहा था, "मेरी राय में भारत की और सारे विश्व की आर्थिक रचना इसलिए ऐसी होनी चाहिए कि उसमें किसी मनुष्य को भोजन और वस्त्र के अभाव का कष्ट न भोगना पड़े। दूसरे शब्दों में, उसमें प्रत्येक मानव को पूरा काम मिलना चाहिए, ताकि वह अपना निर्वाह भली-भाँति कर सके। और यह ध्येय सर्वत्र तभी सिद्ध किया जा सकता है जब जीवन की प्राथमिक आवश्यकताओं के उत्पादन के साधन जनसाधारण के हाथों में हों। ये साधन सब मनुष्यों के लिए उसी तरह बिना मूल्य सुलभ होने चाहिए, जिस तरह ईश्वर की उत्पन्न की हुई हवा और पानी सबके लिए सुलभ हैं या होने चाहिए। दूसरों का शोषण करने के लिए इन साधनों को व्यापार की वस्तु नहीं बनाना चाहिए। उन पर किसी देश, राष्ट्र अथवा समूह का एकाधिकार अन्यायपूर्ण माना जाना चाहिए। इस सादे सिद्धांत की उपेक्षा करने से वह गरीबी और कंगाली पैदा हुई है, जो आज हम न केवल अपने इस अभागे देश में, परंतु संसार के अन्य भागों में भी देख रहे हैं।"

गांधीजी का कहना था कि देश के हर नागरिक को पूरा काम देनेवाली अर्थव्यवस्था खड़ी करने के लिए हमें उद्योगवाद का, केंद्रित उद्योग-धंधों का और अनावश्यक यंत्रों का त्याग करना होगा। शहरों को वे गाँवों के शोषण का साधन मानते थे। उन्होंने शहरों को राष्ट्र के समाज-शरीर को पीड़ा और कष्ट देने वाले फोड़े भी कहा है। वे कहते थे कि भावी विश्व-व्यवस्था की उज्ज्वल आशा गाँवों पर अर्थात् सहकारी समाजों पर निर्भर करती है। जहाँ किसी तरह की मजबूरी नहीं है, किसी प्रकार का बल प्रयोग नहीं

है; बल्कि सारे काम ऐच्छिक सहयोग के आधार पर चलते हैं। ग्राम-स्वराज्य की संपूर्ण रचना में प्रेम का साम्राज्य होने के कारण उसमें ऊँच-नीच का कोई भेद नहीं है। सब कोई समान हैं। ऐसे ग्राम-स्वराज्य में न तो जातियाँ होगी, न वर्ग होंगे; न अस्पृश्यता रहेगी, न हिंदू-मुसलमानों के झगड़े रहेंगे। उसमें सारे व्यक्तियों को अपनी स्वाभाविक प्रतिष्ठा और स्वाभाविक सम्मान पुनः प्राप्त होगा।

जब ग्राम-स्वराज्य का आदर्श अपनी सोलहों कलाओं में खिल उठेगा, तब वह संसार के लिए एक अनुकरणीय उदाहरण बन जाएगा। तब वह संसार के लिए भारत का एक मंगल वरदान सिद्ध होगा और उसके बाद संसार के स्वयं शासित ग्राम-घटक अत्यंत सुसंस्कृत, बुद्धिशाली तथा शक्तिसंपन्न स्त्री-पुरुषों के जीवंत भ्रातृभाव के सुंदर प्रतीक बन जाएँगे। ऐसे समाज में रहकर मानव उदात्त शिक्षा प्राप्त करेगा और जीवन की कृतार्थता अनुभव करेगा। ऐसे समाज के जीवन में मनुष्य की संपूर्ण शक्तियों और प्रतिभाओं की अभिव्यक्ति का अवसर मिलेगा और परस्पर आदरभाव के आदान-प्रदान का और एक-दूसरे की सेवा द्वारा प्रकट होने वाले प्रेम का पुण्य दर्शन होगा। ऐसे समाज में संस्कृति, कला, काव्य और विज्ञान का विकास चरम सीमा को पहुँचेगा। वह इस धरती पर प्रभु का राज्य होगा।

ग्राम-स्वराज्य में इतनी उँची संभावनाएँ और शक्तियाँ भरी हैं। उसे गतिशील और वास्तविक बनाना हम सबका काम है। राष्ट्रपिता के उत्तराधिकारियों के नाते, जिन्हें उनकी समृद्ध और अमर विरासत पाने का सौभाग्य मिला है, हमारा यह कर्तव्य है कि हम उनके इस स्वप्न को पूरा करें। इसलिए हमारी राज्य-सरकारों ने विशाल सत्ताएँ धारण करनेवाली ग्राम-पंचायतों को जन्म देने के लिए जो कानून बनाए हैं, वे सर्वथा सही और उपयुक्त हैं। हम आशा करते हैं कि ये ग्राम-पंचायतें गांधीजी की कल्पना के ग्राम-स्वराज्य का चित्र अपने सामने हमेशा रखेंगी और उनके बताए हुए मार्ग पर चलकर अपना काम करेंगी।

गांधीजी ने जिस भावना से ग्राम-स्वराज्य की कल्पना की है, उसी भावना से उस पर अमल भी किया जाना चाहिए। जिन लोगों के हाथ में ग्राम-पंचायतों के संचालन की जिम्मेदारी होगी, उनके भीतर यदि निस्स्वार्थ सेवा और जाति, धर्म या वर्ग की मर्यादाओं से परे रहनेवाले प्रेम की भावना नहीं होगी तो ग्राम-स्वराज्य के वे मीठे फल चखने को नहीं मिलेंगे, जिनकी अपेक्षा गांधीजी ने रखी थी।

ग्राम-व्यवस्थाओं के संबंध में पंडित नेहरू के ये शब्द हमें सदा याद रखने चाहिए—
"कोई व्यक्ति या समूह जितना अधिक अपना विचार करेगा उतना अधिक खतरा उस व्यक्ति के अथवा समूह से स्व-केंद्रित, स्वार्थी और संकुचित बन जाने का रहेगा।"

आज हमारे गाँव सामाजिक फूट, जातिवाद और संकुचित दृष्टि के दोषों से कष्ट भोग रहे हैं। ग्राम-पंचायतों को सफल बनाने का मार्ग गुलाब के फूलों से छाया हुआ नहीं है। इस कार्य में ग्राम नेताओं से सच्ची सेवा-भावना की अपेक्षा रखी जाती है। भगवान् करे, हमारी प्राचीन भूमि अपने समक्ष आए हुए इस अवसर को पहचानकर भारत के 'मिशन' को सफल बनाए और इस प्रकार सारे विश्व के कल्याण के लिए कार्य करने का सच्चा सुयश प्राप्त करे!

इस संग्रह में महात्मा गांधी की पुस्तकों, लेखों और भाषणों से ऐसे उद्धरण एकत्र करने का नम्र प्रयत्न किया गया है, जिनका संबंध ग्राम-स्वराज्य के विषय के साथ है। उद्धरणों को ऐसे क्रम में रखने का यथासंभव प्रयास किया गया है, जिससे विचारों की शृंखला टूटने न पाए।

श्री श्रीमन्नारायणजी ने इस संग्रह के लिए जो प्राक्कथन लिख दिया है, उसके लिए मैं हृदय से उनका आभारी हूँ।

१५ जुलाई, १९६३

—हरिप्रसाद व्यास

१. दि आइडियल ऑफ ह्यूमन यूनिटी

२. वन वर्ल्ड ऐंड इंडिया—टॉयनबी के सब उद्धरण इसी पुस्तक से लिये गए हैं।

३. रिकंस्ट्रक्शन ऑफ ह्यूमैनिटी।

४. गिलंपसेज ऑफ वर्ल्ड हिस्ट्री।

अनुक्रम

१

स्वराज्य का अर्थ

'स्वराज्य' एक पवित्र शब्द है; वह एक वैदिक शब्द है, जिसका अर्थ आत्म शासन और आत्म-संयम है। अंग्रेजी शब्द 'इंडिपेंडेंस' अकसर सब प्रकार की मर्यादाओं से मुक्त निरंकुश आजादी का या स्वच्छंदता का अर्थ देता है; वह अर्थ 'स्वराज्य' शब्द में नहीं है।

जिस प्रकार हर देश खाने-पीने और साँस लेने के लायक है, उसी प्रकार हर राष्ट्र को अपना कारोबार चलाने का पूरा अधिकार है—फिर वह कितनी ही बुरी तरह क्यों न चलाए!

स्वराज्य से मेरा अभिप्राय है लोक-सम्मति के अनुसार होने वाला भारतवर्ष का शासन। लोक-सम्मति का निश्चय देश के बालिग लोगों की बड़ी-से-बड़ी तादाद के मत के द्वारा हो, फिर वे चाहे स्त्रियाँ हों या पुरुष, इसी देश के हों या इस देश में आकर बस गए हों। ये लोग ऐसे हों, जिन्होंने अपने शारीरिक श्रम के द्वारा राज्य की कुछ सेवा की हो और जिन्होंने मतदाताओं की सूची में अपना नाम लिखवा लिया हो।...सच्चा स्वराज्य थोड़े लोगों के द्वारा सत्ता प्राप्त कर लेने से नहीं, बल्कि जब सत्ता का दुरुपयोग होता हो, तब सब लोगों के द्वारा उसका प्रतिकार करने की क्षमता प्राप्त करके हासिल किया जा सकता है। दूसरे शब्दों में, स्वराज्य जनता में इस बात का ज्ञान पैदा करके प्राप्त किया जा सकता है कि सत्ता पर अधिकार करने और उसका नियमन करने की क्षमता उसमें है।

राजनीतिक स्वतंत्रता से मेरा यह मतलब नहीं कि हम ब्रिटेन की लोकसभा की, या रूस के सोवियत शासन की, या इटली के फासिस्ट शासन की अथवा जर्मनी के नाजी शासन की नकल करें। उन देशों की शासन-पद्धतियाँ उनकी अपनी प्रकृति के अनुरूप हैं। हमारी शासन-पद्धति हमारी प्रजा की प्रकृति के अनुरूप होनी चाहिए। वह

पद्धति क्या हो सकती है, यह कहना मेरे लिए कठिन है। मैंने उसे 'रामराज्य' कहा है। रामराज्य का अर्थ है—शुद्ध नैतिक सत्ता के आधार पर स्थापित जनता की सार्वभौम सत्ता।

आखिर स्वराज्य निर्भर करता है हमारी आंतरिक शक्ति पर, बड़ी-से-बड़ी कठिनाइयों से जूझने की हमारी ताकत पर। सच पूछो तो वह स्वराज्य, जिसे पाने के लिए अनवरत प्रयत्न और सुरक्षित रखने के लिए सतत जागृति नहीं चाहिए, स्वराज्य कहलाने के लायक ही नहीं है। जैसाकि आपको मालूम है, मैंने वचन और कार्य से यह दिखलाने की कोशिश की है कि स्त्री-पुरुषों के विशाल समूह का राजनीतिक स्वराज्य एक-एक व्यक्ति के अलग-अलग स्वराज्य से कोई ज्यादा अच्छी चीज नहीं है और इसलिए उसे पाने का तरीका वही है, जो एक-एक आदमी के आत्म-स्वराज्य या आत्म-संयम का है।

स्वराज्य का अर्थ है—सरकारी नियंत्रण से मुक्त होने के लिए लगातार प्रयत्न करना, फिर वह नियंत्रण विदेशी सरकार का हो या स्वदेशी सरकार का! यदि स्वराज्य हो जाने पर लोग अपने जीवन की हर छोटी बात के नियमन के लिए सरकार का मुँह ताकना शुरू कर दें तो वह स्वराज्य-सरकार किसी काम की नहीं होगी।

मेरा स्वराज्य तो हमारी सभ्यता की आत्मा को अक्षुण्ण रखना है। मैं बहुत सी नई चीजें लिखना चाहता हूँ, पर वे तमाम हिंदुस्तान की स्लेट पर लिखी जानी चाहिए। हाँ, मैं पश्चिम से भी खुशी से उधार लूँगा, पर तभी जबकि मैं उसे अच्छे सूद के साथ वापस कर सकूँ।

स्वराज्य की रक्षा केवल वहीं हो सकती है, जहाँ देशवासियों की ज्यादा बड़ी संख्या ऐसे देशभक्तों की हो, जिनके लिए दूसरी सब चीजों से, अपने निजी लाभ से भी, देश की भलाई का ज्यादा महत्त्व हो। स्वराज्य का अर्थ है—देश की बहुसंख्यक जनता का शासन। जाहिर है कि जहाँ बहुसंख्यक जनता नीतिभ्रष्ट हो या स्वार्थी हो, वहाँ उसकी सरकार अराजकता की ही स्थिति पैदा कर सकती है, दूसरा कुछ नहीं।

मेरे…हमारे…सपनों के स्वराज्य में जाति (रेस) या धर्म के भेदों का कोई स्थान नहीं हो सकता। उस पर शिक्षितों या धनवानों का एकाधिपत्य नहीं होगा। वह स्वराज्य सबके लिए, सबके कल्याण के लिए होगा। सबकी गिनती में किसान तो आते ही हैं, किंतु लूले, लँगड़े, अंधे और भूख से मरनेवाले लाखों-करोड़ों मेहनतकश मजदूर भी अवश्य आते हैं।

कुछ लोग ऐसा कहते हैं कि भारतीय स्वराज्य तो ज्यादा संख्या वाले समाज का यानी हिंदुओं का ही राज्य होगा। इस मान्यता से ज्यादा बड़ी कोई दूसरी गलती नहीं हो सकती। अगर यह सही सिद्ध हो तो अपने लिए मैं ऐसा कह सकता हूँ कि मैं उसे

स्वराज्य मानने से इनकार कर दूँगा और अपनी सारी शक्ति लगाकर उसका विरोध करूँगा। मेरे लिए हिंद स्वराज्य का अर्थ सब लोगों का राज्य, न्याय का राज्य है।

अगर स्वराज्य का अर्थ हमें सभ्य बनाना और हमारी सभ्यता को अधिक शुद्ध तथा मजबूत बनाना न हो तो वह किसी कीमत का नहीं होगा। हमारी सभ्यता का मूल तत्त्व ही यह है कि हम अपने सब कामों में, वे निजी हों या सार्वजनिक, नीति के पालन को सर्वोच्च स्थान देते हैं।

पूर्ण स्वराज्य—'पूर्ण' कहने में आशय यह है कि वह जितना किसी राजा के लिए होगा, उतना ही किसान के लिए; जितना किसी धनवान जमींदार के लिए होगा, उतना ही भूमिहीन खेतिहर के लिए; जितना हिंदुओं के लिए होगा, उतना ही मुसलमानों के लिए; जितना जैन, यहूदी और सिख लोगों के लिए होगा; उतना ही पारसियों और ईसाइयों के लिए। उसमें जाति-पाँति, धर्म या दर्जे के भेदभाव के लिए कोई स्थान नहीं होगा।

'स्वराज्य' शब्द का अर्थ स्वयं उसकी प्राप्ति के साधन अर्थात् सत्य और अहिंसा। जिनका पालन करने के लिए हम प्रतिज्ञाबद्ध हैं—ऐसी किसी संभावना को असंभव सिद्ध करते हैं कि हमारा स्वराज्य किसी के लिए तो अधिक होगा और किसी के लिए कम, किसी के लिए लाभकारी होगा और किसी के लिए हानिकारी या कम लाभकारी।

मेरे सपने का स्वराज्य तो गरीबों का स्वराज्य होगा। जीवन की जिन आवश्यकताओं का उपभोग राजा और अमीर लोग करते हैं, वही आपको भी सुलभ होनी चाहिए; इसमें किसी फर्क के लिए स्थान नहीं हो सकता। लेकिन इसका यह अर्थ नहीं कि हमारे पास उनके जैसे महल होने चाहिए। सुखी जीवन के लिए महलों की कोई आवश्यकता नहीं। हमें महलों में रख दिया जाए तो हम घबड़ा जाएँगे। लेकिन आपको जीवन की वे सामान्य सुविधाएँ अवश्य मिलनी चाहिए, जिनका उपभोग अमीर आदमी करता है। मुझे इस बात में बिलकुल संदेह नहीं है कि हमारा स्वराज्य तब तक पूर्ण स्वराज्य नहीं होगा जब तक वह आपको ये सारी सुविधाएँ देने की पूरी व्यवस्था नहीं कर देता।

पूर्ण स्वराज्य का अर्थ है भारत के नर-कंकालों का उद्धार। पूर्ण स्वराज्य ऐसी स्थिति का द्योतक है, जिसमें गूँगे बोलने लगते हैं और लँगड़े चलने लगते हैं।

सत्य और अहिंसा के जरिए संपूर्ण स्वतंत्रता की प्राप्ति का मतलब है—जात-पाँत, वर्ण या धर्म के भेद से रहित राष्ट्र के प्रत्येक घटक की और उसमें भी उसके गरीब से गरीब व्यक्ति की स्वतंत्रता की सिद्धि। इस स्वतंत्रता से किसी को भी दूर या अलग नहीं रखा जा सकता। इसलिए अपने राष्ट्र से बाहर के दूसरे राष्ट्रों के साथ और राष्ट्र की जनता के भीतर उसके अलग-अलग वर्गों के परस्परावलंबन के साथ इस स्वतंत्रता का

पूरा मेल रहेगा। अलबत्ता, जिस तरह हमारी खींची हुई कोई भी लकीर युक्लिड की शास्त्रीय व्याख्या की लकीर की तुलना में अधूरी रहेगी, उसी तरह तात्त्विक सिद्धांत की अपेक्षा उसका व्यावहारिक अमल अधूरा रहता है। इसलिए जिस हद तक हम सत्य और अहिंसा का अपने दैनिक जीवन में अमल करेंगे, उसी हद तक हमारी प्राप्त की हुई संपूर्ण स्वतंत्रता भी पूर्ण होगी।

यह सब इस बात पर निर्भर है कि पूर्ण स्वराज्य से हमारा आशय क्या है और उसके द्वारा हम पाना क्या चाहते हैं! अगर हमारा आशय यह है कि जनता में जागृति होनी चाहिए, उन्हें अपने सच्चे हित का ज्ञान होना चाहिए और सारी दुनिया के विरोध का सामना करके भी उस हित की सिद्धि के लिए कोशिश करने की योग्यता होनी चाहिए; और यदि पूर्ण स्वराज्य के द्वारा हम सुमेल, भीतरी या बाहरी आक्रमण से रक्षा और जनता की आर्थिक स्थिति में उत्तरोत्तर सुधार चाहते हों तो हम अपना उद्‌देश्य राजनीतिक सत्ता के बिना ही, सत्ता जिनके हाथ में हो, उन पर अपना सीधा प्रभाव डालकर सिद्ध कर सकते हैं।

स्वराज्य की मेरी कल्पना के विषय में किसी को कोई गलतफहमी नहीं होनी चाहिए। उसका अर्थ विदेशी नियंत्रण से पूरी मुक्ति और पूर्ण आर्थिक स्वतंत्रता है। उसके दो दूसरे उद्‌देश्य भी हैं। एक छोर पर है नैतिक और सामाजिक उद्‌देश्य और दूसरे छोर पर इसी कक्षा का दूसरा उद्‌देश्य है धर्म। यहाँ 'धर्म' शब्द का सर्वोच्च अर्थ अभीष्ट है। उसमें हिंदू धर्म, इसलाम धर्म, ईसाई धर्म आदि सबका समावेश होता है, लेकिन वह इन सबसे ऊँचा है।...इसे हम स्वराज्य का समचतुर्भुज कह सकते हैं; यदि उसका एक भी कोण विषम हुआ तो उसका रूप विकृत हो जाएगा।

मेरी कल्पना का स्वराज्य तभी आएगा जब हमारे मन में यह बात अच्छी तरह जम जाए कि हमें अपना स्वराज्य सत्य और अहिंसा के शुद्ध साधनों द्वारा ही प्राप्त करना है, उन्हीं के द्वारा हमें उसका संचालन करना है और उन्हीं के द्वारा हमें उसे कायम रखना है। सच्ची लोकसत्ता या जनता का स्वराज्य कभी भी असत्यमय और हिंसक साधनों से नहीं आ सकता। कारण स्पष्ट और सीधा है—यदि असत्यमय और हिंसक उपायों का प्रयोग किया गया, तो उसका स्वाभाविक परिणाम यह होगा कि सारा विरोध या तो विरोधियों को दबाकर या उनका नाश करके खत्म कर दिया जाएगा। ऐसी स्थिति में वैयक्तिक स्वतंत्रता की रक्षा नहीं हो सकती। वैयक्तिक स्वतंत्रता को प्रकट होने का पूरा अवकाश केवल विशुद्ध अहिंसा पर आधारित शासन में ही मिल सकता है।

अहिंसा पर आधारित स्वराज्य में लोगों को अपने अधिकारों का ज्ञान न हो तो कोई बात नहीं, लेकिन उन्हें अपने कर्तव्यों का ज्ञान अवश्य होना चाहिए। हर एक

कर्तव्य के साथ उसकी तौल का अधिकार जुड़ा हुआ होता ही है और सच्चे अधिकार तो वे ही हैं जो अपने कर्तव्यों का योग्य पालन करके प्राप्त किए गए हों। इसलिए नागरिकता के अधिकार सिर्फ उन्हीं को मिल सकते हैं, जो जिस राज्य में रहते हों, उसकी सेवा करते हों। और सिर्फ वे ही इन अधिकारों के साथ पूरा न्याय कर सकते हैं। हर एक आदमी को झूठ बोलने और गुंडागिरी करने का अधिकार है; किंतु इस अधिकार का प्रयोग उस आदमी और समाज, दोनों के लिए हानिकर है। लेकिन जो व्यक्ति सत्य और अहिंसा का पालन करता है, उसे प्रतिष्ठा मिलती है और इस प्रतिष्ठा के फलस्वरूप उसे अधिकार मिल जाते हैं। और जिन लोगों को अधिकार अपने कर्तव्यों के पालन के फलस्वरूप मिलते हैं, वे उनका उपयोग समाज की सेवा के लिए ही करते हैं, अपने लिए कभी नहीं। किसी राष्ट्रीय समाज के स्वराज्य का अर्थ उस समाज के विभिन्न व्यक्तियों के स्वराज्य (अर्थात् आत्म-सम्मान) का योग ही है। और ऐसा स्वराज्य व्यक्तियों द्वारा नागरिकों के रूप में अपने कर्तव्य के पालन से ही आता है, उसमें कोई अपने अधिकारों की बात नहीं सोचता। धन उनकी आवश्यकता होती है, तब वे उन्हें अपने आप मिल जाते है और इसलिए मिलते हैं कि वे अपने कर्तव्य का संपादन ज्यादा अच्छी तरह कर सकें।

अहिंसा पर आधारित स्वराज्य में कोई किसी का शत्रु नहीं होता। सारी जनता की भलाई का सामान्य उद्‌देश्य सिद्ध करने में हर एक अपना अभीष्ट योग देता है। सब लिख-पढ़ सकते हैं और उनका ज्ञान दिन-प्रतिदिन बढ़ता रहता है। बीमारी और रोग कम-से-कम हो जाएँ, ऐसा व्यवस्था की जाती है। कोई कंगाल नहीं होता और मजदूरी करना चाहनेवाले को काम अवश्य मिल जाता है। ऐसी शासन-व्यवस्था में जुआ, शराबखोरी और दुराचार का या वर्ग-विद्वेष का कोई स्थान नहीं होता। अमीर लोग अपने धन का उपयोग बुद्धिपूर्वक उपयोगी कार्यों में करेंगे; अपनी शान-शौकत बढ़ाने में या शारीरिक सुखों की वृद्धि में उसका अपव्यय नहीं करेंगे। उसमें ऐसा नहीं हो सकता, होना नहीं चाहिए, कि चंद अमीर तो रत्न-जटित महलों में रहें और लाखों-करोड़ों ऐसी मनहूस झोंपड़ियों में, जिनमें हवा और प्रकाश का भी प्रवेश न हो। अहिंसक स्वराज्य में न्यायपूर्ण अधिकारों का किसी के भी द्वारा कोई अतिक्रमण नहीं हो सकता और इसी तरह किसी के कोई अन्यायपूर्ण अधिकार नहीं हो सकते। सुसंघटित राज्य में किसी के न्यायपूर्ण अधिकार का किसी दूसरे के द्वारा अन्यायपूर्वक छीना जाना असंभव होना चाहिए और कभी ऐसा हो जाए तो अपहर्ता को अपदस्थ करने के लिए हिंसा का आश्रय लेने की जरूरत नहीं होनी चाहिए।

□

२

आदर्श समाज का चित्र

[एक बार भंगी बस्ती, नई दिल्ली की एक सायंकालीन प्रार्थना में एक भजन गाया था। उसमें गांधीजी को अपने स्वतंत्र भारत की मूलभूत बातों का चित्र उपस्थित होता दिखाई दिया, इस कारण वह भजन उन्हें बहुत पसंद आया था। उसका अँगरेजी अनुवाद स्वयं करके उन्होंने लॉर्ड पैथिक लॉरेंस को भेजा था। उस भजन का आशय इस प्रकार है:]

हम ऐसे देश के निवासी हैं, जहाँ न तो शोक है और न कष्ट है; जहाँ न मोह है, न संताप है; न भ्रम है, न चाह है। जहाँ प्रेम की गंगा बहती है और सारी सृष्टि आनंदित रहती है। जहाँ सब लोगों के मन एक दिशा में काम करते हैं। जहाँ न दिन है, न रात है; न सन् है, न माह है। जहाँ सब लोगों की आवश्यकताएँ पूरी हो जाती हैं। जहाँ सारा सौदा न्यायपूर्ण होता है। जहाँ सब कोई एक ही साँचे में ढले हुए हैं। जहाँ न तो कोई अभाव है, न किसी तरह की चिंता है। जहाँ किसी प्रकार का स्वार्थ नहीं है। न ऊँच-नीच के भेद हैं और न मालिक-गुलाम के भेद हैं। जहाँ सर्वत्र प्रकाश फैला रहता है, परंतु वह किसी को जलाता नहीं। वह देश तेरे अंतर में है—वही स्वराज्य है, वही स्वदेशी है। जो उसकी चाह रखता है, वही उसका साक्षात्कार करता है। उस देश की जय हो, जय हो, जय हो!

[भजन के उपर्युक्त विचार गांधीजी के सपनों के भारत का चित्र प्रस्तुत करते हैं।]

यह उस जाति-विहीन और वर्ग-विहीन समाज का चित्र है, जिसमें न कोई ऊँचा है और न कोई नीचा है; सारे काम एक से हैं और सारे कामों की मजदूरी भी एक-सी है; जिन लोगों के पास अधिक है, वे अपने लाभ का उपयोग खुद के लिए नहीं करते, परंतु उसे पवित्र धरोहर मानकर ऐसे लोगों की सेवा में उसका उपयोग करते हैं,

जिनके पास कम है। ऐसे समाज में धंधों के चुनाव में प्रेरक बल की व्यक्तिगत उन्नति नहीं होती, बल्कि समाज की सेवा करके आत्माभिव्यक्ति और आत्म-साक्षात्कार करना ही उसका प्रेरक हेतु होता है।

चूँकि ऐसे समाज में सब तरह के कामों का समान आदर होता है और उनके लिए एक-सा वेतन मिलता है, इसलिए वंश-परंपरागत कुशलताएँ एक पीढ़ी से दूसरी पीढ़ी में सुरक्षित रहती हैं और व्यक्तिगत लाभ के प्रलोभन के लिए उनकी कुरबानी नहीं की जाती। समान-सेवा का सिद्धांत अनियंत्रित, आत्मीयता-रहित प्रतिस्पर्धा का स्थान लेता है। ऐसे समाज में हर एक व्यक्ति कड़ा परिश्रम करता है, जिसे काफी फुरसत रहती है, उन्नति का अवसर मिलता है और शिक्षा तथा संस्कृति के विकास के लिए आवश्यक सुविधाएँ मिलती हैं। वह कुटीर-उद्योगों की तथा छोटे पैमाने पर चलनेवाली सघन सहकारी खेती की आकर्षक दुनिया होती है—ऐसी दुनिया, जिसमें सांप्रदायिकता अथवा जातिवाद के लिए कोई स्थान नहीं होता। अंत में, वह स्वदेशी की दुनिया है, जिसमें आर्थिक व्यवहार की सीमाएँ तो अधिक निकट आ जाती हैं, परंतु व्यक्तिगत स्वतंत्रता की सीमाएँ अधिक-से-अधिक विस्तृत हो जाती हैं। प्रत्येक व्यक्ति अपने आस-पास के वातावरण के लिए जिम्मेदार होता है और सारे व्यक्ति समाज के लिए जिम्मेदार होते हैं। उसमें अधिकारों और कर्तव्यों का नियमन परस्परावलंबन के सिद्धांत से तथा परस्पर के आदान-प्रदान से होता है। ऐसे समाज में उसके अंगभूत व्यक्तियों तथा संपूर्ण समाज के बीच कोई संघर्ष नहीं होता; और न तो राष्ट्रवाद के संकुचित, स्वार्थी या आक्रामक बनने का खतरा रहता है, न अंतर राष्ट्रीयतावाद के निरा आदर्श बन जाने का खतरा होता है।

ऐसे आदर्श समाज में न कोई गरीब होगा, न भिखारी; न कोई ऊँचा होगा, न नीचा, न कोई करोड़पति मालिक होगा, न आधा भूखा नौकर; न शराब होगी, न कोई दूसरी नशीली चीज। सब अपने आप खुशी से और गर्व से अपनी रोटी कमाने के लिए मेहनत करेंगे। वहाँ स्त्रियों की भी वही इज्जत होगी जो पुरुषों की; और स्त्रियों तथा पुरुषों के शील एवं पवित्रता की रक्षा की जाएगी। अपनी पत्नी के सिवा हर एक स्त्री को उसकी उम्र के अनुसार हर धर्म के पुरुष माँ, बहन और बेटी समझेंगे। वहाँ अस्पृश्यता नहीं होगी और सब धर्मों के प्रति समान आदर रखा जाएगा। मैं आशा करता हूँ कि जो यह सब सुनेंगे या पढ़ेंगे, वे मुझे क्षमा करेंगे कि जीवन देनेवाले सूर्यदेवता की धूप में पड़े-पड़े मैं इस काल्पनिक आनंद की लहर में बह गया।

□

३

आशा का एकमात्र मार्ग

उद्योगवाद

मुझे भय है कि उद्योगवाद मानवजाति के लिए अभिशाप बन जाने वाला है। उद्योगवाद सर्वथा इस बात पर निर्भर है कि आप में शोषण करने की कितनी शक्ति है, विदेशी मंडियाँ आपके लिए कहाँ तक खुली हैं और प्रतिस्पर्धियों का कितना अभाव है। इंग्लैंड के लिए ये बातें दिनोदिन कम हो रही हैं, इसीलिए वहाँ बेकारों की संख्या रोज बढ़ रही है। भारतीय बहिष्कार तो केवल मामूली-सी बात है। और जब इंग्लैंड की यह हालत है तब भारत जैसे विशाल देश को तो उद्योगीकरण से लाभ होने की आशा ही नहीं की जा सकती। सच तो यह है कि भारत जब दूसरे राष्ट्र का शोषण करने लगेगा, और भारत में उद्योगीकरण हो गया तो वह जरूर शोषण करेगा—तब वह अन्य राष्ट्रों के लिए शाप और संसार के लिए एक खतरा बन जाएगा। तब दूसरे राष्ट्रों का शोषण करने के लिए भारत में कल-कारखाने बढ़ाने का मैं क्यों विचार करूँ? क्या आप यह करुण स्थिति नहीं देख रहे कि हम अपने ३० करोड़ बेकारों के लिए काम जुटा सकते हैं, परंतु इंग्लैंड अपने ३० लाख के लिए कोई काम नहीं जुटा सकता और उसके सामने ऐसी समस्या खड़ी है, जिसके आगे इंग्लैंड के बड़े-से-बड़े बुद्धिमान चक्कर खा रहे हैं? उद्योगवाद का भविष्य अंधकारमय है। अमेरिका, जापान, फ्रांस और जर्मनी इंग्लैंड के सफल प्रतिस्पर्धी हैं। भारत की मुट्ठी भर मिलें भी उसकी प्रतिद्वंद्वी हैं। और जैसे भारत में जागृति हो गई है, वैसे ही दक्षिण अफ्रीका में भी जागृति होगी। और वहाँ तो प्राकृतिक खनिज और मानवीय साधन भी कहीं अधिक विपुल मात्रा में हैं। अफ्रीका की बलवान जातियों के सामने कद्दावर अंग्रेज बिलकुल पिद्दी जैसे दिखाई देते हैं। आप

कहेंगे कि अंत में तो अफ्रीका के लोग भले जंगली ही हैं। वे भले जरूर हैं, परंतु जंगली नहीं; और शायद कुछ ही साल में पश्चिमी राष्ट्रों को अफ्रीका में अपने माल का सस्ता बाजार मिलना बंद हो सकता है। और यदि उद्योगवाद का भविष्य पश्चिम के लिए अंधकारमय है तो क्या भारत के लिए वह और भी अंधकारमय नहीं होगा?

'आज की इस अराजकता और अंधाधुंधी का क्या कारण है?' मैं कहूँगा कि बलवान राष्ट्रों द्वारा निर्बल राष्ट्रों का शोषण नहीं, परंतु एक ही परिवार के राष्ट्रों द्वारा आपस में एक-दूसरे का शोषण इस अराजकता और अंधाधुंधी का कारण है। यंत्रों के मेरे बुनियादी विरोध का आधार यह सत्य है कि यंत्रों ने ही इन राष्ट्रों को दूसरे राष्ट्रों का शोषण करने की शक्ति दी है। यंत्र अपने आप में एक जड़ चीज है और उसका अच्छा या बुरा दोनों प्रकार का उपयोग हो सकता है। लेकिन हम जानते हैं कि उसका बुरा उपयोग आसानी से कर लिया जाता है।

निस्संदेह पश्चिमी देशों में उद्योगवाद और दूसरी प्रजाओं के शोषण की हद हो चुकी है। हकीकत यह है कि यह औद्योगिक सभ्यता इसलिए एक रोग है कि उसमें निरी बुराई-ही-बुराई है। मनोहर नारों और शब्दों से हमें भ्रम में न पड़ जाना चाहिए। मेरा तार या जहाज से कोई विरोध नहीं है। वे उद्योगवाद तथा उससे संबंध रखनेवाले समस्त कारखानों और धंधों के सहारे के बिना अगर टिक सकें तो भले रहें। वे स्वयं अपने आपमें लक्ष्य नहीं हैं। वे मानवजाति के स्थायी कल्याण के लिए किसी भी प्रकार से अनिवार्य नहीं हैं। चूँकि हम भाप और बिजली का उपयोग जानते हैं, इसलिए उचित अवसर आने पर तथा उद्योगवाद से बचना सीख जाने पर हमें उनका उपयोग करने योग्य बन जाना चाहिए। इसलिए हमारी चेष्टा किसी भी कीमत पर उद्योगवाद को नष्ट करने की होनी चाहिए।

दुनिया में ऐसे विवेकी पुरुषों की संख्या लगातार बढ़ रही है, जो इस सभ्यता को—जिसके एक छोर पर तो भौतिक समृद्धि की कभी तृप्त न होने वाली आकांक्षा है और दूसरे छोर पर उसके फलस्वरूप पैदा होने वाला युद्ध है—अविश्वास की निगाह से देखते हैं। लेकिन यह सभ्यता अच्छी हो या बुरी, भारत का पश्चिम जैसा उद्योगीकरण करने की कोई जरूरत नहीं है। पश्चिमी सभ्यता शहरी सभ्यता है। इंग्लैंड और इटली जैसे छोटे देश अपनी व्यवस्थाओं का शहरीकरण कर सकते हैं। अमेरिका बड़ा देश है, किंतु उसकी आबादी बहुत कम है। इसलिए उसे भी शायद वैसा ही करना पड़ेगा। लेकिन कोई भी आदमी सोचेगा तो यह मानेगा कि भारत जैसे बड़े देश को, जिसकी आबादी बहुत ज्यादा बड़ी है और ग्राम-जीवन की ऐसी परंपरा में पोषित हुई है जो उसकी आवश्यकताओं को बराबर पूरा करती आई है, उद्योगों के पश्चिमी नमूने की

नकल करने की कोई जरूरत नहीं है और न उसे ऐसी नकल करनी चाहिए। विशेष परिस्थितियोंवाले किसी एक देश के लिए जो बात अच्छी है, वह भिन्न परिस्थितियों वाले किसी दूसरे देश के लिए भी अच्छी हो, यह जरूरी नहीं है।

जो चीज किसी एक आदमी के लिए पोषक आहार का काम देती है, वही दूसरे के लिए जहर जैसी सिद्ध होती है। किसी देश की संस्कृति को निर्धारित करने में उसके प्राकृतिक भूगोल का प्रमुख हिस्सा होता है। ध्रुव-प्रदेश के निवासी के लिए ऊनी कोट जरूरी हो सकता है, लेकिन भूमध्य-रेखावर्ती प्रदेशों के निवासियों का तो उससे दम ही घुट जाएगा।

हमारा वर्तमान दुःख बेशक असह्य है। दरिद्रता तो किसी भी हालत में जानी ही चाहिए। लेकिन उसका इलाज उद्योगवाद नहीं है। बुराई बैलगाड़ी के उपयोग में नहीं है। बुराई हमारे स्वार्थ में है और अपने पड़ोसी के प्रति उदारता के अभाव में है। यदि हममें पड़ोसियों के प्रति प्रेम नहीं है तो किसी भी प्रकार का परिवर्तन, वह कैसा भी क्रांतिकारी क्यों न हो, हमें लाभ नहीं पहुँचा सकता।

अगर मुझमें शक्ति होती तो इस पद्धति को मैं आज ही नष्ट कर देता। अगर मुझे विश्वास होता कि अत्यंत संहारक अस्त्रों से इसका नाश संभव है तो मैं उन अस्त्रों का प्रयोग करता। उन अस्त्रों का व्यवहार मैं यह सोचकर ही नहीं करता कि वे इस पद्धति को कायम रखेंगे, भले आज के शासकों का नाश वे कर दें। जो लोग पद्धतियों के बदले उनके नियामकों का नाश करना चाहते हैं, वे खुद उनके पंजे में पड़कर उन लोगों से बुरे बन जाते हैं, जिनका वे इस गलत विश्वास के कारण नाश करते हैं कि आदमियों के साथ उनकी नीति भी मर जाती है। वे पाप के मूल को नहीं पहचानते।

बड़े पैमाने पर उद्योगीकरण करने का अनिवार्य परिणाम यह होगा कि ज्यों-ज्यों प्रतिस्पर्धा और बाजार की समस्याएँ खड़ी होंगी, त्यों-त्यों गाँवों का प्रगट या अप्रगट शोषण होगा। इसलिए हमें अपनी शक्ति इसी प्रयत्न पर केंद्रित करनी चाहिए कि गाँव स्वयं पूर्ण बनें और वस्तुओं का निर्माण उत्पादन अपने उपयोग के लिए करें। यदि उत्पादन की यह पद्धति स्वीकार कर ली जाए तो फिर गाँववाले ऐसे आधुनिक यंत्रों और औजारों का उपयोग खुशी से करें, जिन्हें वे बना सकते हों और जिनका उपयोग उन्हें आर्थिक दृष्टि से पुख्ता कर सकता हो। उस पर आपत्ति नहीं की जा सकती। अलबत्ता, उनका उपयोग दूसरों का शोषण करने के लिए नहीं होना चाहिए।

मैं नहीं मानता कि उद्योगीकरण हर हालत में किसी भी देश के लिए जरूरी है। भारत के लिए तो वह और भी कम जरूरी है। मेरा विश्वास है कि आजाद भारत दुःख से कराहती हुई दुनिया के प्रति अपना कर्तव्य अपने लाखों गाँवों का विकास करके और

दुनिया के प्रति मित्रता का व्यवहार करके तथा सादा परंतु उदात्त जीवन अपनाकर ही पूरा कर सकता है। धन की पूजा ने हमारे ऊपर भौतिक समृद्धि के जिस जटिल और शीघ्रगामी जीवन को लाद दिया है, उसके साथ 'उच्च चिंतन' का मेल नहीं बैठता। जीवन का संपूर्ण सौंदर्य तभी खिल सकता है, जब हम उच्चकोटि का जीवन जीना सीखें।

किसी अलग-थलग रहनेवाले देश के लिए, भले वह भू-विस्तार और जनसंख्या की दृष्टि से कितना भी बड़ा क्यों न हो, ऐसी दुनिया में, जो शस्त्रास्त्रों से सिर से पाँव तक लदी है और जिसमें सर्वत्र वैभव-विलास का ही वातावरण नजर आता है, ऐसा सादा जीवन जीना संभव है या नहीं—यह ऐसा सवाल है जो संशयशील आदमी के मन में अवश्य उठ सकता है। लेकिन इसका उत्तर सीधा है। यदि सादा जीवन जीने योग्य है तो यह प्रयत्न भी करने योग्य है, चाहे वह प्रयत्न किसी एक ही व्यक्ति या किसी एक ही समुदाय द्वारा क्यों न किया जाए!

बेशक यूरोपीय सभ्यता यूरोपवालों के लिए अच्छी है, लेकिन अगर हम उसकी नकल करेंगे तो वह भारत को बरबाद कर देगी। मेरा यह मतलब नहीं कि उस सभ्यता में जो कुछ अच्छा हो और हमारे पचाने लायक हो, उसे अपनाकर हम न पचाएँ; न मेरे कहने का यह मतलब है कि यूरोप की सभ्यता में जो कुछ बुराई पैठ गई है, उसका यूरोप के लोगों को त्याग नहीं करना पड़ेगा। भौतिक सुख-सुविधाओं की निरंतर खोज और उनकी वृद्धि यूरोपीय सभ्यता में घुसी हुई ऐसी एक बुराई है; और मैं यह कहने का साहस करता हूँ कि यूरोप के लोग जिन सुख-सुविधाओं के गुलाम बनते जा रहे हैं, उनके बोझ के नीचे दबकर यदि उन्हें नष्ट नहीं होना है तो उनको अपने आज के दृष्टिकोण में सुधार करना होगा। संभव है मेरी यह राय गलत हो, परंतु मैं जानता हूँ कि भारत के लिए इस सुनहली माया के पीछे दौड़ना निश्चित ही मृत्यु को निमंत्रण देना होगा। हम एक पश्चिमी दार्शनिक के इस जीवन-सूत्र को अपने हृदय पर अंकित कर लें—'सरल जीवन और उच्च विचार'। आज इतना निश्चित है कि भारत के करोड़ों लोग ऊँचे रहन-सहनवाला जीवन नहीं जी सकते और हम मुट्ठी भर लोग, जो आम जनता के लिए सोचने-विचारने का दावा करते हैं, उच्च स्तर के जीवन की मिथ्या शोध में उच्च विचार को भी भूलने के खतरे में पड़ जाएँगे।

मैंने अपने कई देशबंधुओं को यह कहते सुना है कि हम अमेरिका का धन तो प्राप्त करेंगे, परंतु उसकी पद्धतियों को नहीं अपनाएँगे। मैं यह कहने की हिम्मत करता हूँ कि अगर ऐसा प्रयत्न किया गया तो वह जरूर असफल होगा। हम एक ही क्षण में बुद्धिमान, शांत और क्रोधी नहीं हो सकते।…ऐसी भूमि में देवों के निवास की कल्पना

नहीं की जा सकती, जो मिलों और कारखानों के धुएँ और शोरगुल से घृणा के लायक बना दी गई है और जिसके मार्गों पर मुसाफिरों की भीड़ से भरी बेशुमार मोटर-गाड़ियों को खींचनेवाले इंजन हमेशा तेजी से दौड़ते रहते हैं। ये मुसाफिर ऐसे होते हैं, जो अधिकतर यह नहीं जानते कि उन्हें जीवन में क्या करना है, जो हमेशा असावधान रहते हैं और जिनके स्वभाव में इसलिए कोई सुधार नहीं होता कि उन्हें संदूकों में भरी हुई मछलियों की तरह मोटर-गाड़ियों में बुरी तरह ठूँस दिया जाता है; और ये ऐसे अजनबी लोगों के बीच अपने को पाते हैं, जो वश चले तो इन्हें गाड़ी से बाहर निकाल देंगे और जिन्हें ये भी बदले में इसी तरह बाहर निकाल देंगे। मैं इन बातों पर जिक्र इसलिए करता हूँ कि ये सब चीजें भौतिक प्रगति की निशानियाँ मानी जाती हैं। लेकिन वास्तव में ये हमारे सुख को रत्ती भर भी नहीं बढ़ातीं।

पंडित नेहरू उद्योगीकरण इसलिए चाहते हैं कि उनके खयाल से अगर वह समाजवादी ढंग का हो जाए तो वह पूँजीवाद की बुराइयों से मुक्त रहेगा। मेरी खुद की दृष्टि यह है कि उद्योगवाद में ये बुराइयाँ जन्मजात हैं और उद्योगों पर समाज के स्वामित्व का कितना ही विस्तार क्यों न किया जाए तो भी ये बुराइयाँ दूर नहीं की जा सकतीं।

रूस की ओर जब मैं दृष्टिपात करता हूँ तो वहाँ का जीवन मुझे आकर्षक नहीं लगता। बाइबिल के शब्दों में कहूँ तो 'मनुष्य सारी दुनिया को जीत ले, परंतु यदि अपनी आत्मा को खो दे तो उससे उसका क्या कल्याण हो सकता है?' आधुनिक भाषा में कहें तो मनुष्य अपना व्यक्तित्व खो दे और यंत्र की एक जड़ कील की भाँति बन जाए तो उसके मानवीय गौरव के लिए यह चीज कलंक रूप होगी। मैं चाहता हूँ कि हर व्यक्ति समाज का पूर्ण संस्कारी, पूर्ण विकसित सदस्य बन जाए। गाँवों को स्वावलंबी और स्वयंपूर्ण बनना ही चाहिए। यदि अहिंसा के मार्ग से काम लेना है तो कोई दूसरा हल मैं देखता ही नहीं। मेरे मन में तो इस विषय में लेशमात्र भी संदेह नहीं।

ईश्वर हिंदुस्तान को पश्चिम के तरीके से यंत्र-युग में प्रवेश करने और यंत्रमय बनने से बचाए! आज एक छोटे से द्वीप (इंग्लैंड) के आर्थिक साम्राज्यवाद ने सारे संसार को गुलामी की जंजीर में बाँध रखा है। यदि ३३ करोड़ लोगों का समुदाय भी इस आर्थिक शोषण का मार्ग अपना ले तो वह संसार को पूरी तरह तबाह कर देगा।

भारतवर्ष का भविष्य पश्चिम के उस रक्तरंजित मार्ग पर आधार नहीं रखता, जिस पर चलते-चलते आज वह थका हुआ-सा मालूम होता है; किंतु शांति के उस अहिंसक मार्ग पर आधार रखता है, जिसकी प्राप्ति केवल सादगी और धार्मिक जीवन से होती है। भारतवर्ष के सामने इस समय उसकी आत्मा के नाश का खतरा मुँह बाए

खड़ा है। आत्मा को खोकर वह जीवित नहीं रह सकता। इसलिए आलसी के समान निरुपाय होकर वह ऐसा नहीं कह सकता कि 'पश्चिम की इस बाढ़ से मैं बच नहीं सकता।' अपनी और संसार की भलाई के लिए उस बाढ़ को रोकने के योग्य शक्तिशाली उसे बनना ही होगा।

यंत्र

'आदर्श के रूप में क्या आप यंत्रों का सर्वथा त्याग करना न चाहेंगे?'

आदर्श के रूप में तो मैं स्वीकार करता हूँ कि यंत्र का सर्वथा त्याग होना चाहिए, जिस तरह आदर्श के रूप में शरीर का भी सर्वथा त्याग आवश्यक है; क्योंकि शरीर भी यदि मोक्ष के लिए बाधक सिद्ध हो तो वह त्याज्य ही है। इस दृष्टि से तो अत्यंत सादे यंत्र का भी—हल या सुई जैसे का भी—मैं त्याग करूँगा, परंतु ये यंत्र तो रहेंगे; क्योंकि शरीर की तरह वे भी अनिवार्य हैं। जैसाकि मैंने आपसे कहा, शरीर स्वयं एक अत्यंत शुद्ध यंत्र है; परंतु यदि वह आत्मा की ऊँची-से-ऊँची उड़ान में बाधक बन जाए तो उसका भी त्याग करना होगा।

मशीनों का अपना स्थान है; उन्होंने अपनी जड़ें जमा ली हैं। परंतु उन्हें जरूरी मानव-श्रम का स्थान नहीं लेने देना चाहिए। सुधरा हुआ हल अच्छी चीज है। परंतु यदि संयोग से कोई एक आदमी अपने किसी यांत्रिक आविष्कार द्वारा भारत की सारी भूमि जोत सके और खेती की तमाम पैदावार पर नियंत्रण कर ले और यदि करोड़ों लोगों के पास कोई और धंधा न हो तो वे भूखों मरेंगे और निकम्मे हो जाने के कारण जड़ बन जाएँगे—जैसेकि आज भी अनेक लोग बन गए हैं। हर क्षण यह डर बना रहता है कि और भी अनेक लोगों की वैसी ही दुर्दशा हो जाएगी।

मैं गृह-उद्योगों की मशीनों में हर प्रकार के सुधार का स्वागत करूँगा। परंतु मैं जानता हूँ कि विद्युत्-शक्ति से चलनेवाले तकुए जारी करके हाथ से कातनेवाले लोगों को हटा देना निर्दयता है, यदि इसके साथ करोड़ों किसानों को उनके घरों में धंधा देने की हमारी तैयारी न हो।

यंत्रों का वही उपयोग उचित है, जिससे सबका भला हो।

मैं अधिक-से-अधिक विकसित यंत्रों के उपयोग का भी समर्थन करूँगा, यदि उससे भारत की दरिद्रता और उससे पैदा होने वाला आलस्य मिट सके। मैंने सुझाया कि हाथ-कताई ही दरिद्रता को भगाने का तथा काम और धन के अभाव को असंभव बनाने का एकमात्र सुलभ उपाय है। चरखा स्वयं एक कीमती मशीन है और मैंने अपने नम्र ढंग से भारत की विशेष परिस्थिति के अनुसार उसमें सुधार करने का प्रयत्न किया है।

'क्या आप यंत्रमात्र के विरुद्ध हैं?'

मेरा दृढ़ उत्तर है—'नहीं'। परंतु मैं उनकी विवेकहीन वृद्धि के खिलाफ हूँ। मैं यंत्रों की बाहरी विजय से प्रभावित होने से इनकार करता हूँ। मैं तमाम नाशकारी यंत्रों का कट्टर विरोधी हूँ। परंतु सीधे-सादे औजारों और ऐसे यंत्रों का, जिनसे व्यक्ति का परिश्रम बचता हो और लाखों झोंपड़ियों का भार हलका होता हो, मैं स्वागत करूँगा।

मुझे आपत्ति स्वयं मशीनों पर नहीं, बल्कि उनके लिए पागल बनने पर है। यह पागलपन श्रम बचानेवाले यंत्रों के लिए है। लोग 'श्रम बचाने में' लगे रहते हैं, यहाँ तक कि हजारों लोगों को बेकार करके भूख से मरने के लिए खुली सड़कों पर छोड़ दिया जाता है। मैं भी समय और श्रम बचाना चाहता हूँ, मगर मानव-समाज के एक अंश के लिए नहीं, बल्कि सबके लिए। मैं भी धन इकट्ठा करना चाहता हूँ, मगर थोड़े से आदमियों के हाथों में नहीं, बल्कि सबके हाथों में। आज तो मशीनें मुट्ठी भर लोगों को करोड़ों की पीठ पर सवार होने में ही मदद करती हैं। इस सबके पीछे प्रेरक शक्ति श्रम बचाने की उदात्त भावना नहीं, बल्कि लोभ है। मैं ऐसी रचना के विरुद्ध ही अपनी सारी शक्ति लगाकर लड़ रहा हूँ।

'तो आप यंत्रों के विरुद्ध नहीं लड़ रहे हैं; परंतु उनकी जो बुराइयाँ आज इतनी अधिक प्रगट हो रही हैं, उनके विरुद्ध लड़ रहे हैं?'

मैं निस्संकोच कहूँगा 'हाँ'; परंतु मैं इतना और कहूँगा कि सबसे पहले वैज्ञानिक सत्यों और आविष्कारों को निरे लोभ के साधन नहीं रहना चाहिए। तब मजदूरों को हद से ज्यादा काम नहीं करना पड़ेगा और मशीनें बाधक बनने के बजाय सहायक होंगी। मेरा उद्‌देश्य यंत्रों का सर्वथा नाश नहीं, परंतु उनकी सीमा बाँधना है।

'क्या इस विषय के अंत तक जाने पर यह न कहना पड़ेगा कि बिजली से चलने वाले सारे पेचीदा यंत्र खत्म हो जाने चाहिए?'

यह संभव है। मगर मैं एक बात साफ कर देता हूँ, मुख्य विचार मनुष्य के कल्याण का है। हमें यह देखना होगा कि मशीन मनुष्य को बिलकुल पंगु न बना दे। उदाहरणार्थ, मैं समझदारी के साथ कुछ अपवाद रखूँगा। सिंगर की सीने की मशीन को ही लीजिए। जो थोड़ी सी उपयोगी चीजें आविष्कृत हुई हैं, उनमें से एक यह भी है। और उसकी योजना के बारे में एक प्रेमकथा है। सिंगर ने अपनी पत्नी को हाथों से सीने और बखिया लगाने की नीरस क्रिया पर परिश्रम करते देखा और केवल उसके प्रति अपने प्रेम के कारण उसने सीने की मशीन का आविष्कार किया, ताकि पत्नी अनावश्यक परिश्रम से बच जाए। परंतु उसने न केवल उसकी पत्नी का परिश्रम बचाया, बल्कि ऐसे प्रत्येक व्यक्ति का परिश्रम बचा दिया, जो सीने की मशीन खरीद सकता है।

'परंतु उस हालत में इन सिंगर मशीनों को बनाने के लिए कारखाना खड़ा करना

होगा। और उसमें बिजली से चलनेवाली आज की सामान्य मशीनें रखनी होंगी?'

हाँ, परंतु मैं यह कहने जितना समाजवादी जरूर हूँ कि ऐसे कारखाने राष्ट्र की संपत्ति या राज्य के नियंत्रण में होने चाहिए। उनका काम अत्यंत आकर्षक और आदर्श परिस्थितियों में होना चाहिए। वह मुनाफे के लिए ही नहीं परंतु मानवजाति के लाभ के लिए होना चाहिए और उसका हेतु लोभ के स्थान पर प्रेम होना चाहिए। मैं केवल मजदूरों की काम करने की हालतों में परिवर्तन चाहता हूँ। धन के लिए चलनेवाली यह पागल दौड़-धूप बंद होनी चाहिए और मजदूर को न सिर्फ जीवन-वेतन का ही, बल्कि ऐसे दैनिक काम का भी, जो केवल नीरस बेगार न हो, आश्वासन मिलना चाहिए। ऐसी परिस्थितियों में यंत्र उस पर काम करनेवाले मनुष्य के लिए उतना ही सहायक होगा, जितना वह राज्य के लिए और अपने मालिक के लिए होगा। वर्तमान छीना-झपटी बंद हो जाएगी और, जैसा मैंने कहा है, मजदूर आकर्षक और आदर्श स्थितियों में काम करेगा। मेरे ध्यान में जो अपवाद हैं, उनमें से यह केवल एक है। सीने की मशीन के पीछे प्रेम था। व्यक्ति का खयाल सबसे ज्यादा रखा जाना चाहिए। व्यक्ति के परिश्रम की बचत मशीन का लक्ष्य होना चाहिए और प्रामाणिक मानव-कल्याण का विचार, न कि लोभ, उसका हेतु होना चाहिए। लोभ के स्थान पर प्रेम को बिठा दीजिए, फिर सबकुछ ठीक हो जाएगा।

'मैं समझा, आप इस यंत्र-युग के विरुद्ध हैं!'

यह कहना मेरे विचारों को तोड़-मरोड़कर रखना है। मैं यंत्रमात्र के विरुद्ध नहीं हूँ। परंतु जो यंत्र हमारा स्वामी बन जाए, उसका मैं सख्त विरोधी हूँ।

'क्या आप भारत में उद्योगीकरण नहीं करेंगे?'

मैं अपने अर्थ में जरूर करूँगा। ग्राम-समाजों को पुनर्जीवित करना चाहिए। भारत के देहात भारतीय शहरों और कस्बों को उनकी जरूरत की तमाम चीजें पैदा करके देते थे। हमारे शहर जब विदेशी मंडियाँ बन गए और विदेशों से ला-लाकर सस्ता और भद्दा माल यहाँ भरकर देहात का धन चूसने लगे, तब भारत निर्धन हो गया।

'तो क्या आप फिर से प्राकृतिक अर्थव्यवस्था कायम करना चाहेंगे?'

'हाँ'। नहीं तो मुझे वापस शहर में ही चले जाना चाहिए। बड़े व्यापार या उद्योग-धंधों का संचालन करने की मुझमें पूरी शक्ति है, लेकिन इस लालसा को मैंने जान-बूझकर छोड़ दिया है। और उसे मैंने त्याग की भावना से नहीं छोड़ा है, बल्कि मेरे हृदय में उसके खिलाफ जो विद्रोह उठा, उसकी वजह से छोड़ा है; क्योंकि प्रतिदिन होने वाली राष्ट्र की लूट में मुझसे भाग लिया ही नहीं जा सकता था। गाँवों में उद्योग का प्रसार मैं भी करना चाहता हूँ, लेकिन भिन्न प्रकार से।

क्षण भर के लिए मान लीजिए कि यंत्रों से मानवजाति की सारी जरूरतें पूरी हो सकती हैं, फिर भी उनके कारण विशेष प्रदेशों में उत्पादन केंद्रित हो जाएगा। और फिर आपको वितरण का नियमन करने के लिए द्राविड़ी प्राणायाम करना होगा। इसके विपरीत, यदि उत्पादन और वितरण दोनों उन्हीं क्षेत्रों में हों, जहाँ उन चीजों की जरूरत है तो वितरण का नियमन अपने आप हो जाता है; उसमें धोखेबाजी को कम मौका मिलता है और सट्टे को तो बिलकुल नहीं मिलता।···जब उत्पादन और उपभोग दोनों स्थानीय बन जाते हैं तब अनिश्चित मात्रा में और किसी भी मूल्य पर उत्पादन की गति बढ़ाना बंद हो जाता है। तब हमारी वर्तमान व्यवस्था से उपस्थित होने वाली तमाम असंख्य कठिनाइयाँ और समस्याएँ खत्म हो जाएँगी।···मैं विपुल मात्रा में उत्पादन की कल्पना जरूर करता हूँ, परंतु वैयक्तिक आधार पर लोगों के अपने घरों में। यदि आप वैयक्तिक उत्पादन को लाखों गुना बढ़ा दें तो क्या वह विशाल पैमाने पर विशाल मात्रा का उत्पादन नहीं हो जाएगा?···आपका 'विशाल मात्रा का उत्पादन' कम-से-कम मनुष्यों द्वारा पेचीदा यंत्रों की सहायता से किया जानेवाला उत्पादन है।···मेरे यंत्र अत्यंत प्रारंभिक ढंग के ही होंगे, जो लाखों के घरों में रखे जा सकेंगे।

मैं जानता हूँ कि मनुष्य उद्योग-धंधे के बिना जी नहीं सकता। इसलिए मैं उद्योगीकरण का विरोध नहीं कर सकता। लेकिन यंत्रोद्योग दाखिल करने के बारे में मैं बहुत चिंतित हूँ। यंत्र अत्यधिक तेज गति से माल उत्पन्न करता है और अपने साथ ऐसी अर्थव्यवस्था लाता है, जिसे मैं समझ नहीं पाता। मैं ऐसी किसी वस्तु को स्वीकार नहीं करना चाहता, जिसके बुरे परिणाम मुझे साफ दिखाई देते हैं और जिनका पलड़ा उसके अच्छे परिणामों से कहीं ज्यादा भारी है। मैं चाहता हूँ कि हमारे देश के लाखों-करोड़ों मूक मानव स्वस्थ और सुखी बनें; और मैं चाहता हूँ कि उनकी आध्यात्मिक उन्नति हो। और इस हेतु को सिद्ध करने के लिए अभी हमें यंत्र की जरूरत नहीं है। हमारे देश में अनेक, असंख्य लोग बेकार हैं। लेकिन हमारी समझ बढ़ने पर अगर हमें यंत्रों की जरूरत महसूस हुई तो हम जरूर यंत्रों से काम लेंगे। हम उद्यम चाहते हैं; हमें उद्यमशील बनना चाहिए। हम अधिक आत्मनिर्भर बन जाएँ; उसके बाद हम दूसरे लोगों के नेतृत्व का इतना ज्यादा अनुसरण नहीं करेंगे। यदि हमें यंत्रों की आवश्यकता होगी तो समय आने पर हम अपने देश में यंत्र दाखिल करेंगे। एक बार हम अहिंसा के अनुसार अपना जीवन बना लेंगे तो उसके बाद हम यंत्र पर नियंत्रण रखने की कला सीख लेंगे।

□

४

शहर और गाँव

आज संसार में दो प्रकार की विचारधाराएँ प्रचलित हैं। एक विचारधारा जगत् को शहरों में बाँटना चाहती है और दूसरी उसे गाँवों में बाँटना चाहती है। गाँवों की सभ्यता और शहरों की सभ्यता दोनों एक-दूसरे से बिलकुल भिन्न हैं। शहरों की सभ्यता यंत्रों पर और उद्योगीकरण पर निर्भर करती है; और गाँवों की सभ्यता हाथ-उद्योगों पर निर्भर करती है। हमने दूसरी सभ्यता को पसंद किया है।

आखिर में तुलनात्मक दृष्टि से देखा जाए तो इस उद्योगीकरण और बड़े पैमाने पर माल उत्पन्न करने की पद्धति का जन्म कुछ ही समय पहले हुआ है। हम यह तो नहीं जानते कि इन चीजों ने हमारे सुख को कहाँ तक बढ़ाया है, लेकिन इतना हम जरूर जानते हैं कि उन्होंने इस जमाने के विश्वयुद्धों को जन्म दिया है। दूसरे विश्वयुद्ध का अभी अंत नहीं हुआ है; और अगर उसका अंत आ भी गया तो हम तीसरे विश्वयुद्ध की बातें सुन रहे हैं। हमारा देश आज जितना दु:खी है उतना पहले कभी भी नहीं था। शहर के लोगों को अच्छा मुनाफा और अच्छी तनख्वाहें मिलती होंगी, लेकिन यह सब गाँवों का खून चूसकर उन्हें खोखला बना देने से ही संभव हुआ है। हम लाखों और करोड़ों की संपत्ति इकट्ठी नहीं करना चाहते। हम अपने काम के लिए हमेशा पैसे पर निर्भर नहीं रहना चाहते। अगर हम अपने ध्येय के लिए प्राणों का बलिदान देने के लिए तैयार हों तो फिर पैसे का कोई महत्त्व नहीं रह जाता। हमें अपने काम में श्रद्धा रखनी चाहिए और अपने प्रति सच्चे रहना चाहिए। अगर हममें ये दो गुण हों तो हम अपनी ३० लाख रुपए की पूँजी को इस तरह गाँवों में फैला सकेंगे कि उससे ३०० करोड़ रुपए की राष्ट्रीय संपत्ति पैदा हो जाए। यह मुख्य ध्येय सिद्ध करने के लिए आवश्यकता इस

बात की है कि हम अपने गाँवों को स्वयंपूर्ण और आत्मनिर्भर बना दें। लेकिन इस बात का ध्यान रखिए कि स्वयं पूर्णता का मेरा विचार संकुचित नहीं है। मेरी स्वयं पूर्णता में स्वार्थ और अहंकार के लिए कोई स्थान नहीं है।

भारत के शहरों में जो धन दिखाई देता है, उससे हमें धोखे में नहीं पड़ना चाहिए। वह धन इंग्लैंड या अमेरिका से नहीं आता। वह देश के गरीब-से-गरीब लोगों के खून से आता है। कहा जाता है कि भारत में सात लाख गाँव हैं। उनमें से कुछ गाँव तो इस धरती पर से बिलकुल मिट चुके हैं। बंगाल, कर्नाटक और देश के अन्य भागों में जो हजारों आदमी भुखमरी और रोगों के कारण मृत्यु के शिकार हो गए, उनका कोई लेखा किसी के पास नहीं है। सरकारी रजिस्टर इस बात की कोई कल्पना हमें नहीं करा सकते कि हमारे ग्रामवासी आज किन मुसीबतों में से गुजर रहे हैं। लेकिन मैं खुद गाँव में रहता हूँ, इसलिए मैं गाँवों की दुर्दशा को जानता हूँ। मैं गाँव के अर्थशास्त्र को जानता हूँ। मैं आपसे कहता हूँ कि ऊँचे कहे जानेवाले लोगों का बोझ नीचे के लोगों को कुचल रहा है।

आज जरूरत इस बात की है कि ऊपर के लोग नीचे दबनेवाले लोगों की पीठ पर से उतर जाएँ।

बंबई की मिलों में जो मजदूर काम करते हैं, वे गुलाम बन गए हैं। जो स्त्रियाँ उनमें काम करती हैं, उनकी हालत को देखकर कोई भी काँप उठेगा। जब मिलों की वर्षा नहीं हुई थी तब वे स्त्रियाँ भूखों नहीं मरती थीं। मशीनों की यह हवा अगर ज्यादा चली, तो हिंदुस्तान की दुर्दशा होगी। मेरी बात कुछ मुश्किल मालूम होती होगी। लेकिन मुझे कहना चाहिए कि हम हिंदुस्तान में मिलें कायम करें, उसके बजाय हमारा भला इसी में है कि हम मैनचेस्टर को अधिक रुपए भेजकर उसका सड़ा कपड़ा इस्तेमाल करें; क्योंकि उसका कपड़ा इस्तेमाल करने से सिर्फ हमारे पैसे ही जाएँगे। हिंदुस्तान में अगर हम मैनचेस्टर को कायम करेंगे तो पैसा हिंदुस्तान में ही रहेगा, लेकिन वह पैसा हमारा खून चूसेगा; क्योंकि वह हमारी नीति को बिलकुल खत्म कर देगा। जो लोग मिलों में काम करते हैं, उनकी नीति कैसी है, यह उन्हीं से पूछा जाए। उनमें से जिन्होंने रुपए जमा किए हैं, उनकी नीति दूसरे पैसेवालों से अच्छी नहीं हो सकती। अमेरिका के रॉकफेलरों से हिंदुस्तान के रॉकफेलर कुछ कम हैं, ऐसा मानना निरा अज्ञान है। गरीब हिंदुस्तान तो गुलामी से छूट सकेगा, लेकिन अनीति से पैसेवाला बना हुआ हिंदुस्तान गुलामी से कभी नहीं छूटेगा।

मुझे तो लगता है कि हमें यह स्वीकार करना होगा कि अंग्रेजी राज्य को यहाँ टिकाए रखनेवाले ये धनवान् लोग ही हैं। ऐसी स्थिति में ही उनका स्वार्थ सधेगा। पैसा आदमी को दीन बना देता है। ऐसी दूसरी वस्तु दुनिया में विषय-भोग हैं। ये दोनों विषय विषमय हैं। उनका डंक साँप के डंक से भी बुरा है। जब साँप काटता है तो हमारा शरीर लेकर हमें

छोड़ देता है। जब पैसा या विषय काटता है तब वह देह, ज्ञान, मन सबकुछ ले लेता है तो भी हमारा छुटकारा नहीं होता। इसलिए हमारे देश में मिलें कायम हों, इसमें खुश होने जैसा कुछ नहीं है।

विदेशी नौकरशाही और देश के रहनेवाले शहरी लोग गाँव के गरीबों का शोषण करते हैं। गाँववाले अन्न पैदा करते हैं और खुद भूखों मरते हैं। वे दूध पैदा करते हैं और उनके बच्चों को दूध की एक बूँद भी मयस्सर नहीं होती। यह कितना शर्मनाक है! हर एक को पौष्टिक भोजन, रहने के लिए उम्दा मकान, बच्चों की शिक्षा के लिए हर तरह की सुविधा और दवा-दारू की मदद मिलनी चाहिए।

आज के मुट्ठी भर शहर भारत के अनावश्यक अंग हैं और केवल देहातों का जीवन-रक्त चूसने के मलिन हेतु के लिए ही हैं।...अपने उद्यततापूर्ण अन्यायों और अत्याचारों के कारण शहर गाँवों के ज़ीवन और स्वतंत्रता के लिए हमेशा खतरा बने रहते हैं।

सारी दुनिया में युद्ध के लिए शहरी लोग ही जिम्मेदार हैं, देहाती हरगिज नहीं।

मेरी निगाह में शहरों की वृद्धि एक बुरी चीज है। यह मनुष्य जाति का और दुनिया का दुर्भाग्य है, इंग्लैंड का दुर्भाग्य है और हिंदुस्तान का दुर्भाग्य तो है ही; क्योंकि अंग्रेजों ने हिंदुस्तान को उसके शहरों द्वारा ही चूसा है। शहरों ने गाँवों को चूसा है। गाँवों का खून वह सीमेंट है, जिससे शहरों की बड़ी-बड़ी इमारतें बनी हैं। मैं चाहता हूँ कि जिस खून ने आज शहरों की नाड़ियों को फुला रखा है, वह फिर से गाँवों की नाड़ियों में बहने लगे।

'आपने शहरों को भारत की राज्य संस्था पर उठे हुए फोड़े-फुंसी कहा है। इनका क्या किया जाए?'

अगर आप किसी डॉक्टर से पूछेंगे तो वह आपको फोड़े का इलाज यही बताएगा कि उसे चीरकर अथवा पलस्तर और पुल्टिस बाँधकर अच्छा करना होगा। एडवर्ड कारपेंटर ने सभ्यता को एक रोग कहा है, जिसका इलाज होना चाहिए। बहुत बड़े-बड़े शहरों का होना इस रोग का एक लक्षण मात्र है। कुदरती उपचार को माननेवाले के नाते मैं तो यही कहूँगा कि प्रचलित व्यवस्था को पूरी तरह शुद्ध किया जाए और इस तरह कुदरती तौर पर उसका इलाज हो। अगर शहरवालों के दिल गाँव में जमे रहें और वे गाँव की दृष्टि अपना लें तो बाकी चीजें सब अपने आप हो जाएँगी और फोड़ा जल्दी ही बैठ जाएगा।

मेरा यह विश्वास रहा है और मैंने इस बात को असंख्य बार दुहराया है कि भारत अपने कुछ शहरों में नहीं बल्कि सात लाख गाँवों में बसा हुआ है। लेकिन हम शहरवासियों का खयाल है कि भारत शहरों में ही है और गाँवों का निर्माण शहरों की जरूरतें पूरी

करने के लिए ही हुआ है। हमने कभी यह सोचने की तकलीफ ही नहीं उठाई कि उन गरीबों को पेट भरने जितना अन्न और शरीर ढकने जितना कपड़ा मिलता है या नहीं और धूप तथा वर्षा से बचने के लिए उनके सिर पर छप्पर है या नहीं।

मैंने पाया है कि शहरवासियों ने आम तौर पर ग्रामवासियों का शोषण किया है; सच तो यह है कि वे गरीब ग्रामवासियों की ही मेहनत पर जीते हैं। भारत के निवासियों की हालत पर कई ब्रिटिश अधिकारियों ने बहुत कुछ लिखा है। जहाँ तक मैं जानता हूँ, किसी ने भी यह नहीं कहा है कि भारतीय ग्रामवासियों को भरपेट अन्न मिलता है। उलटे उन्होंने यह स्वीकार किया है कि अधिकांश आबादी लगभग भुखमरी की हालत में रहती है, दस प्रतिशत अधभूखी रहती है और लाखों लोग चुटकी भर नमक और मिर्च के साथ मशीन का पालिश किया हुआ निःसत्व चावल या रूखा-सूखा अनाज खाकर गुजारा करते हैं।

आप विश्वास कीजिए कि यदि वैसे भोजन पर हम लोगों में से किसी को रहने के लिए कहा जाए तो हम एक माह से ज्यादा जीने की आशा नहीं कर सकते; या फिर हमें यह डर रहेगा कि ऐसा भोजन खाने से कहीं हमारी दिमागी शक्तियाँ नष्ट न हो जाए। लेकिन हमारे ग्रामवासियों को तो इस हालत में से रोज-रोज गुजरना पड़ता है।

हमारी आबादी का पचहत्तर प्रतिशत से अधिक भाग कृषिजीवी है। लेकिन यदि हम उनसे उनकी मेहनत का सारा फल खुद छीन लें या दूसरों को छीन लेने दें तो यह नहीं कहा जा सकता कि हममें स्वराज्य की भावना काफी मात्रा में है।

शहर अपनी रक्षा आप कर सकते हैं। हमें तो अपना ध्यान गाँवों की ओर लगाना चाहिए। हमें गाँवों को उनकी संकुचित दृष्टि, उनके पूर्वग्रहों और वहमों आदि से मुक्त करना है और यह सब करने का इसके सिवा कोई तरीका नहीं है कि हम उनके साथ उनके बीच में रहें, उनके सुख-दुःख में हिस्सा लें और उनमें शिक्षा तथा उपयोगी ज्ञान का प्रचार करें।

हमें आदर्श ग्रामवासी बनना है; ऐसे ग्रामवासी नहीं जिन्हें सफाई की या तो कोई समझ ही नहीं है और है तो बहुत विचित्र प्रकार की; और जो इस बात का कोई विचार ही नहीं करते कि वे क्या खाते हैं और कैसे पचाते हैं। उनमें से ज्यादातर लोग किसी भी तरह खाना पका लेते हैं, किसी भी तरह खा लेते हैं और किसी भी तरह रह-बस लेते हैं। वैसा हमें नहीं करना है। हमें चाहिए कि हम उन्हें आदर्श आहार बतलाएँ। आहार के चुनाव में हमें अपनी रुचियों और अरुचियों का विचार नहीं करना चाहिए, बल्कि खाद्य पदार्थों के पोषक तत्त्वों पर ही नजर रखनी चाहिए।

जिनकी पीठ पर जलता हुआ सूरज अपनी किरणों के तीर बरसाता है और उस

हालत में भी जो कठिन परिश्रम करते रहते हैं, उन ग्रामवासियों से हमें एकता साधनी है। हमें सोचना है कि जिस पोखर में वे नहाते हैं और अपने कपड़े तथा बरतन धोते हैं और जिसमें उनके पशु लोटते और पानी पीते हैं, उसी में से यदि हमें भी उनकी तरह पीने का पानी लेना पड़े तो हमें कैसा लगेगा। तभी हम उस जनता का ठीक प्रतिनिधित्व कर सकेंगे और तब वह हमारे कहने पर जरूर ध्यान देगी।

हमें ग्रामवासियों को बताना है कि वे अपनी साग-भाजियाँ अधिक पैसा खर्च किए बिना खुद उगा सकते हैं और अपने स्वास्थ्य की रक्षा कर सकते हैं। हमें उन्हें यह भी सिखाना है कि पत्ता-भाजियों को वे जिस तरह पकाते हैं, उसमें उनके अधिकांश विटामिन नष्ट हो जाते हैं।

हमें उन्हें यह सिखाना है कि वे समय, स्वास्थ्य और पैसे की बचत कैसे कर सकते हैं। लिओनेल कार्टिस ने हमारे गाँवों का वर्णन करते हुए उन्हें 'घूरे के ढेर' कहा है। हमें उन्हें आदर्श गाँवों में बदलना है। हमारे ग्रामवासियों को शुद्ध हवा नहीं मिलती, यद्यपि उनके चारों ओर ताजे से ताजा अन्न होता है। इस अन्न के मामले में मैं मिशनरी की तरह इसीलिए बोलता हूँ कि मैं गाँवों को सुंदर और दर्शनीय वस्तु बना देने की आकांक्षा रखता हूँ।

क्या भारत के गाँव हमेशा वैसे ही थे, जैसे वे आज हैं? इस प्रश्न की छानबीन करने से कोई लाभ नहीं होगा। अगर वे कभी भी इससे अच्छे नहीं थे तो इससे हमारी पुरानी सभ्यता का, जिस पर हम इतना अभिमान करते हैं, एक बड़ा दोष प्रगट होता है। लेकिन यदि वे कभी अच्छे नहीं थे तो सदियों से चली आ रही नाश की क्रिया को, जो हम अपने आस-पास आज भी देख रहे हैं, वे कैसे सह सके?...हर एक देशप्रेमी के सामने आज जो काम है, वह यह है कि इस नाश की क्रिया को कैसे रोका जाए या दूसरे शब्दों में भारत के गाँवों का पुनर्निर्माण कैसे किया जाए, ताकि किसी के लिए भी उनमें रहना उतना ही आसान हो जाए, जितना आसान शहरों में रहना माना जाता है। सचमुच हर एक देशभक्त के सामने आज यही काम है। संभव है कि ग्रामवासियों का पुनरुद्धार अशक्य हो और यही सच हो कि ग्राम-सभ्यता के दिन अब बीत गए हैं और सात लाख गाँवों की जगह अब केवल सात सौ सुव्यवस्थित शहर ही रहेंगे और उनमें ३० करोड़ आदमी नहीं, केवल तीन ही करोड़ आदमी रहेंगे। अगर भारत के भाग्य में यही लिखा हो तो भी यह स्थिति एक दिन में तो नहीं आएगी; आखिर गाँवों और ग्रामवासियों की इतनी बड़ी संख्या के मिटने में और जो बचे रहेंगे, उनका शहरों और शहरवासियों में परिवर्तन करने में समय तो लगेगा ही।

ग्राम-सुधार आंदोलन में केवल ग्रामवासियों के ही शिक्षण की बात नहीं है;

शहरवासियों को भी उससे उतनी ही शिक्षा लेनी है। इस काम का भार उठाने के लिए शहरों से जो कार्यकर्ता आएँ, उन्हें ग्राम-मानस का विकास करना है और ग्रामवासियों की तरह रहने की कला सीखनी है। इसका यह अर्थ नहीं कि उन्हें ग्रामवासियों की तरह भूखे मरना है; लेकिन इसका यह अर्थ जरूर है कि जीवन की उनकी पुरानी पद्धति में आमूल परिवर्तन होना चाहिए।

इसका एक ही उपाय है—हम जाकर उनके बीच बैठ जाएँ और उनके आश्रयदाताओं की तरह नहीं बल्कि उनके सेवकों की तरह दृढ़ निष्ठा से उनकी सेवा करें; हम उनके भंगी बन जाएँ और उनके स्वास्थ्य की रक्षा करनेवाले परिचालक बन जाएँ। हमें अपने सारे पूर्वग्रह भुला देने चाहिए। एक क्षण के लिए हम स्वराज्य को भी भूल जाएँ और अमीरों की बात तो भूल ही जाएँ, यद्यपि उनका होना हमें हर कदम पर खटकता है। वे तो अपनी जगह हैं ही। दूसरे कई लोग हैं, जो उन बड़े सवालों को सुलझाने में लगे हुए हैं। हमें तो गाँवों के सुधार के इस छोटे काम में लग जाना चाहिए, जो आज भी जरूरी है और तब भी जरूरी होगा जब हम अपना उद्‌देश्य प्राप्त कर चुकेंगे। सच तो यह है कि ग्राम-कार्य की यह सफलता स्वयं हमें अपने उद्‌देश्य के निकट ले जाएगी।

गाँवों और शहरों के बीच स्वस्थ और नीतियुक्त संबंध का निर्माण तभी होगा जब शहरों को अपने इस कर्तव्य का ज्ञान हो जाए कि उन्हें गाँवों का अपने स्वार्थ के लिए शोषण करने के बजाय गाँवों से जो शक्ति और पोषण वे प्राप्त करते हैं, उसका पर्याप्त बदला गाँवों को देना चाहिए। और यदि समाज के पुनर्निर्माण के इस महान् और उदात्त कार्य में शहर के बालकों को अपना हिस्सा अदा करना है तो जिन उद्योगों के द्वारा उन्हें शिक्षा दी जाती है, वे गाँवों की जरूरतों से सीधे संबंधित होने चाहिए।

हमें ग्रामीण सभ्यता विरासत में मिली है। हमारे देश की विशालता, उसकी विराट् जनसंख्या, उसकी भौगोलिक स्थिति तथा उसकी जलवायु सबको देखते हुए लगता है कि ग्रामीण सभ्यता ही उसके भाग्य में लिखी है। उसके दोषों को सब कोई अच्छी तरह जानते हैं, परंतु एक भी दोष ऐसा नहीं है जो दूर न किया जा सके। ग्रामीण सभ्यता का नाश करके उसके स्थान पर शहरी सभ्यता को बैठाना मुझे असंभव मालूम होता है। यह तभी संभव हो सकता है कि जब हम किसी तीव्र उपाय से अपनी जनसंख्या को ३० करोड़ से घटाकर ३० लाख अथवा कम-से-कम ३ करोड़ तक ले जाने को तैयार हों। इसलिए मैं इस बात को स्वीकार करके ही कोई उपाय सुझा सकता हूँ कि हमें वर्तमान ग्रामीण सभ्यता को जीवित रखना है और उसके माने हुए दोषों को दूर करने का प्रयत्न करना है।

□

५
ग्राम-स्वराज्य

गाँवों का स्थान

हमारे गाँवों की सेवा करने से ही सच्चे स्वराज्य की स्थापना होगी। अन्य सब प्रयत्न निरर्थक सिद्ध होंगे।

अगर गाँव नष्ट हो जाएँ, तो हिंदुस्तान भी नष्ट हो जाएगा। वह हिंदुस्तान ही नहीं रह जाएगा। दुनिया में उसका अपना 'मिशन' ही खत्म हो जाएगा।

सच तो यह है कि हमें गाँवोंवाला भारत और शहरोंवाला भारत, इन दोनों में से एक को चुन लेना है। गाँव उतने ही पुराने हैं जितना कि यह भारत पुराना है। शहरों को विदेशी आधिपत्य ने बनाया है। जब यह आधिपत्य मिट जाएगा तब शहरों को गाँवों के मातहत होकर रहना पड़ेगा। आज तो शहरों का बोलबाला है और वे गाँवों की सारी दौलत खींच लेते हैं। इससे गाँवों का ह्रास और नाश हो रहा है। गाँवों का शोषण खुद एक संगठित हिंसा है। अगर हमें स्वराज्य की रचना अहिंसा के आधार पर करनी है तो गाँवों को उनका उचित स्थान देना ही होगा।

मैं यह मानता हूँ कि अगर हिंदुस्तान को सच्ची आजादी पानी है और हिंदुस्तान की मारफत दुनिया को भी, तब आज नहीं तो कल देहातों में ही रहना होगा; झोंपड़ियों में, महलों में नहीं। कई अरब आदमी शहरों में और महलों में सुख से और शांति से कभी रह नहीं सकते, न एक-दूसरों का खून करके यानी हिंसा से, न झूठ से—यानी असत्य से। सिवाय इस जोड़ी के (यानी सत्य और अहिंसा) मनुष्यजाति का नाश ही है, उसमें मुझे जरा भी शक नहीं है। उस सत्य और अहिंसा का दर्शन हम देहातों की सादगी में ही कर सकते हैं। वह सादगी चरखे में और चरखे में जो चीज भरी है, उसी

पर निर्भर है। मुझे कोई डर नहीं है कि दुनिया उलटी ओर ही जा रही दिखती है। यों तो पतंगा जब अपने नाश की ओर जाता है तब सबसे ज्यादा चक्कर खाता है और चक्कर खाते-खाते जल जाता है। हो सकता है कि हिंदुस्तान इस पतंगे के चक्कर में से न बच सके। मेरा फर्ज है कि आखिर दम तक उसमें से उसे और उसकी मार्फत जगत् को बचाने की कोशिश करूँ।

ग्राम-स्वराज्य

ग्राम-स्वराज्य की मेरी कल्पना यह है कि वह एक ऐसा पूर्ण प्रजातंत्र होगा, जो अपनी महत्त्व की जरूरत के लिए अपने पड़ोसी पर भी निर्भर नहीं करेगा; और फिर भी बहुतेरी दूसरी जरूरतों के लिए—जिनमें दूसरों का सहयोग अनिवार्य होगा, वह परस्पर सहयोग से काम लेगा। इस तरह हर एक गाँव का पहला काम यह होगा कि वह अपनी जरूरत का तमाम अनाज और कपड़े के लिए कपास खुद पैदा कर ले। उसके पास इतनी फाजिल जमीन होनी चाहिए, जिसमें ढोर चर सकें और गाँव के बड़ों व बच्चों के लिए मनबहलाव के साधनों और खेलकूद के मैदान वगैरह का बंदोबस्त हो सके। इसके बाद भी जमीन बची तो उसमें वह ऐसी उपयोगी फसलें बोएगा, जिन्हें बेचकर वह आर्थिक लाभ उठा सके; यों वह गाँजा, तंबाकू, अफीम वगैरह की खेती से बचेगा। हर एक गाँव में गाँव की अपनी एक नाटकशाला, पाठशाला और सभाभवन रहेगा। पानी के लिए उसका अपना इंतजार होगा। वाटरवर्क्स होंगे। जिससे गाँव के सभी लोगों को शुद्ध पानी मिला करेगा। कुओं और तालाबों पर गाँव का पूरा नियंत्रण रखकर यह काम किया जा सकता है। बुनियादी तालीम के आखिरी दरजे तक शिक्षा सबके लिए लाजिमी होगी। जहाँ तक हो सकेगा, गाँव के सारे काम सहयोग के आधार पर किए जाएँगे। जात-पाँत और क्रमागत अस्पृश्यता के जैसे भेद आज हमारे समाज में पाए जाते हैं, वैसे इस ग्राम-समाज में बिलकुल न रहेंगे। सत्याग्रह और असहयोग के शास्त्र के साथ अहिंसा की सत्ता ही ग्रामीण समाज का शासन-बल होगी। गाँव की रक्षा के लिए ग्राम-सैनिकों का एक ऐसा दल रहेगा, जिसे लाजिमी तौर पर बारी-बारी से गाँव के चौकी-पहरे का काम करना होगा। इसके लिए गाँव में ऐसे लोगों का रजिस्टर रखा जाएगा। गाँव का शासन चलाने के लिए हर साल गाँव के पाँच आदमियों की एक पंचायत चुनी जाएगी। इसके लिए नियमानुसार एक खास निर्धारित योग्यतावाले गाँव के बालिग स्त्री-पुरुषों को अधिकार होगा कि वे अपने पंच चुन लें। इन पंचायतों को सब प्रकार की आवश्यक सत्ता और अधिकार रहेंगे। चूँकि इस ग्राम-स्वराज्य में आज के प्रचलित अर्थों में सजा या दंड का कोई रिवाज नहीं रहेगा, इसलिए यह पंचायत अपने

एक साल के कार्यकाल में स्वयं ही धारासभा, न्यायसभा और व्यवस्थापिका सभा का सारा काम संयुक्त रूप से करेगी। आज भी अगर कोई गाँव चाहे तो अपने यहाँ इस तरह का प्रजातंत्र कायम कर सकता है। उसके इस काम में मौजूदा सरकार भी ज्यादा दखलंदाजी नहीं करेगी, क्योंकि उसका गाँव से जो भी कारगर संबंध है, वह सिर्फ मालगुजारी वसूल करने तक ही सीमित है। यहाँ मैंने इस बात का विचार नहीं किया है कि इस तरह के गाँव का अपने पास-पड़ोस के गाँवों के साथ या केंद्रीय सरकार के साथ, अगर वैसी कोई सरकार हुई, क्या संबंध रहेगा। मेरा हेतु तो ग्राम-शासन की एक रूपरेखा पेश करने का ही है। इस ग्राम-शासन में व्यक्तिगत स्वतंत्रता पर आधार रखनेवाला संपूर्ण प्रजातंत्र काम करेगा। व्यक्ति ही अपनी इस सरकार का निर्माता भी होगा। उसकी सरकार और वह दोनों अहिंसा के नियम के वश होकर चलेंगे। अपने गाँव के साथ वह सारी दुनिया की शक्ति का मुकाबला कर सकेगा; क्योंकि हर एक देहाती के जीवन का सबसे बड़ा नियम यह होगा कि वह अपनी और अपने गाँव की इज्जत की रक्षा के लिए मर मिटे।

जो चित्र यहाँ उपस्थित किया गया है, उसमें असंभव जैसी कोई बात नहीं है। संभव है, ऐसे गाँव को तैयार करने में एक आदमी की पूरी जिंदगी खत्म हो जाए। सच्चे प्रजातंत्र का और ग्राम-जीवन का कोई भी प्रेमी एक गाँव को लेकर बैठ सकता है और उसी को अपनी सारी दुनिया मानकर उसके काम में डूब सकता है। निश्चय ही उसे इसका अच्छा फल मिलेगा। वह गाँव में बैठते ही एक साथ गाँव के भंगी, कतवैये, चौकीदार, वैद्य और शिक्षक का काम शुरू कर देगा। अगर गाँव का कोई आदमी उसके पास न फटके, तो भी वह संतोष के साथ सफाई और कताई के काम में जुटा रहेगा।

आदर्श गाँव

आदर्श भारतीय गाँव इस तरह बसाया और बनाया जाना चाहिए, जिससे वह संपूर्णतया निरोग रह सके। उसके झोंपड़ों और मकानों में काफी प्रकाश और वायु आ-जा सके। ये ऐसी चीजों के बने हों जो पाँच मील की सीमा के अंदर उपलब्ध हो सकती हैं। हर मकान के आस-पास या आगे-पीछे इतना बड़ा आँगन हो, जिससे गृहस्थ अपने लिए साग-भाजी लगा सकें और अपने पशुओं को रख सकें। गाँवों की गलियों और रास्तों पर जहाँ तक हो सके, धूल न हो। अपनी जरूरत के अनुसार गाँव में कुएँ हों, जिनसे गाँव के सब आदमी पानी भर सकें। सबके लिए प्रार्थना-घर या मंदिर हों, सार्वजनिक सभा वगैरह के लिए एक अलग स्थान हो, गाँव की अपनी गोचर-भूमि हो, सहकारी ढंग की एक गोशाला हो, ऐसी प्राथमिक और माध्यमिक शालाएँ हों, जिनमें

औद्योगिक शिक्षा सर्वप्रधान वस्तु हो और गाँव के अपने मामलों का निपटारा करने के लिए एक ग्राम-पंचायत भी हो। अपनी जरूरतों के लिए अनाज, साग-भाजी, फल, खादी वगैरह खुद गाँव में ही पैदा हों। एक आदर्श गाँव की मेरी अपनी यह कल्पना है।...मुझे तो यह निश्चय हो गया है कि अगर ग्रामवासियों को उचित सलाह और मार्गदर्शन मिलता रहे तो गाँव की, मैं व्यक्तियों की बात नहीं करता, आय बराबर दूनी हो सकती है। व्यापारी दृष्टि से काम में आने लायक साधन-सामग्री हर गाँव में भले ही न हो, पर स्थानीय उपयोग और लाभ के लिए तो लगभग हर गाँव में है। पर सबसे बड़ी बदकिस्मती तो यह है कि अपनी दशा सुधारने के लिए गाँव के लोग खुद कुछ नहीं करना चाहते।

मेरे काल्पनिक देहात में देहाती जड़ नहीं होगा—शुद्ध चैतन्य होगा। वह गंदगी में, अँधेरे कमरे में जानवर की जिंदगी बसर नहीं करेगा; मर्द और औरत दोनों आजादी में रहेंगे और सारे जगत् के साथ मुकाबला करने को तैयार रहेंगे। वहाँ न हैजा होगा, न प्लेग होगा, न चेचक होगी। कोई आलस्य में रह नहीं सकता है। न कोई ऐश-आराम में रहेगा। सबको शारीरिक मेहनत करनी होगी।...शायद रेलवे भी होगी, डाकघर भी होंगे।

□

६

ग्राम-स्वराज्य के बुनियादी सिद्धांत

१. मानव का सर्वोच्च स्थान—पूरा काम

हम जो भी काम करें, उसमें मुख्य विचार मानव के कल्याण का ही होना चाहिए।

इसका ध्येय है लोगों को सुखी बनाना और इसके साथ उनकी बौद्धिक और नैतिक उन्नति भी करना। नैतिक उन्नति से मेरा मतलब यहाँ आध्यात्मिक उन्नति से है। यह ध्येय विकेंद्रीकरण से सध सकता है। केंद्रीकरण की पद्धति अहिंसक समाज-रचना से भिन्न है।

मेरी राय में भारत की, न सिर्फ भारत की बल्कि सारी दुनिया की अर्थ-रचना ऐसी होनी चाहिए, जिसमें किसी को भी अन्न और वस्त्र के अभाव की तकलीफ न सहनी पड़े। दूसरे शब्दों में, हर एक को इतना काम अवश्य मिल जाना चाहिए कि वह अपने खाने-पहनने की जरूरतें पूरी कर सके। और यह आदर्श निरपवाद रूप से तभी कार्यान्वित किया जा सकता है जब जीवन की प्राथमिक आवश्यकताओं के उत्पादन के साधन जनता के नियंत्रण में रहें। वे हर एक को बिना किसी बाधा के उसी तरह उपलब्ध हैं जिस तरह की भगवान् की दी हुई हवा और पानी हमें उपलब्ध हैं। किसी भी हालत में वे दूसरों के शोषण के लिए चलाए जाने वाले व्यापार का वाहन न बनें। किसी भी देश, राष्ट्र या समुदाय का उन पर एकाधिकार अन्यायपूर्ण होगा। हम आज न केवल अपने इस दुःखी देश में बल्कि दुनिया के दूसरे हिस्सों में भी जो गरीबी और भुखमरी देखते हैं, उसका कारण इस सरल सिद्धांत की उपेक्षा ही है।

वह अर्थशास्त्र गलत है, जो नैतिक सिद्धांतों की उपेक्षा या अवज्ञा करता है। अहिंसा धर्म का अर्थ अपने व्यापक रूप में यह है कि अंतरराष्ट्रीय व्यापार को नियमित

बनाने में नैतिक सिद्धांतों को पूरा महत्त्व दिया जाए।

प्रत्येक मनुष्य को जीवित रहने का अधिकार है और इसलिए अपने भोजन की तथा जहाँ आवश्यक हो, वहाँ कपड़ों और मकान की व्यवस्था का साधन जुटाने का अधिकार है।

'कल की चिंता मत करो' यह एक ऐसा आदेश है, जिसकी प्रतिध्वनि हमें जगत् के लगभग सारे धर्मग्रंथों में सुनाई देती है। सुव्यवस्थित समाज में मनुष्य के लिए आजीविका प्राप्त करना दुनिया की आसान से आसान बात होनी चाहिए और होती है। बेशक, किसी देश की सुव्यवस्थितता की कसौटी यह नहीं कि उसमें कितने मनुष्य लखपति और करोड़पति हैं, बल्कि यह है कि उसकी आम जनता में कोई भुखमरी का शिकार नहीं होता।

देश के कच्चे माल का उपयोग करनेवाली और ज्यादा शक्तिशाली मानवों की परवाह न करनेवाली कोई भी योजना न तो देश में संतुलन कायम रख सकती है और न सब मनुष्यों को समान दर्जा दे सकती है।

सच्ची योजना तो वह होगी, जो हिंदुस्तान की समूची मनुष्य-शक्ति का अच्छे-से-अच्छा उपयोग करे।

जब तक एक भी सशक्त आदमी ऐसा हो, जिसे काम न मिलता हो या भोजन न मिलता हो, तब तक हमें आराम करने या भरपेट भोजन करने में शर्म आनी चाहिए।

जीवन की मुख्य आवश्यकताएँ प्राप्त करना प्रत्येक मानव का समान अधिकार है। यह अधिकार तो पशुओं और पक्षियों को भी है। और चूँकि प्रत्येक अधिकार के साथ एक संबंधित कर्तव्य जुड़ा हुआ है और उस अधिकार पर कहीं से कोई आक्रमण हो तो उसका वैसा ही इलाज भी है। इसलिए हमारी समस्या का रूप यह है कि हम उस प्रारंभिक बुनियादी समानता को सिद्ध करने के लिए उस समानता के अधिकार से जुड़े हुए कर्तव्य और इलाज ढूँढ़ निकालें। वह कर्तव्य यह है कि हम अपने हाथ-पाँवों से मेहनत करें और वह इलाज यह है कि जो हमें अपनी मेहनत के फल से वंचित करे, उसके साथ हम असहयोग करें।

२. शरीर-श्रम

शरीर-श्रम न करने वाले को खाने का क्या अधिकार हो सकता है?

हर स्त्री-पुरुष जिंदा रहने के लिए शरीर-श्रम करे। इसका मतलब यह है कि हर स्वस्थ आदमी को अपनी रोटी के लिए शरीर-श्रम करना ही चाहिए। मनुष्य को अपनी बुद्धि की शक्ति का उपयोग आजीविका या उससे भी ज्यादा प्राप्त करने के लिए नहीं,

बल्कि सेवा के लिए, परोपकार के लिए करना चाहिए। इस नियम का पालन सारी दुनिया करने लगे तो सहज ही सब लोग बराबर हो जाएँ, कोई भूखों न मरे और जगत् बहुत से पापों से बच जाए।...इस नियम का पालन करनेवाले पर इसका चमत्कारी असर होता है; क्योंकि उसे परम शांति मिलती है, उसकी सेवा-शक्ति बढ़ती है और उसकी तंदुरुस्ती बढ़ती है।...गीता का अध्ययन करने पर मैं इसी नियम को गीता के तीसरे अध्याय में यज्ञ के रूप में देखता हूँ। 'यज्ञ से बचा हुआ अन्न' (श्लोक १३) वही है, जो मेहनत करने के बाद मिलता है। आजीविका के लिए पर्याप्त श्रम को गीता ने यज्ञ कहा है।

यह मानना कि किताबों से ही, मेज-कुरसी पर बैठने से ही ज्ञान मिलता है, बुद्धि का विकास होता है, घोर अज्ञान और भारी वहम है। हमें तो इसमें से निकल ही जाना चाहिए। जीवन में वाचन के लिए स्थान जरूर है, मगर वह अपनी जगह पर ही शोभा देता है। शरीर-श्रम को हानि पहुँचाकर उसे बढ़ाया जाए तो उसके खिलाफ विद्रोह करना कर्तव्य हो जाता है। शरीर-श्रम के लिए दिन का ज्यादा समय देना चाहिए और वाचन वगैरह के लिए थोड़ा। आजकल इस देश में, जहाँ अमीर लोग या ऊँचे वर्ण के माने-जाने वाले लोग शरीर-श्रम का अनादर करते हैं, शरीर-श्रम को ऊँचा दर्जा देने की बड़ी जरूरत है और बुद्धि-शक्ति को सच्चा वेग देने के लिए भी शरीर-श्रम की यानी किसी भी उपयोगी शारीरिक धंधे में शरीर को लगाने की जरूरत है।

लाखों भूख से पीड़ित व्यक्ति केवल एक ही चीज चाहते हैं और वह है जीवन देनेवाला भोजन। यह भोजन उन्हें दिया नहीं जा सकता। उन्हें स्वयं इसे पाना होगा। यह केवल कड़े श्रम द्वारा ही प्राप्त किया जा सकता है।

बौद्धिक कार्य शारीरिक कार्य जितना ही महत्त्वपूर्ण है और जीवन की योजना में उसका निश्चित स्थान है। परंतु मेरा आग्रह शरीर-श्रम की आवश्यकता पर है। मेरा दावा है कि किसी भी मनुष्य को इस दायित्व से मुक्त नहीं होना चाहिए।

ईश्वर ने मनुष्य का निर्माण श्रम द्वारा अपना भोजन प्राप्त करने के लिए किया और कहा कि श्रम किए बिना जो खाते हैं, वे चोर हैं।

३. समानता

हर एक को अपने विकास के और अपने जीवन को सफल बनाने के समान अवसर मिलते रहने चाहिए। यदि अवसर दिया जाए तो हर आदमी समान रूप से अपना आध्यात्मिक विकास कर सकता है।

जिस तरह सच्चे नीतिधर्म में और कल्याणकारी अर्थशास्त्र में कोई विरोध नहीं

होता, उसी तरह सच्चा अर्थशास्त्र कभी भी नीति-धर्म के ऊँचे-से-ऊँचे आदर्श का विरोधी नहीं होता। जो अर्थशास्त्र धन की पूजा करना सिखाता है और बलवानों को निर्बलों का शोषण करके धन का संग्रह करने की सुविधा देता है, उसे शास्त्र का नाम नहीं दिया जा सकता। वह तो एक झूठी चीज है, जिससे हमें कोई लाभ नहीं हो सकता। उसे अपनाकर हम मृत्यु को न्योता देंगे। सच्चा अर्थशास्त्र तो सामाजिक न्याय की हिमायत करता है; वह समान भाव से सबकी भलाई का, जिनमें कमजोर भी शामिल हैं, प्रयत्न करता है और सभ्यजनोचित सुंदर जीवन के लिए अनिवार्य है।

मैं ऐसी स्थिति लाना चाहता हूँ, जिनमें सबका सामाजिक दर्जा समान माना जाए।

मेरा आदर्श तो समान वितरण का ही है, लेकिन जहाँ तक मैं देखता हूँ, वह पूरा होने वाला नहीं है। इसीलिए मैं न्यायपूर्ण वितरण के लिए कार्य कर रहा हूँ।

रचनात्मक काम का यह अंग अहिंसापूर्ण स्वराज्य की मुख्य चाबी है। आर्थिक समानता के लिए काम करने का मतलब है पूँजी और मजदूरी के बीच के झगड़ों को हमेशा के लिए मिटा देना। इसका अर्थ यह होता है कि एक ओर से जिन मुट्‌ठी भर पैसे वाले लोगों के हाथ में राष्ट्र की संपत्ति का बड़ा भाग इकट्‌ठा हो गया है, उनकी संपत्ति को कम करना और दूसरी ओर से जो करोड़ों लोग अधपेट खाते और नंगे रहते हैं, उनकी संपत्ति में वृद्धि करना। जब तक मुट्‌ठी भर धनवानों और करोड़ों भूखे रहनेवालों के बीच जमीन-आसमान का अंतर बना रहेगा तब तक अहिंसा की बुनियाद पर चलने वाली राज्य-व्यवस्था कायम नहीं हो सकती। आजाद हिंदुस्तान में देश के बड़े-से-बड़े धनवानों के हाथ में हुकूमत का जितना हिस्सा रहेगा उतना ही गरीबों के हाथ में भी होगा; और तब नई दिल्ली के महलों और उनकी बगल में बसी हुई गरीब मजदूर-बस्तियों के टूटे-फूटे झोंपड़ों के बीच जो दर्दनाक फर्क आज नजर आता है, वह एक दिन को भी नहीं टिकेगा। अगर धनवान् लोग अपने धन को और उसके कारण मिलने वाली सत्ता को खुद राजी-खुशी से छोड़कर और सबके कल्याण के लिए सबके साथ मिलकर बरतने को तैयार न होंगे तो यह तय समझिए कि हमारे देश में हिंसक और खूँखार क्रांति हुए बिना न रहेगी। ट्रस्टीनिशप के मेरे सिद्धांत का बहुत मजाक उड़ाया गया है, फिर भी मैं उस पर डटा हुआ हूँ। यह सच है कि उस तक पहुँचने यानी उसका पूरा-पूरा अमल करने का काम कठिन है। क्या अहिंसा की भी यही हालत नहीं है? फिर भी १९२० में हमने यह सीधी चढ़ाई चढ़ने का निश्चय किया ही था।

४. संरक्षकता

आर्थिक समानता की जड़ में धनिक का ट्रस्टीपन निहित है। इस आदर्श के

अनुसार धनिक को अपने पड़ोसी से एक कौड़ी भी ज्यादा रखने का अधिकार नहीं। तब उसके पास जो ज्यादा है वह क्या उससे छीन लिया जाए? ऐसा करने के लिए हिंसा का आश्रय लेना पड़ेगा। और हिंसा के द्वारा ऐसा करना संभव हो, तो भी समाज को उससे कुछ फायदा होने वाला नहीं है; क्योंकि द्रव्य इकट्ठा करने की शक्ति रखनेवाले एक आदमी की शक्ति को समाज खो बैठेगा। इसलिए अहिंसक मार्ग यह हुआ कि जितनी मान्य हो सकें, उतनी आवश्यकताएँ पूरी करने के बाद जो पैसा बाकी बचे, उसका वह प्रजा की ओर से ट्रस्टी बन जाए। अगर वह प्रामाणिकता से संरक्षक बनेगा तो जो पैसा पैदा करेगा, उसका सद्व्यय भी करेगा। जब मनुष्य अपने आपको समाज का सेवक मानेगा, समाज की खातिर धन कमाएगा, समाज के कल्याण के लिए उसे खर्च करेगा, तब उसकी कमाई में शुद्धता आएगी। उसके साहस में भी अहिंसा होगी। इस प्रकार की कार्य-प्रणाली का आयोजन किया जाए, तो समाज में बगैर संघर्ष के मूक-क्रांति पैदा हो सकती है।

किंतु महाप्रयत्न करने पर भी धनिक संरक्षक न बनें और भूखों मरते हुए करोड़ों को अहिंसा के नाम से और अधिक कुचलते जाएँ, तब क्या किया जाए? इस प्रश्न का उत्तर ढूँढ़ने में ही अहिंसा का मंत्र प्राप्त हुआ। कोई धनवान् गरीबों के सहयोग के बिना धन नहीं कमा सकता। मनुष्य को अपनी हिंसक शक्ति का भान है, क्योंकि वह उसे लाखों वर्षों से विरासत में मिली हुई है। जब उसे चार पैर की जगह, दो पैर और दो हाथवाले प्राणी का आकार मिला, तब उसमें अहिंसक शक्ति भी आई। अहिंसा-शक्ति का भान भी धीरे-धीरे, किंतु अचूक रीति से रोज-रोज बढ़ने लगा। वह भान गरीबों में प्रसार पा जाए तो वे बलवान् बनें और आर्थिक असमानता को, जिसके वे शिकार बने हुए हैं, अहिंसक तरीके से दूर करना सीख लें।

९. विकेंद्रीकरण

मेरी सूचना है कि यदि भारत को अपना विकास अहिंसा की दिशा में करना है तो उसे बहुत सी चीजों का विकेंद्रीकरण करना पड़ेगा। केंद्रीकरण किया जाए तो फिर उसे कायम रखने के लिए और उसकी रक्षा के लिए हिंसा बल अनिवार्य है। जिनमें चोरी करने या लूटने के लिए कुछ है ही नहीं, ऐसे सादे घरों की रक्षा के लिए पुलिस की जरूरत नहीं होती। लेकिन धनवानों के महलों के लिए अवश्य बलवान् रक्षक होने चाहिए, जो डाकुओं से उनकी रक्षा करें। यही बात बड़े-बड़े कारखानों की है। गाँवों को केंद्र में रखकर जिस भारत का निर्माण होगा, उसकी अपेक्षा वह शहर प्रधान भारत

जल, थल और वायुसेनाओं से सुसज्जित होगा तो भी विदेशी आक्रमण का कम खतरा रहेगा।

आप कारखानों की सभ्यता पर अहिंसा का निर्माण नहीं कर सकते; लेकिन वह स्वावलंबी और स्वाश्रयी ग्रामों के आधार पर निर्माण की जा सकती है। मेरी कल्पना की ग्रामीण अर्थ-रचना शोषण का सर्वथा त्याग करती है, और शोषण हिंसा का सार है।

६. स्वदेशी

स्वदेशी एक सार्वभौम धर्म है। हर मनुष्य का पहला कर्तव्य अपने पड़ोसियों के प्रति है। इसमें परदेशी के प्रति द्वेष नहीं है और स्वदेशी के लिए पक्षपात नहीं है। शरीरधारी की सेवा करने की शक्ति की मर्यादा होती है। वह अपने पड़ोसियों के लिए भी मुश्किल से अपना धर्म पूरा कर सकता है। अगर पड़ोसी के प्रति सब कोई अपना धर्म अच्छी तरह पाल सकें, तो दुनिया में मदद के बिना कोई दुःख न भोगे। इसलिए यह कहा जा सकता है कि मनुष्य पड़ोसी की सेवा करके दुनिया की सेवा करता है। असल में तो इस स्वदेशी-धर्म में अपने-पराये का भेद ही नहीं है। पड़ोसी के प्रति धर्म-पालन करने का अर्थ है जगत् के प्रति धर्म-पालन। और किसी तरह से दुनिया की सेवा हो ही नहीं सकती। जिसकी दृष्टि में सारा जगत् ही कुटुंब है, उसमें अपनी जगह पर रहकर भी सबकी सेवा करने की शक्ति होनी चाहिए। वह तो पड़ोसी की सेवा के द्वारा ही हो सकती है। टॉलस्टॉय तो इससे भी आगे बढ़कर कहते हैं कि अभी तो हम एक-दूसरे के कंधे पर चढ़े बैठे हैं। दूसरों के कंधे से हम उतर जाएँ तो बस है। यह कथन उसी बात को दूसरी तरह पेश करता है। अपनी सेवा किए बिना कोई दूसरे की सेवा करता ही नहीं। और दूसरे की सेवा किए बिना जो अपनी ही सेवा करने के इरादे से कोई काम शुरू करता है, वह अपनी और संसार की हानि करता है। कारण स्पष्ट है, हम सभी जीव एक-दूसरे के साथ इतने ज्यादा ओत-प्रोत हैं कि जो कुछ एक आदर्श करता है, उसका अच्छा-बुरा असर सारे जगत् पर पड़ता ही है। हमारी अति मर्यादित दृष्टि के कारण भले ही हम न देख सकें, भले ही एक व्यक्ति के काम का असर इस संसार-सागर में नहीं के बराबर हो, पर वह होता जरूर है। अपनी जिम्मेदारी समझने के लिए इतना ज्ञान हमारे लिए काफी होना चाहिए।

इसलिए शुद्ध स्वदेशी-धर्म विदेशी के विरुद्ध नहीं है। फिर भी स्वदेशी सर्वदेशी नहीं है। नहीं इसलिए कि ऐसा होना असंभव है। 'सबका' करने जाएँ तो वह होता नहीं और 'अपना' भी चला जाता है। 'अपना' करते रहने में 'सबका' होता ही रहता है। 'सबका' करने का यह एक उपाय है। 'मेरे लिए सब बराबर हैं' यह कहने का अधिकार उसी को है, जिसने पड़ोसी के प्रति अपना धर्म पाला हो। 'मेरे लिए सब बराबर हैं' यह

कहकर जो पड़ोसी का तिरस्कार करता है और अपने शौक पूरे करता है, वह स्वेच्छाचारी है, स्वच्छंद है। वह अपने ही लिए जीता है।

७. स्वावलंबन

समाज का घटक एक गाँव या लोगों का ऐसा छोटा समूह होना चाहिए, जिसकी व्यवस्था हो सके और जो आदर्श की दृष्टि से (जीवन की मुख्य आवश्यकताओं के बारे में) स्वयंपूर्ण और आत्मनिर्भर हो।

हर गाँव का पहला काम यह होगा कि वह अपनी जरूरत का सारा अनाज और कपड़े के लिए कपास खुद पैदा कर ले।

खादी का मुख्य काम है हर गाँव को अनाज और कपड़े के बारे में आत्मनिर्भर बनाना।

खुद कत्तिनों द्वारा या लगभग हर गाँव में कपास उगाए बिना स्वावलंबी खादी कभी सफल नहीं होगी। इसका अर्थ यह है कि जहाँ तक स्वावलंबी खादी का संबंध है, कम-से-कम वहाँ तक कपास की खेती को विकेंद्रित किया जाए।

हर एक गाँव को अपने पाँव पर खड़ा होना होगा—अपनी जरूरतें खुद पूरी कर लेनी होंगी, ताकि वह अपना सारा कारोबार स्वयं चला सके। यहाँ तक कि वह सारी दुनिया से अपनी रक्षा स्वयं कर सके।

८. सहयोग

मनुष्यों को सहयोग से रहना चाहिए और सबकी भलाई के लिए काम करना चाहिए।

जहाँ तक संभव होगा, गाँव के सारे काम सहयोग के आधार पर किए जाएँगे।

सहकारिता की पद्धति किसानों के लिए ही ज्यादा जरूरी है। जमीन सरकार की है। इसलिए जब उसे सहकारिता के आधार पर जोता जाएगा तो उससे किसान को ज्यादा-से-ज्यादा आमदनी होगी।

यह याद रखना चाहिए कि सहकारिता का आधार पूर्ण अहिंसा पर होगा।

९. सत्याग्रह

सत्याग्रह और असहयोग के शास्त्र के साथ अहिंसा की सत्ता ही ग्रामीण समाज का शासन-बल होगी।

१०. सब धर्मों की समानता

सारे धर्म मूल में एक ही हैं, यद्यपि वे पेड़ के पत्तों की तरह ब्योरे में और बाह्य

रूप में एक-दूसरे से अलग-अलग हैं। हर पत्ते का अपना अलग अस्तित्व होता है, लेकिन वे सब एक ही तने से फूटते हैं और उसी से उनका संबंध होता है। इसके अलावा कोई भी दो पत्ते एक से नहीं होते। फिर भी वे आपस में कभी नहीं लड़ते। इसके बजाय वे उसी हवा में खुशी से नाचते हैं और एक साथ एक-सा मीठा स्वर निकालते हैं।

संसार में जितने भी प्रचलित प्रख्यात धर्म हैं, वे सब सत्य को प्रकट करते हैं। लेकिन वे सब अपूर्ण मनुष्य द्वारा व्यक्त हुए हैं, इसलिए उन सबमें असत्य का भी मिश्रण हो गया है। इसका मतलब यह कि हममें जितना अपने धर्म के लिए मान हो उतना ही मान दूसरों के धर्मों के लिए भी होना चाहिए।

ग्राम-स्वराज्य में हर एक धर्म की अपनी पूरी और बराबरी की जगह होगी। हम सब एक ही आलीशान पेड़ के पत्ते हैं। इस पेड़ की जड़ हिलाई नहीं जा सकती, क्योंकि वह पाताल तक पहुँची हुई है। जबरदस्त से जबरदस्त आँधी भी उसे हिला नहीं सकती।

११. पंचायत राज

गाँव का शासन चलाने के लिए हर साल गाँव के पाँच आदमियों की एक पंचायत चुनी जाएगी। इसके लिए नियमानुसार एक खास निर्धारित योग्यतावाले गाँव के वयस्क स्त्री-पुरुषों को अधिकार होगा कि वे अपने पंच चुन लें।

चूँकि इस ग्राम-स्वराज्य में आज के प्रचलित अर्थों में सजा अथवा दंड की कोई प्रथा नहीं रहेगी, इसलिए यह पंचायत अपने एक वर्ष के कार्यकाल में स्वयं ही धारासभा, न्यायसभा और व्यवस्थापिका सभा का सारा काम संयुक्त रूप से करेगी।

गाँव के अथवा ग्राम-मनोवृत्तिवाले पाँच वयस्क पुरुषों या स्त्रियों की बनी हुई हर एक पंचायत एक इकाई बनेगी। पास-पास की ऐसी हर दो पंचायतों का, उन्हीं में से चुने हुए एक नेता के मार्गदर्शन में एक कार्यकारी मंडल बनेगा।

जब ऐसी सौ पंचायतें बन जाएँगी, तब पहले दरजे के पचास नेता अपने में से दूसरे दरजे का एक नेता चुनेंगे और इस तरह पहले दरजे के नेता दूसरे नेता के अधीन काम करेंगे। दो सौ पंचायतों के ऐसे समानांतर मंडल बनाना तब तक जारी रखा जाएगा जब तक वे पूरे हिंदुस्तान को न ढक लें। और बाद में कायम की गई पंचायतों का हर एक मंडल पहले की तरह दूसरे दरजे का नेता चुनता जाएगा। दूसरे दरजे के सारे नेता संपूर्ण हिंदुस्तान के लिए सम्मिलित रीति से काम करेंगे और अपने-अपने प्रदेशों के लिए अलग-अलग काम करेंगे। जब जरूरत महसूस हो तो दूसरे दरजे के नेता अपने में से एक मुखिया चुनेंगे और वह मुखिया, चुननेवाले चाहें तब तक, सब मंडलों की व्यवस्था

करेगा और उन पर शासन करेगा।

१२. नई तालीम

शिक्षा से मेरा अभिप्राय यह है कि बालक की या प्रौढ़ की शरीर, मन तथा आत्मा की उत्तम क्षमताओं का सर्वांगीण विकास किया जाए और उन्हें प्रकाश में लाया जाए। अक्षर-ज्ञान न तो शिक्षा का अंतिम लक्ष्य है और न उसका आरंभ है। वह तो मनुष्य की शिक्षा के कई साधनों में केवल एक साधन है। अक्षर-ज्ञान अपने आप में शिक्षा नहीं है। इसलिए मैं बच्चे की शिक्षा का श्रीगणेश उसे कोई दस्तकारी सिखाकर और जिस क्षण से वह अपनी शिक्षा का आरंभ करे, उसी क्षण से उसे उत्पादन के योग्य बनाकर करूँगा। इस प्रकार प्रत्येक स्कूल आत्मनिर्भर हो सकता है। शर्त सिर्फ यह है कि इन स्कूलों की बनी चीजें राज्य खरीद लिया करे।

□

७

शरीर-श्रम

रोटी के लिए हर एक मनुष्य को श्रम करना चाहिए, शरीर को (कमरे को) झुकाना चाहिए, यह ईश्वर का कानून है। यह मूल खोज टॉल्सटॉय की नहीं है, लेकिन उससे बहुत कम प्रसिद्ध रशियन लेखक टी.एम. बोंदरेह्व की है। टॉल्सटॉय ने उसका प्रचार और प्रसार किया और उसे अपनाया। इसकी झाँकी मेरी आँखें भगवद्गीता के तीसरे अध्याय में करती हैं। यज्ञ किए बिना जो खाता है, वह चोरी का अन्न खाता है, ऐसा कठिन शाप यज्ञ नहीं करनेवाले को गीता में दिया गया है। यहाँ यज्ञ का अर्थ शरीर-श्रम या रोटी-मजदूरी ही उचित हो सकता है।

बुद्धि भी उस चीज की ओर हमें ले जाती है—जो श्रम नहीं करता, उसे खाने का क्या हक है? बाइबिल कहती है--'अपनी रोटी तू अपना पसीना बहाकर कमा और खा।' करोड़पति भी अगर अपने पलंग पर लोटता रहे और उसके मुँह में कोई खाना डाले तभी खाए तो वह ज्यादा समय तक खा नहीं सकेगा; इसमें उसको आनंद भी नहीं आएगा। इसलिए वह कसरत वगैरह करके भूख पैदा करता है और खाता तो है अपने ही हाथ-मुँह हिलाकर। अगर यों किसी-न-किसी रूप में अंगों की कसरत राय-रंक सबको करनी पड़ती है तो रोटी पैदा करने की कसरत ही सब क्यों न करें? यह सवाल कुदरती तौर पर उठता है। किसान को हवाखोरी या कसरत करने के लिए कोई नहीं कहता है और दुनिया के ९० फीसदी से भी ज्यादा लोगों का निर्वाह खेती पर होता है। बाकी के दस फीसदी लोग अगर इनकी नकल करें तो जगत् में कितना सुख, कितनी शांति और कितनी तंदुरुस्ती फैल जाए!

आज मालिक-मजदूर का भेद सर्वव्यापक और स्थायी हो गया है और गरीब धनवान् से जलता है। अगर सब रोटी के लिए श्रम करें, तो ऊँच-नीच का भेद न रहे;

और फिर भी धनिक-वर्ग रहेगा तो वह खुद को मालिक नहीं बल्कि उस धन का रक्षक या ट्रस्टी मानेगा और उसका ज्यादातर उपयोग सिर्फ लोगों की सेवा के लिए ही करेगा।

जिसे अहिंसा का पालन करना है, सत्य की भक्ति करनी है, ब्रह्मचर्य को कुदरती बनाना है, उसके लिए तो शरीर-श्रम रामबाण-सा हो जाता है। यह श्रम सचमुच तो खेती में ही होता है। लेकिन सब लोग खेती नहीं कर सकते, ऐसी आज की हालत है ही। इसलिए खेती के आदर्श को खयाल में रखकर खेती के बदले में आदमी भले दूसरा श्रम करे, जैसे कताई, बुनाई, बढ़ईगिरी, लुहारी वगैरह-वगैरह। सबको खुद के भंगी तो बनना ही चाहिए। जो खाता है, वह टट्टी तो फिरेगा ही। जो टट्टी फिरता है वही अपनी टट्टी जमीन में गाड़ दे, यह उत्तम रिवाज है। अगर यह नहीं हो सके तो प्रत्येक कुटुंब अपना यह कर्तव्य पाले।

जिस समाज में भंगी का अलग धंधा माना गया है, वहाँ कोई बड़ा दोष पैठ गया है, ऐसा मुझे तो बरसों से लगता रहा है। इस जरूरी और तंदुरुस्ती बढ़ाने वाले काम को सबसे नीचा काम पहले-पहल किसने माना, इसका इतिहास हमारे पास नहीं है। जिसने माना, उसने हम पर उपकार तो नहीं ही किया। हम सब भंगी है—यह भावना हमारे मन में बचपन से ही जम जानी चाहिए; और उसका सबसे आसान तरीका यह है कि जो लोग समझ गए हैं, वे शरीर-श्रम का आरंभ पाखाना-सफाई से करें। जो मनुष्य समझ-बूझकर, ज्ञानपूर्वक यह करेगा, वह उसी क्षण से धर्म को निराले ढंग से और सही तरीके से समझने लगेगा।

यदि सब लोग अपने ही परिश्रम की कमाई खाएँ, तो दुनिया में अन्न की कमी न रहे और सबको काफी अवकाश भी मिले। तब न किसी को जनसंख्या की वृद्धि की शिकायत रहे, न कोई बीमारी आए और न किसी मनुष्य को कष्ट या क्लेश ही सताए। वह श्रम ऊँचे-से-ऊँचे प्रकार का यज्ञ होगा। इसमें संदेह नहीं कि मनुष्य अपने शरीर या बुद्धि के द्वारा और भी काम करेंगे, पर उनका वह सब श्रम लोककल्याण के लिए किया जानेवाले प्रेम का श्रम होगा। उस अवस्था में न कोई राजा होगा न कोई रंक, न कोई ऊँच होगा न कोई नीच, न कोई स्पृश्य रहेगा, न कोई अस्पृश्य।

भले ही यह एक अलभ्य आदर्श हो, पर इस कारण हमें अपना 'जीवन के नियम' को पूरा किए बिना भी अगर हम अपने नित्य के निर्वाह के लिए पर्याप्त शारीरिक श्रम करेंगे, तो उस आदर्श के बहुत कुछ निकट तो हम पहुँच ही जाएँगे।

यदि हम ऐसा करेंगे तो हमारी आवश्यकताएँ बहुत कम हो जाएँगी और हमारा भोजन भी सादा बन जाएगा। तब हम जीने के लिए खाएँगे, न कि खाने के लिए जिएँगे। इस बात की यथार्थता में जिसे शंका हो, वह अपने परिश्रम की कमाई खाने का प्रयत्न

करे। अपने पसीने की कमाई खाने में उसे कुछ और ही स्वाद मिलेगा, उसका स्वास्थ्य भी अच्छा रहेगा और उसे यह मालूम हो जाएगा कि जो बहुत सी विलास की चीजें उसने अपने ऊपर लाद रखी थीं, वे सब बिलकुल ही अनावश्यक थीं।

क्या मनुष्य अपने बौद्धिक श्रम से अपनी आजीविका नहीं कमा सकते? नहीं। शरीर की आवश्यकताएँ शरीर द्वारा ही पूरी होनी चाहिए। केवल मानसिक और बौद्धिक श्रम आत्मा के लिए और स्वयं अपने ही संतोष के लिए है। उसका पुरस्कार कभी नहीं माँगा जाना चाहिए। आदर्श राज्य में डॉक्टर, वकील और ऐसे ही दूसरे लोग केवल समाज के लाभ के लिए काम करेंगे; अपने लिए नहीं। शारीरिक श्रम के धर्म का पालन करने से समाज की रचना में एक शांत क्रांति हो जाएगी। मनुष्य की विजय जीवन-संग्राम के स्थान पर परस्पर सेवा के संग्राम की स्थापना कर देने में होगी। पशु-धर्म के स्थान पर मानव-धर्म स्थापित हो जाएगा।

मुझे गलत नहीं समझा जाए। मैं बौद्धिक श्रम के मूल्य की अवगणना नहीं करता हूँ; लेकिन बौद्धिक श्रम कितनी ही मात्रा में क्यों न किया जाए, उससे शरीर-श्रम की थोड़ी भी क्षतिपूर्ति नहीं होती, जो कि हममें से हर एक की भलाई के लिए करने को पैदा हुआ है। बौद्धिक श्रम शरीर-श्रम से निश्चित रूप में श्रेष्ठ हो सकता है, अकसर होता है, लेकिन वह शरीर-श्रम का स्थान कभी नहीं लेता और न कभी ले सकता है; जैसे बौद्धिक भोजन, हम जो अन्न खाते हैं उसकी अपेक्षा कहीं ज्यादा उत्तम है, परंतु वह अन्न का स्थान कभी नहीं ले सकता। सचमुच, पृथ्वी की उपज के अभाव में बुद्धि की उपज होना असंभव है।

बुद्धिपूर्वक किया हुआ शरीर-श्रम समाज-सेवा का सर्वोत्कृष्ट रूप है।

यहाँ शरीर-श्रम शब्द के साथ 'बुद्धिपूर्वक किया हुआ' विशेषण यह दिखाने के लिए जोड़ा गया है कि किए हुए शरीर-श्रम के पीछे समाज-सेवा का निश्चित उद्‌देश्य हो, तभी उसे समाज-सेवा का दरजा मिल सकता है। ऐसा न हो, तब तो कहा जाएगा कि हर एक मजदूर समाज-सेवा करता ही है। वैसे एक अर्थ में यह कथन सही भी है, लेकिन यहाँ उससे आवश्यकताएँ पूरी होनी ही चाहिए। इसलिए ऐसा शरीर-श्रम समाज-सेवा से भिन्न नहीं है।

गाँवों में लौट जाने का अर्थ यह है कि शरीर-श्रम के धर्म को उसके तमाम अंगों के साथ हम निश्चित रूप में स्वेच्छापूर्वक स्वीकार करते हैं। परंतु आलोचक कहते हैं—'भारत की करोड़ों संतानें आज भी गाँवों में रहती हैं, फिर भी उन्हें पेट भर भोजन नसीब नहीं होता।' अफसोस के साथ कहना पड़ता है कि यह बिलकुल सच बात है। सौभाग्य से हम जानते हैं कि उनका शरीर-श्रम के धर्म का पालन स्वेच्छापूर्ण नहीं है।

उनका बस चले तो वे शरीर-श्रम कभी न करें और नजदीक के शहर में कोई व्यवस्था हो जाए तो वहाँ दौड़कर चले जाएँ। मजबूर होकर किसी मालिक की आज्ञा पालना गुलामी की स्थिति है; स्वेच्छा से अपने पिता की आज्ञा मानना पुत्रत्व का गौरव है। इसी प्रकार शरीर-श्रम के नियम का विवश होकर पालन करने से दरिद्रता, रोग और असंतोष उत्पन्न होते हैं। यह गुलामी की दशा है। शरीर-श्रम के नियम का स्वेच्छापूर्वक पालन करने से संतोष और स्वास्थ्य मिलता है। और स्वास्थ्य ही सच्ची संपत्ति है, न कि सोने-चाँदी के टुकड़े।

भीख माँगना

मेरी अहिंसा किसी ऐसे स्वस्थ आदमी को मुफ्त खाना देने का विचार बरदाश्त नहीं करेगी, जिसने उसके लिए ईमानदारी से कुछ-न-कुछ काम न किया हो; और मेरा वश चले तो जहाँ मुफ्त भोजन मिलता है, वे सब सदाव्रत मैं बंद कर दूँ। इससे राष्ट्र का पतन हुआ है और आलस्य, बेकारी, दंभ और अपराधों को प्रोत्साहन मिला है। इस प्रकार का अनुचित दान देश के भौतिक या आध्यात्मिक धन की कुछ भी वृद्धि नहीं करता और दाता के मन में पुण्यात्मा होने का झूठा भाव पैदा करता है। क्या ही अच्छी और बुद्धिमानी की बात हो, यदि दानी लोग ऐसी संस्थाएँ खोलें, जहाँ उनके लिए काम करने वाले स्त्री-पुरुषों को स्वास्थ्यप्रद और स्वच्छ वातावरण में भोजन दिया जाए! मेरा खुद का तो यह विचार है कि चरखा या उससे संबंधित क्रियाओं में से कोई भी कार्य आदर्श होगा। परंतु उन्हें यह स्वीकार न हो तो वे कोई भी दूसरा काम चुन सकते हैं। जो भी हो, नियम यह होना चाहिए कि 'मेहनत नहीं तो खाना भी नहीं।'

भीख माँगने को प्रोत्साहन देना बेशक बुरा है, लेकिन मैं किसी भिखारी को काम और भोजन दिए बिना नहीं लौटाऊँगा। हाँ, वह काम करना मंजूर न करे तो मैं उसे भोजन के बिना ही चला जाने दूँगा। जो लोग शरीर से लाचार हैं, जैसे लँगड़े या विकलांग, उनका पोषण राज्य को करना चाहिए। लेकिन बनावटी या सच्ची अंधता की आड़ में भी काफी धोखाधड़ी चल रही है। कितने ही ऐसे अंधे हैं, जिन्होंने अपनी अंधता का अनुचित लाभ उठाया, इसके बजाय यह ज्यादा अच्छा होगा कि उन्हें अपाहिजों की देखभाल करनेवाली किसी संस्था में रख दिया जाए।

आपको अपने पसीने की रोटी कमाना पसंद होना चाहिए और भीख माँगने या दान लेने से बिलकुल दूर रहना चाहिए।

□

८

समानता

समाज की मेरी कल्पना यह है कि जहाँ हम सब समान पैदा हुए हैं अर्थात् हमें समान अवसर प्राप्त करने का अधिकार है, वहाँ सबकी योग्यता एक-सी नहीं है। यह कुदरती तौर पर असंभव है। उदाहरणार्थ, सबकी ऊँचाई, रंग या बुद्धि की मात्रा वगैरह एक-सी नहीं हो सकती; इसलिए कुदरत की रचना ही ऐसी है कि कुछ लोगों में अधिक कमाने की और दूसरों में उनसे कम कमाने की योग्यता होगी। बुद्धिशाली लोग अधिक कमाएँगे और वे इस काम के लिए अपनी बुद्धि का उपयोग करेंगे। यदि वे अपनी बुद्धि का उपयोग दया भाव से करें तो वे राज्य का ही काम करेंगे। ऐसे लोग संरक्षक बनकर जीते हैं, अन्य किसी तरह नहीं। मैं बुद्धिशाली मनुष्य को अधिक कमाने दूँगा और उसकी बुद्धि को कुंठित नहीं करूँगा। परंतु जैसे पिता के सारे कमाऊ बेटों की कमाई परिवार के सम्मिलित कोष में जाती है, ठीक वैसे ही बुद्धिशाली की अधिकांश कमाई राज्य की भलाई में काम आनी चाहिए।

आर्थिक समानता का सच्चा अर्थ है जगत् के सब मनुष्यों के पास एक समान संपत्ति का होना, यानी सबके पास इतनी संपत्ति का होना, जिससे वे अपनी कुदरती आवश्यकताएँ पूरी कर सकें। कुदरत ने ही एक आदमी का हाजमा अगर नाजुक बनाया हो और वह केवल पाँच ही तोला अन्न खा सके और दूसरे को बीस तोला अन्न खाने की आवश्यकता हो तो दोनों को अपनी-अपनी पाचन-शक्ति के अनुसार अन्न मिलना चाहिए। सारे समाज की रचना इस आदर्श के आधार पर होनी चाहिए। अहिंसक समाज को दूसरा आदर्श नहीं रखना चाहिए। पूर्ण आदर्श तक हम शायद नहीं पहुँच सकते, मगर उसे नजर में रखकर विधान बनाएँ और व्यवस्था करें। जिस हद तक इस आदर्श तक हम पहुँच सकेंगे, उसी हद तक सुख और संतोष प्राप्त करेंगे तथा उसी हद तक

सामाजिक अहिंसा सिद्ध हुई कही जा सकेगी।

आय की समानता

अपनी बुद्धि को रुपए-आने-पाई में बदलने के बदले आप उसे देश की सेवा में लगाइए। यदि आप डॉक्टर हैं तो भारत में इतनी बीमारियाँ है कि आपके सारे चिकित्सा-कौशल की उसमें जरूरत है। अगर आप वकील हैं तो हिंदुस्तान में काफी मतभेद और झगड़े-टंटे हैं। अधिक झगड़े खड़े करने के बजाय आप उन झगड़ों को निपटाइए और मुकदमेबाजी बंद कीजिए। यदि आप इंजीनियर हैं तो हमारे गरीब लोगों की हैसियत और जरूरत के अनुसार स्वास्थ्यप्रद एवं शुद्ध हवावाले नमूनेदार मकान बनाइए। आपकी सीखी हुई कोई चीज ऐसी नहीं है, जिसका उपयोग न किया जा सके। (जिस भाई ने गांधीजी से यह प्रश्न पूछा था, वह एक चार्टर्ड एकाउंटेंट था। गांधीजी ने आगे उससे कहा था)—सब जगह कांग्रेस और उससे संबंधित संस्थाओं के हिसाब जाँचने के लिए हिसाब-परीक्षकों की सख्त जरूरत है। आप भारत में आ जाइए—मैं आपको काफी काम दूँगा और आने रोज पारिश्रमिक भी दूँगा, जो भारत के लाखों लोगों की आमदनी से अवश्य ही बहुत ज्यादा है।

वकालत का पेशा करने का यह मतलब नहीं होना चाहिए कि एक देहाती बढ़ई या दूसरे कारीगर की मजदूरी से ज्यादा पैसा लिया जाए।

अगर भारत को स्वाधीनता का ऐसा आदर्श जीवन व्यतीत करना है जिससे संसार ईर्ष्या करे तो तमाम भंगियों, डॉक्टरों, वकीलों, शिक्षकों, व्यापारियों और दूसरे लोगों को दिन भर के प्रामाणिक काम का एक-सा वेतन या एक-सी मजदूरी मिलनी चाहिए। संभव है, भारतीय समाज यह ध्येय कभी सिद्ध न कर सके। परंतु यदि भारतवर्ष को सुखी देश बनना है तो प्रत्येक भारतीय का कर्तव्य है कि वह इस लक्ष्य की ओर बढ़ने का प्रयत्न करे।

□

१

संरक्षकता का सिद्धांत

मान लीजिए कि विरासत या उद्योग-व्यवसाय के द्वारा मुझे प्रचुर संपत्ति मिल गई। तब मुझे यह जानना चाहिए कि वह सब संपत्ति मेरी नहीं है, बल्कि मेरा तो उस पर इतना ही अधिकार है कि जिस तरह दूसरे लाखों आदमी गुजर करते हैं, उसी तरह मैं भी इज्जत के साथ अपनी गुजर भर करूँ। मेरी शेष संपत्ति पर राष्ट्र का अधिकार है, और उसी के हितार्थ उसका उपयोग होना आवश्यक है। इस सिद्धांत का प्रतिपादन मैंने तब किया था जब तक कि जमीदारों और राजाओं की संपत्ति के संबंध में समाजवादी सिद्धांत देश के सामने आया था। समाजवादी इन सुविधा प्राप्त वर्गों को खत्म कर देना चाहते हैं, जबकि मैं यह चाहता हूँ कि वे (जमींदार और राजा-महाराजा) अपने लोभ और स्वामित्व की भावना को छोड़ दें और उन लोगों के समकक्ष बन जाएँ जो मेहनत करके रोटी कमाते हैं। मजदूरों को भी यह महसूस करना होगा कि मजदूर का अपने काम करने की शक्ति पर जितना अधिकार है, मालदार आदमी का अपनी संपत्ति पर उससे भी कम अधिकार है।

यह दूसरी बात है कि इस तरह के सच्चे ट्रस्टी कितने हो सकते हैं। अगर सिद्धांत ठीक हैं तो यह बात गौण है कि उनका पालन अनेक लोग कर सकते हैं या केवल एक ही आदमी कर सकता है। यह प्रश्न अंतर की श्रद्धा का है। अगर आप अहिंसा के सिद्धांत को स्वीकार करें, तो आपको उसके अनुसार आचरण करने की कोशिश करनी चाहिए, चाहे उसमें आपको सफलता मिले या असफलता। आप यह तो कह सकते हैं कि इस पर अमल करना कठिन है, लेकिन इस सिद्धांत में ऐसी कोई बात नहीं है, जिसके लिए यह कहा जा सके कि वह बुद्धिग्राह्य नहीं है।

आप कह सकते हैं कि ट्रस्टीशिप तो कानून-शास्त्र की एक कल्पनामात्र है, व्यवहार में उसका कहीं कोई अस्तित्व दिखाई नहीं पड़ता। लेकिन यदि लोग उस पर सतत विचार

करें और उसे आचरण में उतारने की कोशिश भी करते रहें तो मनुष्य-जाति के जीवन की नियामक शक्ति के रूप में प्रेम आज जितना प्रभावशाली दिखाई देता है, उससे कहीं अधिक प्रभावशाली दिखाई पड़ेगा। बेशक पूर्ण ट्रस्टीशिप तो युक्लिड की बिंदु की व्याख्या की तरह एक कल्पना ही है और उतनी ही अप्राप्य भी है। लेकिन यदि उसके लिए कोशिश की जाए तो दुनिया में समानता की स्थापना की दिशा में हम दूसरे किसी उपाय से जितनी दूर तक जा सकते हैं, उसके बजाय इस उपाय से अधिक दूर तक जा सकेंगे।...मेरा दृढ़ विश्वास है कि यदि राज्य ने पूँजीवाद को हिंसा के द्वारा दबाने की कोशिश की, तो वह खुद ही हिंसा के जाल में फँस जाएगा और फिर कभी वह अहिंसा का विकास नहीं कर सकेगा। राज्य हिंसा का एक केंद्रित और संघटित रूप ही है। व्यक्ति में आत्मा होती हैं; परंतु चूँकि राज्य एक जड़ यंत्रमात्र है, इसलिए उसे हिंसा से कभी नहीं छुड़ाया जा सकता; क्योंकि हिंसा से ही तो उनका जन्म होता है, इसीलिए मैं ट्रस्टीशिप के सिद्धांत को तरजीह देता हूँ। यह डर हमेशा बना रहता है कि कहीं राज्य उन लोगों के खिलाफ, जो उससे मतभेद रखते हैं, बहुत ज्यादा हिंसा का उपयोग न करे। लोग यदि स्वेच्छा से ट्रस्टियों की तरह व्यवहार करने लगें तो मुझे सचमुच बड़ी खुशी होगी। लेकिन यदि वे ऐसा न करें तो मेरा खयाल है कि हमें राज्य के द्वारा भरसक कम हिंसा का आश्रय लेकर उनसे संपत्ति ले लेनी पड़ेगी।...(यही कारण है कि मैंने गोलमेज परिषद् में यह कहा था कि सभी निहित हितवालों की संपत्ति की जाँच होनी चाहिए और जहाँ आवश्यक मालूम हो न, वहाँ उनकी संपत्ति राज्य को...मुआवजा देकर या मुआवजा दिए बिना ही, जहाँ जैसा उचित हो, अपने हाथ में कर लेनी चाहिए।) व्यक्तिगत तौर पर तो मैं यह चाहूँगा कि राज्य के हाथों में शक्ति का ज्यादा केंद्रीकरण न हो; उसके बजाय ट्रस्टीशिप की भावना का विस्तार हो; क्योंकि मेरी राय में राज्य की हिंसा की तुलना में वैयक्तिक मालिकी की हिंसा कम हानिकारक है। लेकिन यदि राज्य की मालिकी अनिवार्य ही हो तो मैं राज्य की कम-से-कम मालिकी की सिफारिश करूँगा।

आजकल यह कहना एक फैशन हो गया है कि समाज को अहिंसा के आधार पर न तों संघटित किया जा सकता है और न चलाया जा सकता है। मैं इस कथन का विरोध करता हूँ। परिवार में जब पिता अपने पुत्र को अपराध करने पर थप्पड़ मार देता है तो पुत्र उसका बदला लेने की बात नहीं सोचता। वह अपने पिता की आज्ञा इसलिए स्वीकार कर लेता है कि इस थप्पड़ के पीछे वह अपने पिता के प्यार को आहत हुआ देखता है, इसलिए नहीं कि थप्पड़ उसे वैसा अपराध दुबारा करने से रोकता है। मेरी राय में समाज की व्यवस्था इस तरह होनी चाहिए; यह उसका एक छोटा रूप है। जो बात परिवार के लिए सही है, वही समाज के लिए भी सही है; क्योंकि समाज एक बड़ा परिवार ही है।

मेरी धारणा यह है कि अहिंसा केवल वैयक्तिक गुण नहीं है। वह एक सामाजिक गुण भी है और अन्य गुणों की तरह उसका भी विकास किया जाना चाहिए। यह तो मानना ही होगा कि समाज के पारस्परिक व्यवहारों का नियमन बहुत हद तक अहिंसा के द्वारा होता है। मैं इतना ही चाहता हूँ कि इस सिद्धांत का विशाल राष्ट्रीय और अंतरराष्ट्रीय क्षेत्र में भी विस्तार किया जाए।

मेरा ट्रस्टीशिप का सिद्धांत कोई ऐसी चीज नहीं है, जो काम निकालने के लिए आज गढ़ लिया गया हो। अपनी मंशा को छिपाने के लिए खड़ा किया गया आवरण तो वह हरगिज नहीं है। मेरा विश्वास है कि दूसरे सिद्धांत जब नहीं रहेंगे तब भी वह रहेगा। उसके पीछे तत्त्वज्ञान और धर्म के समर्थन का बल है। धन के मालिकों ने इस सिद्धांत के अनुसार आचरण नहीं किया है, इस बात से यह सिद्ध नहीं होता कि वह सिद्धांत झूठा है; इससे धन के मालिकों की कमजोरी ही सिद्ध होती है। अहिंसा के साथ किसी दूसरे सिद्धांत का मेल ही नहीं बैठता। अहिंसक मार्ग की खूबी यह है कि अन्यायी यदि अपना अन्याय दूर नहीं करता तो वह अपना नाश खुद ही कर डालता है; क्योंकि अहिंसक असहयोग के कारण या तो वह अपनी गलती देखने और सुधारने के लिए मजबूर हो जाता है या वह बिलकुल अकेला पड़ जाता है।

मैं इस मत के साथ निस्संकोच अपनी सम्मति प्रकट करता हूँ कि आमतौर पर धनवान् केवल धनवान् ही क्यों, बल्कि ज्यादातर लोग इस बात का विशेष विचार नहीं करते कि वे पैसा किस तरह कमाते हैं। अहिंसक उपाय का प्रयोग करते हुए हमारा यह विश्वास तो होना ही चाहिए कि कोई आदमी कितना ही पतित क्यों न हो, यदि उसका इलाज कुशलतापूर्वक और सहानुभूति के साथ किया जाए तो उसे सुधारा जा सकता है। हमें मनुष्यों में रहनेवाले दैवी अंश को प्रभावित करना चाहिए और अपेक्षा रखनी चाहिए कि उसका अनुकूल परिणाम निकलेगा। यदि समाज का हर एक सदस्य अपनी शक्तियों का उपयोग वैयक्तिक स्वार्थ साधने के लिए नहीं, बल्कि सबके कल्याण के लिए करे तो क्या इससे समाज की सुख-समृद्धि में वृद्धि नहीं होगी ? हम ऐसी जड़ समानता का निर्माण नहीं करना चाहते, जिसमें कोई मनुष्य अपनी योग्यता का पूरा-पूरा उपयोग कर ही न सके। ऐसा समाज अंत में नष्ट हुए बिना नहीं रह सकता। इसलिए मेरी यह सलाह बिलकुल ठीक है कि धनवान् लोग चाहे करोड़ों रुपए कमाए (बेशक, ईमानदारी से), लेकिन उनका उद्‌देश्य वह सारा पैसा सबके कल्याण में समर्पित कर देने का होना चाहिए। 'तेन त्यक्तेन भुञ्जीथाः' मंत्र में असाधारण ज्ञान भरा पड़ा है। मौजूदा जीवन-पद्धति के स्थान पर, जिसमें हर एक आदमी पड़ोसी की परवाह किए बिना केवल अपने लिए ही जीता है, सर्व-कल्याणकारी नई जीवन-पद्धति का विकास करना हो तो उसका सबसे निश्चित मार्ग यही है।

□

१०

स्वदेशी की भावना

स्वदेशी की भावना का अर्थ है—हमारी वह भावना, जो हमें दूर के क्षेत्र को छोड़कर अपने समीपवर्ती प्रदेश का ही उपयोग और सेवा करना सिखाती है। उदाहरण के लिए, इस परिभाषा के अनुसार, धर्म के संबंध में यह कहा जाएगा कि मुझे अपने पूर्वजों से प्राप्त धर्म का ही पालन करना चाहिए। अपने समीपवर्ती धार्मिक वातावरण का उपयोग इसी तरह हो सकेगा। यदि मैं उसमें दोष पाऊँ तो मुझे उन दोनों को दूर करके उसकी सेवा करनी चाहिए। इसी तरह राजनीति के क्षेत्र में मुझे स्थानीय संस्थाओं का उपयोग करना चाहिए और उनके जाने-माने दोषों को दूर करके उनकी सेवा करनी चाहिए। अर्थ के क्षेत्र में मुझे अपने पड़ोसियों द्वारा बनाई गई वस्तुओं का ही उपयोग करना चाहिए और उन उद्योगों की कमियाँ दूर करके, उन्हें ज्यादा संपूर्ण और सक्षम बनाकर, उनकी सेवा करनी चाहिए। मुझे लगता है कि यदि स्वदेशी की ऐसी भावना को व्यवहार में उतारा जाए, तो मानवता के स्वर्णयुग की अवतारणा की जा सकती है।

ऊपर स्वदेशी की जिन तीन शाखाओं का उल्लेख हुआ है, उन पर अब हम थोड़ा विचार करें। हिंदू धर्म उसकी बुनियाद में निहित इस स्वदेशी की भावना के कारण ही स्थितिशील और उसके फलस्वरूप अत्यंत शक्तिशाली बन गया। चूँकि वह दूसरे धर्मों के अनुयायियों को अपने दायरे में खींचने की न तो इच्छा ही रखता है और न प्रयत्न ही करता है, इसलिए वह सबसे ज्यादा सहिष्णु है और आज भी अपना विस्तार करने की वैसी ही योग्यता रखता है जैसी कि वह भूतकाल में दिखा चुका है। कुछ लोग ऐसा मानते हैं कि उसने बौद्ध धर्म को खदेड़कर भारत के बाहर निकाल दिया। यह धारणा गलत है। उलटे उसने बौद्ध धर्म को आत्मसात् कर लिया है। स्वदेशी की भावना के ही

कारण हिंदू अपने धर्म का परिवर्तन करने से इनकार करता है। इसका यह अर्थ नहीं कि वह उसे सर्वश्रेष्ठ मानता है, लेकिन वह जानता है कि वह उसमें जरूरी सुधार कर सकता है और उसे संपूर्ण बना सकता है। और जो कुछ मैंने हिंदू धर्म के बारे में कहा है, वह सब मेरे विचार से दुनिया के दूसरे बड़े धर्मों के लिए भी सही है। अंतर केवल यह है कि हिंदू धर्म के लिए यह विशेष रूप से सही है। यहाँ मुझे एक बात कहनी है, भारत में काम करनेवाली मिशनरी संस्थाओं ने भारत के लिए बहुत कुछ किया है और अभी भी वे कर रही हैं तथा भारत इसके लिए उनका कृतज्ञ है। लेकिन मैंने जो कुछ कहा है, उसमें यदि कोई सत्य है तो क्या यह ज्यादा अच्छा न होगा कि वे धर्म-परिवर्तन का कार्य छोड़ दें और केवल परोपकार की ही प्रवृत्तियाँ जारी रखें? क्या इस तरह वे ईसाई धर्म के आंतरिक तत्त्व की अधिक सेवा नहीं करेंगी?

स्वदेशी की भावना की खोज करते हुए जब मैं देश की संस्थाओं पर नजर डालता हूँ तो मुझे ग्राम-पंचायतें बहुत ज्यादा आकर्षित करती हैं। भारत वस्तुत: प्रजातंत्र का उपासक देश है; वह प्रजातंत्र का उपासक है, इसीलिए वह उन सब चोटों को सह सका है, जो आज तक उस पर की गई हैं। राजाओं और नवाबों ने, वे भारतीय रहे हों या विदेशी, प्रजा से सिर्फ कर वसूल किया है; उसके सिवा प्रजा के साथ उनका कोई संपर्क शायद ही रहा है, और प्रजा ने राजा को उसका प्राप्य देकर अपना बाकी जीवन-व्यवहार अपनी इच्छा के अनुसार चलाया है। वर्ण और जातियों का विशाल संघटन न केवल समाज की धार्मिक आवश्यकताएँ पूरी करता था, बल्कि उसकी राजनीतिक आवश्यकताओं की पूर्ति भी करता था। गाँववाले अपना आंतरिक शक्ति कामकाज जाति-संघटन के द्वारा चलाते थे और उसी के द्वारा वे राजकीय शक्ति के अत्याचारों का भी मुकाबला करते थे। जाति-संघटन के द्वारा अपनी संघटन-शक्ति का ऐसा अच्छा परिचय जिस राष्ट्र ने दिया है, उसकी संघटन-शक्ति की क्षमता से इनकार नहीं किया जा सकता। आप हरिद्वार के कुंभ मेले को देखें!…आपको पता चल जाएगा कि जो संघटन लगभग अनायास ही लाखों तीर्थयात्रियों की व्यवस्था कर सकता है, वह कितना कौशलपूर्ण होगा! फिर भी यह कहने की फैशन हो गई है कि हम लोगों में संघटन की योग्यता नहीं है। हाँ, यह बात उनके बारे में अमुक हद तक सही हो सकती है, जो नई परंपराओं में पले और बड़े हुए हैं।

स्वदेशी की भावना से हट जाने के कारण हमें भयंकर विघ्न-बाधाओं से गुजरना पड़ा है। हम शिक्षित वर्ग के लोगों को अपनी शिक्षा विदेशी भाषा के माध्यम से मिली है। इसलिए आम जनता को हम तनिक भी प्रभावित नहीं कर सके हैं। हम लोगों का प्रतिनिधित्व करना चाहते हैं, पर हम उसमें असफल सिद्ध होते हैं। वे किसी अंग्रेज

अधिकारी को जितना जानते-पहचानते हैं, उससे अधिक हमें नहीं जानते-पहचानते। उनके दिल में क्या है, इसे न अंग्रेज शासक जानते हैं, न लोग। उनकी आकांक्षाएँ हमारी आकांक्षाएँ नहीं हैं। इसीलिए हमारा और उनका संबंध-सूत्र टूट-सा गया है। हम प्रजा का संघटन करने में असफल सिद्ध हुए हैं, यह बात सच नहीं है; सच बात यह है कि प्रतिनिधियों में और प्रजा में आपस का नाता ही नहीं है। अगर पिछले पचास वर्षों में हमें अपनी ही भाषाओं के माध्यम से शिक्षा मिली होती, तो हमारे बड़े-बूढ़े, घर के नौकर और पड़ोसी, सब हमारे उस ज्ञान में हिस्सा लेते। बोस और राय जैसे वैज्ञानिकों के आविष्कार रामायण और महाभारत की तरह ही हर एक घर में प्रवेश कर जाते। आज तो स्थिति ऐसी है कि जनता के लिए ये आविष्कार विदेशी वैज्ञानिकों द्वारा किए गए आविष्कारों जैसे ही हैं। यदि विविध पाठ्य-विषयों की शिक्षा देशी भाषाओं द्वारा दी गई होती, तो मैं यह कहने का साहस करता हूँ कि हमारी ये भाषाएँ आश्चर्यजनक रूप में समृद्ध बन गई होतीं, गाँवों की स्वच्छता आदि के सवाल वर्षों पहले हल हो गए होते, ग्राम-पंचायतें जीवित शक्ति के रूप में काम कर रही होतीं, भारत को जैसा स्वराज्य चाहिए वैसा स्वराज्य वह भोगता होता और उसे अपनी पुनीत भूमि पर संघटित हत्या का अपमानकारी दृश्य न देखना पड़ता। खैर, अभी भी अवसर है कि हम अपनी भूल सुधार लें।

अब हम स्वदेशी की अंतिम शाखा पर विचार करें। यहाँ भी जनता की अधिकांश गरीबी का कारण यह है कि आर्थिक और औद्योगिक जीवन में हमने स्वदेशी का नियम भंग किया है। अगर भारत में व्यापार की कोई भी वस्तु विदेशों से न लाई गई होती तो हमारी भूमि में दूध और शहद की नदियाँ बहती होतीं। लेकिन यह तो होना नहीं था। हमें लोभ था और इंग्लैंड को भी लोभ था। इंग्लैंड और भारत का संबंध स्पष्टतया गलती पर आधारित था, लेकिन यहाँ रहने में वह गलती नहीं कर रहा है। यहाँ रहने में उसकी घोषित नीति यह है कि वह भारत को अपनी संपत्ति नहीं मानता। वह उसे जनता की धरोहर के रूप में उसी के भले के लिए अपने पास रख रहा है। अगर यह सही है तो लंकाशायर को भारत में व्यापार करने का लोभ छोड़ देना चाहिए। और यदि स्वदेशी का सिद्धांत सही है, तो इसके कारण लंकाशायर की कोई हानि नहीं होगी। अलबत्ता, शुरू में कुछ समय के लिए उसे कुछ अटपटा-सा लगेगा। मैं स्वदेशी को बदला लेने के लिए चलाया जाने वाला बहिष्कार-आंदोलन नहीं मानता। मैं उसे ऐसा धार्मिक सिद्धांत मानता हूँ, जिसका पालन सब लोगों को करना चाहिए। मैं अर्थशास्त्री नहीं हूँ, लेकिन मैंने ऐसी कुछ किताबें पढ़ी हैं, जिनमें बतलाया गया है कि इंग्लैंड आसानी से अपनी सारी जरूरतें खुद पैदा करने वाला आत्मनिर्भर देश बन सकता था।

हो सकता है कि यह बात हास्यास्पद हो; और वह सच नहीं हो सकती, इसका सबसे बड़ा प्रमाण यह है कि इंग्लैंड दुनिया के उन देशों में है, जो बाहर से सबसे ज्यादा माल आयात करते हैं। लेकिन जब तक भारत अपने जीवन का उत्तम निर्वाह करने योग्य नहीं हो जाता तब तक उससे यह आशा नहीं की जा सकती कि वह लंकाशायर के अथवा किसी दूसरे देश के लिए जिए। और वह अपने जीवन का उत्तम निर्वाह तभी कर सकता है जब वह अपने प्रयत्न से या दूसरों की मदद लेकर अपनी आवश्यकता की सारी वस्तुएँ अपनी ही सीमा में उत्पन्न करने लगे। उसे नाशकारी प्रतिस्पर्धा के उस चक्कर में नहीं पड़ना चाहिए, जो अपसी लड़ाई-झगड़ों, ईर्ष्या और अन्य अनेक बुराइयों को जन्म देता है। लेकिन उसके बड़े सेठों और करोड़पतियों को इस विश्वव्यापी प्रतिस्पर्धा में पड़ने से कौन रोकेगा? कानून तो निश्चय ही ऐसा नहीं कर सकता। लेकिन लोकमत का बल और समुचित शिक्षा अवश्य इस दिशा में बहुत कुछ कर सकते हैं। हथकरघा उद्योग लगभग मरने की स्थिति में है। अपनी यात्राओं में मैंने भरसक ज्यादा-से-ज्यादा बुनकरों से मिलने और उनकी कठिनाइयाँ समझने की कोशिश की और मुझे यह देखकर हार्दिक दुःख हुआ कि किस तरह अनेक बुनकर परिवारों को यह उद्योग—जो किसी समय उन्नति पर था और सम्मानस्पद माना जाता था—छोड़ देना पड़ा है।

अगर हम स्वदेशी के सिद्धांत का पालन करें तो हमारा और आपका यह कर्तव्य होगा कि हम उन बेरोजगार पड़ोसियों को ढूँढ़ें, जो हमारी आवश्यकता की वस्तुएँ हमें दे सकते हों; और यदि वे इन वस्तुओं को बनाना न जानते हों तो उन्हें हम उनकी प्रक्रिया सिखाएँ। ऐसा हो तो भारत का हर एक गाँव लगभग एक स्वाश्रयी और स्वयंपूर्ण इकाई बन जाए। दूसरे गाँवों के साथ वह ऐसी कुछ वस्तुओं का आदान-प्रदान जरूर करेगा, जिन्हें वह खुद अपनी सीमा में पैदा नहीं कर सकता। मुमकिन है, कुछ लोगों को यह बात व्यर्थ मालूम हो। उन लोगों से मैं कहूँगा कि भारत एक विचित्र देश है। कोई दयालु मुसलमान शुद्ध पानी पिलाने के लिए तैयार हो तो भी हजारों परंपरावादी हिंदू ऐसे हैं, जो प्यास से अपना गला सूखने देंगे, लेकिन मुसलमान के हाथ का पानी नहीं पीएँगे। यह बात अर्थहीन तो है, लेकिन इस देश में वह होती है। इसी तरह इन लोगों को एक बार एक निश्चय करा दिया जाए कि धर्म के अनुसार उन्हें भारत में ही बने हुए कपड़े पहनने चाहिए और भारत में ही पैदा हुआ अन्न खाना चाहिए तो फिर वे कोई दूसरे कपड़े पहनने या दूसरा अन्न खाने से इनकार कर देंगे।

भगवद्गीता का एक श्लोक है, जिसमें कहा गया है कि सामान्य जन श्रेष्ठ जनों का अनुकरण करते हैं। स्वदेशी का व्रत लेने पर कुछ समय तक असुविधाएँ तो भोगनी पड़ेंगी, लेकिन उन असुविधाओं के बावजूद यदि समाज के विचारशील व्यक्ति स्वदेशी का व्रत

अपना लें तो हम उन अनेक बुराइयों का निवारण कर सकते हैं जिनसे हम पीड़ित हैं। मैं कानून द्वारा किए जाने वाले हस्तक्षेप को, फिर वह जीवन के किसी भी विभाग में क्यों न किया जाए, बिलकुल नापसंद करता हूँ। उसके समर्थन में ज्यादा-से-ज्यादा यही कहा जा सकता है कि दूसरी बुराई की तुलना में वह कम बुरी है। लेकिन अपनी इस नापसंदगी के बावजूद मैं माल पर सख्त आयात कर लगाने की बात न सिर्फ सह लूँगा, बल्कि मैं चाहूँगा कि ऐसा किया जाए। नटाल एक ब्रिटिश उपनिवेश है, किंतु उसने एक-दूसरे ब्रिटिश उपनिवेश मॉरीशस से आने वाली शक्कर पर काफी कर लगाया था और इस तरह अपनी शक्कर की रक्षा की थी। इंग्लैंड ने भारत पर मुक्त व्यापार की नीति लादकर भारत के प्रति बड़ा अन्याय किया है। यह नीति इंग्लैंड के लिए आहार की तरह पोषक सिद्ध हुई होगी, किंतु भारत के लिए तो वह जहर ही साबित हुई है।

कहा जाता है कि भारत कम-से-कम आर्थिक जीवन में तो स्वदेशी के नियम का आचरण नहीं कर सकता। जो लोग यह दलील देते हैं, वे स्वदेशी को जीवन के एक अनिवार्य सिद्धांत के रूप में नहीं मानते। उनके लिए वह महज देशसेवा का कार्य है, जो अगर उसमें आत्म-निग्रह करना पड़ता हो तो छोड़ा भी जा सकता है। जैसाकि ऊपर बताया गया, स्वदेशी एक धार्मिक नियम है, जिसका पालन उससे होने वाले सारे शारीरिक कष्टों के बावजूद होना ही चाहिए। स्वदेशी का सच्चा प्रेम हो तो सुई या पिन जैसी चीजों का अभाव क्योंकि वे भारत में नहीं बनती हैं—भय का कारण नहीं होना चाहिए। स्वदेशी का व्रत लेनेवाला ऐसी सैकड़ों चीजों के बिना ही अपना काम चलाना सीख लेगा, जिन्हें आज वह अपने लिए जरूरी समझता है। फिर यह बात भी तो है कि जो लोग स्वदेशी को असंभव कहकर टाल देना चाहते हैं, वे यह भूल जाते हैं कि स्वदेशी आखिर एक आदर्श है, जिसे सतत प्रयत्न द्वारा प्राप्त करना है। और यदि फिलहाल हम इस नियम को अमुक वस्तुओं तक ही मर्यादित रखें और जो वस्तुएँ देश में प्राप्य नहीं हैं, उनका उपयोग जारी रखें तो भी हम अपने आदर्श की दिशा में बढ़ते रह सकते हैं।

अंत में मुझे स्वदेशी के खिलाफ उठाए जाने वाले एक अन्य आक्षेप पर और विचार करना है। आक्षेपकारों का कहना है कि वह एक अत्यंत स्वार्थपूर्ण सिद्धांत है और सभ्य जनों की मानी हुई नीति में उसका कोई स्थान नहीं हो सकता। वे समझते हैं कि स्वदेशी का पालन तो असभ्यता के युग की ओर लौटने जैसा होगा। मैं यहाँ इस कथन का विस्तृत विश्लेषण नहीं कर सकता। किंतु मैं यह कहूँगा कि नम्रता और प्रेम के नियमों के साथ एकमात्र स्वदेशी का ही मेल बैठ सकता है। यदि मैं अपने परिवार की भी यथोचित सेवा नहीं कर पाता हूँ तो उस हालत में मेरा संपूर्ण भारत की सेवा का

विचार करना दुरभिमान ही कहा जाएगा। उस हालत में तो यही अच्छा होगा कि मैं अपना प्रयत्न परिवार की सेवा पर ही केंद्रित करूँ और ऐसा समझूँ कि परिवार की सेवा द्वारा मैं पूरे देश की या यों कहो कि पूरी मानवजाति की सेवा कर रहा हूँ। नम्रता और प्रेम इसी में है। कार्य का मूल्य उसके प्रेरक हेतु से निश्चित होता है। परिवार की सेवा मैं उससे दूसरों को होने वाले कष्टों की परवाह किए बिना भी कर सकता हूँ। उदाहरण के लिए, हम लोगों से जबरदस्ती उनका पैसा छीनने का पेशा अख्तियार कर सकते हैं। उसके द्वारा हम धनवान् बनकर परिवार की अनेक अनुचित माँगें पूरी कर सकते हैं। लेकिन यदि हम ऐसा करें तो उससे न तो परिवार की सेवा होगी और न राज्य की। परिवार की सेवा का दूसरा तरीका यह होगा कि मैं इस बात को समझ लूँ कि भगवान् ने मुझे अपने आश्रितों के पोषण के लिए हाथ-पाँव दिए हैं और मुझे उनसे काम लेना चाहिए। ऐसा हो तो मैं एकदम अपना और जिनसे मेरा सीधा संबंध है, उनका जीवन सादा बनाने में लग जाऊँगा। यदि मैं ऐसा करूँ तो अपने परिवार की भी सेवा करूँगा और किसी दूसरे की कोई हानि भी नहीं करूँगा। अगर हर एक आदमी यह जीवन-पद्धति अपना ले तो एकदम आदर्श स्थिति का निर्माण हो जाए। सब लोग उस स्थिति को एक साथ नहीं प्राप्त करेंगे। लेकिन जिन लोगों ने इस बात को समझ लिया है और इसलिए जो उसे अपने आचरण में उतारेंगे, वे स्पष्टतः उस शुभ दिन को निकट लाने में बड़ी मदद करेंगे। जीवन की इस योजना में मैं केवल भारत की ही सेवा करता दिखाई देता हूँ, फिर भी मैं किसी दूसरे देश को हानि नहीं पहुँचाता। मेरी देशभक्ति वर्जनशील भी है और ग्रहणशील भी है। वह वर्जनशील इस अर्थ में है कि मैं अत्यंत नम्रतापूर्वक अपना ध्यान अपनी जन्मभूमि पर ही केंद्रित करता हूँ और ग्रहणशील इस अर्थ में है कि मेरी सेवा में प्रतिस्पर्धा या विरोध की भावना बिलकुल नहीं है। "अपनी संपत्ति का उपयोग इस तरह करो कि उससे तुम्हारे पड़ोसी को कोई कष्ट न हो"—यह केवल कानून का सिद्धांत नहीं, परंतु एक महान् जीवन-सिद्धांत भी है। वह अहिंसा या प्रेम के समुचित पालन की कुंजी है।

स्वदेशी धर्म को जाननेवाला और उसका पालन करनेवाला अपने कुएँ में डूब नहीं जाएगा। जो वस्तु अपने देश में नहीं बन सकती या बड़ी कठिनाई से बन सकती है, उसे विदेशों के प्रति द्वेष रखने के कारण यदि वह बनाने लगे तो स्वदेशी धर्म नहीं होगा। स्वदेशी धर्म का पालन करनेवाला मनुष्य विदेशियों से कभी द्वेष करेगा ही नहीं। अर्थात् पूर्ण स्वदेशी धर्म में किसी के प्रति द्वेष की गुंजाइश ही नहीं है। वह संकुचित नहीं, विशाल और उदार धर्म है। वह प्रेम से, अहिंसा से उत्पन्न हुआ सुंदर धर्म है। □

११

स्वावलंबन और सहयोग

मेरी कल्पना की व्यवस्था की बुनियाद सत्य और अहिंसा है। हमारा प्रथम कर्तव्य यह है कि हमें समाज पर भार नहीं बनना चाहिए, अर्थात् हमें स्वावलंबी होना चाहिए। इस दृष्टि से स्वयं स्वावलंबन एक प्रकार की सेवा है। स्वावलंबी बन जाने के पश्चात् अपना फालतू समय दूसरों की सेवा में लगाएँगे। अगर सब लोग स्वावलंबी बन जाएँ तो किसी को कष्ट नहीं होगा। ऐसी स्थिति में किसी की सेवा करने की जरूरत नहीं रहेगी। परंतु हम अभी तक उस स्थिति में नहीं पहुँचे हैं, इसलिए हमें समाज-सेवा का विचार करना पड़ता है। हम पूर्ण स्वावलंबन प्राप्त करने में सफल हो जाएँ तो भी चूँकि मनुष्य सामाजिक प्राणी है, इसलिए हमें किसी-न-किसी रूप में सेवा स्वीकार करनी होगी। अर्थात् मनुष्य जितना स्वावलंबी है उतना ही वह परस्परावलंबी है। जब समाज को सुव्यवस्थित रखने के लिए परावलंबन आवश्यक होता है तब वह परावलंबन नहीं रह जाता, बल्कि सहयोग हो जाता है। सहयोग में मिठास है। जो सहयोग करते हैं, उनमें कोई सबल या कोई निर्बल नहीं होता। सब कोई समान होते हैं। परावलंबन में लाचारी महसूस होती है। किसी परिवार के लोग जितने परस्परावलंबी होते हैं, उतने ही स्वावलंबी होते हैं। मेरे-तेरे की कोई भावना उनमें नहीं होती। सब सहयोगी होते हैं। इसी प्रकार जब हम समाज, राष्ट्र या सारी मानवजाति को परिवार मान लेते हैं तब भी सब मनुष्य सहयोगी बन जाते हैं। यदि हम ऐसे सहयोग के एक चित्र की कल्पना कर सकें तो हमें पता चलेगा कि निर्जीव यंत्र के सहारे की हमें जरूरत नहीं है। यंत्रों का अधिक-से-अधिक उपयोग करने के बजाय हम उनका कम-से-कम उपयोग करके काम चला लेंगे; और उसी में समाज की सच्ची सुरक्षितता और आत्मरक्षा निहित है।

मेरी स्वावलंबन की कल्पना इतनी ही है कि वस्त्र, अनाज आदि बुनियादी जरूरतों

को ग्रामवासी अपने यहीं पैदा कर लें। इसी को हम स्वावलंबन कहेंगे। लेकिन इसका भी अनर्थ होना संभव है, इसलिए इस चीज को अच्छी तरह समझ लेना चाहिए। स्वावलंबन का अर्थ कूपमंडूकता नहीं है। स्वावलंबी बनने का अर्थ पूर्णतया स्वयंपूर्ण बनना नहीं है। किसी भी हालत में हम सभी चीजें पैदा कर भी नहीं सकते और न हमें करना है। हमको तो पूर्ण स्वावलंबन के नजदीक पहुँचना है। जो चीजें हम पैदा नहीं कर सकते, उन्हें पाने के लिए उनके बदले में देने को हमें अपनी आवश्यकता से अधिक चीजें पैदा करनी ही होंगी।

आदर्श तो बेशक यही है कि हर एक परिवार की जैसे अपनी जमीन होती है, वह अपना अन्न पैदा करता, पकाता और खाता है, ठीक वैसे ही वह अपनी रुई उगाए, सूत काते, उसे बुने और कपड़ा पहने।

अन्न के बारे में मैं कहूँगा कि हमारे पास उपजाऊ जमीन की कमी नहीं है, सिंचाई के लिए काफी पानी है और काम करने के लिए काफी आदमी हैं। फिर अनाज की कमी क्यों होनी चाहिए ?···जनता को अपने आप पर निर्भर रहने का पाठ पढ़ना चाहिए। एक बार जब लोग यह समझ लेंगे कि उन्हें अपने पाँवों पर खड़े रहना है तो सारे वातावरण में एक बिजली-सी दौड़ जाएगी।

हिंदुस्तान अपनी जरूरत से ज्यादा कपास पैदा करता है। लोगों को खुद सूत कातना और उसका कपड़ा बुनना चाहिए। लोगों को अपनी खादी खुद तैयार करनी चाहिए। एक बार लोग अपना अनाज और कपड़ा खुद उत्पन्न करने लगे कि उनका सारा दृष्टिकोण ही बदल जाएगा।

स्वयंपूर्णता एक बड़ा शब्द है।···अगर गाँव अपनी प्राथमिक आवश्यकताओं के लिए स्वावलंबी न बने और आपसी मतभेदों तथा बीमारियों वगैरह के कारण उत्पन्न होने वाली आंतरिक अशांति से और चोरों व लुटेरों के बाहरी उपद्रवों से बचने के लिए अपने पैरों पर खड़े न हुए तो उनकी हस्ती खतरे में पड़ जाएगी, वे मिट जाएँगे। अतएव स्वावलंबन का मतलब तो यह है कि लोग कपास से लेकर कपड़ा बनाने तक की सभी क्रियाएँ सीख लें, अनाज की मौसमी फसलें खड़ी करें और मवेशियों के लिए घास-चारे का प्रबंध कर लें। अगर यह नहीं हुआ तो भूखों मरने की नौबत आएगी और अपने पैरों पर खड़े होने का मतलब है, लोग सामूहिक रूप से संगठित हों, अपने आपसी झगड़ों को गाँव के समझदार आदमियों की पंचायतों द्वारा निपटाने का प्रबंध करें और गाँव की सफाई, आरोग्य और साधारण बीमारियों के उपचार की सामूहिक व्यवस्था कर लें। इसके लिए केवल व्यक्तिगत प्रयत्नों से काम नहीं चलेगा। और सबसे बड़ी बात तो यह है कि गाँवों को चोरों और डाकुओं से सुरक्षित रखने के लिए गाँववालों में

संयुक्त प्रयत्नों द्वारा आत्मविश्वास की भावना पैदा करनी होगी। सामुदायिक अहिंसा इसका सर्वोत्तम उपाय है। लेकिन यदि कार्यकर्ताओं को अहिंसा का मार्ग स्पष्ट न दिखाई पड़े, तो उन्हें हिंसा द्वारा सामूहिक आत्मरक्षा का संगठन करने में झिझकना नहीं चाहिए।

स्वयं कातने वालों द्वारा या लगभग हर गाँव में कपास उत्पन्न किए बिना स्वावलंबी खादी कभी सफल नहीं होगी। इसका अर्थ यह है कि जहाँ तक स्वावलंबी खादी का संबंध है, कम-से-कम वहाँ तक कपास की खेती को विकेंद्रित किया जाए। इसके लिए जिन गाँवों की सेवा की जाए, उनकी जनगणना की हमें जरूरत होगी; क्योंकि प्रत्येक कातने या बुनने वाले के पास (छोटा सा भी) जमीन का ऐसा टुकड़ा नहीं है, जहाँ वह कपास पैदा कर सके। स्वावलंबी खादी ही एक ऐसी योजना है, जिसके लिए चरखा-संघ का अस्तित्व उचित माना जा सकता है। यह ऐसा क्षेत्र है, जिसमें संघ ने किसी उल्लेखनीय पैमाने पर अभी तक कोई काम नहीं किया है।

ईश्वर की सृष्टि का जो भाग हमारे निकट से निकट हो और जिसे हम अधिक-से-अधिक जानते हों, उसी की हम ठीक सेवा कर सकते हैं। हम अपने निकट के पड़ोसी से इसका आरंभ कर सकते हैं। हमें केवल अपना आँगन ही साफ करके संतोष न मान लेना चाहिए, बल्कि हमारे पड़ोसी का आँगन भी साफ रहे, इसकी चिंता रखनी चाहिए। हम अपने परिवार की सेवा करें, लेकिन परिवार के लिए गाँव का नुकसान न होने दें। हमारा अपना सम्मान गाँव के सम्मान में ही समाया हुआ है। लेकिन हममें से हर एक को अपनी मर्यादा समझ लेनी चाहिए। जिस जगत् में हम रहते हैं, उसके संबंध में अपने ज्ञान से हमारी सेवाशक्ति की मर्यादा अपने आप बँध जाती है। लेकिन यह बात मैं सरल से सरल भाषा में रखूँ। हमें अपने निकट के पड़ोसी के बारे में अधिक सोचना चाहिए और अपने बारे में कम सोचना चाहिए। अपने आँगन का कूड़ा-कचरा पड़ोसी के आँगन में डाल देना मानवजाति की सेवा नहीं बल्कि कुसेवा है। हम अपने पड़ोसी की सेवा से ही आरंभ करें।

खेती के बारे में हमें इस बात का पूरा प्रयत्न करना होगा कि जमीन के और अधिक टुकड़े न होने पाएँ। गाँव के लोगों को हमें मिल-जुलकर सहयोग से खेती करने के लिए प्रोत्साहित करना होगा।

सहयोग से गाँव अपने लिए कपास पैदा कर सकता है। अगर ऐसा किया जाए तो यह समझना आसान है कि कीमत या टिकाऊपन में इस तरह तैयार किए गए कपड़े की बराबरी कोई बाहर से मँगाया गया कपड़ा नहीं कर सकता। इस प्रक्रिया में शक्ति का अधिक-से-अधिक संचय होता है।

हम यह भी न भूल जाएँ कि पशु और मनुष्य में यही भेद है कि मनुष्य सामाजिक प्रकृतिवाला प्राणी है। अगर उसे स्वाधीन होने का विशेषाधिकार प्राप्त हुआ है तो परस्पराधीन होना भी उसका कर्तव्य है। कोई अहंकारी मनुष्य ही सबसे स्वाधीन और स्वयंपूर्ण होने का दावा कर सकता है।...हमारे गाँवों की इस प्रकार पुनर्रचना करना संभव है, जिससे अलग-अलग ग्रामवासी तो नहीं, परंतु समूचे गाँव मिलकर अपनी कपड़े की जरूरतों के मामले में आत्मनिर्भर हो जाएँ।

पिछले वर्ष (१९२५) मद्रास में एक सहयोगी मंडल के सामने भाषण देते हुए मैंने कहा था कि हाथ-कताई के द्वारा मैं संसार में सबसे बड़ा सहयोगी मंडल स्थापित करना चाहता हूँ। मेरा यह दावा गलत नहीं है; उसमें महत्त्वाकांक्षा हो सकती है। यह दावा इसलिए गलत नहीं है कि यदि करोड़ों लोग इसमें सहयोग न करें तो हाथ-कताई का जो उद्‌देश्य है, वह सफल हो ही नहीं सकता।

किसी भी एक केंद्र के कार्य को लें। मुख्य कार्यालय में कातनेवालों के लिए कपास इकट्‌ठा किया जाता है। शायद उसी मुख्य स्थान पर बिनौले निकालनेवाले कपास में से बिनौले निकालते हैं। फिर वह धुनकों को दिया जाता है, ताकि वे उसकी पूनियाँ बना दें। अब यह कपास कातनेवालों में बाँटने के लिए तैयार हो गया। वे प्रति सप्ताह अपना कता हुआ सूत लेकर आते हैं और बदले में नई पूनियाँ व अपनी मजदूरी ले जाते हैं। इस प्रकार जो सूत मिलता है, वह जुलाहों को बुनने के लिए दिया जाता है और वे उसकी खादी बुनकर बेचने के लिए केंद्र को लौटा देते हैं। यह खादी अब पहनने वालों को जनसमाज को बेच दी जाती है। इस प्रकार मुख्य कार्यालय को जात-पाँत, रंग और धर्म का विचार किए बिना असंख्य मनुष्यों के साथ सदा जीवंत संपर्क में रहना पड़ता है। क्योंकि मुख्य कार्यालय को कोई नफा या ब्याज नहीं बाँटना पड़ता है और न भूखों और गरीबों की चिंता के सिवा किसी और बात की चिंता करनी पड़ती है। मुख्य कार्यालय को उपयोगी बनने के लिए सब प्रकार से शुद्ध रहना चाहिए। उसमें और इस बड़े संगठन के दूसरे अंगों में केवल शुद्ध आध्यात्मिक और नैतिक बंधन ही होता है। इसलिए कताई का केंद्र तो एक सहयोगी मंडल है और उसके सदस्य हैं बिनौला निकालनेवाले, रुई धुननेवाले, सूत कातनेवाले, कपड़ा बुननेवाले और खादी खरीदनेवाले। ये सब आपस की सदिच्छा और सेवाभाव के एक सामान्य बंधन में बँधे होते हैं।

सहकारी आंदोलन की सफलता का रहस्य यह है कि उसके सदस्य बहुत ईमानदार हों, वे सहकारी काम्म के लाभों को समझते हों और उनके सामने एक निश्चित ध्येय हो। इसलिए सिर्फ थोड़ा रुपया इकट्‌ठा करके और हिस्सों या शेयरों पर मनमाना ब्याज लेकर रुपया कमाने की गरज से सहकारी मंडल खड़ा करना अच्छी बात नहीं; लेकिन

सहकारी पद्धति से खेती करना या डेरी चलाना सचमुच एक अच्छी चीज है, जिससे देश की तरक्की होगी। इसी तरह की कई बातें की जा सकती हैं। मैं नहीं जानता कि···ये सब सोसाइटियाँ किस प्रकार की हैं! क्या उनके पास ईमानदार इंस्पेक्टर हैं, जो अपना काम ठीक तरह समझते हों? जहाँ प्रबंध करनेवाले ईमानदार नहीं थे और ध्येय भी स्पष्ट नहीं था, वहाँ इस प्रकार के आंदोलन से प्रायः नुकसान नहीं है।

□

१२

पंचायत राज

आजादी के पहले पंचायतें

'पंचायत' हमारा बड़ा पुराना और सुंदर शब्द है; उसके साथ प्राचीनता की मिठास जुड़ी हुई है। उसका शाब्दिक अर्थ है—गाँव के लोगों द्वारा चुने हुए पाँच आदमियों की सभा। यह शब्द उस पद्धति का सूचक है, जिसके द्वारा भारत के असंख्य ग्राम-लोक राज्यों का शासन चलता था। लेकिन ब्रिटिश सरकार ने महसूल वसूल करने की अपनी कठोर पद्धति से इन प्राचीन लोकराज्यों का लगभग नाश ही कर डाला है। वे इस महसूल-वसूली के आघात को सह नहीं सके। अब कांग्रेस-जन गाँव के बड़े-बूढ़ों को दीवानी और फौजदारी न्याय की सत्ता देकर इस पद्धति को पुनर्जीवित करने का अधूरा प्रयत्न कर रहे हैं। यह प्रयत्न पहले-पहल १९२१ में किया गया था, लेकिन वह असफल रहा। अब वह दुबारा किया जा रहा है। लेकिन अगर वह व्यवस्थित और सुंदर ढंग से। मैं वैज्ञानिक तरीके से नहीं कहूँगा। नहीं किया गया तो फिर असफल रहेगा।

नैनीताल में मुझे बताया गया कि संयुक्त प्रांत (उत्तर प्रदेश) की कुछ जगहों में स्त्री के साथ होने वाले बलात्कार के मामले भी तथाकथित पंचायतें ही चलाती हैं। मैंने अज्ञान या पक्षपातवाली पंचायतों द्वारा दिए गए कुछ बेतुके और ऊटपटाँग फैसलों के बारे में भी सुना। अगर यह सब सच है तो बुरा है। ऐसी अनियमित और नियम-विरुद्ध काम करनेवाली पंचायतें अपने ही बोझ से दबकर खत्म हो जाएँगी। इसलिए मैं ग्रामसेवकों के मार्गदर्शन के लिए नीचे के नियम सुझाता हूँ—

(१) प्रांतीय कांग्रेस कमेटी की लिखित इजाजत बिना कोई पंचायत कायम न की जाए।

(२) कोई भी पंचायत पहले-पहल ढिंढोरा पिटवाकर बुलाई गई सार्वजनिक सभा में चुनी जानी चाहिए।

(३) तहसील कमेटी द्वारा उसकी सिफारिश की जानी चाहिए।

(४) ऐसी पंचायत को फौजदारी मुकदमे चलाने का अधिकार नहीं होना चाहिए।

(५) वह दीवानी मुकदमे चला सकती है, अगर दोनों पक्ष अपने झगड़े पंचायत के सामने रखें।

(६) किसी को पंचायत के सामने अपनी कोई बात रखने के लिए मजबूर न किया जाए।

(७) किसी पंचायत को जुर्माना करने की सत्ता नहीं होनी चाहिए; उसके दीवानी फैसलों के पीछे एकमात्र बल उसकी नैतिक सत्ता, कड़ी निष्पक्षता और संबंधित पक्षों का स्वेच्छापूर्वक आज्ञा-पालन ही है।

(८) अपराध करनेवालों का कुछ समय के लिए सामाजिक या दूसरी तरह का बहिष्कार नहीं होना चाहिए।

(९) हर एक पंचायत से यह आशा रखी जाएगी कि वह :

(क) अपने गाँव के लड़के-लड़कियों की शिक्षा की ओर ध्यान दे।

(ख) गाँव की सफाई का ध्यान रखे।

(ग) गाँव की दवा-दारू की जरूरत पूरी करें।

(घ) गाँव के कुओं या तालाबों की रक्षा और सफाई का काम देखे।

(ड) तथाकथित अस्पृश्यों की उन्नति और दैनिक आवश्यकताएँ पूरी करने का प्रयत्न करें।

(१०) जो पंचायत बिना किसी सही कारण के अपने चुनाव के छह महीने के भीतर नियम-९ में बताई गई शर्तें पूरी न करे, या दूसरी तरह से गाँववालों की सद्भावन खो दे, या प्रांतीय कांग्रेस कमेटी को उचित मालूम होने वाले किसी कारण से निंदा की पात्र ठहरे तो उसे तोड़ दिया जाए और उसकी जगह पर दूसरी पंचायत चुन ली जाए।

शुरू-शुरू में यह जरूरी है कि पंचायत को जुर्माना करने या किसी का सामाजिक बहिष्कार करने की सत्ता न दी जाए; गाँवों में सामाजिक बहिष्कार अज्ञान या अविवेकी लोगों के हाथ में एक खतरनाक हथियार सिद्ध हुआ है। जुर्माना करने का अधिकार भी हानिकारक सिद्ध हो सकता है और अपने उद्देश्य को नष्ट कर सकता है। जहाँ पंचायत सचमुच लोकप्रिय होती है और नियम-९ में सुझाए गए रचनात्मक कार्य के जरिए अपनी लोकप्रियता को बढ़ाती है, वहाँ वह देखेगी कि उसकी नैतिक प्रतिष्ठा के कारण ही लोग उसके फैसलों और सत्ता का आदर करते हैं। और वही सबसे बड़ा बल है,

जो किसी पंचायत के पास हो सकता है और जिसे कोई उससे छीन नहीं सकता।

स्वतंत्र भारत में पंचायतें

आजादी का अर्थ हिंदुस्तान के आम लोगों की आजादी होना चाहिए, उन पर आज हुकूमत करनेवालों की आजादी नहीं। हाकिम आज जिन्हें अपने पाँव तले रौंद रहे हैं, आजाद हिंदुस्तान में उन्हीं लोगों की मेहरबानी पर उन हाकिमों को रहना होगा। उनको लोगों के सेवक बनना होगा और उनकी मरजी के मुताबिक काम करना होगा।

आजादी नीचे से शुरू होनी चाहिए। हर एक गाँव में प्रजातंत्र या पंचायत का राज होगा। उसके पास पूरी सत्ता और ताकत होगी। इसका मतलब यह है कि हर एक गाँव को अपने पाँव पर खड़ा रहना होगा, अपनी जरूरतें खुद पूरी कर लेनी होंगी, ताकि वह अपना सारा कारोबार खुद चला सके। यहाँ तक कि वह सारी दुनिया के खिलाफ अपनी रक्षा खुद कर सके। उसे तालीम देकर इस हद तक तैयार करना होगा कि वह बाहरी हमले के सामने रक्षा करते हुए मर-मिटने के लायक बन जाए। इस तरह आखिर हमारी बुनियाद व्यक्ति पर होगी। इसका यह मतलब नहीं कि पड़ोसियों पर या दुनिया पर भरोसा न रखा जाए; या उनकी राजी-खुशी से दी हुई मदद न ली जाए! खयाल यह है कि सब आजाद होंगे और सब एक-दूसरे पर अपना असर डाल सकेंगे। जिस समाज का हर एक आदमी यह जानता है कि उसे क्या चाहिए, और इससे भी बढ़कर, जिसमें यह माना जाता है कि बराबरी की मेहनत करके भी दूसरों को जो चीज़ नहीं मिलती है, वह खुद भी किसी को नहीं लेनी चाहिए, वह समाज जरूर ही बहुत ऊँचे दरजे की सभ्यता वाला होना चाहिए।

ऐसे समाज की रचना स्वभावत: सत्य और अहिंसा पर ही हो सकती है। मेरी राय है कि जब तक ईश्वर पर जीता-जागता विश्वास न हो तब तक सत्य और अहिंसा पर चलना असंभव है। ईश्वर या खुदा वह जीती-जागती ताकत है, जिसमें दुनिया की तमाम ताकतें समा जाती हैं। वह किसी का सहारा नहीं लेती और दुनिया की दूसरी सब ताकतों के खत्म हो जाने पर भी कायम रहती है। इस जीती-जागती रोशनी पर, जिसने अपने दामन में सब कुछ लपेट रखा है, अगर मैं विश्वास न रखूँ तो समझ न सकूँगा कि मैं आज किस तरह जिंदा हूँ।

ऐसा समाज अनगिनत गाँवों का बना होगा। उसका फैलाव एक के ऊपर एक के ढंग पर नहीं, बल्कि लहरों की तरह एक के बाद एक की शक्ल में होगा। जिंदगी मीनार की शक्ल में नहीं होगी, जहाँ ऊपर की तंग चोटी को नीचे के चौड़े पाए पर खड़ा होना पड़ता है। वहाँ तो समुद्र की लहरों की तरह जिंदगी एक के बाद एक घेरे की शक्ल

में होगी और व्यक्ति उसका मध्य बिंदु होगा। यह व्यक्ति हमेशा अपने गाँव के खातिर मिटने को तैयार रहेगा। गाँव अपने आस-पास के गाँवों के लिए मिटने को तैयार होगा। इस तरह आखिर सारा समाज ऐसे लोगों का बन जाएगा, जो उद्यत बनकर कभी किसी पर हमला नहीं करते, बल्कि हमेशा नम्र रहते हैं और अपने में समुद्र की उस शान को महसूस करते हैं, जिसके वे एक अभिन्न अंग हैं।

इसलिए सबसे बाहर का घेर या दायरा अपनी ताकत का उपयोग भीतरवालों को कुचलने में नहीं करेगा, बल्कि उन सबको ताकत देगा और उनसे ताकत पाएगा। मुझे ताना दिया जा सकता है कि यह सब तो खयाली तसवीर है, इसके बारे में सोचकर वक्त क्यों बिगाड़ा जाए? युक्लिड की परिभाषावाला बिंदु कोई मनुष्य खींच नहीं सकता, फिर भी उसकी कीमत हमेशा रही है और रहेगी। इसी तरह मेरी इस तसवीर की भी कीमत है। इसके लिए मनुष्य जिंदा रह सकता है। इस तसवीर को पूरी तरह बनाना या पाना संभव नहीं है, तो भी इस सही तसवीर को पाना या इस तक पहुँचना हिंदुस्तान की जिंदगी का मकसद होना चाहिए। जिस चीज को हम चाहते हैं, उसकी सही-सही तसवीर हमारे सामने आनी चाहिए। तभी हम उससे मिलती-जुलती कोई चीज पाने की आशा रख सकते हैं। अगर हिंदुस्तान के हर एक गाँव में भी पंचायती राज कायम हुआ, तो मैं अपनी इस तसवीर की सच्चाई साबित कर सकूँगा, जिसमें सबसे पहला और सबसे आखिरी दोनों बराबर होंगे या यों कहिए कि न कोई पहला होगा, न आखिरी।

इस तसवीर में हर एक धर्म की अपनी पूरी और बराबरी की जगह होगी। हम सब एक ही आलीशान पेड़ के पत्ते हैं। इस पेड़ की जड़ हिलाई नहीं जा सकती, क्योंकि वह पाताल तक पहुँची हुई है। जबरदस्त से जबरदस्त आँधी भी उसे हिला नहीं सकती।

इस तसवीर में उन मशीनों के लिए कोई गुंजाइश न होगी, जो मनुष्य को मेहनत की जगह लेकर कुछ लोगों के हाथों में सारी ताकत इकट्ठी कर देती है। सभ्य लोगों की दुनिया में मेहनत की अपनी अनोखी जगह है। उसमें ऐसी मशीनों की गुंजाइश होगी, जो हर आदमी को उसके काम में मदद पहुँचाए। लेकिन मुझे कुबूल करना चाहिए कि मैंने कभी बैठकर यह सोचा नहीं कि इस तरह की मशीन कैसी हो सकती है! सिलाई की सिंगर मशीन का खयाल मुझे आया था। लेकिन उसका जिक्र भी मैंने यों ही कर दिया था। अपनी इस तसवीर को पूर्ण बनाने के लिए मुझे उसकी जरूरत नहीं।

तब हम क्या करें? अगर हम पंचायती राज का सपना पूरा करना चाहते हैं, लोकतंत्र की स्थापना करना चाहते हैं तो मानना होगा कि छोटे-से-छोटा हिंदुस्तानी बड़े-से-बड़े हिंदुस्तानी के बराबर ही हिंदुस्तान का शासक है। इसके लिए उसे शुद्ध

होना चाहिए। शुद्ध न हो तो शुद्ध बनना चाहिए। वह जैसा शुद्ध हो वैसा ही समझदार भी हो। वह जातिभेद और वर्णभेद को नहीं मानेगा। सबको अपने समान समझेगा। दूसरों को अपने प्रेमपाश में बाँधेगा। उसके लिए कोई अछूत नहीं होगा। उसी तरह मजदूर और महाजन दोनों उसके लिए समान होंगे। वह करोड़ों मजदूरों की तरह पसीने की रोटी कमाना जानेगा और कलम तथा कड़छी को एकता समझेगा। इस शुभ अवसर को निकट लाने के लिए वह खुद भंगी बन जाएगा। वह समझदार होगा, इसलिए अफीम या शराब को छुएगा ही क्यों? स्वभाव से ही वह स्वदेशी-व्रत का पालन करेगा। अपनी पत्नी को छोड़कर वह सभी स्त्रियों को उम्र के अनुसार माँ, बहन या लड़की मानेगा। किसी पर बुरी नजर नहीं डालेगा। मन में भी बुरी भावना नहीं रखेगा। जो अधिकार उसका है, वही अधिकार वह अपनी स्त्री का भी समझेगा। समय आने पर वह खुद मरेगा, दूसरे को कभी नहीं मारेगा। और वह बहादुर ऐसा होगा कि गुरुओं के सिक्खों की तरह अकेला सवा लाख के सामने अड़ा रहेगा और एक कदम भी पीछे नहीं हटेगा। ऐसा हिंदुस्तानी यह नहीं पूछेगा कि इस यत्न में मुझे क्या लेना है!

पंचायत के कर्तव्य

पुराने जमाने में यूनान, चीन और अन्य दूर के देशों से प्रसिद्ध यात्री भारत में आते थे। बड़ी-बड़ी तकलीफें उठाकर वे हमारे देश में ज्ञान पाने के लिए आते थे। उन्होंने लिखा है कि हिंदुस्तान एक ऐसा देश है, जहाँ कोई चोरी नहीं करता, कोई अपने दरवाज़ों को ताला नहीं लगाता। लोग ईमानदार और उद्यमी हैं। सब लोग शराफत से रहते हैं। यह बात करीब दो हजार वर्ष पुरानी है। उस समय सिर्फ चार जातियाँ थीं। आज तो इतनी हो गईं कि क्या कहना! पंचायत-घर बनाकर आपने अपने पर बड़ी जिम्मेदारी ले ली है। इस पंचायत को आप सुशोभित करें। यहाँ आपस में झगड़ा तो होना ही नहीं चाहिए। अगर झगड़ा हो तो पंच उसे निबटा दें। एक साल बाद मैं आपसे पूछूँगा कि आपके यहाँ से कोई कोर्ट में गया था या नहीं। अगर कोई गया तो माना जाएगा कि पंचायत ने अपना काम अच्छी तरह नहीं किया। पंच परमेश्वर का काम करते हैं। आपकी कोर्ट एक ही होनी चाहिए—वह है आपकी पंचायत। इसमें खर्च एक कौड़ी का नहीं और काम शीघ्रता से हो जाता है। ऐसा होने पर न तो पुलिस की जरूरत होगी और न मिलिटरी की।

पंचायत को देखना है कि मवेशी को पूरा खाना मिलता है या नहीं! गाय आज पूरा दूध नहीं देती, क्योंकि उसे पूरा खाना नहीं मिलता। आज, दरअसल हिंदू गाय को काटते हैं, मुसलमान या दूसरे कोई नहीं काटते। हिंदू गाय को अच्छी तरह रखते नहीं और आहिस्ता-आहिस्ता उसका कत्ल करते हैं। यह ज्यादा बुरा है। गाय को हिंदुस्तान

में जितना कष्ट उठाना पड़ता है उतना और किसी देश में नहीं उठाना पड़ेगा।

इसी तरह आज जमीन में जितना अन्न पैदा होता है, उससे दुगुना अन्न पैदा हो, यह देखना पंचायत का काम है। जमीन में ठीक ढंग से, खाद देकर यह काम किया जा सकता है। मनुष्य और जानवर के मल व कचरे में से सोनखाद तैयार हो सकती है, जिससे जमीन की उपज बढ़ेगी।

तीसरा खयाल आपको यह रखना है कि क्या यहाँ के सब लोग स्वस्थ हैं, भीतर और बाहर से स्वस्थ हैं? यहाँ के रास्तों पर धूल, गोबर और कचरा बिलकुल नहीं होना चाहिए। मैं आशा करता हूँ कि यहाँ सिनेमाघर होगा ही नहीं। सिनेमा से हम काफी बुराई सीख सकते हैं। कहते हैं कि सिनेमा शिक्षा का साधन बन सकता है। यह होगा तब होगा, लेकिन आज तो उनसे बुराई ही हो रही है। आप देशी खेल-कूद को पसंद करेंगे। मैं आशा करता हूँ कि आपके यहाँ शराब, गाँजा, अफीम वगैरह नशीली चीजें नहीं होंगी। आप अपने यहाँ से छुआछूत का भूत निकाल फेंकेंगे। यहाँ हिंदू, मुसलमान, सिक्ख, ईसाई वगैरह सब सगे भाइयों की तरह रहेंगे। यह सब आप कर लेंगे तो आप सच्ची आजादी का नमूना पेश करेंगे। सारा हिंदुस्तान आपके आदर्श गाँव को देखने आएगा और उससे प्रेरणा लेगा।

□

१३

नई तालीम

:१:

आमतौर पर नई तालीम का अर्थ किया जाता है—उद्योग द्वारा शिक्षा देना। लेकिन यह कुछ अंश तक ही ठीक है। नई तालीम की जड़ इससे गहरी जाती है। उसका आधार है—सत्य और अहिंसा। व्यक्तिगत जीवन और सामाजिक जीवन, दोनों में ये दो ही उसके आधार हैं। विद्या वह है जो मुक्ति दिलानेवाली हो—'सा विद्या या विमुक्तये।' झूठ और हिंसा तो बंधनकारक हैं। उनका शिक्षा में कोई स्थान नहीं हो सकता। कोई धर्म यह नहीं सिखाता कि बच्चों को असत्य और हिंसा की शिक्षा दो। सच्ची शिक्षा हर एक को सुलभ होनी चाहिए। वह कुछ लाख शहरियों के लिए ही नहीं, बल्कि करोड़ों देहातियों के लिए उपयोगी होनी चाहिए। ऐसी शिक्षा कोरी पोथियों से थोड़े मिल सकती है। उसका सांप्रदायिक धर्म से भी कोई संबंध नहीं हो सकता। वह तो धर्म के उन विश्वव्यापी सिद्धांतों की शिक्षा देती है, जिनमें से सब संप्रदायों के धर्म निकले हैं। यह शिक्षा तो जीवन की पुस्तक से मिलती है। उसके लिए कुछ खर्च नहीं करना पड़ता और उसे ताकत के जोर से कोई छीन नहीं सकता।

मेरा मत है कि बुद्धि का सच्चा विकास हाथ, पैर, कान, नाक, आँख आदि अवयवों के सदुपयोग से ही हो सकता है, अर्थात् शरीर का ज्ञानपूर्वक उपयोग करते हुए बुद्धि का विकास सबसे अच्छा और जल्दी-से-जल्दी होता है। इसमें भी यदि पारमार्थिक वृत्ति का मेल न हो तो बुद्धि का विकास एकतरफा होता है। पारमार्थिक वृत्ति हृदय अर्थात् आत्मा का क्षेत्र है। अत: यह कहा जा सकता है कि बुद्धि के शुद्ध विकास के लिए आत्मा और शरीर का विकास साथ-साथ तथा एक-सी गति से होना चाहिए।

इससे अगर कोई यह कहे कि ये विकास एक के बाद एक हो सकते हैं तो यह ऊपर की विचार-सरणी के अनुसार ठीक नहीं होगा।

हृदय, बुद्धि और शरीर के बीच मेल न होने से जो दुस्सह परिणाम आया है, वह प्रकट है तो भी गलत आदत के कारण हम उसे देख नहीं सकते। गाँवों के लोगों का पालन-पोषण पशुओं के बीच होने के कारण वे मात्र शरीर का उपयोग यंत्र की भाँति किया करते हैं; बुद्धि का उपयोग वे करते ही नहीं और उन्हें करना भी नहीं पड़ता। हृदय की शिक्षा उनमें नहीं के बराबर है। इसलिए उनका जीवन यों ही गुजर रहा है, जो किसी भी काम का नहीं रहा है। और दूसरी ओर आधुनिक कॉलेजों तक की शिक्षा पर जब हम नजर डालते हैं तो वहाँ बुद्धि के विकास के नाम पर बुद्धि के विलास की ही तालीम दी जाती है। लोग ऐसा समझते हैं कि बुद्धि के विकास के साथ शरीर का कोई मेल नहीं है। पर शरीर को कसरत तो चाहिए ही, इसलिए उपयोग रहित कसरतों से उसे निभाने का मिथ्या-प्रयोग होता है। पर चारों ओर से मुझे इस तरह के प्रमाण मिलते ही रहते हैं कि स्कूल-कॉलेजों से पास होकर जो विद्यार्थी निकलते हैं, वे मेहनत-मशक्कत के काम में मजदूरों की बराबरी नहीं कर सकते। जरा सी मेहनत की कि उनका माथा दुखने लगता है और धूप में घूमना पड़े तो उन्हें चक्कर आने लगते हैं। यह स्थिति 'स्वाभाविक' मानी जाती है। बिना जूते खेत में जैसे घास उग आती है, उसी तरह हृदय की वृत्तियाँ आप ही उगती और कुम्हलाती रहती हैं। और यह स्थिति दयनीय मानी जाने के बदले प्रशंसनीय मानी जाती है!

इसके विपरीत, यदि बचपन से बालकों के हृदय की वृत्तियों को ठीक तरह से मोड़ा जाए, उन्हें खेती, चरखा आदि उपयोगी कामों में लगाया जाए और जिस उद्योग द्वारा उनका शरीर खूब कसा जा सके, उस उद्योग की उपयोगिता और उसमें काम आने वाले औजारों वगैरह की बनावट आदि का ज्ञान उन्हें दिया जाए तो उनकी बुद्धि का विकास सहज ही होता जाए और नित्य उसकी परीक्षा भी होती जाए। ऐसा करते हुए गणितशास्त्र आदि के जिस ज्ञान की आवश्यकता हो, वह उन्हें दिया जाए और आनंद के लिए साहित्य आदि का ज्ञान भी देते जाएँ तो तीनों वस्तुएँ समतल हो जाएँ और उनका कोई अंग अविकसित न रहे। मनुष्य न केवल बुद्धि है, न केवल शरीर है और न केवल हृदय या आत्मा है। तीनों के एक समान विकास से ही मनुष्य का मनुष्यत्व सिद्ध होगा। इसी में सच्चा अर्थशास्त्र है।

अगर हम ऐसी शिक्षा देना चाहते हैं, जो गाँवों की आवश्यकताओं के लिए सबसे अधिक उपयुक्त हो तो विद्यापीठ को हमें गाँवों में ले जाना चाहिए। विद्यापीठ को हमें एक प्रशिक्षणशाला में परिणत कर देना चाहिए, जिससे कि हम ग्रामवासियों की आवश्यकता

के अनुसार अध्यापकों को शिक्षा दे सकें। शहर में प्रशिक्षणशाला रखकर उसके द्वारा ग्रामवासियों की आवश्यकताओं के अनुसार आप अध्यापकों को तालीम नहीं दे सकते; उन्हें गाँवों के प्रश्नों में दिलचस्पी लेने और वहाँ रहने के लिए तैयार करना कोई आसान काम नहीं। सेगाँव में रोज ही मेरा यह मत दृढ़ होता जाता है। मैं आपको यह यकीन नहीं दिला सकता कि हम सेगाँव में रहकर ग्रामवासी बन गए हैं या किसी सार्वजनिक हित में हमने ग्रामवासियों के साथ ऐक्य स्थापित कर लिया है।

प्राथमिक शिक्षा के बारे में मेरा यह दृढ़ मत है कि वर्णमाला तथा वाचन और लेखन से शिक्षा का आरंभ करने से बालकों की बुद्धि का विकास कुंठित-सा हो जाता है। जब तक उन्हें इतिहास, भूगोल, गणित और कताई की कला का प्रारंभिक ज्ञान न हो जाए तब तक मैं उन्हें वर्णमाला नहीं सिखाऊँगा। इन तीन चीजों के द्वारा मैं उनकी बुद्धि को विकसित करूँगा। यह प्रश्न पूछा जा सकता है कि तकली या चरखे के द्वारा किस तरह बुद्धि विकसित की जा सकती है? अगर यह कला महज यंत्र की तरह न सिखाई जाए तो वह आश्चर्यजनक रीति से बुद्धि का विकास कर सकती है। जब आप बालक को हर एक क्रिया का ठीक-ठीक कारण समझाएँगे, जब आप उसे तकली या चरखे के हर एक कल-पुरजे के बारे में बताएँगे, जब आप उसे कपास और सभ्यता के साथ उसके संबंध के इतिहास का ज्ञान देंगे और अपने साथ उसे गाँव के कपास के खेत में ले जाएँगे और जब आप उसे उसके काते हुए सूत की समानता और मजबूती जानने का तरीका या तार गिनना सिखाएँगे तब आप उसका दिल तो कताई की कला की तरफ आकर्षित करेंगे ही, साथ ही उसके हाथों, उसकी आँखों और उसकी बुद्धि को भी साधते जाएँगे। इस प्रारंभिक शिक्षा को मैं छह महीने दूँगा। इतने समय में बालक शायद यह सीखने के लिए तैयार हो जाएगा कि वर्णमाला किस तरह पढ़ी जाती है; और जब वह वर्णमाला जल्दी-जल्दी पढ़ने के योग्य हो जाएगा तो सादा ड्राइंग सीखने के लिए तैयार हो जाएगा। और जब वह रेखागणित की शक्लें तथा चिड़ियों वगैरह के चित्र खींचने लगेगा तो वह अक्षरों को बिगाड़कर नहीं लिखेगा। मुझे अपने बचपन के दिन याद हैं, जब मुझे वर्णमाला सिखाई जाती थी। मैं जानता हूँ कि मुझे कितनी कठिनाई पड़ती थी। किसी को यह परवाह नहीं थी कि मेरी बुद्धि पर क्यों जंग लगाया जा रहा है! लेखन-कला को मैं एक ललित कला मानता हूँ। छोटे-छोटे बच्चों की बुद्धि पर वर्णमाला को लादकर और उसे शिक्षा का श्रीगणेश मानकर हम इस कला का गला घोंट देते हैं। इस तरह हम लेखन-कला के साथ हिंसा करते हैं और योग्य समय के पहले ही वर्णमाला सिखाने का प्रयत्न करके हम बालक की बढ़त को मार देते हैं।

गाँव की दस्तकारियों की तालीम को शिक्षा का मध्य बिंदु समझने की आवश्यकता

और महत्त्व के विषय में मुझे जरा भी शंका नहीं है। हिंदुस्तान के शिक्षा-संस्थानों में जो प्रणाली अख्तियार की गई है, उसे मैं शिक्षा नहीं कहता; वह मनुष्य की बुद्धि के सर्वोत्तम अंश को विकसित करनेवाली शिक्षा नहीं है, बल्कि बुद्धि का विलास है। बुद्धि को वह किसी तरह सूचनाओं से अवगत कर देती है। बुद्धि का सच्चा व्यवस्थित विकास तो शुरू से ही गाँव की दस्तकारियों द्वारा बुद्धि को शिक्षा देने की प्रणाली से होगा और फलत: बौद्धिक शक्ति और अप्रत्यक्ष रीति से आध्यात्मिक शक्ति की भी उससे रक्षा होगी।

जुदा-जुदा विषयों पर मेरी जो तजबीजें हैं, उनमें हाथ अक्षर बनाने या लिखने की कोशिश करने के पहले औजार चलाने का काम करेंगे। आँखें जैसे जिंदगी की दूसरी चीजें देखती हैं, उसी तरह अक्षरों और शब्दों के चित्र देखेंगी; कान चीजों और वाक्यों के नाम एवं अर्थ को समझेंगे। सारी शिक्षा कुदरती और रस पैदा करनेवाली होगी और इसीलिए देश की सब शिक्षाओं से तेज रफ्तार वाली तथा सस्ती रहेगी। इसलिए मेरे स्कूल के लड़के जितनी तेज रफ्तार से लिखेंगे, उससे भी अधिक तेज रफ्तार से वे पढ़ने लगेंगे। और जब ये लिखना शुरू करेंगे तो भद्दी लकीरें नहीं खींचेंगे, जैसेकि मैं अब तक (शिक्षकों की कृपा से) खींचता रहता हूँ; बल्कि जिस तरह वे अपने को दिखाई देने वाली दूसरी चीजों की ठीक शक्लें खींच सकेंगे उसी तरह अक्षरों की भी ठीक शक्लें बना सकेंगे। अगर मेरे कयास के स्कूल कभी कायम हों तो मैं यह कहने का साहस करता हूँ कि वाचन के मामले में वे सबसे आगे बढ़े हुए स्कूलों के साथ होड़ कर सकेंगे; और अगर यह आम खयाल हो कि लिखावट, जैसी कि आजकल ज्यादातर मामलों में होती है, वैसी गलत नहीं बल्कि सही तरीके की हो तो लिखावट में भी मेरे ये स्कूल आज के उन्नत-से-उन्नत स्कूल की बराबरी कर सकेंगे।

प्राथमिक शिक्षा का पाठ्यक्रम कम-से-कम सात साल का हो। इसमें बच्चों को इतना सामान्य ज्ञान मिल जाना चाहिए, जो उन्हें साधारणतया मैट्रिक तक की शिक्षा में मिल जाता है। इसमें अंग्रेजी नहीं रहेगी। उसकी जगह कोई एक अच्छा सा उद्योग सिखाया जाएगा।

लड़कों और लड़कियों का सर्वतोमुखी विकास हो, इसलिए सारी शिक्षा जहाँ तक हो सके, ऐसे उद्योग द्वारा दी जानी चाहिए, जिसमें कुछ उपार्जन भी हो। इसे यों भी कह सकते हैं कि इस उद्योग द्वारा दो हेतु सिद्ध होने चाहिए—एक तो विद्यार्थी उस उद्योग की उपज और अपने श्रम से अपनी पढ़ाई का खर्च अदा कर सकें और दूसरे स्कूल में सीखे हुए इस उद्योग द्वारा उस लड़के या लड़की में उन सभी गुणों और शक्तियों का पूर्ण विकास हो जाए, जो एक पुरुष या स्त्री के लिए आवश्यक हैं।

पाठशाला की जमीन, इमारतों और दूसरे जरूरी सामान का खर्च विद्यार्थी के परिश्रम से निकालने की कल्पना नहीं की गई है।

कपास, रेशम और उनकी बुनाई से लेकर सफाई, (कपास की) लुड़ाई, पिंजाई, कलाई, रँगाई, मांड लगाना, ताना लगाना, दो सूती (दुबटा) करना, डिजाईन (नमूने) बनाना तथा बुनाई आदि तमाम क्रियाएँ और कसीदा काढ़ना, सिलाई करना, कागज बनाना, कागज काटना, जिल्दसाजी करना, आलमारी, फर्नीचर वगैरह तैयार करना, खिलौने बनाना, गुड़ बनाना इत्यादि ऐसे निश्चित उद्योग हैं, जिन्हें आसानी से सीखा जा सकता है और जिन्हें चलाने के लिए बहुत बड़ी पूँजी की भी जरूरत नहीं होती।

इस प्रकार की प्राथमिक शिक्षा से लड़के और लड़कियाँ इस लायक हो जाएँ कि वे अपनी रोजी कमा सकें, इसके लिए यह जरूरी है कि जिन धंधों की शिक्षा उन्हें दी गई हो, उनमें राज्य उन्हें काम दें। अथवा राज्य द्वारा निश्चित की गई कीमतों पर सरकार उनकी बनाई हुई चीजों को खरीद लिया करे।

परंतु समस्त राष्ट्र की दृष्टि से हम शिक्षा में इतने पिछड़े हुए हैं कि अगर शिक्षा-प्रचार के लिए हम केवल धन पर ही निर्भर रहेंगे, तो एक निश्चित समय के अंदर राष्ट्र के प्रति अपने फर्ज को अदा करने की आशा हम कभी कर ही नहीं सकते। इसलिए मैंने यह सुझाने का साहस किया है कि शिक्षा को हमें स्वावलंबी बना देना चाहिए। फिर लोग भले ही मुझे यह कहें कि मेरे अंदर किसी रचनात्मक कार्य की योग्यता नहीं है। शिक्षा से मेरा मतलब है—बच्चे या मनुष्य की तमाम शारीरिक, मानसिक और आत्मिक शक्तियों का सर्वतोमुखी विकास। अक्षर-ज्ञान न तो शिक्षा का आरंभ है और न अंतिम लक्ष्य। वह तो उन अनेक उपायों में से एक है, जिनके द्वारा स्त्री-पुरुषों को शिक्षित किया जा सकता है। फिर सिर्फ अक्षरज्ञान को शिक्षा कहना गलत है। इसलिए बच्चे की शिक्षा का प्रारंभ मैं किसी दस्तकारी की तालीम से ही करूँगा और उसी क्षण से उसे कुछ निर्माण करना सिखा दूँगा। इस प्रकार हर एक पाठशाला स्वावलंबी हो सकती है। शर्त सिर्फ यह है कि इन पाठशालाओं की बनी चीजें राज्य खरीद लिया करे।

मेरा मत है कि इस तरह की शिक्षा-प्रणाली द्वारा ऊँची-से-ऊँची मानसिक और आध्यात्मिक उन्नति प्राप्त की जा सकती है। सिर्फ एक बात की जरूरत है और वह यह कि आज की तरह प्रत्येक दस्तकारी की केवल यांत्रिक क्रियाएँ सिखाकर ही हम न रह जाएँ, बल्कि बच्चे को प्रत्येक क्रिया का कारण और पूर्ण विधि भी सिखा दिया करें। यह मैं आत्मविश्वास के साथ कह रहा हूँ; क्योंकि उसके मूल में मेरा अपना अनुभव है। जहाँ-जहाँ कार्यकर्ताओं को कताई सिखाई जाती है, वहाँ न्यूनाधिक पूर्णता के साथ इसी पद्धति का अवलंबन किया जाता है। मैंने खुद इसी पद्धति से चप्पल बनाने की तथा

कताई की शिक्षा दी है और उसके परिणाम अच्छे आए हैं। इस पद्धति में इतिहास और भूगोल का बहिष्कार भी नहीं है। मैंने तो देखा है कि इस तरह की साधारण और व्यावहारिक जानकारी की बातें जबानी कहने से ही अधिक लाभ होता है। लिखने और पढ़ने से बच्चा जितना नहीं सीखता, उससे दस गुनी अधिक जानकारी उसे इस पद्धति द्वारा दी जा सकती है। वर्णमाला (के चिह्नों) का ज्ञान बच्चे को बाद में भी दिया जा सकता है, जब बच्चा गेहूँ और चोकर को पहचानने लग जाए और जब उसकी बुद्धि और रुचि कुछ विकसित हो जाए। यह प्रस्ताव क्रांतिकारी जरूर है; पर इसमें परिश्रम की खूब बचत होती है और विद्यार्थी एक साल में इतना सीख जाता है कि जिसके लिए साधारणतया उसे बहुत अधिक समय लग सकता है। फिर इस पद्धति से सब तरह से किफायत-ही-किफायत है। हाँ, विद्यार्थी को गणित का ज्ञान तो दस्तकारी सीखते हुए अपने आप ही होता रहता है।

प्राथमिक शिक्षा मेरी नजर में सबसे अधिक महत्त्वपूर्ण चीज है। उसकी मर्यादा मैंने यही कायम की है कि जितनी पढ़ाई मैट्रिक तक—अंग्रेजी को छोड़कर होती है, उतनी ही इसमें हो जानी चाहिए। फर्ज कीजिए कि कॉलेजों के पढ़े हुए और पढ़नेवाले सब लोग एकाएक अपनी सारी पढ़ाई भूल जाएँ तो इन कुछ लाख लोगों के स्मृति-नाश से जितनी हानि हो सकती है, वह उस हानि के मुकाबले में कुछ भी नहीं है, जो उन ३०-३५ करोड़ लोगों को अज्ञान के सागर जैसे महा अंधकार की थाह हम केवल निरक्षरता से होने वाली हानि से कभी नहीं पा सकते।

कॉलेज की शिक्षा में भी मैं जबरदस्त क्रांति कर देना चाहूँगा। उसे मैं राष्ट्रीय जरूरतों के साथ जोड़ दूँगा। यंत्रों तथा ऐसी ही अन्य कला-कौशल संबंधी निपुणता की कुछ उपाधियाँ होंगी। वे भिन्न-भिन्न उद्योगों से संबंध रखेंगी और यही उद्योग अपने लिए आवश्यक विशारदों को तैयार करने का खर्च बरदाश्त करेंगे। जैसे टाटा कंपनी से यह अपेक्षा की जाएगी कि वह यंत्रकला-विशारदों के लिए एक महाविद्यालय राज्य की देखभाल में चलाए। इसी प्रकार मिलों के लिए आवश्यक विशारद पैदा करने के लिए एक कॉलेज मिल-मालिकों का संघ चलाए। यही अन्य उद्योग भी करें। व्यापारियों का भी अपना कॉलेज रहे। अब रह जाते हैं साधारण ज्ञान (आर्ट्स), आयुर्वेद और खेती। साधारण ज्ञान के कितने ही निजी कॉलेज आज भी स्वाश्रयी हैं ही। इसलिए राज्य को अपना कोई स्वतंत्र कॉलेज खोलने की जरूरत नहीं रहेगी। आयुर्वेद-संबंधी महाविद्यालय प्रमाणित औषधालयों के साथ जोड़ दिए जाएँगे; और चूँकि धनिक लोगों को ये प्रिय होते ही हैं, इसलिए उनसे यह अपेक्षा जरूर की जा सकती है कि वे चंदा करके इन विद्यालयों को चलाएँ। अब रहे खेती के विद्यालय। सो अगर इन्हें अपने नाम की लाज

रखनी हो तो इन्हें भी स्वावलंबी बनना ही पड़ेगा। मुझे इन विद्यालयों में शिक्षा प्राप्त कुछ उपाधिकारियों का दु:खद अनुभव हुआ है। उनका ज्ञान छिछला होता है। उन्हें व्यावहारिक अनुभव नहीं होता। अगर उन्हें राष्ट्र की जरूरतों की पूर्ति करनेवाले स्वावलंबी खेतों पर काम सीखने का मौका मिला होता तो उन्हें उपाधि प्राप्त करने के बाद और वो भी अपने मालिकों के धन पर अनुभव प्राप्त करने की जरूरत हर्गिज नहीं रहती।

अगर हमें जैसे चाहिए वैसे शिक्षक मिल जाएँ तो हमारे बच्चे श्रम-धर्म के गौरव को समझने लगेंगे और उसे वे अपने बौद्धिक विकास का साधन और महत्त्वपूर्ण अंग भी मानने लगेंगे। साथ ही वे यह भी अनुभव करने लगेंगे कि वे जो शिक्षा प्राप्त कर रहे हैं, उसका मूल्य श्रम के रूप में चुकाना भी एक प्रकार की देश सेवा ही है। मेरे सुझाव का आशय तो यह है कि हम बच्चों को दस्तकारियों की शिक्षा महज इसलिए न दें कि वे कुछ उत्पादक काम करना सीखें, बल्कि इसलिए दें कि उसके द्वारा उनकी बुद्धि का विकास हो। सचमुच अगर राज्य ७ से १४ वर्ष की उम्र के अंदर के बच्चों को अपने हाथ में ले ले, उत्पादक श्रम द्वारा उनके मन और शरीर को विकसित करने की कोशिश करे और फिर भी यह शिक्षा स्वावलंबी न हो सके, तो कहना होगा कि निश्चय ही वे पाठशालाएँ ठगी के स्थान हैं और उनमें काम करनेवाले शिक्षक निरे मूर्ख हैं।

अभी तक हमने अपने बच्चों को शक्ति-संपन्न और उन्नत बनाने का खयाल किए बिना उनके दिमागों में किताबी बातें ठूँसने में ही अपनी सारी ताकत लगाई है। अब हमें इसे रोक देना चाहिए और ऊपरी कार्य की तरह नहीं, बल्कि बौद्धिक शिक्षा के प्रधान साधन की तरह हाथ-पैर के काम के जरिए बच्चों को उचित रूप से शिक्षा देने में अपनी शक्ति केंद्रित करनी चाहिए।

मैं जिस तरह के स्कूलों की हिमायत करता हूँ, उनमें तो लड़के हाईस्कूलों में अंग्रेजी को छोड़कर जितना सीखते हैं, वह सब सीखेंगे और उसके उपरांत कवायद, संगीत, आलेखन और बेशक एकाध उद्योग भी सीखेंगे।

मैं मानता हूँ कि शिक्षा अनिवार्य और मुफ्त होनी ही चाहिए। पर बालकों को उपयोगी उद्योग देकर उसके मार्फत ही उनके मन और शरीर की शिक्षा होनी चाहिए। मैं यहाँ भी पैसों की गिनती करता हूँ, वह अनुचित नहीं है। अर्थशास्त्र नैतिक और अनैतिक दोनों प्रकार का होता है। नैतिक अर्थशास्त्र में दोनों बाजू बराबर होंगी। अनैतिक में जिसकी लाठी उसकी 'भैंस' का न्याय चलता है। इसका प्रमाण कितना हो, यह उसकी ताकत पर आधार रखता है। अनैतिक अर्थशास्त्र जैसे घातक है वैसे ही नैतिक अर्थशास्त्र आवश्यक है। उसके बिना धर्म की पहचान और उसका पालन मैं असंभव मानता हूँ।

कौन से उद्योग शहरों में सरलतापूर्वक सिखाए जा सकते हैं? मेरे पास तो उत्तर तैयार ही है। मैं जो चाहता हूँ, वह तो गाँव की ताकत है। आज गाँव शहरों के लिए जीते हैं, उन पर अपना आधार रखते हैं। यह अनर्थ है। शहरे गाँवों पर निर्भर रहें, अपने बल का सिंचन गाँवों से करें अर्थात् अपने लिए गाँवों का बलिदान करने के बजाय स्वयं गाँवों के लिए बलिदान और त्याग करें तो अर्थ सिद्ध होगा और अर्थशास्त्र नैतिक बनेगा। ऐसे शुद्ध अर्थ की सिद्धि के लिए शहरों के बालकों के उद्योग का गाँवों के उद्योगों के साथ सीधा संबंध होना चाहिए। गाँव कपास देते हैं और मिलें उसमें से कपड़ा बुनती हैं। इसमें शुरू से आखिर तक अर्थ का नाश किया जाता है। कपास जैसे-तैसे बोई जाती है, जैसे-तैसे चुनी जाती है और जैसे-तैसे साफ की जाती है। किसान इस कपास को कई बार नुकसान सहकर भी राक्षसी मिलों में बेचता है। वहाँ वह बिनौले से अलग होकर, दबकर, अधमरी बनकर कपड़ा मिलों में गाँठों के रूप में जाती है। वहाँ उसे पींजा जाता है, काता जाता है और बुना जाता है। ये सब क्रियाएँ इस तरह होती हैं कि कपास का तत्त्व-सार तो जल जाता है और उसे निर्जीव बना दिया जाता है। मेरी भाषा से कोई द्वेष न करे। कपास में जीव तो है ही! इस जीव के प्रति मनुष्य या तो कोमलता से व्यवहार करे या राक्षस की तरह! आजकल के व्यवहार को मैं राक्षसी व्यवहार मानता हूँ।

कपास की कुछ क्रियाएँ गाँवों में और शहरों में हो सकती हैं। ऐसा होने से शहरों और गाँवों के बीच का संबंध नैतिक और शुद्ध होगा। दोनों की वृद्धि होगी और आज की अव्यवस्था, भय, शंका, द्वेष सब मिट जाएँगे या कम हो जाएँगे। गाँवों का पुनरुद्धार होगा। इस कल्पना का अमल करने में थोड़े से द्रव्य की ही जरूरत है। वह आसानी से मिल सकता है। विदेशी बुद्धि या विदेशी यंत्रों की जरूरत ही नहीं रहती। देश की भी अलौकिक बुद्धि की जरूरत नहीं है। एक छोर पर भुखमरी और दूसरे छोर पर जो अमीरी चल रही है, वह मिटकर दोनों का मेल सधेगा और विग्रह तथा खून-खराबी का जो भय हमको डराता रहा है, वह दूर होगा। पर बिल्ली के गले में घंटी कौन बाँधे? बंबई कॉर्पोरेशन का हृदय मेरी कल्पना की तरफ किस प्रकार मुड़े? इसका जवाब मैं सेगाँव से दूँ, इसके बजाय तो शहर के विद्या रसिक नागरिक ही ज्यादा अच्छी तरह दे सकते हैं।

अगर इस प्रकार की शिक्षा बच्चों को दी जाए तो परिणाम यह होगा कि वह शिक्षा स्वावलंबी हो जाएगी। लेकिन सफलता की कसौटी उसका स्वाश्रयी रूप नहीं है, बल्कि यह देखकर सफलता का अंदाज लगाना होगा कि वैज्ञानिक रीति से उद्योग की शिक्षा के द्वारा बालक के भीतर के मनुष्य का संपूर्ण विकास हुआ है या नहीं! सचमुच मैं ऐसे

अध्यापक को कभी नहीं रखूँगा, जो चाहे जिन परिस्थितियों में शिक्षा को स्वाश्रयी बना देने का वचन देगा। शिक्षा का स्वावलंबी बनना इस बात का तर्कसिद्ध परिणाम होगा कि विद्यार्थी ने अपनी प्रत्येक कार्यशक्ति का ठीक-ठीक उपयोग करना सीख लिया है। अगर एक लड़का रोज तीन घंटे काम करके किसी दस्तकारी से निश्चयपूर्वक अपनी जीविका के लायक पैसा कमा लेता है तो जो अपनी विकसित बुद्धि और आत्मा को लगाकर उस काम को करेगा, वह कितना अधिक कमा लेगा!

हमें यह ध्यान रखना चाहिए कि यह बुनियादी तालीम देश के वातावरण में से पैदा हुई है और देश की जरूरतों को पूरा कर सकती है। यह वातावरण हिंदुस्तान के सात लाख गाँवों में और उनमें रहनेवाले करोड़ों लोगों में छाया हुआ है। उनको भुलाकर आप हिंदुस्तान को भी भूल जाएँगे। सच्चा हिंदुस्तान शहरों में नहीं, बल्कि इन सात लाख गाँवों में बसा हुआ है।

यहाँ हम बुनियादी तालीम के मुख्य सिद्धांतों पर विचार करें :

१. पूरी शिक्षा स्वावलंबी होनी चाहिए। यानी आखिर में पूँजी को छोड़कर अपना सारा खर्च उसे खुद निकालना चाहिए।

२. इसमें आखिरी दरजे तक हाथ का पूरा-पूरा उपयोग किया जाए। यानी विद्यार्थी अपने हाथों से कोई-न-कोई उद्योग-धंधा आखिरी दर्जे तक करें।

३. सारी तालीम विद्यार्थियों की प्रांतीय भाषा में दी जानी चाहिए।

४. इसमें सांप्रदायिक धार्मिक शिक्षा के लिए कोई जगह नहीं होगी। लेकिन बुनियादी नैतिक तालीम के लिए काफी गुंजाइश होगी।

५. यह तालीम, फिर उसे बच्चे लें या बड़े, स्त्रियाँ लें या पुरुष, विद्यार्थियों के घरों में पहुँचेगी।

६. चूँकि इस तालीम को पानेवाले लाखों-करोड़ों विद्यार्थी अपने आपको सारे हिंदुस्तान के नागरिक समझेंगे, इसलिए उन्हें एक आंतर-प्रांतीय भाषा सीखनी होगी। सारे देश की यह एक भाषा नागरी या उर्दू में लिखी जानेवाली हिंदुस्तानी ही हो सकती है, इसलिए विद्यार्थियों को दोनों लिपियाँ अच्छी तरह सीखनी होंगी।

: २ :

सारी शिक्षा का किसी भी बुनियादी उद्योग के साथ संबंध जोड़ना चाहिए। आप जब किसी उद्योग के द्वारा ७ या १० वर्ष के बालक को ज्ञान देते हों, तब शुरुआत में इस विषय के साथ जिनका मेल नहीं बैठाया जा सके, ऐसे सब विषय आपको छोड़ देने चाहिए। रोज-रोज ऐसा करने से शुरुआत में छोड़ी हुई ऐसी बहुत सी वस्तुओं का

अनुसंधान उद्योग के साथ जोड़ने के रास्ते आप ढूँढ़ निकालेंगे। इस तरह आप शुरू में काम लेंगे तो अपनी खुद की और विद्यार्थियों की शक्ति बचा सकेंगे। आज तो हमारे पास आधार लेने लायक कोई पुस्तक नहीं है, न हमें रास्ता दिखाने वाले पहले के दृष्टांत ही मौजूद हैं। इसलिए हमें धीरे-धीरे चलना है। मुख्य बात यह है कि शिक्षक को अपने मन की ताजगी बनाए रखनी चाहिए। जिसका उद्योग के साथ मेल न बैठाया जा सके, ऐसा कोई विषय आने पर आप निराश न हों, खीज न उठें, बल्कि उसे छोड़ दें और जिसका मेल बैठा सकें, उसे आगे चलाएँ। संभव है कि कोई दूसरा शिक्षक सही रास्ता ढूँढ़ निकाले और उस विषय का उद्योग के साथ कैसे मेल बैठ सकता है, यह बता सके। और जब आप बहुतों के अनुभव का संग्रह करेंगे, तो बाद में आपको रास्ता बतानेवाली पुस्तकें भी मिल जाएँगी, जिससे आपके पीछे आनेवालों का काम अधिक सरल बन जाएगा।

क्या आप पूछेंगे कि जिन विषयों का उद्योग के साथ मेल न बैठाया जा सके, उनको टालने की क्रिया कितने समय तक की जाए? तो मैं कहूँगा कि जिंदगी भर। आखिर में आप देखेंगे कि बहुत सी चीजें, जिन्हें आप पहले शिक्षा-क्रम में से छोड़ चुके थे, उनका आपने उसमें समावेश कर लिया है; जितनी चीजों का समावेश करने लायक था, उन सबका समावेश हो चुका है और आपने आखिर तक जिनको निकम्मी समझकर छोड़ दिया था, वे बहुत निर्जीव और छोड़ने लायक ही थीं। यह मेरा जीवन का अनुभव है। मैंने यदि बहुत सी चीजें छोड़ न दी होतीं तो मैं जो बहुत सी चीजें कर सका हूँ, वह नहीं कर सका होता।

हमारी शिक्षा में जड़-मूल से परिवर्तन होना ही चाहिए। दिमाग को हाथ द्वारा शिक्षा मिलनी चाहिए। मैं कवि होता तो हाथ की पाँच अंगुलियों में रही हुई अद्‌भुत शक्ति के बारे में कविता लिख सकता। दिमाग ही सबकुछ है और हाथ-पैर कुछ नहीं, ऐसा आप क्यों मानते हैं! जो अपने हाथों को शिक्षा नहीं देते, जो शिक्षा की सामान्य 'प्रणाली या रूढ़ि' में से होकर निकलते हैं, उनका जीवन 'संगीत-मूल्य' रह जाता है। उनकी सारी शक्तियों का विकास नहीं होता। केवल पुस्तकीय ज्ञान में बालक को इतना रस नहीं आता कि उसका सारा ध्यान उसी में लगा रहे। दिमाग खाली शब्दों से थक जाता है और बच्चे का मन दूसरी जगह भटकने लगता है। हाथ न करने के काम करते हैं, आँखें न देखने की चीजें देखती हैं, कान न सुनने की बातें सुनते हैं और उनको क्रमशः जो कुछ करना, देखना और सुनना चाहिए, उसे वे करते, देखते और सुनते नहीं हैं। उन्हें सही चुनाव करना नहीं सिखाया जाता, इससे उनकी शिक्षा कई बार उनका विनाश करने वाली सिद्ध होती है। जो शिक्षा हमें अच्छे-बुरे का भेद करना और अच्छे

को ग्रहण करना तथा बुरे को त्यागना नहीं सिखाती, वह शिक्षा सच्ची शिक्षा ही नहीं है।

स्कूल में चलने वाले सामान्य पाठ्यक्रम में एकाध उद्योग जोड़ देना, यह पुरानी कल्पना थी। अर्थात् उसमें हस्त-उद्योग को शिक्षा से बिलकुल अलग रखकर सिखलाने की बात थी। मुझे यह एक गंभीर भूल लगती है। शिक्षक को उद्योग सीख लेना चाहिए और अपने ज्ञान का अनुसंधान उस उद्योग के साथ करना चाहिए, जिससे वह अपने पसंद किए हुए उद्योग द्वारा यह सारा ज्ञान विद्यार्थियों को दे सके।

कताई का उदाहरण लीजिए। जब तक मुझे गणित नहीं आएगा तब तक मैंने तकली पर कितने गज सूत काता या उसके कितने तार हुए या मेरे काते हुए सूत का अंक कितना है, यह मैं नहीं कह सकूँगा। इसे करने के लिए मुझे आँकड़े सीखने चाहिए और जोड़, बाकी, गुणा व भाग भी सीखने चाहिए। अटपटे हिसाब गिनने में मुझे अक्षरों का इस्तेमाल करना पड़ेगा। अत: इसमें से मैं अक्षर-गणित सीखूँगा। इसमें भी मैं रोमन अक्षरों के बजाय हिंदुस्तानी अक्षरों के उपयोग का आग्रह रखूँगा।

फिर ज्यामिति लीजिए। तकली की चकती से अधिक अच्छा गोलाई का प्रदर्शन और क्या हो सकता है? इस प्रकार मैं युक्लिड का नाम लिये बिना ही विद्यार्थी को वर्तुल या गोलाई के बारे में सबकुछ सिखा सकता हैं।

फिर आप शायद पूछेंगे कि कताई द्वारा बालक को इतिहास-भूगोल किस तरह सिखाए जा सकते हैं? थोड़े समय पहले 'कपास—मनुष्य का इतिहास' (Cotton—The Story of Mankind) नामक पुस्तक मेरे देखने में आई थी। उसे पढ़ने में मुझे बहुत आनंद आया। वह एक उपन्यास जैसी लगी। उसके शुरू में प्राचीन काल का इतिहास दिया गया था। फिर कपास पहले-पहल किस प्रकार और कब बोई गई, उसका विकास किस तरह हुआ, अलग-अलग देशों के बीच रुई का व्यापार कैसे चलता है, आदि वस्तुओं का वर्णन था। अलग-अलग देशों के नाम मैं बालक को सुनाऊँगा, साथ ही स्वाभाविक रीति से उन देशों में बाहर से रुई मँगानी पड़ती है और कुछ में कपड़ा बाहर से मँगाना पड़ता है, उसका क्या कारण है! हर एक देश अपनी-अपनी जरूरत के मुताबिक रुई क्यों नहीं उगा सकता? यह चर्चा मुझे अर्थशास्त्र और कृषिशास्त्र के मूल तत्त्वों पर ले जाएगी। कपास की अलग-अलग जातियाँ कौन सी हैं, वे किस तरह की जमीन में उगती हैं, उनकी जानकारी मैं विद्यार्थी को दूँगा। इस तरह तकली चलाने की बात पर से मैं ईस्ट इंडिया कंपनी के सारे इतिहास पर आऊँगा। वह कंपनी यहाँ कैसे आई, उसने हमारे कताई-उद्योग को किस तरह नष्ट किया; अंग्रेज आर्थिक उद्देश्य से हमारे यहाँ आए और उसमें से राजनीतिक सत्ता जमाने की आकांक्षा वे क्यों रखने लगे; यह वस्तु मुगल और मराठों के पतन का, अंग्रेजी राज्य की स्थापना का और फिर वापस

हमारे जमाने में जन-समूह के उत्थान का कारण कैसे हुई, यह सब भी मुझे वर्णन करके बताना पड़ेगा। इस तरह इस नई योजना में शिक्षा देने की अपार गुंजाइश है। और बालक यह सब उसके दिमाग और स्मरण-शक्ति पर अनावश्यक बोझ पड़े बिना ही कितना अधिक जल्दी सीखेगा।

इस कल्पना को मैं अधिक विस्तार से समझा दूँ। जैसे किसी प्राणिशास्त्री को अच्छा प्राणिशास्त्री बनने के लिए प्राणिशास्त्र के अलावा दूसरे बहुत से शास्त्र सीखने चाहिए, उसी प्रकार बुनियादी तालीम को यदि एक शास्त्र माना जाए तो वह हमें ज्ञान की अनंत शाखाओं में ले जाता है। तकली का ही विस्तृत उदाहरण लिया जाए तो जो शिक्षक-विद्यार्थी केवल कातने की यांत्रिक क्रिया पर ही अपना लक्ष्य एकाग्र नहीं करेगा (इस क्रिया में तो बेशक वह निष्णात होगी ही), बल्कि इस वस्तु का तत्त्व ग्रहण करने की कोशिश करेगा, वह तकली और उसके अंग-उपांगों का अभ्यास करेगा। तकली की चकती पीतल की और सींक लोहे की क्यों होती है, यह प्रश्न वह अपने मन से पूछेगा। जो असली तकली थी, उसकी चकती चाहे जैसी बनाई जाती थी। इससे भी पहले की प्राचीन तकली में बाँस की सींक और स्लेट या मिट्टी की चकती उपयोग में ली जाती थी। अब तकली का शास्त्रीय ढंग से विकास हुआ है और जो चकती पीतल की और सींक लोहे की बनाई जाती है वह सकारण है। यह कारण विद्यार्थी को ढूँढ़ निकालना चाहिए। उसके बाद विद्यार्थी को यह भी जाँचना चाहिए कि इस चकती का व्यास इतना ही क्यों रखा जाता है, कम-ज्यादा क्यों नहीं रखा जाता? इन प्रश्नों के संतोषजनक हल ढूँढ़ने के बाद इस वस्तु का गणित ज्ञान लिया कि आपका विद्यार्थी अच्छा इंजीनियर बन जाता है। तकली उसकी कामधेनु बनती है। इसके द्वारा अपार ज्ञान दिया जा सकता है। आप जितनी शक्ति और श्रद्धा से काम करेंगे उतना ज्ञान इसके द्वारा दे सकेंगे। आप यहाँ तीन सप्ताह रहे हैं। इतने समय में इस योजना के पीछे मर-मिटने तक को तैयार होने की श्रद्धा आप लोगों में आ गई हो, तो आपका यहाँ रहना सफल माना जाएगा।

मैंने कताई का उदाहरण विस्तार से बतलाया है, इसका कारण यह है कि मुझे उसका ज्ञान है। मैं बढ़ई होता तो मेरे बालक को ये सब बातें मैं बढ़ईगिरी के मार्फत सिखाता अथवा कॉर्डबोर्ड का काम करने वाला होता तो उस काम के मार्फत सिखाता।

हमें सच्ची जरूरत तो ऐसे शिक्षकों की है, जिनमें नया-नया सर्जन करने की और विचार करने की शक्ति हो, सच्चा उत्साह और जोश हो और रोज-रोज विद्यार्थी को क्या सिखाएँगे, यह सोचने की शक्ति हो। शिक्षक को यह ज्ञान पुराने पोथों में से नहीं मिलेगा। उसे अपनी निरीक्षण और विचार करने की शक्ति का उपयोग करना है और हस्त-उद्योग की मदद से वाणी द्वारा बालक को ज्ञान देना है। इसका अर्थ यह है कि

शिक्षा–पद्धति में क्रांति होनी चाहिए। शिक्षक की दृष्टि में क्रांति होनी चाहिए। आज तक आप निरीक्षकों (इंस्पेक्टरों) की रिपोर्टों से मार्गदर्शन पाते रहे हैं। आपने निरीक्षक को पसंद आए, वैसा करने की इच्छा रखी है, ताकि आपकी संस्था के लिए अधिक पैसे मिलें अथवा आपकी अपनी तनख्वाह में बढ़ती हो; पर नया शिक्षक इस सबकी परवाह नहीं करेगा। वह तो कहेगा, 'मैं यदि अपने विद्यार्थी को अधिक अच्छा मनुष्य बनाऊँ और वैसा करने में मेरी सब शक्ति लगा दूँ तो कहा जाएगा कि मैंने अपना कर्तव्य पूरा किया। मेरे लिए इतना ही काफी है।'

: ३ :

इस तालीम की मंशा यह है कि गाँव के बच्चों को सुधार–सँवारकर उन्हें गाँव का आदर्श निवासी बनाया जाए। इसकी योजना खासकर उन्हीं को ध्यान में रखकर तैयार की गई है। इस योजना की असल प्रेरणा भी गाँवों से ही मिली है। जो कांग्रेसजन स्वराज्य की इमारत को बिलकुल उसकी नींव या बुनियाद से चुनना चाहते हैं, वे देश के बच्चों की उपेक्षा कर ही नहीं सकते। परदेशी हुकूमत चलानेवालों ने अनजाने ही क्यों न हो, शिक्षा के क्षेत्र में अपने काम की शुरुआत बिना चूके बिलकुल छोटे बच्चों से की है। हमारे यहाँ जिसे प्राथमिक शिक्षा कहा जाता है, वह तो एक मजाक है; उसमें गाँवों में बसनेवाले हिंदुस्तान की जरूरतों और माँगों का जरा भी विचार नहीं किया गया है; और वैसे देखा जाए तो उसमें शहरों का भी कोई विचार नहीं हुआ है। बुनियादी तालीम हिंदुस्तान के तमाम बच्चों को, फिर वे गाँवों के रहनेवाले हों या शहरों के, हिंदुस्तान के सभी श्रेष्ठ और स्थायी तत्त्वों के साथ जोड़ देती है। यह तालीम बालक के मन और शरीर दोनों का विकास करती है; बालक को अपने वतन के साथ जोड़ रखती है; उसे अपने और देश के भविष्य का गौरवपूर्ण चित्र दिखाती है; और उस चित्र में देखें हुए भविष्य के हिंदुस्तान का निर्माण करने में बालक या बालिका अपने स्कूल जाने के दिन से ही हाथ बँटाने लगे, इसका प्रबंध करती है।

□

१४

खेती और पशुपालन

भाग-1

किसान

हमारे देहातियों का गुजर खेती पर होता है और खेती का गाय पर। मैं इस विषय में अंधा सा हूँ। निजी अनुभव मुझे नहीं है। परंतु ऐसा एक भी गाँव नहीं है जहाँ खेती न हो और गाय न हो। भैंसें हैं, लेकिन वे कोंकण वगैरह को छोड़कर खेती के लिए अधिक उपयोगी नहीं हैं। तब भी भैंस का हमने बहिष्कार किया है, ऐसी बात नहीं है। इसलिए ग्राम्य पशुधन का, खासकर अपने गाँव के पशुओं का, हमारे कार्यकर्ता को पूरा खयाल करना होगा। इस बड़ी भारी समस्या को यदि हम हल न कर सके, तो हिंदुस्तान की बरबादी होने वाली है और साथ-साथ हमारी भी; क्योंकि उस अवस्था में हमारे सामने पश्चिमी देशों की तरह इन पशुओं का, आर्थिक दृष्टि से उनके बोझ-रूप होने पर कत्ल किए सिवा कोई चारा न रहेगा।

प्रारंभ से ही मेरी यह दृढ़ श्रद्धा रही है कि इस देश के वासियों के लिए खेती ही एकमात्र अटूट और अचल सहारा है। इसकी भी खोज हम करेंगे और देखेंगे कि इसके सहारे कहाँ तक जाया जा सकता है। यदि हमारे लोग खादी के बदले खेती में विशारद होकर लोगों की सेवा करेंगे, तो मुझे अफसोस न होगा। मैं इतना देख चुका हूँ कि हमें बहुत कष्ट उठाना है। अब खेती की ओर ध्यान देने का समय आ गया है। आज तक मैं मानता रहा कि जब तक सरकार के अधिकार हमारे हाथों में नहीं आते, देश की खेती का सुधार असंभव है। अब मेरे उन विचारों में कुछ परिवर्तन हो रहा है। मैं यह महसूस

करता हूँ कि मौजूदा हालत में भी हम कुछ हद तक सुधार कर सकते हैं। यदि यह ठीक है तो लगान वगैरह आसानी से देकर भी जमीन के सहारे किसान अपने लिए कुछ प्राप्त कर सकेगा। जवाहरलाल कहता है कि खेती सुधारोगे तब भी, जब तक विदेशी सरकार हम पर है तब तक किसी-न-किसी बहाने या तरीके से वह किसान की कमाई लूटती रहेगी। लेकिन अब मैं सोचने लगा हूँ कि यदि ऐसा हो तब भी खेती के ज्ञान और जानकारी का प्रचार करने से हम क्यों रुकें? फिर भले ही हमारा किया कराया सरकार लूट ले। लूटेगी तो हम भी लड़ेंगे। लोगों से लड़ने को कहेंगे, सिखाएँगे। सरकार को बता देंगे कि तुम इस तरह हमें नहीं लूट सकते। इसलिए अब हमें ऐसे कार्यकर्ता खोजने होंगे, जिन्हें खेती में रस हो।

इसलिए मैं यही सोचता हूँ कि खेती, गो-पालन और अन्य सब ग्रामीण उद्योगों को किस तरह देहातों में फिर से बसाऊँ, जिससे लोगों की स्थिति अच्छी हो। यदि दो-चार देहात में भी मैं यह कर सका तो मेरी समस्या हल हो जाएगी—'यथा पिण्डे तथा ब्रह्माण्डे'।

जिसे अहिंसा का पालन करना है, सत्य की आराधना करनी है, ब्रह्मचर्य-पालन को स्वाभाविक बनाना है, उसके लिए तो शरीर-श्रम रामबाण हो जाता है। यह श्रम वास्तव में देखा जाए तो खेती से ही संबंध रखता है। पर आज की जो स्थिति है, उसमें सब उसे नहीं कर सकते। इसलिए खेती का आदर्श ध्यान में रखकर आदमी बदले में दूसरा श्रम, जैसे—कताई, बुनाई, बढ़ईगिरी, लुहारी इत्यादि कर सकता है।

कई साल हुए, मैंने एक कविता पढ़ी थी, जिसमें किसान को दुनिया का पिता कहा गया है। अगर परमात्मा देनेवाला है तो किसान उसका हाथ है। हम पर किसान का जो ऋण है, उसे चुकाने के लिए हम क्या करनेवाले हैं? अभी तक तो हम उसके गाढ़े पसीने की कमाई खाते रहे हैं। हमें खेती से काम शुरू करना चाहिए था, लेकिन हम ऐसा कर न सके। इस कसूर की जिम्मेदारी कुछ हद तक मुझ पर है।

कुछ लोग कहते हैं कि जब तक राजनीतिक ताकत हमारे हाथ में न आ जाए तब तक खेती में कोई बुनियादी सुधार नहीं हो सकता। उनका स्वप्न है कि भाप और बिजली का बड़े पैमाने पर उपयोग करके मशीन की ताकत से खेती की जाए। जल्दी-जल्दी फसल लेने के लालच में जमीन के उपजाऊपन का व्यापार करना अंत में बरबाद कर देनेवाला सिद्ध होगा और वह सिर्फ संकुचित दृष्टिवाली नीति होगी। इसका नतीजा यह होगा कि जमीन का उपजाऊपन कम होता जाएगा। अच्छी जमीन से खुराक पैदा करने के लिए पसीना बहाने की जरूरत होती है।

लोग शायद इस दृष्टि की टीका करें और कहें कि यह दृष्टि प्रगति-विरोधी है और

इससे काम धीमा होगा। मैं भी इससे जल्दी कोई नतीजा निकलने की आशा नहीं रखता। फिर भी जमीन और उस पर रहनेवाले लोगों की समृद्धि की कुंजी इसी में है। स्वास्थ्य और शक्ति देनेवाली खुराक ग्रामीण आर्थिक व्यवस्था का आधार है। किसान की आमदनी का ज्यादा हिस्सा उसके और उसके परिवार के भोजन पर ही खर्च होता है। बाकी सब चीजें बाद में आती हैं। खेती करनेवाले को अच्छी खुराक दो। उसे ताजे और शुद्ध घी, दूध और तेल काफी मात्रा में मिलने चाहिए और अगर वह मांस खाता हो तो उसे मछली, अंडे और गोश्त भी मिलना चाहिए। अगर उसे पेट भर भी पोषक खाना नहीं मिला तो मिसाल के तौर पर, उसके पास अच्छे कपड़े हुए भी तो क्या लाभ! इसके बाद पीने के पानी की व्यवस्था करने का सवाल और दूसरे सवाल आएँगे। इन सवालों पर विचार करते हुए कुदरती तौर पर ऐसी बातें भी निकल आएँगी, जैसे ट्रैक्टर से हल चलाने और मशीन से जमीन को पानी देने की तुलना में खेती के अर्थशास्त्र में बैल का क्या स्थान है। इस तरह से एक-एक बात करते-करते ग्रामीण आर्थिक व्यवस्था का पूरा चित्र उनके सामने उभर आएगा। इस चित्र में शहरों का भी उचित स्थान होगा। आज की तरह वे समाज-शरीर पर उठे हुए फोड़ों या गाँठों की तरह अस्वाभाविक नहीं मालूम होंगे। आज यह खतरा बढ़ रहा है कि कहीं हम अपने हाथों का उपयोग करना ही न भूल जाएँ। मिट्ठी खोदने और जमीन की देखभाल करने की बात को भूलना अपने आपको भूलना है। अगर आप यह समझें कि सिर्फ शहरों की सेवा करके अपने मंत्री पद का कर्तव्य पूरा कर दिया तो आप इस बात को भूल जाते हैं कि हिंदुस्तान असल में सात लाख गाँवों में बसा हुआ है। अगर किसी आदमी ने सारी दुनिया ले ली, लेकिन साथ ही अपनी आत्मा खो दी तो उसने इस सौदे में क्या पाया?

इन भारतीय किसानों से ज्यों ही आप बात करेंगे और वे आपसे बोलने लगेंगे, त्यों ही आप देखेंगे कि उनके होंठों से ज्ञान का निर्झर बहता है। आप देखेंगे कि उनके अनगढ़ बाहरी रूप के पीछे आध्यात्मिक अनुभव और ज्ञान का गहरा सरोवर भरा पड़ा है। मैं इसी चीज को संस्कृति कहता हूँ। पश्चिम में आपको यह चीज नहीं मिलेगी। आप किसी यूरोपीय किसान से बातचीत करके देखें, तो पाएँगे कि उसे आध्यात्मिक वस्तुओं में कोई रस नहीं है।

भारतीय किसान के फूहड़पन के बाहरी आवरण के पीछे युगों पुरानी संस्कृति छिपी पड़ी है। इस बाहरी आवरण को हम अलग कर दें, उसकी दीर्घकालीन गरीबी और निरक्षरता को हटा दें, तो हमें सुसंस्कृत, सभ्य और आजाद नागरिक का एक सुंदर-से-सुंदर नमूना मिल जाएगा।

हमें उन्हें यह सिखाना है कि वे समय, स्वास्थ्य और पैसे की बचत कैसे कर सकते

हैं। लिओनेल कर्टिस ने हमारे गाँवों का वर्णन करते हुए उन्हें 'घूरे के ढेर' कहा है। हमें उन्हें आदर्श गाँवों में बदलना है। हमारे ग्रामवासियों को शुद्ध हवा नहीं मिलती, यद्यपि वे शुद्ध हवा से घिरे रहते हैं; उन्हें ताजा अन्न नहीं मिलता, यद्यपि उनके चारों ओर ताजे से ताजा अन्न होता है। इस अन्न के मामले में मैं मिशनरी की तरह इसलिए बोलता हूँ कि मैं गाँवों को एक सुंदर दर्शनीय वस्तु बना देने की आकांक्षा रखता हूँ।

हमें गाँवों को अपने चंगुल में जकड़कर रखनेवाले जिस त्रिविध रोग का इलाज करना है, वह रोग इस प्रकार है :

(१) सार्वजनिक स्वच्छता की कमी, (२) पर्याप्त और पोषक आहार की कमी, (३) ग्रामवासियों की जड़ता।...ग्रामवासी अपनी उन्नति की ओर से उदासीन हैं। स्वच्छता के आधुनिक उपायों को न तो वे समझते हैं और न उनकी कद्र करते हैं। अपने खेतों को जोतने-बोने या जिस तरह का परिश्रम वे करते आए हैं, वैसा परिश्रम करने के सिवा अधिक कोई श्रम करने के लिए वे राजी नहीं हैं। ये कठिनाइयाँ वास्तविक और गंभीर हैं। लेकिन इनसे हमें घबराने की या हतोत्साह होने की जरूरत नहीं। हमें अपने ध्येय और कार्य में अमिट श्रद्धा होनी चाहिए। हमारे व्यवहार में धीरज होना चाहिए। ग्राम-कार्य में हम खुद भी तो नौसिखिया ही हैं। हमें एक पुराने और जटिल रोग का इलाज करना है। धीरज और सतत परिश्रम से, यदि हममें ये गुण हों तो, कठिनाइयों के पहाड़ तक जीते जा सकते हैं। हम उन परिचारिकाओं की स्थिति में हैं, जो उन्हें सौंपे हुए बीमारों को इसलिए नहीं छोड़ सकतीं कि उन बीमारों की बीमारी असाध्य है।

आज सबसे बड़ी जरूरत इस बात की है कि लोग हमेशा हर काम को, चाहे वह खेती हो या गाँवों से संबंध रखनेवाला कोई अन्य उद्योग हो, व्यवस्थित रीति से और इस तरह करने लग जाएँ, जिससे उन्हें अच्छी आय होने लगे। अगर हम लोगों को यह सिखा दें या उन्हें इस तरह काम करने के लिए राजी कर लें तो वही सबसे बड़ी शिक्षा होगी।

मैं तो यह भी कहने का साहस करता हूँ कि एक वर्ग की हैसियत से साधारणतया हिंदुस्तान की ग्रामीण जनता भले ही असंस्कृत नजर आए, परंतु मनुष्य स्वाभाव की स्वाभाविक गुण-संपत्ति में वह किसी भी देश की ग्रामीण जनता की तुलना में कम नहीं उतरेगी। इसकी साक्षी तो वे अधिकांश विदेशी यात्री दे सकते हैं, जो ह्वेनसाँग के समय से आज तक यहाँ आए हैं और जिन्होंने अपने प्रवासों के वर्णन लिख रखे हैं। हिंदुस्तान के ग्राम-जनों की स्वाभाविक संस्कृति, उनके मकानों में दिखाई देनेवाली कला, उनके आचार-व्यवहार और संयम—ये सब उस धर्म की देन हैं, जो अनादिकाल से उन्हें एकसूत्र में बाँधे हुए है।

किसानों का—वे भूमिहीन मजदूर हों या मेहनत करनेवाले जमीन मालिक हों—स्थान पहला है। उनके परिश्रम से ही पृथ्वी उपजाऊ और समृद्ध हुई और इसलिए सच कहा जाए तो जमीन उनकी ही है या होनी चाहिए, जमीन से दूर रहनेवाले जमींदारों की नहीं। लेकिन अहिंसक पद्धति में मजदूर-किसान इन जमींदारों से उनकी जमीन बलपूर्वक नहीं छीन सकता। उसे इस तरह काम करना चाहिए कि जमींदार के लिए उसका शोषण करना असंभव हो जाए। किसानों में आपस में घनिष्ठ सहकार होना नितांत आवश्यक है। इस हेतु की पूर्ति के लिए जहाँ वैसी समितियाँ न हों, वहाँ वे बनाई जानी चाहिए, और जहाँ हों, वहाँ आवश्यक होने पर उनका पुनर्गठन होना चाहिए। किसान ज्यादातर अनपढ़ हैं। स्कूल जाने की उम्र वाले बालकों और वयस्कों को शिक्षा दी जानी चाहिए। शिक्षा पुरुषों और स्त्रियों दोनों को दी जानी चाहिए। भूमिहीन खेतिहर मजदूरों की मजदूरी इस हद तक बढ़ाई जानी चाहिए कि वे सभ्यजनोचित जीवन की सुविधाएँ प्राप्त कर सकें। यानी उन्हें संतुलित भोजन और आरोग्य की दृष्टि से जैसे चाहिए, वैसे घर और कपड़े मिल सकें।

अगर मेरा वश चले तो हमारा गवर्नर जनरल किसान होगा, हमारा प्रधानमंत्री किसान होगा, सब कोई किसान होंगे; क्योंकि यहाँ का राजा किसान है। मुझे बचपन में एक कविता पढ़ाई गई थी—'हे किसान तू बादशाह है।' किसान जमीन से अन्न पैदा न करे, तो हम क्या खाएँगे ? हिंदुस्तान का सच्चा राजा तो वही है। लेकिन आज हम उसे गुलाम बनाकर बैठे हैं। आज किसान क्या करे? एम.ए. पास करे? बी.ए. पास करे? ऐसा उसने किया तो किसान मिट जाएगा। बाद में वह कुदाली नहीं चलाएगा। जो आदमी अपनी जमीन से अन्न पैदा करता है और खाता है, वह यदि जनरल बने, मंत्री बने तो हिंदुस्तान की शक्ल बदल जाएगी। आज जो सड़ाँध फैली हुई है, वह मिट जाएगी।

भाग-२

जमीन की समस्या

जमीन की मालिकी—किसान जमीन का नूर है। जमीन उसी की है अथवा होनी चाहिए, न कि घर बैठकर खेती करनेवाले मालिक या जमींदार की।

जमीन और दूसरी सारी संपत्ति उस आदमी की है, जो उसके लिए काम करता है। दुर्भाग्य से मजदूर इस सीधी-सादी बात से अनभिज्ञ हैं या उन्हें अनभिज्ञ रखा गया है।

मैं मानता हूँ कि जो जमीन आप जोतते हैं, वह आपकी होनी चाहिए। लेकिन यह एक क्षण में होने वाली बात नहीं है। जमींदारों से आप उसे बलपूर्वक भी नहीं ले सकते। अहिंसा और आपकी अपनी शक्ति का भान ही इसका एकमात्र मार्ग है।

प्रतिष्ठित जीवन के लिए जितनी जमीन की आवश्यकता है, उससे अधिक जमीन किसी आदमी के पास नहीं होनी चाहिए। ऐसा कौन है, जो इस हकीकत से इनकार कर सके कि आम जनता की और गरीबी का कारण आज यही है कि उसके पास अपनी कही जानेवाली कोई जमीन नहीं है ?

लेकिन यह याद रखना चाहिए कि इस तरह के सुधार तुरंत नहीं किए जा सकते। अगर ये सुधार अहिंसात्मक तरीकों से करने हैं तो जमींदार और गैर-जमींदार दोनों को सुशिक्षित बनाना अनिवार्य हो जाता है। जमींदारों को यह विश्वास दिलाना होगा कि उनके साथ कभी जोर-जबरदस्ती नहीं की जाएगी और गैर-जमींदारों को यह सिखाना और समझाना होगा कि उनकी मरजी के खिलाफ जबरन उनसे कोई काम नहीं ले सकता, और यह कि कष्ट-सहन या अहिंसा की कलाएँ सीखकर वे अपनी स्वतंत्रता प्राप्त कर सकते हैं।

जमींदार और काश्तकार

मैं आपसे कहूँगा कि जमीन की मालिकी जितनी आपकी है उतनी ही आपकी रैयत की भी है।

मैं यह नहीं मानता कि सब पूँजीपति और जमींदार स्वभाव से ही शोषक हैं और न मैं यह मानता हूँ कि उनके और जनता के हितों में कोई बुनियादी या अमिट विरोध है। इस प्रकार का शोषण शोषित के सहयोग पर आधारित है, फिर वह सहयोग स्वेच्छा से दिया जाता हो या लाचारी से। हम इस सच्चाई को स्वीकार करने से कितना ही इनकार क्यों न करें, फिर भी सच्चाई तो यही है कि यदि लोग शोषक की आज्ञा न मानें तो शोषण हो ही नहीं सकता। लेकिन उसमें हमारा स्वार्थ आड़े आता है और हम उन्हीं जंजीरों को अपनी छाती से लगाए रहते हैं, जो हमें बाँधती हैं। यह चीज बंद होनी चाहिए। जरूरत इस बात की नहीं है कि पूँजीपति और जमींदारों का नाश कर दिया जाए, बल्कि उनमें और आम लोगों में आज जो संबंध है, उसे बदलकर अधिक स्वस्थ और शुद्ध बनाने की जरूरत है।

मेरा उद्‌देश्य तो आपके हृदयों में प्रवेश करके आपके विचार इस तरह बदल देना है कि आप अपनी समस्त व्यक्तिगत संपत्ति अपने किसानों के संरक्षक बनकर अपने पास रखें और मुख्यत: उन्हीं की भलाई के कामों में उसका उपयोग करें। मैं यह जानता हूँ कि कांग्रेस के भीतर ही समाजवादी पार्टी नामक एक नई पार्टी अस्तित्व में आई है; और यह पार्टी यदि कांग्रेस को अपने साथ ले जाने में सफल हो जाए तो क्या होगा, यह बताना कठिन है। मुझे इसमें जरा भी शक नहीं है कि अगर हमारे करोड़ों लोगों

का बिलकुल प्रामाणिक और असंदिग्ध मत लिया जाए तो वे पूँजीपति वर्गों की तमाम संपत्ति छीन लेने के पक्ष में राय नहीं देंगे। मैं पूँजी और श्रम, जमींदार और किसान के सहयोग व मेल के लिए काम कर रहा हूँ।

परंतु मैं चेतावनी की एक बात जरूर कहूँगा। मैंने मिल-मालिकों से हमेशा कहा है कि वे अकेले ही कारखानों के मालिक नहीं हैं, मजदूर भी उनकी बराबरी के मालिक हैं। उसी तरह मैं आपसे कहूँगा कि आपकी जमीन के मालिक जितने आप हैं उतने ही किसान भी हैं; और आज अपनी आमदनी को ऐश-आराम या फिजूलखर्ची में नहीं उड़ा सकते, बल्कि उसे आपको रैयत की भलाई में खर्च करना चाहिए। आप एक बार अपनी रैयत को अपनेपन की भावना का अनुभव करा दें और यह महसूस करा दें कि एक ही परिवार के आदमियों के नाते उनके हित आपके हाथों में सुरक्षित हैं और उन्हें कभी हानि नहीं पहुँचेगी तो आप विश्वास रखिए कि उनमें और आपमें कोई झगड़ा नहीं हो सकता और न वर्ग-विग्रह ही हो सकता है।

मैं जमींदार का नाश नहीं करना चाहता, लेकिन मुझे ऐसा भी नहीं लगता कि जमींदार हमारे लिए अनिवार्य है। मैं जमींदारों और दूसरे पूँजीपतियों का अहिंसा के द्वारा हृदय परिवर्तन करना चाहता हूँ और इसलिए वर्गयुद्ध की अनिवार्यता मैं स्वीकार नहीं करता। कम-से-कम संघर्ष का रास्ता लेना मेरे लिए अहिंसा के प्रयोग का एक जरूरी अंग है। जमीन पर मेहनत करने वाले किसान और मजदूर ज्यों ही अपनी ताकत को पहचान लेंगे, त्यों ही जमींदारी की बुराई दूर हो जाएगी। अगर किसान-मजदूर यह कह दें कि उन्हें सभ्य समाज की आवश्यकताओं के अनुसार अपने बच्चों के भोजन, वस्त्र और शिक्षण आदि के लिए जब तक काफी मजदूरी नहीं दी जाएगी तब तक वे जमीन को जोतेंगे-बोएँगे ही नहीं तो जमींदार बेचारा कर ही क्या सकता है! सच तो यह है कि मेहनत करनेवाला जो कुछ पैदा करता है उसका मालिक वही है। अगर मेहनत करनेवाले बुद्धिपूर्वक एक हो जाएँ तो वे एक ऐसी ताकत बन जाएँगे, जिसका मुकाबला कोई नहीं कर सकता। और इसीलिए मैं वर्ग-युद्ध की कोई जरूरत नहीं देखता। यदि मैं उसे अनिवार्य मानता तो उसका प्रचार करने में और लोगों को उसकी तालीम देने में मुझे कोई संकोच नहीं होता।

एक आदर्श जमींदार किसान का बहुत कुछ बोझा, जो वह अभी उठा रहा है, एकदम घटा देगा। वह किसानों के गहरे संपर्क में आएगा और उनकी आवश्यकताओं को जानकर उस निराशा के स्थान पर, जो उनके प्राणों को सुखाए डाल रही है, उनमें आशा का संचार करेगा। वह किसानों में पाए जाने वाले सफाई और तंदुरुस्ती के नियमों के अज्ञान को दर्शक की तरह देखता नहीं रहेगा, बल्कि उस अज्ञान को दूर करेगा।

किसानों के जीवन की आवश्यकताओं की पूर्ति करने के लिए वह स्वयं अपने को दरिद्र बना लेगा। वह अपने किसानों की आर्थिक स्थिति का अध्ययन करेगा और ऐसे स्कूल खोलेगा जिनमें किसानों के बच्चों के साथ-साथ वह अपने खुद के बच्चों को भी पढ़ाएगा। वह गाँव के कुएँ और तालाब को साफ कराएगा। वह किसानों को अपनी सड़कें और अपने पाखाने आवश्यक परिश्रम करके खुद साफ करना सिखाएगा। वह किसानों के मुक्त उपयोग के लिए अपने सारे बाग-बगीचे निस्संकोच भाव से खोल देगा। जो अनावश्यक इमारतें वह अपनी मौज के लिए करेगा। यदि पूँजीपति-वर्ग काल का संकेत समझकर संपत्ति के बारे में अपने इस विचार को बदल डालें कि उस पर उनका ईश्वर-प्रदत्त अधिकार है तो जो सात लाख घूरे आज गाँव कहलाते हैं, उन्हें आनन-फानन में शांति, स्वास्थ्य और सुख के धाम बनाया जा सकता है। मुझे दृढ़ विश्वास है कि यदि पूँजीपति जापान के उमरावों का अनुसरण करें, तो वे सचमुच कुछ खाएँगे नहीं और सबकुछ पाएँगे। केवल दो मार्ग हैं, जिनमें से उन्हें अपना चुनाव कर लेना है। एक तो यह कि पूँजीपति समय रहते न चेतें तो करोड़ों जाग्रत् किंतु अज्ञान और भूखे लोग देश में ऐसी अंधाधुंधी मचा दें, जिसे एक बलशाली हुकूमत की फौजी ताकत भी नहीं मिटा सकती।

अच्छा हो यदि जमींदार समय रहते सावधान हो जाएँ। अब वे केवल लगान वसूल करने वाले न रहें। उन्हें अपने काश्तकारों का संरक्षक और विश्वस्त मित्र बन जाना चाहिए। उन्हें अपना निजी खर्च सीमित कर देना चाहिए। उन्हें वह अनुचित ऊपरी आय छोड़ देनी चाहिए, जो उन्हें काश्तकारों से शादी आदि के अवसरों पर जबरदस्ती की भेंटों के रूप में मिलती है या एक किसान से दूसरे किसान के हाथ में जमीन जाने पर लगान न देने के कारण बेदखली हो जाने के बाद उसी किसान को जमीन वापस मिलने पर नजराने की शक्ल में होती है। उन्हें किसानों को जमीन का स्थायी अधिकार दे देना चाहिए, उनकी भलाई में क्रियात्मक रस लेना चाहिए, उनके बच्चों के लिए सुव्यवस्थित स्कूल, प्रौढ़ों के लिए रात्रिशालाएँ, बीमारों के लिए अस्पताल और दवाखाने खोलने चाहिए, देहात की सफाई की देखभाल करनी चाहिए और विविध प्रकार से उन्हें यह अनुभव कराना चाहिए कि जमींदार उनके हितैषी हैं और अपनी विभिन्न सेवाओं के लिए एक निश्चित कमीशन मात्र लेते हैं। सार यह कि उन्हें अपनी स्थिति को उचित सिद्ध कर दिखाना चाहिए। उन्हें कांग्रेसवालों पर भरोसा रखना चाहिए। वे स्वयं कांग्रेसी बन सकते हैं और जान सकते हैं कि कांग्रेस सरकार और लोगों के बीच पुल का काम करती है। जिन लोगों के दिलों में जनता की सच्ची भलाई की लगन है, वे सब कांग्रेस की सेवा ले सकते हैं। उधर कांग्रेसजनों को यह देखना चाहिए कि किसान जमींदारों

के प्रति कर्तव्यों का पूरी तरह पालन करें। मेरा मतलब कानूनी कर्तव्यों से ही नहीं बल्कि उन कर्तव्यों से भी है, जिन्हें उन्होंने खुद उचित माना है। उन्हें यह सिद्धांत अस्वीकार कर देना चाहिए कि उनकी जमीन बिलकुल उनकी अपनी ही है और जमीदारों का उस पर कोई अधिकार नहीं। वे एक सम्मिलित परिवार के सदस्य हैं या उन्हें होना चाहिए—ऐसे सम्मिलित परिवार के, जिसमें जमींदारों का उस पर कोई अधिकार नहीं। वे एक सम्मिलित परिवार के, जिसमें जमींदार मुखिया की तरह किसी भी तरह के आक्रमण के खिलाफ उनके अधिकारों की रक्षा करता है। कानून कुछ भी हो, जमींदारी का समर्थन तभी हो सकता है जब वह भरसक सम्मिलित परिवार की स्थिति प्राप्त करे।

इस संबंध में राम और जनक का उदाहरण हमारा आदर्श होना चाहिए। लोगों के विरुद्ध उनका अपना कुछ नहीं था। उनका सर्वस्व और वे स्वयं भी लोगों के थे। वे उनके बीच में ऐसा जीवन व्यतीत करते थे, जो उनके जीवन से ऊपर नहीं था, परंतु उनके जीवन के अनुरूप था। इस पर शायद यह आपत्ति उठाई जाए कि वे ऐतिहासिक पुरुष नहीं थे। तब हम महान् खलीफा उमर की मिसाल लें। यद्यपि वे अपनी महान् प्रतिभा और आश्चर्यजनक उद्योग से पैदा किए हुए एक विशाल राज्य के बादशाह थे, फिर भी वे गरीबी का जीवन बिताते थे और जो विशाल खजाना उनके पैरों में पड़ा रहता था, उसका अपने को कभी मालिक नहीं समझते थे। जो राज-कर्मचारी जनता का धन ऐश-आराम में बरबाद करते थे, वे खलीफा से काँपते थे।

जमींदारों से मुझे इतना ही कहना है कि आपके खिलाफ जो शिकायतें की जाती हैं, वे अगर सच हों, तो मुझे आपको सावधान कर देना चाहिए कि अब आपके दिन लद गए हैं। किसानों के मालिक और ईश्वर के रूप में आज तक आपने जो वर्चस्व भोगा, वह अब चालू रहनेवाला नहीं है। यदि गरीब किसानों के आप ट्रस्टी बन जाएँ तो आज भी आपका भविष्य उज्ज्वल है। ट्रस्टी शब्द का उपयोग मैं केवल नामधारी ट्रस्टी होने के लिए नहीं कर रहा हूँ, बल्कि सच्चे ट्रस्टी बनने के लिए कह रहा हूँ। ऐसे ट्रस्टी अपने श्रम और संपत्ति के संरक्षण के बदले में मेहनताने के रूप में जितना लेने का उन्हें अधिकार होगा, उससे एक पाई भी अधिक नहीं लेंगे। ऐसे ट्रस्टी बन जाने के बाद वे देखेंगे कि किसी भी प्रकार का कानून उनका बाल-बाँका नहीं कर सकता। खुद किसान ही उनके मित्र बन जाएँगे।

यह प्रश्न पूछा जा सकता है कि क्या वर्तमान राजाओं और दूसरे लोगों से गरीबों के संरक्षक बनने की आशा रखी जा सकती है? यदि वे अपने आप ट्रस्टी नहीं बन जाते हैं तो परिस्थिति वश जोर-जबरदस्ती उनसे यह सुधार करा लेगा। हाँ, वे संपूर्ण विनाश को आमंत्रित करें तो दूसरी बात है।

जब पंचायत राज्य स्थापित हो जाएगा तो वह लोकमत काम करेगा, जो हिंसा कभी नहीं कर सकती। जमींदारों, पूँजीपतियों और राजाओं की वर्तमान सत्ता तभी तक रह सकती है जब तक साधारण लोग अपनी ताकत को अच्छी तरह पहचान नहीं लेते। यदि लोग जमींदारी या पूँजीवाद की बुराई के साथ असहयोग कर दें तो वह निष्प्राण होकर मर जाएगी। पंचायत राज्य में पंचायत की ही बात मानी जाएगी और पंचायत अपने बनाए हुए कानून के जरिए ही काम कर सकती है।

सच्चा समाजवाद तो हमें अपने पूर्वजों से प्राप्त हुआ है, जो हमें यह सिखा गए हैं कि 'सब भूमि गोपाल की है, इसमें कहीं मेरी और तेरी की सीमाएँ नहीं हैं। ये सीमाएँ तो मनुष्यों की बनाई हुई हैं और इसीलिए वे इन्हें तोड़ भी सकते हैं।' गोपाल यानी कृष्ण यानी भगवान्! आधुनिक भाषा में गोपाल यानी राज्य यानी जनता! आज जमीन जनता की नहीं है, यह बात सही है। पर इसमें दोष उस शिक्षा का नहीं है। दोष तो हमारा है, जिन्होंने उस शिक्षा के अनुसार आचरण नहीं किया।

मुझे इसमें कोई संदेह नहीं कि इस आदर्श को जिस हद तक रूस या और कोई देश पहुँच सकता है उस हद तक हम भी पहुँच सकते हैं; और वह भी हिंसा का आश्रय लिये बिना। पूँजीवालों से उनकी पूँजी हिंसापूर्वक छीनी जाए, इसके बजाय यदि चरखा और उसके सारे फलितार्थ स्वीकार कर लिये जाएँ तो वही काम हो सकता है। चरखा हिंसक अपहरण की जगह ले सकनेवाला एक अत्यंत प्रभावकारी साधन है। जमीन और दूसरी सारी संपत्ति उसकी है, जो उसके लिए काम करे। दुःख इस बात का है कि किसान और मजदूर या तो इस सरल सत्य को जानते नहीं हैं या यों कहो कि उन्हें इसे जानने नहीं दिया गया है।

आने वाले जमाने की अहिंसक व्यवस्था में जमीन राज की मिल्कियत होगी। कहा नहीं गया है—'सबै भूमि गोपाल की'! इस तरह के बँटवारे में बुद्धि और श्रम का नाश नहीं होगा। हिंसक तरीकों से यह असंभव है। इसलिए यह कहना सच है कि हिंसा के जरिए जमीन के मालिकों का नाश कर दिया गया तो अंत में मजदूरों का नाश भी होगा ही। इसलिए अगर जमीन के मालिक बुद्धिमत्ता से काम लें तो किसी का नुकसान नहीं होगा।

भाग-३

सहकारिता

एक महत्त्व का प्रश्न यह था कि गो-पालन वैयक्तिक हो या सामुदायिक? मैंने यह राय दी कि सामुदायिक हुए बगैर गाय बच ही नहीं सकती, और इसलिए भैंस भी नहीं

बच सकती। प्रत्येक किसान अपने घर में गाय-बैल रखकर उनका पालन भली-भाँति और शास्त्रीय पद्धति से नहीं कर सकता। गोवंश के ह्रास के अनेक कारणों में व्यक्तिगत गो-पालन भी एक कारण रहा है। यह बोझ वैयक्तिक किसान की शक्ति के बिलकुल बाहर है।

मैं तो यहाँ तक कहता हूँ कि आज संसार हर एक काम में सामुदायिक रूप से शक्ति का संगठन करने की ओर जा रहा है। इस संगठन का नाम सहयोग है। बहुत सी बातें आजकल सहयोग से हो रही हैं। हमारे मुल्क में भी सहयोग आया तो है, लेकिन वह ऐसे विकृत रूप में आया है कि उसका सही लाभ भी हिंदुस्तान के गरीबों को बिलकुल नहीं मिलता।

हमारी आबादी बढ़ती जा रही है और उसके साथ किसान की व्यक्तिगत जमीन कम होती जा रही है। नतीजा यह हुआ है कि प्रत्येक किसान के पास जितनी चाहिए, उतनी जमीन नहीं है। जो है, वह उसकी अड़चनों को बढ़ानेवाली है। ऐसा किसान अपने घर में या खेत पर गाय-बैल नहीं रख सकता। यदि रखता है तो अपने हाथों अपनी बरबादी को न्योता भी देता है। आज हिंदुस्तान की यही हालत है। धर्म, दया या नीति की परवाह न करने वाला अर्थशास्त्र तो पुकार-पुकारकर कहता है कि आज हिंदुस्तान में लाखों पशु मनुष्य को खा रहे हैं; क्योंकि उनसे कुछ लाभ नहीं होने पर भी उन्हें खिलाना तो पड़ता ही है। इसलिए उन्हें मार डालना चाहिए। लेकिन धर्म कहो, नीति कहो या दया कहो— ये हमें इन निकम्मे पशुओं को मारने से रोकते हैं।

इस हालत में क्या किया जाए? यही कि जितना प्रयत्न पशुओं को जीवित रखने और उन्हें बोझ न बनने देने का हो सकता है, उतना किया जाए। इस प्रयत्न में सहयोग का बड़ा महत्त्व है। सहयोग अथवा सामुदायिक पद्धति से पशुपालन करने से :

(१) जगह बचेगी तथा किसान को अपने घर में पशु नहीं रखने पड़ेंगे। आज तो जिस घर में किसान रहता है, उसी में उसके सारे मवेशी भी रहते हैं। इससे हवा बिगड़ती है और घर में गंदगी रहती है। मनुष्य पशु के साथ एक ही घर में रहने के लिए पैदा नहीं किया गया है। ऐसा करने में न दया है, न ज्ञान।

(२) पशुओं की वृद्धि होने पर एक घर में रहना असंभव हो जाता है। इसलिए किसान बछड़े को बेच डालता है और भैंसे या पाड़े को मार डालता है, या मरने के लिए छोड़ देता है। यह अधमता है। सहयोग से यह रुकेगा।

(३) जब पशु बीमार होता है तब व्यक्तिगत रूप से किसान उसका शास्त्रीय उपचार नहीं करवा सकता। सहयोग से ही चिकित्सा सुलभ होती है।

(४) प्रत्येक किसान साँड़ नहीं रख सकता। सहयोग के आधार पर बहुत से पशुओं

के लिए एक अच्छा साँड़ रखना सरल है।

(५) प्रत्येक किसान गोचर-भूमि तो ठीक, पशुओं के लिए व्यायाम की यानी हिरने-फिरने की भूमि भी नहीं छोड़ सकता। किंतु सहयोग द्वारा ये दोनों सुविधाएँ आसानी से मिल सकती हैं।

(६) व्यक्तिगत रूप में किसान को घास इत्यादि पर बहुत खर्च करना पड़ता है। सहयोग द्वारा कम खर्च में काम चल जाएगा।

(७) किसान व्यक्तिगत रूप से अपना दूध आसानी से नहीं बेच सकता। सहयोग द्वारा उसे दाम भी अच्छे मिलेंगे और वह दूध में पानी वगैरह मिलाने के लालच से भी बच सकेगा।

(८) व्यक्तिगत रूप में किसान के लिए पशुओं की परीक्षा करना असंभव है, किंतु गाँव भर के पशुओं की परीक्षा सुलभ है और उनकी नस्ल के सुधार का प्रश्न भी आसान हो जाता है।

(९) सामुदायिक या सहयोगी पद्धति के पक्ष में इतने कारण पर्याप्त होने चाहिए। परंतु सबसे बड़ी और सचोट दलील तो यह है कि व्यक्तिगत पद्धति के कारण ही हमारी और पशुओं की दशा आज इतनी दयनीय हो उठी है। उसे बदल दें तो हम बच सकते हैं और पशुओं को भी बचा सकते हैं।

मेरा तो विश्वास है कि जब हम अपनी जमीन को सामुदायिक पद्धति से जोतेंगे, तभी उससे फायदा उठा सकेंगे। गाँव की खेती अलग-अलग सौ टुकड़ों में बँट जाए, इसके बनिस्बत क्या यह बेहतर नहीं होगा कि सौ कुटुंब सारे गाँव की खेती सहयोग से करें और उसकी आमदनी आपस में बाँट लिया करें? और जो बात खेती के लिए सच है, वह पशुओं के लिए भी सच है।

यह दूसरी बात है कि आज लोगों को सहयोग की पद्धति पर लाने में कठिनाई है। कठिनाई तो सभी सच्चे और अच्छे कामों में होती है। गोसेवा के सभी अंग कठिन हैं। कठिनाइयाँ दूर करने से ही सेवा का मार्ग सुगम बन सकता है। यहाँ तो मुझे इतना ही बताना था कि सामुदायिक पद्धति क्या चीज है और यह कि वैयक्तिक पद्धति गलत है, सामुदायिक सही है। व्यक्ति अपने स्वातंत्र्य की रक्षा भी सहयोग को स्वीकार करके ही कर सकता है। अतएव, सामुदायिक पद्धति अहिंसात्मक है, वैयक्तिक हिंसात्मक।

'क्या किसान अपने खेतों को एक साथ मिला लें और अपने-अपने खेतों के क्षेत्रफल के हिसाब से फसल आपस में बाँट लें?'

सहकार की मेरी कल्पना यह है कि सब मालिक मिल-जुलकर जमीन पर अधिकार रखें और जोतने, बोने, फसल काटने वगैरह का काम भी मिल-जुलकर ही करें। इससे

मेहनत, पूँजी, औजार वगैरह की बचत होगी। मालिक मिल-जुलकर खेतों में काम करेंगे और पूँजी, औजार, जानवर और बीज वगैरह पर भी उनका मिला-जुला अधिकार होगा। मेरी कल्पना की सहकारी खेती जमीन की शक्ल ही बदल देगी और लोगों की गरीबी एवं आलस को भगा देगी। यह सब तभी संभव होगा जब लोग एक-दूसरे के मित्र बन जाएँगे और एक परिवार के सदस्य बनकर रहने लगेंगे। जब वह सुख की घड़ी आएगी तब सांप्रदायिक प्रश्न का घिनौना नासूर हमेशा के लिए मिट जाएगा।

सहकारिता की पद्धति किसानों के लिए बहुत ज्यादा जरूरी है। जमीन सरकार की है। इसलिए जब उसे सहकारिता के आधार पर जोता जाएगा तो उससे ज्यादा-से-ज्यादा आमदनी होगी।

याद रखना चाहिए कि सहकारिता पूरी तरह अहिंसा की बुनियाद पर हो। हिंसामय सहकारिता की सफलता जैसी कोई चीज है ही नहीं। हिटलर इस दूसरी बात का प्रबल प्रमाण था। वह भी सहकारिता की बेकार बातें किया करता था। उसे जबरन उसने लोगों पर लादा और हर कोई जानता है कि उसके फलस्वरूप जर्मनी की कैसी दुर्गति हुई!

अगर हिंदुस्तान ने भी हिंसा के जरिए सहकारिता की बुनियाद पर नया समाज खड़ा करने की कोशिश की तो वह एक दुःख की बात होगी। भले काम के लिए जबरदस्ती करने से मनुष्य का व्यक्तित्व नष्ट हो जाता है। जब परिवर्तन अहिंसक असहयोग की मन को मोड़ देनेवाली शक्ति यानी प्रेम से किया जाता है, तभी केवल व्यक्ति के व्यक्तित्व की नींव कायम रखी जा सकती है और दुनिया की सच्ची, स्थायी प्रगति का विश्वास हो सकता है।

भाग-४

खाद

मिश्र खाद—मिश्र खाद का प्रचार करने के लिए मीरा बहन की प्रेरणा और उत्साह से दिल्ली में इस महीने में (दिसंबर १९४७) एक सभा बुलाई गई थी। उसमें डॉ. राजेंद्र प्रसाद सभापति थे। इस काम के विशारद सरदार दातार सिंह, डॉ. आचार्य वगैरह भी इकट्ठे हुए थे। उन्होंने तीन दिन के विचार विनियम के बाद कुछ महत्त्व के प्रस्ताव पास किए हैं। उनमें यह बताया गया है कि शहरों में और   लाख गाँवों में इस बारे में क्या करना चाहिए। शहरों और देहातों में मनुष्य और दूसरे जानवरों के मल को कूड़े-कचरे, चीथड़ों व कारखानों में से निकले हुए मैल के साथ मिलाने का सुझाव रखा गया है। इस विभाग के लिए छोटी सी उपसमिति बनाई गई है, जिसके मेंबर ये हैं—मीरा बहन, श्री शिवकुमार शर्मा, डॉ. बी.एन. लाल और डॉ. के.जी. जोशी।

अगर ये प्रस्ताव सिर्फ अखबारों में छपकर ही न रह जाएँ और करोड़ों इन पर अमल करें तो हिंदुस्तान की शक्ल बदल जाए। हमारे अज्ञान के कारण जो करोड़ों रुपयों की खाद बरबाद हो रही है वह बच जाए, जमीन उपजाऊ बने और जितनी फसल आज पैदा होती है उससे कई गुनी ज्यादा फसल पैदा होने लगे। परिणाम यह होगा कि भुखमरी बिलकुल दूर हो जाएगी। करोड़ों का पेट भरने के लिए अन्न मिलेगा और उसके बाद बाहर भी भेजा जा सकेगा।

भारत की जनता इस प्रयत्न में खुशी से सहयोग करे तो यह देश न सिर्फ अनाज की कमी को पूरा कर सकता है, बल्कि हमें जितना चाहिए, उससे कहीं ज्यादा अनाज पैदा कर सकता है। यह जीवित खाद (आग्रेनिक मैन्यूर) जमीन के उपजाऊपन को हमेशा बढ़ाती ही है, कभी कम नहीं करती। हर दिन जो कूड़ा-कचरा इकट्‌ठा होता है, उसे ठीक विधि के अनुसार गड्‌ढों में इकट्‌ठा किया जाए तो उसकी सुनहरी खाद बन जाती है; और तब उसे खेत की जमीन में मिला दिया जाए तो उससे अनाज की उपज कई गुनी बढ़ जाती है और फलत: हमें करोड़ों रुपयों की बचत होती है। इसके सिवा कूड़े-कचरे का इस खाद बनाने के लिए उपयोग कर लिया जाए तो आस-पास की जगह साफ रहती है और स्वच्छता एक सद्‌गुण होने के साथ-साथ स्वास्थ्य की पोषक भी है।

हमारे यहाँ पूरा अनाज पैदा नहीं होता, क्योंकि हमारी जमीन को पूरी खाद नहीं मिलती। हम खाद बाहर से लाते हैं, उससे रुपया बरबाद होता है तथा जमीन भी बिगड़ती है। लोग जानवरों के मल को कचरे के साथ मिलाकर जब खाद बनाते हैं तब पता नहीं चलता कि वह खाद है। उसे हाथ में ले लो, बदबू नहीं आती। हम कचरे में से करोड़ों रुपए बना सकते हैं और एक मन की जगह दो-चार मन धान पैदा कर सकते हैं।

खाद के खड्‌डे

[गाँवों में खाद के खड्‌डे खोदने की जरूरत के बारे में बताए गए श्री ब्रेन के सुझावों के साथ आमतौर से सहमत होते हुए, पर साथ ही उनकी इस राय से असहमत होते हुए कि खाद के खड्‌डे ६ फुट चौड़े और ६ फुट गहरे होने चाहिए, गांधीजी ने लिखा :]

श्री ब्रेन ने जैसे खड्‌डों के लिए लिखा है वैसों की ही आमतौर पर सिफारिश की जाती है, यह मैं जानता हूँ। पर मेरी राय में श्री पूअरे ने जो एक फुट के छिछले खड्‌डों की सिफारिश की है, वह अधिक वैज्ञानिक एवं लाभप्रद है। उसमें खुदाई की मजदूरी कम होती है और खाद निकालने की मजदूरी या तो बिलकुल ही नहीं होती या बहुत थोड़ी होती है। फिर उस मैले की खाद भी लगभग एक सप्ताह में ही बन जाती है;

क्योंकि जमीन की सतह से ६ से ९ इंच तक की गहराई में रहने वाले जंतुओं; हवा और सूर्य की किरणों का उस पर असर होता है, जिससे खड्डे में दबाए जानेवाले मैले के बनिस्बत कहीं अच्छी खादी तैयार हो जाती है।

लेकिन मैला ठिकाने लगाने के तरीके कितने ही प्रकार के क्यों न हों, याद रखने की मुख्य बात तो यह है कि सब मैले को खड्डे में गाढ़ा जरूर जाए। इससे दोहरा लाभ होता है—एक तो ग्रामवासियों की तंदुरुस्ती ठीक रहती है, दूसरे खड्डों में दबकर बनी हुई खाद खेतों में डालने से फसल की वृद्धि होकर उनकी आर्थिक स्थिति सुधरती है। यह याद रखना चाहिए कि मैले के अलावा जानवरों के शरीर के अवयव आदि चीजें अलग गाढ़ी जानी चाहिए।

मैले की खाद

जी.आई. फाउलर नाम के एक लेखक ने 'संपत्ति तथा दुर्व्यय' (Wealth and Waste) नाम की एक अंग्रेजी पुस्तक में लिखा है कि मनुष्य का मैला अच्छी तरह ठिकाने लगाया जाए, तो एक मनुष्य के मैले से हर साल २ रुपए की आय हो सकती है। अनेक जगहों में तो आज सोने जैसी खाद यों ही पड़ी-पड़ी ही नष्ट हो जाती है और उलटे बीमारियाँ फैलती हैं। उक्त लेखक ने प्रोफेसर लुल्टानी की 'कूड़े-कचरे का उपयोग' (The Use of Waste Materials) नामक पुस्तक से जो उद्धरण दिया है, उसमें कहा गया है कि 'दिल्ली में रहनेवाले २,८२,००० मनुष्यों के मैले से जो नाइट्रोजन पैदा होता है, उससे कम-से-कम १०,००० और अधिक-से-अधिक ९५,००० एकड़ जमीन को पर्याप्त खाद मिल सकती है।' परंतु हमने अपने भंगियों के साथ अच्छी तरह बरताव करना नहीं सीखा है। इससे प्राचीन कीर्तिवाली दिल्ली नगरी में भी आज ऐसे-ऐसे नरक-कुंड देखने में आते हैं कि हमें अपना सिर शर्म से नीचा कर लेना पड़ता है। अगर हम सब भंगी बन जाएँ तो हमें यह मालूम हो जाएगा कि हमें खुद अपने प्रति कैसा बरताव करना चाहिए; और यह भी ज्ञान हो जाएगा कि आज जो चीज जहर का काम कर रही है, उसे हम पेड़-पौधों के लिए किस प्रकार उत्तम खाद में परिणत कर सकते हैं। अगर हम मनुष्य के मल का सदुपयोग करें तो डॉक्टर फाउलर के हिसाब के अनुसार भारत की ३० करोड़ की आबादी से साल में ६० करोड़ रुपए का लाभ हो सकता है।

मिश्र खाद बनाने की पद्धति

(इंदौर में 'इंस्टीट्यूट ऑफ प्लांट इंडस्ट्री' नाम की एक वैज्ञानिक संस्था है; जिनकी सेवा करने के लिए वह कायम की गई है, उनके लिए वह समय-समय पर पत्रिकाएँ

निकालती है। इनमें से पहली पत्रिका खेत की बेकार समझी जानेवाली चीजों से कंपोस्ट (मिश्र खाद) बनाने के तरीकों और उसके फायदों का वर्णन करती है। गोबर और मैला उठाने, साफ करने या फेंकने का काम करनेवाले हरिजनों और ग्राम-सेवकों के लिए वह बहुत उपयोगी है। इसलिए मैं कंपोस्ट बनाने की प्रक्रिया के वर्णन के साथ उसके फुटनोटों को भी जोड़कर लगभग पूरी पत्रिका की नकल नीचे देता हूँ।

—(मो.क. गांधी)

बहुत लंबे समय से यह बात समझ ली गई है कि हिंदुस्तान की मिट्टियों में उचित और व्यवस्थित ढंग से प्राणी तत्त्वों की कमी पूरी करना या उन्हें फिर से पैदा करना खेती की पैदावार को बढ़ाने की किसी भी सफल योजना का एक जरूरी अंग है। यह भी उतनी ही अच्छी तरह समझ लिया गया है कि खलिहानों में तैयार की जानेवाली खाद के मौजूदा साधन खाद की जरूरी मात्रा पूरी नहीं कर सकते। इसके अलावा यह बात तो है ही कि इस खाद के तैयार होने में नाइट्रोजन का बड़ा हिस्सा बरबाद हो जाता है और इस खाद के ज्यादा गुणकारी बनने में बहुत लंबा समय लग जाता है। हरी खाद शायद इसकी जगह ले सकती है, लेकिन मौसमी हवा (Monsoon) की अनिश्चितता के कारण हिंदुस्तान के ज्यादातर हिस्सों में उसका मिलना अनिश्चित ही रहता है। हरी खाद का मिट्टी में गलना या सड़ना भी कुछ समय के लिए पौधों के भोजन की कमी पूरी करने की कुदरती प्रक्रिया में रुकावट डालता है, जो उष्ण कटिबंध के प्रदेशों में जमीन के उपजाऊपन को कायम रखने में बड़े महत्त्व का काम करती है। साफ है कि जमीन को ह्यूमस तैयार करने के बोझ से मुक्त करके उसे जैव तत्त्वों की कमी पूरी करने और फसल को बढ़ाने के काम में ही लगे रहने देना सबसे अच्छा मार्ग है। इसका सबसे आसान तरीका यह है कि खेत का काम चालू रखते हुए खेती की ऐसी सारी बेकार चीजों का, जिनकी ईंधन या ढोरों के चारे के रूप में जरूरत नहीं होती, फायदा उठाकर उप-उत्पादन के रूप में ह्यूमस तैयार किया जाए।

यहाँ इस बात पर जोर देना जरूरी है कि खलिहान या बाड़ों की खाद की जगह लेने वाली कोई भी चीज बनावट में ह्यूमस के साथ ज्यादा-से-ज्यादा समानता रखनेवाली होनी चाहिए। यही इंदौर-पद्धति का ध्येय है, जिसे वह सिद्ध करती है। इस तरह इंदौर-पद्धति का उद्‌देश्य उन पद्धतियों के उद्‌देश्यों से बिलकुल अलग है, जो बहुत ज्यादा नाइट्रोजनवाली सक्रिय खाद तैयार करते हैं, जिसकी विशेष उपयोगिता कृत्रिम खादों के जैसी ही होती है।

इंदौर के 'इंस्टीट्यूट ऑफ प्लांट इंडस्ट्री' में होने वाले काम ने, जो श्री एलबर्ट हॉवर्ड के इस दिशा में किए गए बीस बरस के परिश्रम का फल है, अब निश्चित रूप

से यह सिद्ध कर दिया है कि इन सिद्धांतों को बड़ी आसानी से अमल में लाया जा सकता है। कंपोस्ट की इंदौर-पद्धति व्यावहारिक पद्धति बताती है और विकास के नए रास्ते खोलती है। खेतों और शहरों में कचरा, मैला वगैरह चीजों के रूप में जो अपार कुदरती साधन मौजूद हैं, उनसे मिश्र खाद बनाकर खेतों में उसका उपयोग किया जा सकता है और फायदा उठाया जा सकता है। खेती के विकास व ईंधन के रूप में होने वाले गोबर के उपयोग पर हमला किए बिना इससे बहुत सी खाद मिल सकती है, साथ ही कृत्रिम खादों के उपयोग में किफायत भी की जा सकती है, जो जैव तत्त्वों की मदद से ही अच्छे-से- अच्छा नतीजा ला सकती हैं।

'युटिलाइजेशन ऑफ एग्रीकल्चरल वेस्ट' (हॉवर्ड एंड वाड, ऑक्सफोर्ड यूनिवर्सिटी प्रेस, १९३१) नाम की पुस्तक में इस पद्धति से संबंध रखनेवाली समस्याओं और उसूलों की चर्चा की गई है और इंदौर-पद्धति पर विस्तार से प्रकाश डाला गया है। इस लेख में सिर्फ हिंदुस्तानी किसानों की हालतों पर लागू होनेवाली पद्धति की कामचलाऊ रूपरेखा ही थोड़े में दी गई है।

हिंदुस्तान की सिंचाई की फसलों के लिए खलिहान की खाद बहुत कीमती मानी गई है। लेकिन बिना सिंचाई वाली फसलों के खेतों में भी समय-समय पर थोड़ी खाद देते रहना उतना ही जरूरी है। कंपोस्ट (मिश्र खाद) बनाने की इंदौर-पद्धति जल्दी ही बड़ी मात्रा में ज्यादा अच्छी खाद तैयार करती है। इसके अलावा यह खाद देते ही तुरंत फसल को सक्रिय रूप से फायदा पहुँचाती है, जब कि खलिहान की खाद हमेशा ऐसा नहीं करती। अगर सही ढंग से तैयार की जाए तो इंदौर-पद्धति की मिश्र खाद तीन महीने बाद काम में ली जा सकती है और तब वह गहरे भूरे या कॉफी के रंग का बिखर पदार्थ बन जाती है, जिसमें २० प्रतिशत के करीब कुछ अंशों में गला हुआ छोटी डलियोंवाला हिस्सा होता है, उँगुलियों से दबाकर जिसका तुरंत भूसा किया जा सकता है। बाकी का हिस्सा गीला होने के कारण (और इसलिए उसकें बिखरे कण फूले हुए होते हैं) बारीक होता है और वह एक इंच में छह छेदवाली छलनी से छन जाता है। इस खाद में नाइट्रोजन की मात्रा, उपयोग किए हुए कचरे वगैरह के गुण के मुताबिक ८ से लेकर १.० प्रतिशत या इससे ज्यादा होती है। १०० या १२५ गाढ़ी खेत में मिलनेवाले सब तरह के कचरे और गोठान में मिलनेवाली पेशाब सोखी हुई आधी मिट्टी के साथ एक-चौथाई भाग ताजा गोबर मिलाने से दो बैलों के पीछे हर साल करीब ५० गाढ़ी मिश्र खाद तैयार हो सकती है। आधी बची हुई पेशाबवाली मिट्टी की भी बड़ी अच्छी खाद होती है और वह सीधी खेतों में डाली जा सकती है। अगर इससे ज्यादा कचरा मिल सके, तो सारे गोबर और पेशाबवाली मिट्टी से १५० गाढ़ी मिश्र खाद बनाई जा सकती

है। इंदौर में एक गाढ़ी मिश्र खाद बनाने का खर्च साढ़े आठ आने आता है। यहाँ ८ घंटे काम करने के लिए एक पुरुष को ७ आने रोज और एक स्त्री को ५ आने रोज मजदूरी दी जाती है।

इंदौर-पद्धति की रूपरेखा

दूसरी तरह से बेकार जानेवाली खेती की चीजों, कचरे वगैरह के साथ ताजा गोबर, लकड़ी की राख और पेशाब वाली मिट्टी के मिश्रण को खड्डों में जल्दी सड़ाना ही इस पद्धति का खास काम है। खड्डों की गहराई २ फीट से ज्यादा नहीं होनी चाहिए। वे १४ फीट चौड़े होने चाहिए। उनकी सामान्य लंबाई ३० फीट होनी चाहिए। खड्डों का यह नाप बड़े पैमाने और छोटे पैमाने दोनों तरह के काम के लिए ठीक रहेगा। उदाहरण के लिए खड्डे का ३ फीट लंबा हिस्सा दो जोड़ी बैलों के नीचे बिछाए हुए घास-पात के बिछोने से ६ दिन में भर सकता है। इसके बाद ३ फीट का पास का हिस्सा भरा जाए। आगे चलकर हर एक हिस्से को स्वतंत्र इकाई समझा जाए। खड्डे में डाली हुई चीजों पर पानी का एक-सा छिड़काव किया जाता है, जिसमें थोड़ा गोबर, लकड़ी की राख, पेशाब वाली मिट्टी और सक्रिय खड्डे से निकाली हुई कुकुरमुत्ता (Fungus) वाली खाद मिली रहती है। सक्रिय रूप से सड़ने वाला कंपोस्ट जल्दी ही कुकुरमुत्ता उगने से सफेद हो जाता है। बाद में यह नए खड्डों के कचरे, गोबर वगैरह को जोरों से सड़ाने के काम में लिया जाता है। पहले-पहल जब कुकुरमुत्तावाली खाद नहीं मिलती तो ढोरों के बिछौने के साथ थोड़ी हरी पत्तियाँ बिछाकर कुकुरमुत्ता उगाने में मदद ली जाती है। खड्डे की चीजों को गलाने का काम शुरू करने वाले पदार्थ (Starter) में पूरी सक्रियता ३-४ बार ऐसी क्रिया हो चुकने के बाद आती है। खड्डे की सतह पर पानी छिड़कने और भीतर की चीजों को पलटते रहने से नमी और हवा को नियमित रखकर इसकी सक्रियता कायम रखी जाती है। इसमें दूसरी बार 'स्टार्टर' की थोड़ी मात्रा जोड़ी जाती है, जो इस वक्त ३० दिन से ज्यादा पुराने खड्डे से लिया जाता है। सारा ढेर जल्दी ही बहुत गरम हो जाता है और लंबे समय तक वैसा बना रहता है। व्यवस्थित ढंग से सब काम किया जाए, तो बड़ा अच्छा मिश्रण तैयार होता है और उसे काफी हवा भी मिलती रहती है। पानी का साधारण छिड़काव एकदम चीजों को गलाना शुरू कर देता है, जो आखिर तक लगातार चालू रहता है। और अंत में बिलकुल एक सी उम्दा खाद बन जाती है।

खड्डे बनाना

गोठान के पास और संभव हो तो पानी के किसी साधन के पास अच्छी तरह सूखा

हुआ जमीन का हिस्सा चुन लीजिए। ३० फीट+१४ फीट+२ फीट का खड्डा बनाने के लिए एक फुट मिट्टी खोदकर किनारों पर फैला दीजिए; ऐसे खड्डे दो-दो की जोड़ में खोदे जाएँ। उनकी लंबाई पूर्व से पश्चिम की ओर रहे। एक जोड़ के दो खड्डों के बीच ६ फीट की दूरी रहे और ऐसी हर जोड़ एक-दूसरे से १२ फीट दूर रहे। तैयार कंपोस्ट के ढेर और बारिश में लगाए जाने वाले ढेर इन चौड़ी जगहों पर किए जाते हैं, जो हर एक ढेर से सीधे गाड़ी में खाद भरकर ले जाने के लिए भी उपयोगी होती है।

मिट्टी और पेशाब

ढोरों के पेशाब में खाद के कीमती तत्त्व होते हैं और खलिहान की खाद बनाने की सामान्य पद्धति में वे ज्यादातर बरबाद ही होते हैं। गोठान में पक्का फर्श बनाना खर्चीला होता है और बैलों के लिए वह अच्छा नहीं होता। ढोरों के उठने-बैठने और सोने के लिए खुली मिट्टी का मुलायम, गरम और सूखा बिछौना सस्ते में बनाया जा सकता है। मिट्टी की ६ इंच की परत गंदगी फैलाए बिना ढोरों का सारी पेशाब सोखने के लिए काफी होगी, बशर्ते कि ज्यादा गीले हिस्से रोज साफ कर दिए जाएँ, उन पर थोड़ी नई मिट्टी डाल दी जाए और मिट्टी पर थोड़ा न खाया हुआ घास बिछा दिया जाए। हर चार महीने में यह पेशाब वाली मिट्टी हटा दी जाए और उसकी जगह नई मिट्टी डाली जाए। उसका ज्यादा अच्छा हिस्सा कंपोस्ट बनाने के लिए रख लिया जाए और ज्यादा बड़े ढेले सीधे खेतों में डाल दिए जाएँ। यह बड़ी जल्दी काम करनेवाली खाद होती है, जो खासतौर पर सिंचाई की फसल को ऊपर से दी जाती है।

गोबर और राख

रोज मिल सकने वाले गोबर का सिर्फ एक-चौथाई हिस्सा ही जरूरी है; इसे पानी में मिलाकर प्रवाही के रूप में छिड़का जाता है। जरूरत हो तो बचे हुए गोबर को ईंधन की तरह काम में लिया जा सकता है। रसोईघर और दूसरी जगहों से लकड़ी की राख सावधानी से इकट्ठी करनी चाहिए और किसी ढकी हुई जगह पर उसका संग्रह करना चाहिए।

खेतों का कचरा

हर तरह के पौधों के कचरे से, जिसकी खेत में दूसरी तरह से जरूरत न हो, कंपोस्ट बनाया जा सकता है। इस कचरे में ये सब चीजें आ सकती हैं; घास-पात, कपास, मटर और तिल के डंठल, टेसू के पत्ते, अलसी, सरसों, काले और हरे चनों के डंठल, गन्ने का कूचा और छिलका, ज्वार और गन्ने की जड़ें, पेड़ों के गिरे हुए पत्ते और घास-चारा, कड़वी वगैरह के न खाए हुए हिस्से। कड़ी चीजों को कुचलना होगा। सिंध में कच्ची

और मुलायम सड़कों पर भी यह काम सफलता से किया गया है। वहाँ गाड़ी के रास्ते पर ऐसी चीजें फैला दी जाती हैं और कुचले हुए हिस्सों को समय-समय पर उठाकर उनकी जगह दूसरी कड़ी चीजें फैला दी जाती हैं। ठूँठ और जड़ों जैसे बहुत कड़े हिस्सों को (कुचलने के अलावा) कम-से-कम दो दिन तक पानी में भिगोने या दो-तीन माह तक गीली मिट्टी या कीचड़ के नीचे गाड़ने की जरूरत रहेगी। इसके बाद ही वे अच्छी तरह काम में लिये जा सकते हैं। कीचड़ के नीचे गाड़ने का काम बारिश में आसानी से किया जा सकता है। हरी चीजें कुछ हद तक सुखा ली जाएँ और फिर उनकी गंजी लगाई जाए। थोड़ी-थोड़ी अलग-अलग चीजों की एक साथ गंजी लगाई जाए और बड़ी मात्रा की हर एक चीज के लिए अलग गंजी बनाई जाए। इन चीजों को कंपोस्ट के खड्डे में ले जाते समय इस बात का ध्यान रखना चाहिए कि सब तरह की चीजों का मिश्रण किया जाए; खड्डे में डालने के लिए उठाई जानेवाली सारी चीजों की कुल मात्रा के एक-तिहाई से ज्यादा कोई चीज खड्डे में नहीं डालनी चाहिए। पानी में भिगोई या मुलायम बनाई हुई सख्त जड़ें, डंठल वगैरह एक बार में बहुत थोड़ी मात्रा में ही काम में ली जानी चाहिए। अगर मामूली तौर पर मिल सकनेवाली अलग-अलग चीजों को ऐसी मात्राओं में इकट्ठा और इस्तेमाल किया जाए कि साल भर तक वे मिलती रहें तो यह सब अपने आप हो जाता है। सन या इसी तरह की दूसरी खरीफ की फसल के उपयोग से कंपोस्ट को और ज्यादा गुणकारी बनाया जा सकता है। इसे हरी ही काटना चाहिए और सूखने पर उसका ढेर लगाना चाहिए। इससे रबी की फसल बोने के समय जमीन साफ मिलेगी और सन बोने से इस फसल को फायदा पहुँचेगा।

पानी

अगर कंपोस्ट तैयार करने की जमीन के पास एक छोटा खड्डा या हौज बनाकर उसमें नहाने-धोने का गंदा पानी इकट्ठा किया जाए और रोज काम में लिया जाए तो मेहनत बचेगी और फायदा भी होगा। लंबे समय तक एक जगह पड़ा रहनेवाला कोई भी पानी नुकसानदेह होगा। इससे ज्यादा पानी की जरूरत हो तो दूसरी तरह से उसका प्रबंध करना चाहिए। मौसम के मुताबिक एक गाड़ी कंपोस्ट तैयार करने के लिए चार गैलन के ५० से ६० तक पानी से भरे पीपों की जरूरत होती है।

प्रक्रिया का ब्योरा

खड्डों का भरना—४ फीट लंबा और ३ फीट चौड़ा एक पाल या टाट के टुकड़े का स्ट्रेचर (जिसके लंबे किनारे ७.९२ फीट लंबे दो बाँसों में फँसे हों) लीजिए। गोठान के फर्श पर, जहाँ ढोर उठते-बैठते और सोते हैं, रोज एक बैल के लिए एक पाल और

एक भैंस के लिए डेढ़ पाल के हिसाब से खेत का कचरा फैला दीजिए। इस कचरे पर ढोरों का पेशाब गिरता और जज्ब होता है; साथ ही ढोर उसे कुचलकर मिला देते हैं। बारिश में यह बिछौना सूखे कचरे की दो परतों के बीच में हरे, लेकिन कुछ सूखे हुए कचरें की परत डालकर बनाया जाता है। घोल बनाने के बाद जो ताजा गोबर बचे, उसके या तो कंडे बनाए जा सकते हैं या छोटी नारंगी के बराबर हिस्से करके उसे ढोरों के बिछौने पर फैलाया जा सकता है। घोल बनाने के बाद पेशाबवाली मिट्टी और कुकुरमुत्तावाली खाद का बचा हुआ हिस्सा दूसरे दिन सुबह ढोरों के बिछौने पर छिड़क दिया जाता है, जब वह सीधे खड्डों में डालने और पतली परतों में फैलाने के लिए फावड़ों और पालों के जरिए सारे फर्श पर से उठाया जाता है। बाद में ऐसी हर परत को थोड़ी-थोड़ी लकड़ी की राख, ताजा गोबर, पेशाब की मिट्टी और कुकुरमुत्ता वाली खाद के घोल से एक-सा गीला किया जाता है। ढोरों का सारा बिछौना उठा लेने के बाद फर्श पर बिखरा हुआ बारीक कचरा भी झाड़ लिया जाता है, जो खड्डे ऊपरी सतह पर बिछाया जाता है। सबसे ऊपर की परत को पानी छिड़ककर गीला किया जाता है और शाम को व दूसरे दिन सुबह और ज्यादा पानी छिड़ककर उसे पूरी तरह भिगो दिया जाता है। मिलने वाले कचरे की मात्रा के अनुसार एक खड्डा या उसका हिस्सा छह दिन में सिरे तक भर ही दिया जाना चाहिए। इसके बाद दूसरा खड्डा या एक खड्डे का दूसरा हिस्सा इसी तरह भरना शुरू किया जाए। खड्डे को भरते समय कचरे को पाँव से दबाना नुकसानदेह होता है, क्योंकि इससे हवा अंदर नहीं जाने पाती।

वर्षा में खड्डे पानी से भर जाते हैं। जब बारिश शुरू हो तो खड्डों का कचरा निकालकर जमीन पर इकट्ठा कर देना चाहिए, जिससे उसे उलट-पुलट करने का लाभ मिल जाए। वर्षा के दिनों में ८ फीट+ ८ फीट+ २ फीट के ढेर जमीन पर लगाकर नया कंपोस्ट बनाना चाहिए। ये ढेर खड्डों के बीच की चौड़ी जगहों पर बिलकुल पास-पास किए जाने चाहिए, ताकि वे ठंडी हवा से बच सकें।

कंपोस्ट को पलटना और उस पर पानी छिड़कना

सड़ते हुए कंपोस्ट की ऊपरी सतह पर हर हफ्ते पानी का छिड़काव करके नमी कायम रखी जाती है। खड्डे के भीतर बीच-बीच में नमी और हवा पहुँचाते रहना जरूरी है, इसलिए खाद को तीन बार पलटना चाहिए, हर पलटे के साथ पानी का छिड़काव करना चाहिए, जिससे नमी की कमी पूरी की जा सके। गीले मौसम में पानी के छिड़काव की मात्रा कम कर देनी चाहिए या पानी बिलकुल न छिड़कना चाहिए। लेकिन जब पहली बार खड्डा भरा जाए या ढेर लगाया जाए, तब तो हर मौसम में पानी छिड़कना ही चाहिए।

पहला पलटा करीब १५ दिन बाद

सारे खड्डे से ऊपर की न सड़ी हुई परत निकाल डालिए और उसे नया खड्डा भरने के काम में लीजिए। फिर खुली हुई सतह पर ३ दिन का पुराना कंपोस्ट फैलाइए और सिरे पर इतना पानी छिड़किए कि लगभग ६ इंच नीचे-नीचे तक वह अच्छी तरह गीला हो जाए। पहले पलटे के समय खड्डे को लंबाई के हिसाब से दो हिस्सों में बाँट दिया जाता है और हवा के रुख की तरफ के आधे हिस्से को जैसे का तैसा रहने दिया जाता है। उसे नहीं छेड़ा जाता है। दूसरा आधा हिस्सा उस पर डाल दिया जाता है (इसके लिए लकड़ी का बना घास उठाने का औजार काम देता है)। कचरे की एक परत के बाद दूसरी परत नहीं उठानी चाहिए, बल्कि औजारों को इस तरह काम में लेना चाहिए कि जहाँ तक संभव हो, खड्डे के सिरे से पेंदे तक का कचरा साथ में निकल सके। पलटे हुए कचरे की हर परत को, जो करीब ६ इंच मोटी होगी, पानी छिड़ककर अच्छी तरह भिगो देना चाहिए। बारिश में सारा ढेर पलटा जा सकता है, ताकि उसकी ऊँचाई ज्यादा न बढ़ जाए।

दूसरा पलटा करीब एक माह बाद

खड्डे के आधे हिस्से का कचरा उसकी खाली बाजू में औजार से पलट दिया जाता है और उस पर काफी पानी छिड़का जाता है। इसे भी सिरे से पेंदे तक की खाद को मिलाने का ध्यान रखना चाहिए।

तीसरा पलटा दो माह बाद

इसी तरह कंपोस्ट फावड़े से खड्डों के पास की चौड़ी जगहों पर फैला दिया जाता है और उस पर पानी छिड़का जाता है। दो खड्डों की खाद बीच की खुली जगह पर १० फीट चौड़ा और ३.५ फीट ऊँचा ढेर बनाकर अच्छी तरह फैलाई जा सकती है। ढेर की लंबाई कितनी भी रखी जा सकती है और इस तरह बहुत से ढेर साथ-साथ लगाए जा सकते हैं। अगर सुभीता हो तो खाद को पानी छिड़ककर खड्ड़ों से गाड़ी में भरकर सीधे खेतों में ले जाया जा सकता है। जिस जमीन में खाद का उपयोग करना हो, वहीं उसका ढेर लगाना चाहिए। इससे बुवाई के मौसम में कीमती समय बच सकेगा। सब ढेर ऊँचे और चपटे सिर वाले होने चाहिए, ताकि वे बहुत ज्यादा सूख न जाएँ और उनमें खाद बनने की प्रक्रिया बंद न हो जाए।

अच्छा कंपोस्ट किसी भी समय बदबू नहीं करता और सारा एक से रंग का होता है। अगर वह बदबू करे या उस पर मक्खियाँ बैठें, तो समझना चाहिए कि उसे ज्यादा हवा की जरूरत है। इसलिए खड्डे की खाद को पलटना चाहिए और उसमें थोड़ी राख

और गोबर मिलाना चाहिए।

हर मामले में कचरे, गोबर वगैरह की कितनी मात्रा चाहिए, इसका हिसाब नीचे के आँकड़ों के आधार पर आसानी से लगाया जा सकता है।

चालीस ढोरों के लिए जरूरी मात्रा

छह दिन तक रोज खड्डे भरना—गोठान के फर्श पर ढोरों के बिछौने के लिए बिछाए हुए कचरे की और उसे उठाने के बाद झाड़ू से इकट्ठे किए हुए बारीक कचरे की एक दिन में खड्डे में डाली जानेवाली मात्रा ४० से ५० पाल कचरा, जिस पर ४ तगारी (१८ इंच व्यासवाली और ६ इंच गहरी) कुकुरमुत्तावाली खाद, १५ तगारी पेशाबवाली मिट्टी और ईंधनवाले रूप में उपयोग न किया जानेवाला फाजिल गोबर फैलाया जाए।

घोल—गोठान के एक दिन के कचरे वगैरह के लिए २० पीपे (चार गैलन के) पानी, ५ तगारी गोबर, १ तगारी राख, २ तगारी पेशाबवाली मिट्टी और २ तगारी कुकुरमुत्ता वाली खाद।

पानी—गोठान के एक दिन के कचरे वगैरह के लिए खड्डा भरते ही ६ पीपे पानी, १० पीपे पानी शाम को और ६ पीपे दूसरे दिन सुबह।

ऊपरी सतह का छिड़काव—हर बार २५ पीपे पानी।

पलटे के वक्त पानी—पहले पलटे के समय मौसम के मुताबिक ६० से १०० पीपे; दूसरे पलटे के समय ४० से ६० पीपे; तीसरे पलटे के समय ४० से ८० पीपे।

कुकुरमुत्ता वाली खाद—पहले पलटे के वक्त १२ तगारी।

कोष्ठक

एक तगारी में भरी हुई चीजों की मात्रा (दो पसरों में) और वजन (पौंड में)।

चीज	मात्रा वजन (पसरों में)	वजन (पौंड में)
ताजा गोबर	६ से ७	४०
पेशाबवाली मिट्टी	२० से २१	२२
लकड़ी की राख	२५	२०
कुकुरमुत्तावाली खाद	५	२०
पहले पलटे के लिए खाद	६	२०

काम का समय-पत्रक

दिन	घटनाएँ
१	भरना शुरू होता है
६	भरना खत्म होता है
१०	कुकुरमुत्ता जमता है
१२	पानी का पहला छिड़काव
१५	पहला पलटा और एक माह पुराना
१६	कंपोस्ट मिलाना
२४	पानी का दूसरा छिड़काव
३०-३२	दूसरा पलटा
३८	पानी का तीसरा छिड़काव
४५	'चौथा'
६०	तीसरा पलटा
६७	पानी का पाँचवाँ छिड़काव
७५	'छठा'
९०	काम में लेने के लिए कंपोस्ट तैयार

अगर परिस्थितियाँ पूरी तरह इंदौर-पद्धति से कंपोस्ट बनाने में बाधक हों तो नीचे लिखे ढंग से कुछ अंश में उसके लाभ उठाए जा सकते हैं।

कई तरह का मिला हुआ कचरा ढोरों के बिछौने के लिए उपयोग किया जाए और दूसरे दिन सुबह हटाने के पहले उस पर ऊपर बताए मुताबिक जरूरी मात्रा में गोबर, पेशाबवाली मिट्टी और राख डाली जाए। यह सब कचरा बाद में उस खेत की मेंड़ पर ले जाया जाता है, जिसमें उसका उपयोग करना होता है; या दूसरी किसी सूखी जगह पर ले जाया जाता है और ८ इंच चौड़े और ३ इंच ऊँचे ढेरों में जमा किया जाता है। ढेरों की लंबाई सुविधा के अनुसार कितनी भी रखी जा सकती है। बारिश शुरू होने के करीब महीने भर बाद ही उन पर कुकुरमुत्ता जम जाएगा। इसके बाद कोई ऐसा दिन चुनकर, जब आकाश में बादल घिरे हों या थोड़ी बारिश हो रही हो, उसे पूरी तरह पलट दिया जाता है। एक महीने के बाद एक या दो बार फिर उसे पलट देने से मौसम खत्म होते-होते वह सड़ जाएगा, बशर्ते कि समय-समय पर अच्छी बारिश होती रहे।

अलबत्ता, खाद तैयार होने के पहले एक बरस तक ठहरना जरूरी होगा। अगर बारिश बहुत कम हो तो शायद ज्यादा भी ठहरना पड़े।

इस तरह बनी हुई खाद इंदौर-पद्धति से तैयार की हुई खाद से तो घटिया होती है,

लेकिन खलिहानों में तैयार की जानेवाली मामूली खाद से हर हालत में ज्यादा अच्छी होती है; क्योंकि इस पद्धति से भी कड़ी और सख्त चीजें आसानी से सड़ाई जा सकती हैं और गाँव की मौजूदा पद्धति से तैयार होने वाली खाद से कहीं ज्यादा मात्रा में खाद बनती है।

गाँव की फसलें

हर एक गाँव का पहला काम यह होगा कि वह अपनी जरूरत का तमाम अनाज और कपड़े के लिए कपास स्वयं पैदा कर ले। उसके पास इतनी जमीन सुरक्षित होनी चाहिए, जिसमें ढोर चर सकें और गाँव के बड़ों तथा बच्चों के लिए मनबहलाव के साधन और खेल-कूद के मैदान वगैरह की व्यवस्था हो सके। इसके बाद भी जमीन बची तो उसमें वह ऐसी उपयोगी फसलें बोएगा, जिन्हें बेचकर वह आर्थिक लाभ उठा सके; यों वह गाँजा, तंबाकू, अफीम वगैरह की खेती से बचेगा।

भाग-५

खुराक की कमी की समस्या

खुराक की कमी—कुदरती या मनुष्य के पैदा किए हुए अकाल में हिंदुस्तान के करोड़ों नहीं, तो लाखों आदमी भूख से मरे हैं। इसलिए यह हालत हिंदुस्तान के लिए नई नहीं है। मेरी राय में एक व्यवस्थित समाज में अनाज और पानी की कमी के सवाल को सफलता से हल करने के लिए पहले से सोचे हुए उपाय हमेशा तैयार रहने चाहिए। एक व्यवस्थित समाज कैसा हो और उसे इस सवाल को कैसे सुलझाना चाहिए, यह समय इन बातों पर विचार करने का नहीं है। तो हमें सिर्फ यही विचार करना है कि अनाज की आज की भयंकर तंगी को हम किस तरह सफलतापूर्वक दूर कर सकते हैं।

मेरा खयाल है कि हम लोग यह काम कर सकते हैं। पहला पाठ जो हमें सीखना है, वह है स्वावलंबन और अपने आप पर भरोसा रखने का। अगर हम यह पाठ पूरी तरह सीख लें तो विदेशों पर निर्भर रहने और इस तरह अपना दिवालियापन जाहिर करने से बच सकते हैं। यह बात घमंड से नहीं बल्कि वस्तुस्थिति को ध्यान में रखकर कही गई है। हमारा देश छोटा सा नहीं है, जो अपने अनाज के लिए बाहरी मदद पर निर्भर रहे। यह तो एक छोटा-मोटा महाद्वीप है, जिसकी आबादी चालीस करोड़ के लगभग है। हमारे देश में बड़ी-बड़ी नदियाँ, कई तरह की उपजाऊ जमीन और कभी न चुकनेवाला पशु धन है। हमारे पशु अगर हमारी जरूरत से बहुत कम दूध देते हैं तो इसमें पूरी तरह

हमारा ही दोष है। हमारे पशु इस योग्य हैं कि वे कभी भी हमें अपनी जरूरत का दूध दे सकते हैं। पिछली कुछ सदियों में अगर हमारे देश की उपेक्षा न की गई होती तो आज उसका अनाज सिर्फ उसी के लिए काफी नहीं होता, बल्कि पिछले महायुद्ध की वजह से अनाज की तंगी भोग रही दुनिया को भी उसकी जरूरत का बहुत कुछ अनाज हिंदुस्तान से मिल जाता। आज दुनिया के जिन देशों में अनाज की तंगी है, उनमें हिंदुस्तान भी शामिल है। आज तो यह मुसीबत घटने के बजाय बढ़ती हुई जान पड़ती है। मेरा यह सुझाव नहीं है कि जो दूसरे देश राजी-खुशी से हमें अपना अनाज देना चाहते हैं, उनका आभार न मानते हुए हम उसे लौटा दें। मैं सिर्फ इतना ही कहना चाहता हूँ कि हम भीख न माँगते फिरें। उससे हम नीचे गिरते हैं। इसमें देश के भीतर एक जगह से दूसरी जगह अनाज भेजने की कठिनाइयाँ और शामिल कर दीजिए। हमारे यहाँ अनाज और खान-पान की दूसरी चीजों को एक जगह से दूसरी जगह शीघ्रता से भेजने की सुविधाएँ नहीं हैं। इसके साथ ही यह असंभव नहीं है कि अनाज की फेरबदली के समय में उसमें इतनी मिलावट कर दी जाए कि वह खाने लायक ही न रहे। हम इस बात से आँखें नहीं मूँद सकते कि हमें मनुष्य के भले-बुरे सब तरह के स्वभाव से निपटना है। दुनिया के किसी भी हिस्से में ऐसा मनुष्य नहीं मिलेगा, जिसमें कुछ-न-कुछ कमजोरी न हो।

दूसरे, हम यह भी देखें कि हमें दूसरे देशों से कितनी मदद मिल सकती है। मुझे मालूम हुआ है कि हमारी आज की जरूरतों के तीन प्रतिशत से अधिक मदद हम नहीं पा सकते। अगर यह बात सही है, और मैंने कई विशेषज्ञों से इसकी जाँच कराई है और उन्होंने इसे सही माना है तो मैं पूरी तरह यह मानता हूँ कि बाहरी मदद पर भरोसा करना बेकार है। यह जरूरी है कि हमारे देश में खेती के लायक जो जमीन है, उसके एक-एक इंच हिस्से में हम ज्यादा पैसे दिलानेवाली फसलों के बजाय प्रतिदिन काम में आने वाला अनाज पैदा करें। अगर हम बाहरी मदद पर जरा भी निर्भर रहे तो हो सकता है कि अपने देश के भीतर ही अपनी जरूरत का अनाज पैदा करने की जो जबरदस्त कोशिश हमें करनी चाहिए, उससे हम बहक जाएँ। जो पड़ती जमीन खेती के काम में लाई जा सकती है, उसे हम जरूर इस काम में लें।

मुझे भय है कि खाने-पाने की चीजों को एक जगह जमा करके वहाँ से सारे देश में पहुँचाने का तरीका हानिकारक है। विकेंद्रीकरण के जरिए हम आसानी से काले बाजार का खात्मा कर सकते हैं और चीजों को यहाँ से वहाँ लाने-ले जाने में लगने वाले समय तथा पैसे की बचत कर सकते हैं। हिंदुस्तान के अनाज पैदा करने वाले ग्रामवासी अपनी फसल को चूहों वगैरह से बचाने की तरकीबें जानते हैं। अनाज को एक स्टेशन

से दूसरे स्टेशन तक लाने-ले जाने में चूहों वगैरह को उसे खाने का काफी मौका मिलता है। इससे देश के करोड़ों रुपयों का नुकसान होता है और जब हम एक-एक छटांक अनाज के लिए तरसते हैं, तब देश का हजारों मन अनाज इस तरह बरबाद हो जाता है। अगर हर एक हिंदुस्तानी जहाँ संभव हो, वहाँ अनाज पैदा करने की जरूरत को महसूस करे तो शायद हम भूल जाएँ कि देश में कभी अनाज की तंगी थी। ज्यादा अनाज पैदा करने का विषय ऐसा है, जिसमें सबके लिए आकर्षण है। इस विषय पर मैं पूरे विस्तार के साथ तो नहीं बोल सका, पर मुझे आशा है कि मेरे इतना कहने से आप लोगों के मन में इसके प्रति रुचि पैदा हुई होगी और समझदार लोगों का ध्यान इस बात की तरफ मुड़ा होगा कि हर एक व्यक्ति इस तारीफ के लायक काम में मदद कर सकता है।

अब मैं आपको यह बता दूँ कि बाहर से हमको मिलने वाले तीन प्रतिशत अनाज को लेने से इनकार करने के बाद हम किस तरह इस कमी को पूरा कर सकते हैं। हिंदू लोग महीने में दो बार एकादशी का व्रत रखते हैं। इस दिन वे आधा या पूरा उपवास करते हैं। मुसलमान और दूसरी कौमों के लोगों को भी उपवास की मनाही नहीं है, खासकर के जब करोड़ों भूखों मरते लोगों को एक-आध दिन का उपवास करना पड़े। अगर सारा देश इस तरह के उपवास के महत्त्व को समझ ले तो विदेशी अनाज लेने से हमारे इनकार करने के कारण जो कमी होगी, उससे भी ज्यादा कमी को वह पूरी कर सकता है।

मेरी अपनी राय में तो अगर अनाज की राशनिंग का कोई उपयोग है भी तो वह बहुत कम है। अगर अनाज पैदा करनेवालों को उनकी मरजी पर छोड़ दिया जाए तो वे अपना अनाज बाजार में लाएँगे और हर एक को अच्छा और खाने लायक अनाज मिलेगा, जो आज आसानी से नहीं मिलता।

अनाज की तंगी के बारे में अपनी बात खत्म करने से पहले मैं आप लोगों का ध्यान प्रेसिडेंट ट्रूमेन द्वारा अमेरिकी जनता को दी गई उस सलाह की तरफ खींचूँगा, जिसमें उन्होंने कहा है कि अमेरिकी लोगों को कम रोटी खाकर यूरोप के भूखों मरते लोगों के लिए अनाज बचाना चाहिए। उन्होंने आगे कहा है कि अगर अमेरिका के लोग स्वेच्छा से इस तरह का उपवास करेंगे तो उनकी तंदुरुस्ती में कोई कमी नहीं आएगी। प्रेसिडेंट ट्रूमेन को उनकी इस परोपकारी वृत्ति पर मैं बधाई देता हूँ। मैं इस सुझाव को मानने के लिए तैयार नहीं हूँ कि इस परोपकार के पीछे अमेरिका का आर्थिक लाभ उठाने का गंदा इरादा छिपा हुआ है। किसी मनुष्य का न्याय उसके कामों पर से होना चाहिए, उनके पीछे रहने वाले इरादे से नहीं। एक भगवान् के सिवा और कोई नहीं जानता कि किसी

मनुष्य के दिल में क्या है! अगर अमेरिका भूखे यूरोप को अनाज देने के लिए उपवास करेगा या कम खाएगा तो क्या हम अपने खुद के लिए यह काम नहीं कर सकेंगे? अगर बहुत से लोगों का भूख से मरना निश्चित है तो हमें स्वावलंबन के तरीके से उनको बचाने की पूरी-पूरी कोशिश करने का यश तो कम-से-कम ले ही लेना चाहिए। इससे हमारा राष्ट्र ऊँचा उठता है।

खुराक की कमी के दिनों में

कहावत है कि जो मनुष्य जितना बचाता है, वह उतना ही कमाता या पैदा करता है। इसलिए जिनमें गरीबों के लिए दया है, जो उनके साथ ऐक्य साधना चाहते हैं, उन्हें अपनी आवश्यकताएँ कम करनी चाहिए। यह हम कई तरीकों से कर सकते हैं। मैं उनमें से कुछ का ही यहाँ जिक्र करूँगा।

धनिक-वर्ग में प्रमाण या आवश्यकता से कहीं ज्यादा खाना खाया जाता है और बिगाड़ किया जाता है। एक समय में एक ही अनाज का उपयोग करना चाहिए। चपाती, दाल-भात, दूध-घी, गुड़ और तेल ये खाद्य-पदार्थ शाक-तरकारी और फलों के उपरांत आमतौर पर हमारे घरों में इस्तेमाल किए जाते हैं। आरोग्य की दृष्टि से यह मेल ठीक नहीं है। जिन लोगों को दूध, पनीर, अंडे या मांस के रूप में स्नायुवर्धक तत्त्व मिल जाते हैं, उन्हें दाल की बिलकुल जरूरत नहीं रहती। गरीब लोगों को तो सिर्फ वनस्पति द्वारा ही स्नायुवर्धक तत्त्व मिल सकते हैं। अगर धनिक-वर्ग दाल और तेल खाना छोड़ दे तो गरीबों को जीवन-निर्वाह के लिए ये आवश्यक पदार्थ मिलने लगें। इन बेचारों को न तो प्राणियों के शरीर से पैदा हुए स्नायुवर्धक तत्त्व मिलते हैं और न चरबी ही। अन्न को दलिया की तरह मुलायम बनाकर कभी नहीं खाना चाहिए। अगर उसको किसी रसीली या तरल चीज में डुबोए बगैर सूखा ही खाया जाए तो आधी मात्रा से ही आदमी का काम चल जाता है। अन्न को कच्चा सलाद, जैसे कि प्याज, गाजर, मूली, लेटिस, हरी पत्तियों और टमाटर के साथ खाया जाए तो लाभ होता है। कच्ची हरी सब्जियों के सलाद के एक-दो औंस भी ७ औंस पकाई हुई सब्जियों के बराबर होते हैं। चपाती या डबलरोटी दूध के साथ नहीं लेनी चाहिए। शुरू में एक वक्त चपाती या डबलरोटी और कच्ची सब्जियाँ और दूसरे वक्त पकाई हुई सब्जी दूध या दही के साथ ले सकते हैं। मिष्ठान्न का भोजन बिलकुल बंद कर देना चाहिए। इनकी जगह गुड़ या थोड़ी मात्रा में शक्कर अकेले अथवा दूध या डबलरोटी के साथ ले सकते हैं।

ताजे फल खाना अच्छा है, परंतु शरीर के पोषण के लिए थोड़ा फल-सेवन भी पर्याप्त होता है। यह महँगी वस्तु है और धनिक लोगों की आवश्यकता से अधिक फल-

सेवन के कारण गरीबों और बीमारों को, जिन्हें धनिकों की अपेक्षा अधिक फलों की जरूरत है, फल मिलना दुश्वार हो गया है।

कोई भी वैद्य या डॉक्टर, जिसने भोजन के शास्त्र का अध्ययन किया है, प्रमाण के साथ कह सकेगा कि मैंने जो कुछ ऊपर बताया है, उससे शरीर को किसी प्रकार का नुकसान नहीं हो सकता। उलटे, तंदुरुस्ती अधिक अच्छी हो सकती है।

स्पष्ट ही भोजन-सामग्री की किफायत का सिर्फ यही एक उपाय नहीं है। इसके सिवा और भी कई उपाय हैं। परंतु केवल इसी एक उपाय से कोई उल्लेख योग्य लाभ नहीं हो सकता।

अनाज के व्यापारियों को लालच और जितना मुनाफा मिल सके, उतना मुनाफा कमाने की वृत्ति को त्यागना चाहिए। उन्हें यथासंभव थोड़े-से-थोड़े मुनाफे में ही संतुष्ट रहना चाहिए। यदि वे गरीबों के लिए अनाज का भंडार न रखेंगे तो उन्हें लूटपाट का डर रहेगा। उन्हें चाहिए कि वे अपने पड़ोस के आदमियों से संपर्क बनाए रखें। कांग्रेसियों को चाहिए कि वे इन अनाज के व्यापारियों के यहाँ जाएँ और यह संदेश उन्हें दें।

सबसे अधिक महत्त्वपूर्ण कार्य तो यह है कि गाँवों के लोगों को यह शिक्षा दी जाए कि जो कुछ उनके पास है, उसे बचाकर रखें और जहाँ-जहाँ पानी की सुविधा है, वहाँ-वहाँ नई फसल बोने और तैयार करने के लिए उन्हें प्रेरित किया जाए। इसके लिए प्रचार की आवश्यकता है, जो बड़े पैमाने पर और बुद्धिमत्तापूर्ण हो। यह बात आमतौर पर लोगों को नहीं मालूम है कि केला, आलू, चुकंदर, शकरकंद, सूरन और कुछ हद तक लौकी खाने के लिए सरलता से बोई जानेवाली फसलें हैं और जरूरत के समय ये पदार्थ रोटी का स्थान ले सकते हैं।

आजकल पैसे की भी बहुत कमी है। अनाज शायद मिल भी जाए, परंतु अनाज खरीदने को लोगों के पास पैसा नहीं है। बेकारी के कारण ही पैसे का अभाव है। बेकारी हमें मिटानी है। सूत कातना ही इसका सबसे सरल और सहज उपाय है। स्थानीय जरूरतें श्रम के दूसरे जरिए भी पैदा कर सकती हैं। बेकारी न रहने पाए, इसके लिए हर एक प्रकार का साधन ढूँढ़ना होगा। सिर्फ वे ही लोग भूखों मरेंगे, जो आलसी हैं। धीरज के साथ काम करने से ऐसे लोग भी अपना आलस्य छोड़ देंगे।

यह मानकर चलना चाहिए कि हमको अनाज के संकट का सामना करना पड़ेगा। ऐसी हालत में हमको नीचे लिखी बातें तो तुरंत शुरू कर देना चाहिए :

१. हर एक आदमी को अपने खाने-पीने की जरूरत कम-से-कम कर लेनी चाहिए; वह इतनी होनी चाहिए कि उसकी तंदुरुस्ती बनी रहे। शहरों में जहाँ, दूध, साग-सब्जी, तेल और फल मिल सकते हैं, वहाँ अनाज और दालों का उपयोग घटा देना

चाहिए। ऐसा आसानी से किया जा सकता है। अनाजों में पाया जाने वाला स्टार्च गाजर, चुकंदर, आलू, अरवी, रतालू, जमींकंद, केला वगैरह से मिल सकता है। इसमें खयाल यह है कि उन अनाजों और दालों को, जिन्हें संग्रह करके रखा जा सके, आज की खुराक में शामिल न किया जाए, बल्कि उन्हें बचाकर रखा जाए। साग-सब्जी भी स्वाद के लिए न खानी चाहिए, खासकर ऐसी हालत में जबकि लाखों आदमियों को वह बिलकुल ही नसीब नहीं होती और अनाज तथा दालों की कमी की वजह से उनके भूखों मरने का खतरा पैदा हो गया है।

२. हर एक आदमी, जिसे पानी की सुविधा मिल सकती हो, अपने लिए या आम लोगों के लिए कुछ-न-कुछ खाने की चीज पैदा करे। इसका सबसे आसान तरीका यह है कि थोड़ी साफ मिट्टी इकट्ठी कर ली जाए, जहाँ मुमकिन हो, वहाँ उसके साथ थोड़ी सजीव खाद मिला ली जाए। थोड़ा सूखा गोबर भी सजीव खाद का अच्छा काम देता है। और उसे मिट्टी के या टीन के गमले में डाल दिया जाए। फिर उसमें साग-भाजी के कुछ बीज, जैसे—राई, सरसों, धनिया, मेथी, पालक, बथुआ वगैरह बो दिए जाएँ और उन्हें रोज पानी पिलाया जाए। लोगों को यह देखकर ताज्जुब होगा कि कितनी जल्दी बीच उगते हैं और खाने लायक पत्तियाँ देने लगते हैं, जिनको बिना पकाए कच्चा ही सलाद या चटनी की तरह खाया जा सकता है।

३. फूलों के तमाम बगीचों में खाने की चीजें उगाई जानी चाहिए। इस बारे में मैं यह सुझाना चाहूँगा कि वाइसराय, गवर्नर और दूसरे ऊँचे अफसर इसका उदाहरण प्रस्तुत करें। मैं केंद्रीय और प्रांतीय सरकारों के कृषि विभाग के अध्यक्षों से कहूँगा कि वे प्रांतीय भाषाओं में अनगिनत पत्रिकाएँ छपवाकर बाँटें और साधारण आदमियों को समझाएँ कि कौन-कौन सी चीजें आसानी से पैदा की जा सकती हैं।

४. सिर्फ आम लोग ही अपनी खुराक न घटावें, बल्कि फौजवालों को भी चाहिए कि वे ज्यादा नहीं तो आम लोगों के बराबर तो अपनी खुराक में कमी करें। सेना के आदमी सैनिक अनुशासन में होने के कारण आसानी से किफायत कर सकते हैं, इसलिए मैंने सेना से ज्यादा कमी करने की बात कही है।

५. तिलहन, तेल तथा खली की निकासी अगर बंद न की गई हो तो फौरन बंद कर दी जानी चाहिए। यदि तिलहन में से मिट्टी और कचरा वगैरह अलग कर दिया जाए तो खली मनुष्य के लिए अच्छी खुराक बन सकती है। उसमें काफी पोषक तत्त्व होते हैं।

६. जहाँ संभव और जरूरी हो, सिंचाई के लिए और पीने के पानी के लिए सरकार को गहरे कुएँ खुदवाने चाहिए।

७. अगर सरकारी नौकरों और आम जनता की तरफ से सच्चा सहयोग मिले तो इसमें जरा भी शंका नहीं कि देश इस संकट से पार हो जाएगा। जिस तरह घबरा जाने पर हार निश्चित हो जाती है, उसी तरह जहाँ व्यापक संकट आने वाला हो, वहाँ तुरंत काररवाई न की जाए तो धोखा हुए बिना नहीं रहता। हम इस मुसीबत के कारणों पर विचार न करें। कारण कुछ भी हों, सच्चाई यह है कि अगर सरकार और जनता ने संकट का धीरज और हिम्मत से सामना नहीं किया तो बरबादी निश्चित है। इस एक मोरचे को छोड़कर और सब मोरचों पर हम सरकार से लड़ेंगे और अगर सरकार हृदयहीनता से काम लेगी या उचित लोकमत को ठुकराएगी तो इस मोरचे पर भी हमको उससे लड़ना होगा। इस बारे में मैं जनता को मेरी इस राय से सहमत होने के लिए कहूँगा कि हम सरकार की बात को, जो वह कहती है, उसी तरह मान लें और समझ लें कि स्वराज्य कुछ ही महीनों में मिल जाने वाला है।

८. सबसे जरूरी चीज यह है कि चोरबाजारी और बेईमानी व मुनाफाखोरी का तो बिलकुल खात्मा ही हो जाना चाहिए; और जहाँ तक आज के इस संकट का सवाल है, दलों के बीच सहयोग होना चाहिए।

अनाज की तंगी और अधिक जनसंख्या

यदि यह कहा जाए कि जनसंख्या की अतिवृद्धि के कारण कृत्रिम साधनों द्वारा संतति-नियमन की राष्ट्र के लिए आवश्यकता है तो मुझे इस बात में पूरी शंका है। यह बात अब तक साबित ही नहीं की गई है। मेरी राय में तो यदि जमीन संबंधी कानूनों में समुचित सुधार कर दिया जाए, खेती की दशा सुधारी जाए और एक सहायक धंधे की तजवीज कर दी जाए तो हमारा यह देश अपनी जनसंख्या से दूने लोगों का भरण-पोषण कर सकता है।

हमारा यह छोटा सा पृथ्वी मंडल कल का खिलौना नहीं है। अनगिनत युगों से यह ऐसा ही चला आ रहा है। जनसंख्या की वृद्धि के भार से उसने कभी कष्ट का अनुभव नहीं किया। तब कुछ लोगों के मन में एकाएक इस सत्य का कहाँ से उदय हो गया कि यदि संतति-नियमन के कृत्रिम साधनों से जनसंख्या की वृद्धि को रोका न गया तो अन्न न मिलने से इस पृथ्वी मंडल का नाश हो जाएगा!

□

१५

खादी और कताई

खादी देश में सबकी आर्थिक स्वतंत्रता और समानता के प्रारंभ का चिह्न है। खादी को उसके सारे फलितार्थों सहित स्वीकार करना चाहिए। उसका अर्थ है संपूर्ण स्वदेशी मनोवृत्ति रखना और जीवन की सारी आवश्यक वस्तुएँ भारत में ही, और वह भी ग्रामवासियों की मेहनत और बुद्धि से प्राप्त करना। गाँव अधिकतर बातों में आत्मनिर्भर होंगे और भारत के शहरों और बाहरी दुनिया तक की स्वेच्छापूर्वक सेवा करेंगे, जब तक कि उससे दोनों पक्षों को लाभ होता रहेगा।

इसके लिए बहुत से लोगों की मनोवृत्ति और रुचियों में क्रांतिकारी परिवर्तन की आवश्यकता है। यद्यपि कई बातों में अहिंसक मार्ग सरल है, परंतु बहुत सी बातों में वह बड़ा कठिन भी है। वह प्रत्येक भारतीय के जीवन के मर्म को स्पर्श करता है, उसे अपने भीतर की सुप्त शक्तियों का भान कराता है और उसे इस बात का गर्व अनुभव कराता है कि उसका भारतीय जनता के महासागर की प्रत्येक बूँद के साथ तादात्म्य है।

मेरे लिए खादी भारतीय मानव-समाज की एकता, उसकी आर्थिक स्वतंत्रता और समानता का प्रतीक है और इसलिए अंत में वह जवाहरलाल नेहरू के काव्यमय शब्दों में 'हिंदुस्तान की आजादी का गणवेश' है।

इसके सिवा खादी-मनोवृत्ति का अर्थ है--जीवन के आवश्यक पदार्थों के उत्पादन और वितरण का विकेंद्रीकरण। इसलिए अब तक जो सिद्धांत बन पाया है, वह यह है कि प्रत्येक गाँव अपनी जरूरत की तमाम चीजें स्वयं पैदा कर ले और शहरों की आवश्यकताओं के लिए कुछ उत्पत्ति और भी कर ले।

खादी के फलितार्थ समझा चुकने के बाद अब मुझे यह बताना चाहिए कि खादी के प्रचार के लिए कांग्रेसजन क्या कर सकते हैं और उन्हें क्या करना चाहिए। खादी के

उत्पादन में कपास उपजाना, उसे चुनना, लोढ़ना, साफ करना और धुनना, पूनियाँ बनाना, सूत कातना, मांड लगाना, रँगना, ताना-बाना तैयार करना, कपड़ा बुनना और कपड़ा धोना जैसी सब क्रियाएँ शामिल हैं। रँगाई के सिवा ये सब आवश्यक प्रक्रियाएँ हैं। ये सब गाँवों में सफलतापूर्वक की जा सकती हैं और भारत के जिन गाँवों में चरखा-संघ काम कर रहा है, वहाँ आज की जा रही हैं।

अगर कांग्रेसजन खादी संबंधी कांग्रेस की पुकार के प्रति सच्चे हों तो वे चरखा-संघ की समय-समय पर जारी की हुई उन सूचनाओं पर अमल करेंगे, जिनमें बताया जाता है कि खादी-योजना में वे क्या भाग अदा कर सकते हैं। यहाँ तो थोड़े से व्यापक नियम ही दिए जा सकते हैं :

१. जिस किसी परिवार के पास जमीन का टुकड़ा हो, वह कम-से-कम घर के उपयोग के लिए कपास उगा सकता है। कपास उगाने की प्रक्रिया आसान है। बिहार में किसानों को अपनी ३/२० खेती के योग्य जमीन में नील उगाने के लिए कानूनन मजबूर किया जाता था। यह विदेशी निलहों के हित में होता था। तो फिर हम राष्ट्र के लिए स्वेच्छापूर्वक अपनी जमीन के एक निश्चित भाग में कपास क्यों नहीं उगा सकते? पाठक देखेंगे कि विकेंद्रीकरण की पद्धति खादी की प्रक्रियाओं के प्रारंभ से ही शुरू होती है। आजकल कपास की फसल केंद्रित रूप में उत्पन्न की जाती है और भारत के दूर-दूर के भागों में भेजी जाती है। लड़ाई से पहले वह मुख्यत: ब्रिटेन और जापान भेजी जाती थी। वह पहले भी रुपया पैदा करने वाली फसल थी और आज भी है, इसलिए उसके भावों में उतार-चढ़ाव होते रहते हैं। खादी-योजना के अनुसार कपास का उत्पादन इस अनिश्चितता और सट्टेबाजी से मुक्त हो जाता है। उगानेवाला उतनी ही कपास उगाता है जितनी की उसे जरूरत है। किसान को यह जानने की जरूरत है कि उसका पहला काम अपनी ही आवश्यकताओं के लिए कपास उगाना है। जब वह ऐसा करेगा तो बाजार की मंदी से उसके बरबाद होने की संभावना कम हो जाएगी।

२. प्रत्येक कातनेवाला लोढ़ने के लिए काफी कपास खरीद लेगा, अगर उसके पास अपनी कपास नहीं है। लोढ़ने का काम वह चरखी के बिना भी आसानी से कर सकता है। वह अपने हिस्से की कपास सलाई और पटरी से लोढ़ सकता है। जहाँ यह अव्यावहारिक समझा जाए, वहाँ हाथ की ओटी हुई कपास खरीदकर उसे धुन लेना चाहिए। अपने उपयोग के लिए धुनाई एक छोटी सी पींजन से बहुत परिश्रम किए बिना अच्छी तरह की जा सकती है। श्रम जितना विकेंद्रित होगा, औजार उतने ही सस्ते और सादे होंगे। पूनियाँ बनते ही कताई की प्रक्रिया शुरू हो जाती है।

जरा कल्पना तो कीजिए कि सारा राष्ट्र कताई तक की प्रक्रियाओं में एक साथ भाग

ले तो एकता और शिक्षा की दृष्टि से उसका कितना असर होगा! साथ-साथ श्रम करने से गरीब-अमीर को बराबर करनेवाला जो परिणाम होगा, उस पर विचार कीजिए!

अगर कांग्रेसजन दिल से इस काम में जुट जाएँ तो वे कताई आदि के औजारों में सुधार कर लेंगे और अनेक नए आविष्कार करेंगे। हमारे देश में श्रम और बुद्धि में संबंध-विच्छेद रहा है। नतीजा यह हुआ कि हम जहाँ के तहाँ रह गए। हमारा विकास रुक गया। अगर दोनों में अविच्छेद संबंध हो और वह भी यहाँ सुझाए गए तरीके पर हो तो उसके परिणामस्वरूप होने वाले लाभ का अंदाज नहीं लगाया जा सकता।

यज्ञ के रूप में राष्ट्रव्यापी कताई की इस योजना में मैं यह आशा नहीं रखता कि औसत स्त्री या पुरुष इस काम के लिए एक घंटा रोज से ज्यादा समय दे।

चरखे का संदेश उसकी परिधि से कहीं ज्यादा व्यापक है। उसका संदेश सादगी, मानव-सेवा, अहिंसामय जीवन तथा गरीब और अमीर, पूँजी और श्रम, राजा और किसान के बीच अविच्छेद्य संबंध स्थापित करने का संदेश है।

'सर्वोदय' शब्द के जो फलितार्थ निकलते हैं, उनको मैं पूरी तरह स्वीकार करता हूँ। हमें छोटे-से-छोटे मनुष्य के साथ वैसा ही बरताव करना चाहिए, जैसा हम चाहते हैं कि दुनिया हमारे साथ करे। सबको उन्नति तथा विकास का समान अवसर मिलना चाहिए। अवसर मिलने पर सभी मनुष्य आध्यात्मिक विकास कर सकते हैं। चरखा इसी महान् सत्य का प्रतीक है।

मेरे विचार से यज्ञ के रूप में कताई ही सबसे उपयुक्त और अपनाने लायक शरीर-श्रम हो सकता है। मैं इससे अधिक पवित्र या राष्ट्रीय अन्य किसी वस्तु की कल्पना नहीं कर सकता कि हम सब घंटे भर रोज वही परिश्रम करें जो गरीबों को करना पड़ता है, इस प्रकार हम उनके साथ और उनके द्वारा सारी मानवजाति के साथ एक हो जाएँ। मैं इससे अच्छी ईश्वर-पूजा की कल्पना नहीं कर सकता कि उसके नाम पर गरीबों के लिए मैं भी उसी तरह श्रम करूँ, जैसे गरीब स्वयं करते हैं। चरखे द्वारा दुनिया की दौलत का अधिक न्यायपूर्ण बँटवारा होता है।

मेरा पक्का विश्वास है कि हाथ-कताई और हाथ-बुनाई के पुनरुज्जीवन से भारत के आर्थिक और नैतिक पुनरुद्धार में सबसे बड़ी मदद मिलेगी। करोड़ों आदमियों को अपनी खेती की आय में वृद्धि करने के लिए कोई सादा उद्योग चाहिए। बरसों पहले वह गृह-उद्योग कताई का था; और करोड़ों को भूखों मरने से बचाना हो तो उन्हें इस योग्य बनाना पड़ेगा कि वे अपने घरों में फिर से कताई जारी कर सकें और हर गाँव को अपना ही बुनकर फिर से मिल जाए।

अगर हम भारतीय नर-कंकालों का चित्र अपने ध्यान में रखें तो हमें अपने उन ८०

प्रतिशत लोगों का खयाल करना होगा, जो अपने ही खेतों में काम करते हैं, जिनके पास साल में कम-से-कम चार महीने लगभग कोई धंधा नहीं होता और जो इसलिए भुखमरी के किनारे पर रहते हैं। यह साधारण स्थिति है। आए दिन अकालों से इस अनिवार्य बेकारी में और भी वृद्धि होती रहती है। ये नर-नारी अपने ही घरों में आसानी से ऐसा कौन सा काम कर सकते हैं, जिससे उनकी अत्यंत अल्प आय में थोड़ी वृद्धि हो? क्या अब भी किसी को संदेह है कि वह काम केवल हाथ-कताई है, कोई दूसरा नहीं?

जैसे घर पर भोजन बनाना महँगा नहीं पड़ता और उसका स्थान होटल का खाना नहीं ले सकता, वैसे ही घर पर सूत कात लेना और कपड़ा बुन लेना भी महँगा नहीं पड़ सकता। हमारी आबादी के २५ करोड़ से अधिक लोग अपने ही हाथों से कातेंगे और इस तरह तैयार हुए सूत का आस-पास के स्थानों में कपड़ा बुनवा लेंगे। यह आबादी जमीन के साथ बँधी हुई है और उसे साल भर में कम-से-कम चार माह बेकार रहना पड़ता है।

अगर ये लोग इस समय में सूत कातें और उस सूत का कपड़ा बुनवाकर पहनें तो उनकी खादी के साथ मिल का कोई कपड़ा स्पर्धा नहीं कर सकता। इस तरह तैयार किया हुआ कपड़ा उनके लिए सस्ते से सस्ता होगा।

कताई के पक्ष में जो दावे किए जाते हैं, वे ये हैं :

१. जिन लोगों को फुर्सत है और जिन्हें थोड़े से पैसों की भी जरूरत है, उन्हें कताई के द्वारा आसानी से धंधा मिल जाता है।

२. इसका हजारों को ज्ञान है।

३. यह आसानी से सीखी जा सकती है।

४. इसमें लगभग कुछ भी पूँजी लगाने की जरूरत नहीं होती।

५. चरखा आसानी से और सस्ते दामों में तैयार किया जा सकता है। हममें से अधिकांश को अभी तक यह मालूम नहीं है कि कताई एक ठीकरी और बाँस की खपची से यानी तकली पर भी की जा सकती है।

६. लोगों को इससे अरुचि नहीं है।

७. इससे अकाल के समय तात्कालिक राहत मिल जाती है।

८. विदेशी कपड़ा खरीदने से भारत को जो धन बाहर चला जा रहा है, उसे कताई ही रोक सकती है।

९. इससे करोड़ों रुपयों की जो बचत होती है, वह अपने आप सुपात्र गरीबों में बँट जाती है।

१०. इसकी छोटी-से-छोटी सफलता से भी लोगों को बहुत कुछ तात्कालिक लाभ होता है।

११. लोगों में सहयोग पैदा करने का यह अत्यंत प्रबल साधन है।

जनसाधारण रुपए की कमी के रोग से इतना कष्ट नहीं भोगते, जितना काम की कमी के रोग से भोगते हैं। श्रम ही धन है। यदि कोई करोड़ों के लिए उनके घरों में काम जुटा दे तो कहना चाहिए कि वह उनके लिए रोटी-कपड़ा, या यों कहिए कि रुपया जुटा देता है। चरखा उनके लिए ऐसा ही श्रम सुलभ कर देता है। इसलिए जब तक चरखे से ज्यादा अच्छी चीज नहीं मिल जाती तब तक चरखा कायम रहेगा।

सारी बुराई का बड़ा कारण—उसकी जड़—बेकारी है। और अगर यह जड़ नष्ट की जा सके तो दूसरी किसी कोशिश के बिना ही अधिकांश बुराइयों का सुधार किया जा सकता है। भूखों मरनेवाले राष्ट्र में आशा या प्रारंभ-शक्ति नहीं रह जाती। वह गंदगी और बीमारी के प्रति उदासीन हो जाता है। सभी सुधारों के लिए वह कहने लगता है कि 'इनसे क्या लाभ होगा?' जीवनदायी चरखे के द्वारा ही करोड़ों लोगों के लिए निराशा का यह अंधकार आशा के प्रकाश में बदला जा सकता है।

चरखा तो शून्य से कोई लाभदायी वस्तु उत्पन्न करने का प्रयत्न करता है। अगर उस चरखे के द्वारा राष्ट्र के साठ करोड़ रुपए हम बचा लेते हैं, और यह हम जरूर कर सकते हैं, तो हम राष्ट्रीय आय में उतनी विशाल वृद्धि कर देते हैं। इस प्रक्रिया में हमारे गाँवों का संगठन अपने आप हो जाता है। और चूँकि यह सारी रकम देश के गरीब-से-गरीब लोगों में ही बाँटनी होती है, इसलिए यह योजना इतनी बड़ी संपत्ति के न्यायपूर्ण और लगभग समान बँटवारे की एक योजना बन जाती है। ऐसे वितरण के नैतिक महत्त्व को भी यदि समझ लिया जाए तो चरखे का पक्ष अकाट्य बन जाता है।

बेशक, कुछ स्थानों में ऐसे जुलाहे पाए जाते हैं, जिनकी गिनती उनके धंधे के कारण अछूतों में की जाती है। वे ज्यादातर बिलकुल सादी मोटी-से-मोटी खादी बुनने वाले हैं। वे तेजी से नष्ट हो रहे थे। लेकिन खादी ने आकर उन्हें बचा लिया और उनके मोटे कपड़े के लिए माँग पैदा हो गई। उस समय यह पता चला कि बहुत से हरिजन परिवार ऐसे भी हैं, जिनका गुजर कताई से होता है। इस प्रकार खादी गरीबों के जीवन में दो तरह से बैसाखी का काम देती है। वह सबसे गरीब लोगों की मददगार है और उनमें हरिजन शामिल हैं। ये लोग गरीबों में भी सबसे ज्यादा निस्सहाय हैं। इसका कारण यह है कि बहुत से धंधे, जो दूसरे लोगों को उपलब्ध हैं, हरिजनों को उपलब्ध नहीं हैं।

जो ब्रह्मचर्य का पालन करना चाहते हैं, उनके लिए भी मैं चरखा पेश करता हूँ। यह घृणा करने की चीज नहीं है, क्योंकि यह अनुभव की बात है। जो आदमी अपने विकारों को वश में रखना चाहता है, उसे शांत रहने की जरूरत है। उसकी सारी भीतरी अशांति मिट जानी चाहिए। और चरखे की गति इतनी शांत एवं सौम्य है कि जो इसे पूरी श्रद्धा

से चलाते हैं, उनके सारे विकार शांत हो जाते हैं।···मानव विकारों का वेग हवा के वेग से भी ज्यादा होता है और उन्हें पूरी तरह वश में रखने के लिए अपार धीरज की जरूरत होती है। मेरा तो इतना ही दावा है कि स्थिरता प्राप्त करने के लिए चरखा उन्हें एक शक्तिशाली साधन प्रतीत होगा।

कताई करोड़ों का संगठन करके उन्हें एक सम्मिलित सहयोगी प्रयत्न में लगा देगी, लाखों की शक्ति की रक्षा और उसका उपयोग करेगी और करोड़ों जीवनों को मातृभूमि की सेवा में समर्पित करेगी। इसके सिवा, इतने बड़े भगीरथ कार्य को करने से हमें स्वयं अपनी शक्ति का साक्षात्कार हो जाएगा। इसका यह अर्थ है कि कताई द्वारा सामने आने वाली असंख्य पेचीदा समस्याओं और तफसील की बातों पर हमारा पूरा नियंत्रण हो जाएगा। उदाहरणार्थ, हम पाई-पाई का हिसाब रखना सीखेंगे, देहात में स्वच्छता और स्वास्थ्यपूर्ण स्थिति में रहना सीखेंगे, अपने रास्ते की रुकावटों को दूर करेंगे इत्यादि। कारण, अगर हम ये सब बातें नहीं सीखेंगे, तो यह काम पूरा नहीं कर सकेंगे। इस प्रकार चरखे से हमें अपने भीतर यह क्षमता उत्पन्न करने का साधन मिल जाता है।

उपयोगी मालूम होने वाले सारे उद्योगों को एक-एक कर छाँटते-छाँटते हम इस अनिवार्य परिणाम पर पहुँचते हैं कि लाखों लोगों के लिए एकमात्र सार्वत्रिक उद्योग कताई ही है, दूसरा कोई नहीं। इसका अर्थ यह नहीं कि दूसरे उद्योगों का कोई महत्त्व नहीं या वे निकम्मे हैं। सच तो यह है कि व्यक्तिगत दृष्टिकोण से कोइ भी दूसरा उद्योग कताई से ज्यादा आमदनी देनेवाला होता है। घड़ियाँ बनाना बेशक एक अत्यंत आयवर्धक और मोहक उद्योग होगा। परंतु उसमें कितने आदमी लग सकते हैं? क्या वह लाखों ग्रामीणों के लिए किसी काम का है? परंतु यदि ग्रामवासी अपने घर की पुनर्रचना कर लें, अपने बाप-दादों की तरह फिर से रहना शुरू कर दें, अपने बेकारी के समय का सदुपयोग करने लगें तो अन्य सारे उद्योग अपने आप पुनर्जीवित हो जाएँगे।

चरखे का पुनरुद्धार तब तक नहीं हो सकता जब तक बुद्धि और देशभक्ति वाले निस्स्वार्थ भारतीयों की एक सेना चरखे का संदेश गाँवों में फैलाने और उनकी निस्तेज आँखों में आशा व प्रकाश की किरण जगाने के लिए दत्तचित होकर काम न करने लगे। यह सच्चे सहयोग और प्रौढ़ शिक्षा का विशाल प्रयत्न है। उससे चरखे की शांत परंतु प्राणदायक गति की तरह ही एक शांत और निश्चित क्रांति आती है।

चरखे के काम के २० वर्ष के अनुभव ने मुझे अपनी इस बात के सही होने का विश्वास करा दिया है। चरखे ने गरीब हिंदुओं और मुसलमानों की लगभग एक-सी सेवा की है। उसके द्वारा हमने शोरगुल मचाए बिना इन लाखों देहाती करीगरों की जेब में लगभग ५ करोड़ रुपया पहुँचाया है।

इसलिए मैं निस्संकोच कहता हूँ कि चरखा हमें सब धर्मों के सामान्य अनुयायियों को लाभ पहुँचाने वाले स्वराज्य तक पहुँचा देगा। चरखे से गाँवों को फिर से अपना उचित स्थान प्राप्त हो जाता है और ऊँच-नीच के भेदभाव मिट जाते हैं।

चरखा व्यापारिक युद्ध की नहीं, परंतु व्यापारिक शांति की निशानी है। संसार के राष्ट्रों के लिए उसका संदेश दुर्भाव का नहीं, परंतु सद्‌भाव और स्वावलंबन का है। उसे संसार की शांति के लिए खतरा बनने वाली या उसके साधनों का शोषण करने वाली किसी जेल सेना के संरक्षण की जरूरत नहीं होगी; परंतु उसे जरूरत होगी ऐसे लाखों लोगों के धार्मिक निश्चय की, जो अपने-अपने घरों में उसी तरह सूत कात लें, जैसे आज वे अपने-अपने घरों में अपना भोजन बना लेते हैं। मैंने ऐसी अनेक भूलें की हैं, जिनके लिए मैं भावी संतानों के शाप का भाजन बन सकता हूँ। परंतु मुझे विश्वास है कि चरखे का पुनरुद्धार सुझाकर तो मैं उनके आशीर्वाद का ही पात्र बना हूँ। मैंने उस पर अपना सर्वस्व निछावर कर दिया है, क्योंकि चरखे के हर एक चक्कर में शांति, सद्‌भाव और प्रेम भरा है।

मेरा यह दावा है कि (खादी और दूसरे ग्रामोद्योगों का पुनरुद्धार करके) हम इतना विकास कर लेंगे कि आम लोगों के दिलों में सादगी और घरेलूपन का जो आदर्श बसा हुआ है, उसके अनुरूप हम राष्ट्रीय जीवन का पुनर्निर्माण कर सकें। फिर हम ऐसे साम्राज्यवाद में नहीं घसीटे जाएँगे, जिसकी बुनियाद संसार की कमजोर जातियों के शोषण पर है; और न हमें मदोन्मत्त बनानेवाली भौतिकवादी संस्कृति को स्वीकार करना होगा, जिसकी रक्षा शांतिपूर्ण जीवन को लगभग असंभव बना देनेवाली जल सेना और वायुसेना करती है। इसके विपरीत, हम उसके साम्राज्यवाद को परिष्कृत करके राष्ट्रों को ऐसा बना लेंगे, जिसमें संसार को अपनी उत्तम वस्तु देने के लिए और जगत् के कमजोर राष्ट्रों या जातियों की पशुबल के बजाय स्वयं कष्ट उठाकर रक्षा करने के लिए सारे राष्ट्र सम्मिलित होंगे। यह कायापलट चरखे की पूर्ण सफलता के बाद ही हो सकता है। भारत ऐसा संदेश देने के योग्य तभी हो सकता है, जब वह अन्न और वस्त्र की अपनी दो मुख्य आवश्यकताओं के बारे में आत्मनिर्भर होकर प्रलोभन से मुक्त और इसलिए बाहरी आक्रमणों से सुरक्षित हो जाए।

जब हम एक बार (खादी के) उद्योग का पुनरुद्धार कर लेंगे, तो अन्य सब उद्योगों का उद्धार अपने आप हो जाएगा। मैं चरखे को आधार बनाकर सम्यक् ग्रामजीवन की रचना करना चाहूँगा; मैं चरखे को केंद्र बनाकर ऐसी व्यवस्था करूँगा कि उसके चारों ओर दूसरे उद्योग पनपते रहें।

खादी का आदर्श सदा ही ग्रामों के पुनरुद्धार का सबसे उत्तम साधन रहा है। इसके

जरिए गरीबों में सच्ची शक्ति पैदा होगी, जिससे स्वराज्य अपने आप आ जाएगा।

मुझे अपना अनुभव बताता है कि खादी को शहरों और गाँवों दोनों में सर्वव्यापी बनाने के लिए यह जरूरी है कि खादी सूत के बदले में ही मिले। जैसे-जैसे समय बीतेगा, मुझे आशा है कि लोग स्वयं सूत के सिक्के द्वारा खादी खरीदने का आग्रह रखेंगे।

लेकिन ऐसा न हुआ और लोगों ने सूत अनिच्छा से पैदा किया तो मुझे डर है कि अहिंसा के द्वारा स्वराज्य प्राप्त करना असंभव हो जाएगा।

यह निश्चित है कि मिलों और शहरों की संख्या बढ़ने से हिंदुस्तान के करोड़ों लोगों की समृद्धि नहीं बढ़ेगी। उलटे, उससे बेकारों की गरीबी ज्यादा बढ़ जाएगी और भूख से पैदा होने वाले सारे रोग बढ़ जाएँगे। अगर इस दृश्य को शहरों में रहनेवाले लोग शांतचित्त होकर देख सकें, तब तो कहने को कुछ नहीं रह जाता। वैसी सूरत में भारत में सत्य और अहिंसा का राज्य न होकर हिंसा का बोलबाला हो जाएगा। और हमें मान लेना पड़ेगा कि कुदरती तौर पर खादी के लिए भारत में कोई स्थान नहीं है। फिर तो सबके लिए फौजी तालीम अनिवार्य हो जाएगी; परंतु हमें करोड़ों भूखों की दृष्टि से सोचना चाहिए। अगर उन्हें फिर से जीवनदान देना है, उन्हें जिंदा रखना है तो चरखे को हमें मुख्य प्रवृत्ति बनाना पड़ेगा और लोगों को स्वेच्छा से कातना होगा।

हमारे काम का आरंभ छोटी सी बात से हुआ था। जब से मैंने चरखे का काम शुरू किया तब से मेरे साथ विट्ठलभाई और चंद बहनें थीं। उनको मैं अपनी बात समझा सका था। मगनलालभाई आदि दूसरे भी थे। वे जाते तो कहाँ जाते, उनको तो मेरे ही साथ जीना था, मरना था।

आज करोड़, दो करोड़ आदमी चरखे के असर में आ गए हैं। चरखे में स्वराज्य पाने की शक्ति है, ऐसा हम आज तक कहते आ रहे हैं। चरखे के द्वारा इतने सालों में देहात के लोगों के बीच काफी पैसा भी हम पहुँचा पाए हैं। क्या आज भी हम ऐसा कह सकते हैं कि चरखे के बिना स्वराज्य नहीं आ सकता? जब तक अपना यह दावा सिद्ध नहीं कर सकते तब तक चरखा चलाना हमारे लिए एक लाचारी का सहारा मात्र बन जाता है, वह मुक्तिमंत्र नहीं हो सकता।

दूसरी बात यह है कि हम हमारी यह बात करोड़ों को नहीं समझा पाए हैं। आज उन करोड़ों में चरखे के विषय में न जिज्ञासा है, न ज्ञान।

कांग्रेस ने चरखा अपनाया था तो सही, लेकिन क्या उसने वह अपनी खुशी से अपनाया था? नहीं, वह तो चरखे को मेरे खातिर बरदाश्त करती है। समाजवादी तो उसकी (चरखे की) हँसी उड़ाते हैं। उसके खिलाफ उन्होंने व्याख्यान भी दिए हैं, लिखा

भी काफी है। उनका प्रत्यक्ष उत्तर हमारे पास नहीं है। मैं उनको कैसे विश्वास दिलाऊँ कि चरखे से स्वराज्य हासिल हो सकता है? इतने वर्षों में तो मैं नहीं बता सका कि इस प्रकार से हमारा दावा सिद्ध हो सकता है।

अब तीसरी बात। अहिंसा तो कोई आकाश की चीज नहीं है। अगर वह आकाश की चीज है तो मेरे काम की नहीं। मैं पृथ्वी में से आया हूँ और उसी में मुझे मिल भी जाना है। अगर अहिंसा सचमुच ही कोई चीज है तो उसका दर्शन, मेरे पैर पृथ्वी पर हैं, इसी बीच, मैं करना चाहता हूँ। करोड़ों लोग जिसका पालन कर सकें, ऐसी अहिंसा मुझे चाहिए। जिस समाज में कोमलता आदि गुण बसते हैं, वहाँ अहिंसा न होगी तो कहाँ होगी?

हिंसावादी के घर पर जाओ तो देखोगे कि कहीं शेर का चमड़ा टँगा है तो कहीं हिरन के सींग। दीवार पर तलवार है, बंदूक है। मैं वाइसरॉय के घर गया हूँ; मुसोलिनी के यहाँ भी मुझे ले गए थे। वहाँ देखा कि चारों ओर शस्त्र लगे हुए हैं। मुझे शस्त्रों की सलामी दी गई, क्योंकि वही उनका प्रतीक है।

उसी प्रकार हमारे लिए अहिंसा का प्रत्यक्ष दर्शन कराने वाला प्रतीक चरखा है। लेकिन हम जब वैसा ही कार्य कर बताएँगे तब न वह सिद्ध होगा। मुसोलिनी के दरबार में तलवार थी। वह कहती थी—अगर तुम मुझे छुओगे तो मैं काट डालूँगी। उसमें हिंसा का प्रत्यक्ष दर्शन हो सकता है। वह कहती है, मुझे छुओ और मेरा प्रताप देखो। उसी प्रकार हमें चरखे का प्रताप सिद्ध करना चाहिए कि चरखे के दर्शनमात्र से अहिंसा का दर्शन हो जाए। लेकिन आज हम कंगाल बने बैठे हैं। समाजवादियों को क्या जवाब दें? वे कहते हैं, इतने वर्षों से आप चरखा-चरखा रटते रहे। आपने कौन सी सिद्धि हासिल की?

मुसलमानों के वक्त भी चरखा चलता था। उन दिनों ढाका की मलमल निकलती थी। तब भी चरखा कंगालियत की ही निशानी थी, अहिंसा की नहीं। बादशाह लोग औरतों से और नीच-से-नीच वर्ग के लोगों से बेगार कराते थे। बाद में ईस्ट इंडिया कंपनी ने भी वही किया। कौटिल्य के अर्थशास्त्र में भी वही बात कही गई। तब से ही चरखा हिंसा और जोर-जबरदस्ती का प्रतीक बन रहा था। चरखा चलानेवाले को मुट्ठी भर अनाज या दो दमड़ियाँ मिलती थीं। और उसमें से प्राप्त मलमल गजों पहनने पर भी बादशाहों की स्त्रियाँ विवस्त्र दिखाई देती थीं।

लेकिन आपको जो चरखा मैंने दिया है, वह अहिंसा के प्रतीक के तौर पर दिया है। अगर यह बात इसके पूर्व मैंने आपकी नहीं कही तो वह मेरी त्रुटि है। मैं पंगु हूँ, आहिस्ते-आहिस्ते चलनेवाला हूँ। तो भी मैं जानता हूँ कि आज तक जो काम हुआ, वह बेकार नहीं गया है।

अब चौथी बात। बगैर चरखे के स्वराज्य प्राप्त नहीं हो सकता, यह बात हमने सिद्ध नहीं की है। कांग्रेसवालों को यह बात न समझा सको, तब तक वह सिद्ध नहीं होने वाली है। चरखा और कांग्रेस एक-दूसरे का पर्यायवाची शब्द बनना चाहिए।

अहिंसा के प्रतिपादन का काम कठिन है। जब तक हम उसकी तह में न घुस जाएँ तब तक उसकी सच्चाई हमारे ध्यान में नहीं आएगी। आज तक मैंने जो कुछ कहा, सबका मैं समर्थन करता आया हूँ। जगत् मेरी परीक्षा करने वाला है। अगर मेरी इस चरखे की बात में वह मेरी मूर्खता सिद्ध करे तो हर्ज नहीं है। जो चरखा सदियों तक कंगालियत, लाचारी, जुल्म, बेगारी का प्रतीक रहा, उसे हमने आधुनिक संसार की सबसे बड़ी अहिंसक शक्ति, संगठन तथा अर्थव्यवस्था का प्रतीक बनाने का बीड़ा उठाया है। हमने उलटी बात सुलटी बना दी है। और यह सब मैं आपके मार्फत करना चाहता हूँ।

ये सब बातें समझकर भी यदि आप ऐसा नहीं मानते कि चरखे में स्वराज्य पाने की शक्ति है तो आप मुझे छोड़ दें। इसमें आपकी परीक्षा है। श्रद्धा न होते हुए भी अगर आप मुझे धोखा देंगे तो देश का बड़ा अकल्याण करेंगे। मेरे अंत के दिनों में आप मुझे धोखा न दें, ऐसी मेरी आपसे विनम्र प्रार्थना है।

यदि आज तक की कार्य-प्रणाली में दोष रहा हो तो उसका जिम्मेवार मैं हूँ; क्योंकि यह सब जानते हुए भी मैं उसका प्रमुख रहा हूँ। लेकिन हम अब गई-गुजरी सब छोड़ दें। क्या आज हम सच्चे दिल से मानते हैं कि चरखा अहिंसा का प्रतीक है? जो लोग दिल की तह से मानते हैं कि चरखा अहिंसा का प्रतीक है, ऐसे हममें कितने हैं?

यह जो आपका तिरंगा झंडा है, वह क्या है? इतने गज चौड़ा, इतने गज लंबा एक खादी का टुकड़ा है? इसके बदले में आप दूसरा भी तो लगा सकते हैं। लेकिन इसमें भावना भरी पड़ी है, इसने भावना पैदा की है, इसके पीछे मरने की आपकी ख्वाहिश रही है। उसे हम नहीं भुला सकते, नहीं मिटा सकते। उसी प्रकार अहिंसा का प्रतीक यह चरखा है।

इस चरखे के नाम पर अपने विचार का स्रोत आप लोगों पर बहा रहा हूँ। इसे स्वावलंबन कहो या जो कुछ कहो! राष्ट्रीय संगठन और स्वावलंबन के नाम पर खुद पश्चिमी मुल्कों में और उन मुल्कों की ओर से करोड़ों लोगों का रक्त-शोषण हो रहा है। वैसा स्वावलंबन हमारा नहीं है। यह तो अशोषण का, शोषण से और जोर-जबरदस्ती से मुक्ति पाने का तरीका है। मेरा मतलब शब्दों से नहीं है, चीज से है। फिर भी शब्दों में चमत्कार भरा होता है। शब्द भावना को देह देता है और भावना शब्द के सहारे साकार बनती है। हमारे धर्म में साकार-निराकर का झगड़ा हमेशा चलता आया है।

साकारवादी सगुण भक्ति को श्रेष्ठ मानता है। इस भावना के अनुसार यदि अहिंसा की उपासना करनी है तो चरखे को उसकी साकार मूर्ति—उसका प्रतीक—मानकर उसे आँखों के सामने रखना चाहिए। मैं अहिंसा का दर्शन करता हूँ, तब चरखे का ही दर्शन पाता हूँ। जो निराकारवादी है, वह तो कहेगा, कृष्ण कौन है ? वह तो पहाड़ों की चोटी पर और आसमान के बादलों पर पैर रखकर चलनेवाला है। हम पृथ्वी पर चलनेवाले हैं। हम हमारी मर्यादा को समझकर चुन लेते हैं कि ऐसी कौन सी चीज है, जो हमारे लिए साकार ईश्वर का—हमारी अमूर्त श्रद्धा और भावना का—प्रतीक हो सकती है। यदि आप इस सत्य का दर्शन कर सकते हैं तो मेरे कथन की दृढ़ता को समझ जाएँगे। जाजूजी से भी इतनी दृढ़ता से मैंने उनके आगे कभी ये बातें नहीं की थीं। जेराजानी कहते हैं, मैं जल्दबाजी कर रहा हूँ। किंतु चरखे की मेरी उपासना के पीछे जो भावना है, उसको अपने दिलों में स्थान दिए बिना सौ वर्ष में भी अहिंसा का दर्शन न होगा। मुझे चरखे में अहिंसा की शक्ति का जो दर्शन हुआ है, वह आप जब मेरे जैसा हृदय लेकर उसके पास जाएँगे, उसे घुमाएँगे, तभी न होगा! इसलिए मैं कहता हूँ कि या तो मुझे छोड़ दो या मेरा साथ दो! अगर मेरे साथ चलना है तो मैं आपको योजना दूँगा, सबकुछ करूँगा। अगर अभी आप यह सब समझ नहीं पाए हैं तो सारा दिन आपके साथ बैठूँगा। बिना समझे आप कहेंगे कि समझ गए तो आप धोखा खाएँगे और मुझे धोखा देंगे। हमने कोई शिवजी की बारात जमा नहीं की है। हम ऐसे पामर थोड़े ही बन गए हैं, अनेक मार्ग मौजूद हैं। मेरी श्रद्धा मुझे ऊँचे ले जाएगी, आपको नहीं। इसलिए धोखे में मत रहिए। मुझे अपना रास्ता काटने दीजिए। यदि यह साबित हुआ कि मैं धोखे में रहा, मेरी चरखे के विषय की मान्यता निरी मूर्तिपूजा थी तो या तो आप उसी चरखे की लकड़ियों से मुझे जलाएँगे, या मैं ही खुद उस चरखे को अपने हाथों से जलाऊँगा।

अगर चरखा-संघ को मिटना है तो अपने ही हाथों उसे बंद कर दीजिए। इससे सारी झंझट अपने आप मिट जाएगी, जैसे—सूरज के सामने ओस। फिर जिस चरखे ने हमें रौंद रखा है—फँसा रखा है, वह चंद लोगों के हाथ में रह जाएगा। तब शायद उनके हाथों वह एक बड़ा शस्त्र भी साबित हो। अगर आप उसे मूर्खता भरी चीज मानते हैं तो मैं एक मूर्खों का संघ चलाना और हिंदुस्तान को गिराना नहीं चाहता। अगर आप इस चरखे से अहिंसा का दर्शन करा सकेंगे तो फिर आपका चरखा सिर्फ चलेगा नहीं, बल्कि दौड़ने लगेगा। तब आपको उसे जिंदा रखने की फिक्र करने की कोई आवश्यकता नहीं रहेगी।

आपसे मैं फिर कहता हूँ कि या मेरा साथ आप छोड़ दें, या नई चीज को ग्रहण करके मेरे साथ चलें। दो वर्ष की तपश्चर्या के बाद यह नई चीज लेकर मैं आया हूँ।

वह आपको दे सकूँगा या नहीं, इसका मुझे पता नहीं है। लेकिन देने की चेष्टा तो कर ही रहा हूँ। अब आपको मेरा साथ देना कठिन हो रहा है। अगर मैं आपको समझा सका हूँ तो एक चीज कीजिए। आज की तारीख से जो मेरे साथ रहना चाहते हैं, वे मुझको लिख दें कि चरखे को हम अहिंसा का प्रतीक नहीं मानते, नहीं मान सकते, तथापि आप मेरा साथ देते रहेंगे तो खुद तो खतरे में पड़ेंगे ही और मुझे भी डुबो देंगे।

खादी का एक युग समाप्त हो गया। खादी ने गरीबों के लाभ के लिए कुछ करके दिखा दिया। अब हमें यह दिखाना होगा कि गरीब स्वावलंबी कैसे बन सकते हैं!

मैंने देखा कि जब तक चरखे का संदेश हम घर-घर नहीं पहुँचाते तब तक हमारा काम अधूरा ही रहेगा।

हम सब यही मानें कि चरखा ही अन्नपूर्णा है। अगर चालीस करोड़ जनता यह समझ जाए तो फिर चरखे की प्रवृत्ति के लिए एक कौड़ी भी लगाने की जरूरत नहीं। फिर सल्तनत की ओर से निकलने वाले फरमानों से घबराने का कोई कारण नहीं। पूँजीपतियों के मुँह की ओर ताकने की जरूरत नहीं। हम खुद ही केंद्र बन जाएँगे और लोग दौड़ते हुए हमारे पास आएँगे। काम ढूँढ़ने के लिए उन्हें कहीं जाना न होगा। हर एक गाँव आजाद हिंदुस्तान का एक-एक चक्रबिंदु बन जाएगा। बंबई, कलकत्ता जैसे शहरों में नहीं, किंतु सात लाख देहातों में, चालीस करोड़ जनता में, आजाद हिंदुस्तान विभक्त हो जाएगा। फिर हिंदू-मुसलमान का मसला, अस्पृश्यता की समस्या, झगड़े-फसाद, गलतफहमियाँ, प्रतिस्पर्धा कुछ न रहेंगी। इसी काम के लिए संघ की हस्ती है। इसीलिए हमको जीना है और मरना भी है।

पहला स्थान चरखे का है। उसकी साधना से ही ग्रामोद्योग, नई तालीम आदि अन्य दूसरी चीजें पैदा हुई हैं। अगर हम बुद्धिपूर्वक चरखे को अपना लेंगे तो देहातों को फिर से जिंदा कर सकते हैं।

चरखे के द्वारा हम इतने सालों में देहात के लोगों के बीच काफी पैसा भी पहुँचा पाए हैं। क्या आज भी हम कह सकते हैं कि चरखे के बिना स्वराज्य नहीं आ सकता? जब तक हम अपना यह दावा सिद्ध नहीं कर सकते तब तक चरखा चलाना हमारे लिए एक लाचारी का सहारा मात्र बन जाता है। वह मुक्तिमंत्र नहीं हो पाता।

अब मैं देखता हूँ कि अकेली खादी ग्रामों का उत्थान नहीं कर सकती। सारे ग्राम-जीवन को, सारे ग्रामोद्योगों को जीवित करके ही ग्रामवासियों को हम उद्यमशील बना सकेंगे और तब ही ग्रामों का उत्थान होगा।

खादी केवल रोजी देनेवाला एक उद्योग भर है, इस खयाल को हम छोड़ दें।

खादी को आगे बढ़ाने के पीछे कारण यह है कि आज लोगों में जो आलस्य घर

कर बैठा है, उसे हटाने का खादी एक बड़ा साधन है। वह जनता में स्वराज्य की शक्ति पैदा करने वाली चीज है। दूसरी चीजों को भी वैसी ही बना लेंगे, तभी गाँव स्वावलंबी बनेंगे। लेकिन हमें जो सिद्ध करना है, वह तो खादी के पूरे, समूचे अर्थशास्त्र की अनिवार्यता है।

सच्चा उत्सव (चरखा-जयंती का) तो तभी मनाया जाएगा, जब अहिंसा और आजादी के प्रतीक के रूप में यह चरखा घर-घर गूँजेगा। अगर कुछ गरीब बहनें, चाहे वे एक करोड़ ही क्यों न हों, दो पैसे कमाने के लिए कातती हैं तो उसका उत्सव क्या मनाया जाए? उसमें ऐसा बड़ा भारी भगीरथ काम भी क्या हुआ? ऐसा तो अत्याचारी राज्य में भी हो सकता है। पूँजीवाद में तो ऐसा दिखावा नजर आता ही है। करोड़पति को अपना बड़प्पन बनाए रखने के लिए गरीबों को थोड़ा दान देना ही पड़ता है, फिर वह दान किसी मजदूरी के रूप में ही क्यों न हो!

उत्सव तो तभी शोभा देगा जब गरीब और अमीर सब समझेंगे कि ईश्वर की नजर में सब समान हैं, ऊँची जगह पाने के लिए सबको मजदूरी करनी है और सबकी आजादी की रक्षा गोला-बारूद नहीं, बल्कि सूत की गोली करेगी—हिंसा नहीं, अहिंसा करेगी।

देशी और विदेशी दोनों प्रकार के मिल के कपड़े की कीमत ३०० करोड़ तक पहुँचती है। अगर ३०० करोड़ रुपए का यह कपड़ा हम यहाँ हिंदुस्तान के गाँवों में अपने हाथों पैदा कर लें तो आप सब सोचिए और समझिए कि हिंदुस्तान को कितना धन मिल जाएगा! हमारे लिए तो यह सोने के सिक्कों की एक टकसाल ही है। अगर सब लोग खादी बरतने लग जाएँ तो हमारे गाँवों की वह तरक्की हो, जो आज तक कभी न हुई थी। आज हमारी आम जनता अपार गरीबी में फँसी है, उसकी आँखों में बुद्धि या आशा की कोई चमक नजर नहीं आती। कातनेवालों के शुद्ध हाथ उनके लिए यह चमत्कार पैदा कर सकते हैं और उसमें सब कोई मदद कर सकते हैं। मोटी और खुरदरी होने पर भी खादी के लिए आपको अपने भीतर इतनी सहृदयता और समझदारी पैदा करनी होगी कि आप अपने दिल से और अपनी आँखों से उसकी सुंदरता को अनुभव कर सकें तथा उसकी प्रशंसा कर सकें। अगर ऐसा हुआ तो आप मिलों के उस महीन और मुलायम कपड़े के मोह में हरगिज न फँसेंगे, जो सच्चे मायने में आपकी लाज कभी ढक नहीं पाता। अपनी लाज ढकने और अपने देश से भुखमरी को देश निकाला देने का एक ही उपाय है, और वह यह है कि अपनी जरूरत का अनाज स्वयं पैदा कर लें तथा और अपना कपड़ा अपने हाथों बना लें। अगर यह अत्यंत सुख सफलता हम प्राप्त कर लें तो सारी दुनिया की आँखें हिंदुस्तान की तरफ मुड़ जाएँ।

यहाँ जो चरखा-क्लास जोर-शोर से चल रहा है, उसके सामने मुझे और सब बातें

बेजान और फीकी मालूम होती हैं; क्योंकि उसमें चरखे पर कातनेवाले एक तार पर मुझे मेरा राम नाचता दिखाई पड़ता है। उसमें मुझे स्वराज्य के दर्शन होते हैं। जब मैं चालीस करोड़ हाथों से काते गए सूत के तार की शक्ति और उसके प्रभाव की कल्पना करता हूँ तो मेरा हृदय आनंद से उछलने लगता है। लेकिन आप हँसेंगे और कहेंगे कि जाने भी दीजिए इस बात को, यह कभी हो ही नहीं सकता कि बीस करोड़ हिंदुस्तानी कातने लगें! लेकिन क्या इस चीज को मानने से इनकार करके हम अपना अज्ञान प्रकट नहीं करते? क्या इससे हमारी श्रद्धा की कमी सिद्ध नहीं होती? क्या यह आशा नहीं रखी जा सकती कि हमारी समूची आबादी का आधा भाग रोज एक घंटा कातेगा? अगर अपनी मातृभूमि के लिए इतना त्याग करने की भी हमारी तैयारी और शक्ति न हो तो हम उसके प्रेम की जो डींगें हाँकते हैं, उनका आखिर क्या मतलब है?

□

१६

अन्य ग्रामोद्योग

ग्रामोद्योग क्यों?

सन् १९२० में जब मैं स्वदेशी-आंदोलन का श्रीगणेश करने जा रहा था, तब मेरी श्री फजलभाई से चर्चा हुई थी। वे चतुर आदमी थे, इसलिए उन्होंने मुझसे कहा, "यदि आप कांग्रेसी लोग हमारे माल का विज्ञापन करने वाले एजेंट बनेंगे तो हमारे माल की कीमत बढ़ाने के सिवा आप देश का और कोई लाभ न कर सकेंगे।" उनकी दलील ठीक थी। लेकिन मैंने उनसे कहा, "मैं तो केवल हाथ-कती और हाथ-बुनी खादी को ही बढ़ावा देने वाला हूँ। यह उद्योग लगभग नष्ट जैसा हो गया है। लेकिन अगर करोड़ों भूख से पीड़ित और बेकार लोगों को काम से लगाना हो तो इस उद्योग को फिर से सजीव किए बिना चारा नहीं।" मेरी यह बात सुनकर वे शांत हो गए।

परंतु केवल खादी ही ऐसा उद्योग नहीं है, जो जीने के लिए संघर्ष कर रहा हो। इसलिए मैं आपको यह सुझाता हूँ कि छोटे और अव्यवस्थित उन सारे ग्रामीण उद्योगों की ओर आपको ध्यान देना चाहिए, जिन्हें प्रजा के प्रोत्साहन की जरूरत है। अगर इनको बढ़ावा देने और टिकाए रखने के लिए कोई प्रयत्न नहीं किया गया तो ये नष्ट हो जाएँगे। आज बड़े पैमाने पर चलनेवाले उद्योग अपने माल को तेजी से बाजारों में पहुँचा रहे हैं और इन छोटे उद्योगों में कुछ को पीछे धकेल रहे हैं। वास्तव में इन्हीं छोटे उद्योगों को आपकी मदद की जरूरत है।

यदि हम छोटे पैमाने पर चलनेवाले उद्योगों की मदद करते हैं तो हम राष्ट्रीय संपत्ति में वृद्धि करते हैं, इस विषय में मेरे मन में तनिक भी शंका नहीं है। इन गृह-उद्योगों को प्रोत्साहन और संजीवन देने में ही सच्चा स्वदेशीपन है, इसमें भी मुझे कोई संदेह

नहीं है। करोड़ों मूक लोगों की मदद करने का यही एकमात्र मार्ग है। इसी से लोगों की सर्जनशक्ति और कला-कारीगरी के विकास का द्वार खुल सकता है। देश में जो सैकड़ों युवक बेकार पड़े हैं, उन्हें इससे अनेक उपयोगी व्यवसाय मिल सकते हैं। आज हमारी जो शक्ति व्यर्थ ही बरबाद हो रही है, उसका इस काम में उपयोग हो सकता है। मैं ऐसा नहीं चाहता कि आज जो लोग दूसरे उद्योग-धंधों में अधिक कमाते हों, वे अपने धंधों को छोड़कर इन छोटे उद्योगों को अपना लें। जो बात मैंने चरखे के विषय में कही थी, वही इसके बारे में, किसी उद्योग को अपना लें और अपनी मामूली सी आमदनी में थोड़ी वृद्धि करें।

इस तरह से देखा जा सकता है कि मैं आपको अपनी प्रवृत्ति में जो परिवर्तन करने की बात सुझाता हूँ, उसमें बड़े उद्योग के हित के साथ किसी प्रकार का संघर्ष नहीं रहता। मैं तो केवल इतना ही कहना चाहता हूँ कि आप राष्ट्रीय सेवक अपनी प्रवृत्ति केवल छोटे उद्योगों तक ही सीमित रखें और बड़े उद्योग जिस प्रकार आज तक अपनी सँभाल रखते आए हैं, उसी प्रकार उन्हें रखने दें। मेरी कल्पना तो यह है कि छोटे गृह-उद्योग बड़े उद्योगों को हटाकर उनकी जगह नहीं लेंगे, बल्कि उसमें पूर्ति करेंगे।

कपड़े की, शक्कर की और चावल की मिलों को हमारी मदद की जरूरत नहीं है। किंतु यदि हम बिन माँगी मदद इन मिलों को देते रहेंगे तो चरखा, करघा, खादी, गन्ना पेरने का कोल्हू, जीवनप्रद तथा पोषक तत्त्वों से भरा हुआ गुड़ और इसी तरह ओखली में मूसल का कुटा चावल—गाँव की इन सब चीजों का हम नाश कर देंगे। इसलिए यह शोध करते रहना हमारा स्पष्ट कर्तव्य है कि गाँव के चरखे को, गाँव के कोल्हू को और गाँव की ओखली को किस रीति से जिंदा रखा जा सकता है! चरखे, कोल्हू और ओखली के ही माल का प्रचार किया जाए, उसके गुणों को बतलाया जाए, उनमें काम करनेवाले लोगों की स्थिति की जाँच की जाए और बिजली से चलनेवाली मिलों द्वारा बेकार बनाए हुए कारीगरों की गणना की जाए। इन साधनों में उनके ग्रामीण रूप को कायम रखकर सुधार करने के तरीके ढूँढ़े जाएँ तथा मिलों की प्रतिस्पर्धा का मुकाबला करने में उनको मदद पहुँचाई जाए। गाँव के इन उद्योग-धंधों के संबंध में हमने कितनी भयंकर और अक्षम्य उपेक्षा दिखाई है! इन उद्योगों को जिंदा रखने के प्रयास में कपड़े, विदेशी शक्कर या विदेशी चावल की अपेक्षा अपने देश की मिलों में बना हुआ कपड़ा, शक्कर या चावल हमें काम में लाना चाहिए। अगर विदेशी स्पर्धा के मुकाबले में खड़े रहने की उनमें शक्ति न हो तो उन्हें पूरी मदद भी मिलनी चाहिए। परंतु आज तो ऐसी किसी मदद की जरूरत देशी मिलों के माल को नहीं है। विदेशी माल से देशी मिलों का माल अच्छी तरह टक्कर ले रहा है। मदद की आवश्यकता तो आज ग्रामीण उद्योगों

को है। बचे-खुचे ग्रामोद्योगों में लगे हुए लोगों की हमें रक्षा करनी है और विदेशी या स्वदेशी मिलों के आक्रमण से उन्हें बचाना है। संभव है कि खादी, गुड़ और ओखली का कुटा चावल मिल के माल से घटिया हो और इसलिए वे उसके मुकाबले में न टिक सकते हों। लेकिन असल बात तो यह है कि खादी के उद्योग के बारे में जितनी खोज हुई है, उतनी गुड़ और हाथकुटे चावल के धंधे में लगे हुए हजारों आदमियों की स्थिति के संबंध में नहीं हुई है।

मैंने बड़े पैमाने पर चलनेवाले संगठित उद्योगों को इस कारण नहीं छोड़ दिया है कि वे स्वदेशी नहीं हैं, लेकिन इसलिए कि उन्हें किसी खास मदद की जरूरत नहीं है। वे अपने पैरों पर खड़े रह सकते हैं और आज की जागृति की अवस्था में उनका माल आसानी से बाजार में खप सकता है।

संक्षेप में, मैं इतना ही कहूँगा कि हमें अपने नित्य के उपयोग के लिए सिर्फ वे ही चीजें खरीदनी चाहिए, जोकि गाँवों में बनती हों। हो सकता है कि गाँव की बनी चीजें अभी भद्दी या बेडौल हों! तब हमें चाहिए कि हम गाँवों की कारीगरी को प्रोत्साहन देने का प्रयत्न करें, न कि यह दलील सामने रखकर उन चीजों को लेने से इनकार कर दें कि विदेशी अथवा बड़े-बड़े कल-कारखानों की बनी स्वदेशी चीजें गाँव की चीजों से कहीं बढ़िया होती हैं! असल बात यह है कि ग्रामवासियों की सोई हुई कारीगरी या कलापूर्ण प्रतिभा को हमें जाग्रत् कर देना चाहिए। सिर्फ इसी एक तरीके से हम उस भारी ऋण को थोड़ा-बहुत चुका सकेंगे, जोकि गाँववालों का हमारे ऊपर चढ़ा हुआ है। इस विचार से भयभीत होने का कोई कारण नहीं कि ऐसे प्रयत्न में हम कभी कामयाब हो सकेंगे या नहीं! हमें अपने ही युग की ऐसी मिसालें याद आ सकती हैं, जब यह ज्ञान हो जाने के बाद कि अमुक काम देश की तरक्की के लिए अत्यंत आवश्यक है, हमारे मार्ग में आने वाली कठिनाइयाँ हमें जरा भी विचलित नहीं कर सकीं और उन कामों में हम असफल भी नहीं हुए। इसलिए अगर हममें से हर एक इस बात पर विश्वास करने लग जाए कि हमारे राष्ट्रीय अस्तित्व के लिए भारतीय ग्रामों का पुनरुद्धार अत्यंत आवश्यक है, और अगर हमारा इसमें जीवित विश्वास हो कि ग्रामों के पुनरुद्धार के द्वारा ही हम व्यापक अस्पृश्यता को निर्मूल करके तथा संप्रदाय या धर्म का भेदभाव छोड़कर आत्मा की एकता का अनुभव कर सकते हैं तो हमें सच्चे हृदय से गाँवों की ओर जाना ही होगा। और बजाय इसके कि हम ग्रामवासियों के सामने उन्हें लुभाने के लिए शहर के कृत्रिम जीवन को रखें, हमें गाँव की बनी हुई चीजों को नमूने के रूप में अपनाना होगा।

अगर यह दृष्टिकोण सही है तो हमें खुद ही आगे बढ़कर गाँव की बनी चीजों को

व्यवहार में लाना चाहिए। उदाहरण के लिए—जहाँ संभव हो, फाउंटेनपेन या होल्डर के बजाय हम गाँव की कलम को और बड़े-बड़े कारखानों की बनी स्याही की जगह गाँव की बनी स्याही को काम में लाएँ। मैं ऐसे और भी अनेक उदाहरण दे सकता हूँ। नित्य के उपयोग की शायद ही कोई ऐसी चीज हो, जो आज से पहले गाँववालों ने नहीं बनाई हो, और जिसे वे आज न बना सकते हों। अगर हम इस तरफ पूरी तरह से अपना मन लगा दें और गाँवों पर अपना ध्यान एकाग्र कर लें तो हम बात की बात में लाखों रुपए गाँववालों की जेब में पहुँचा सकते हैं। आज तो हम उन्हें कोई मुआवजा दिए बिना उलटे उन गरीबों को लूट-खसोट रहे हैं। इस भयंकर सर्वनाश को आगे बढ़ने से अब हमें रोक देना चाहिए।

सामान्य ग्रामवासियों की आज बहुत अच्छी स्थिति नहीं है। धीरे-धीरे अब वहाँ धरती खरोंच-खरोंचकर दो ग्रास अन्न से पेट भरने की नौबत आ रही है। आज यह बहुत कम लोगों को मालूम होगा कि हिंदुस्तान के छोटे-छोटे बचे-खुचे खेत-खलिहानों में खेती करने में किसान को लाभ के बदले हानि ही हो रही है। गाँव के लोगों में आज जीवन नहीं दिखाई देता। उनके जीवन में न आशा रही है, न उमंग; न उत्साह रहा है, न स्फूर्ति। भूख धीरे-धीरे उनके प्राणों को चूस रही है। उधर कर्ज के गरदन-तोड़ बोझ से वे दबे जा रहे हैं।

ग्रामोद्योग का यदि लोप हो गया तो भारत के सात लाख गाँवों का सर्वनाश ही समझिए। यंत्रों से काम लेना उसी अवस्था में अच्छा होता है जबकि किसी निर्धारित काम को पूरा करने के लिए आदमी बहुत ही कम हों। परंतु जहाँ हिंदुस्तान की तरह कोई काम करने के लिए आवश्यकता से अधिक आदमी हों, वहाँ यंत्रों का उपयोग हानिकारक होता है।

अगर मिलों का बना कपड़ा गाँवों के लोगों को बेकार बना रहा है तो चावल कूटने और आटा पीसने की मिलें हजारों स्त्रियों की न केवल रोजी ही छीन रही हैं, बल्कि बदले में देश की तमाम जनता के स्वास्थ्य को हानि भी पहुँचा रही हैं। जहाँ लोगों को मांस खाने में कोई आपत्ति न हो और जहाँ मांसाहार पुसाता हो, वहाँ मैदे और पॉलिश किए चावल से शायद हानि न होती है; लेकिन हमारे देश में—करोड़ों लोग पर जिन्हें मांस मिलता ही नहीं—उन्हें हाथ की चक्की के पिसे हुए गेहूँ के आटे और हाथकुटे चावल के पौष्टिक तथा जीवनप्रद तत्त्वों से वंचित रखना एक प्रकार का पाप है। इसलिए डॉक्टरों तथा दूसरे आहार-विशेषज्ञों को चाहिए कि मैदे और मिल के कुटे पॉलिश के चावल से लोगों के स्वास्थ्य को जो हानि हो रही है, उससे वे जनता को आगाह कर दें।

अगर हमें ग्रामवासियों को कुछ काम देना है तो वह यंत्रों के द्वारा संभव नहीं। उनके उद्धार का सच्चा मार्ग तो यही है कि जिन उद्योग-धंधों को वे अब तक किसी तरह करते चले आ रहे हैं, उन्हीं को भली-भाँति जीवित किया जाए।

इसलिए मेरे अभिप्राय के अनुसार अखिल भारत ग्रामोद्योग संघ का काम यह होगा कि जो उद्योग-धंधे आज चल रहे हैं, उन्हें प्रोत्साहन दिया जाए और जहाँ संभव और वांछनीय हो, वहाँ नष्ट हो चुके या नष्ट हो रहे ग्रामोद्योग को गाँवों की पद्धति से अर्थात् उस रीति से, जिससे अनादिकाल से गाँववाले अपनी झोंपड़ियों में काम करते चले आ रहे हैं, सजीव किया जाए। जिस प्रकार हाथ की ओटाई, धुनाई, कताई और बुनाई की क्रियाओं तथा औजारों में बहुत उन्नति हुई है, उसी प्रकार ग्रामोद्योगों की पद्धति में भी सुधार किया जा सकता है।

खादी गाँवों के सौरमंडल का सूर्य है और अन्य विविध उद्योग इस मंडल के ग्रह हैं। इन उद्योग रूपी ग्रहों को खादी रूपी सूर्य से जो गरमी और प्राणशक्ति मिल रही है, उसके बदले में वे खादी को टिकाए हुए हैं। बिना खादी के अन्य उद्योगों का विकास होना असंभव है। किंतु मैंने अपनी गत हरिजन-यात्रा में यह देखा कि अगर दूसरे उद्योग-धंधे जिंदा न किए गए तो खादी की अधिक उन्नति नहीं हो सकती। ग्रामवासियों में अगर उनके फुरसत के समय का सदुपयोग करने की क्रियाशीलता और क्षमता उत्पन्न करनी है तो ग्राम-जीवन का सभी पहलुओं से स्पर्श करके उसमें नवचेतना का संचार करना होगा।

ये ग्रामवासी अनिच्छा से आलस में बैठे-बैठे दिन काट रहे हों या स्वेच्छा से, तो भी विदेशी तथा देशी लुटेरों के शिकार तो इन्हें सदा बना ही रहना है। इन्हें लूटनेवाले विलायत के लोग हों या हिंदुस्तान के शहरों के लोग हों, इनकी स्थिति तो सदा ऐसी ही रहेगी। इन्हें स्वराज्य मिलने-मिलाने का नहीं। इसलिए मैंने अपने मन में कहा कि ये लोग अगर खादी में रस लेना नहीं चाहते तो इन्हें कोई दूसरा काम करने के लिए कहना चाहिए। ये लोग कोई ऐसा काम क्यों न करें, जो इनके बाप-दादा करते थे, पर जो कुछ समय से बंद हो गया है? बहुत साल नहीं हुए जब ये लोग अपने नित्य के उपयोग की अनेक चीजें खुद ही बना लेते थे, पर अब उनके लिए उन्हें बाहर की दुनिया के आसरे रहना पड़ता है। छोटे-छोटे कस्बों में रहनेवाले लोगों के नित्य उपयोग की ऐसी बहुत सी चीजें थीं, जिनके लिए उन्हें गाँववालों पर निर्भर रहना पड़ता था। पर अब वे लोग उन चीजों को शहर से मँगा लेते हैं। जिस क्षण ग्रामवासी अपने अवकाश के सारे समय को किसी उपयोगी काम में लगाने का पक्का निश्चय कर लेंगे, साथ ही शहरवाले भी इन गाँवों में बनी चीजों को काम में लाने का संकल्प कर लेंगे, उसी क्षण गाँववालों तथा शहरवालों का जो पारस्परिक

प्रेम-संबंध टूट गया है, वह फिर से जुड़ जाएगा।

शहर के लोगों से मैं यह तो कहता नहीं कि तुम गाँवों में जाकर बस जाओ! मैं तो उनसे इतना ही कहता हूँ कि तुम्हारे ऊपर गाँवों का जो ऋण है, उसे तुम उतार दो। गाँववाला न दे तो शहरवाले को कच्चे माल की एक भी चीज कहाँ से मिल सकती है? पहले तो गाँवों के लोग अपनी जरूरत की चीजें स्वयं तैयार करते ही थे और आज भी तैयार करते होते; परंतु शहरवालों की लूट-खसोट के कारण बेचारे कर ही नहीं पाते।

हमें यह भी देखना होगा कि ग्रामवासी सबसे पहले अपनी आवश्यकताओं की पूर्ति खुद कर लें और इसके बाद ही शहरवालों की आवश्यकताओं के लिए माल पैदा करें।

इसलिए ये उद्योग खादी के मुख्य काम में सहायक हो सकते हैं। खादी के अभाव में उनकी कोई हस्ती नहीं है और उनके बिना खादी का गौरव या शोभा नहीं है। हाथ से पीसना, हाथ से कूटना और कछोरना, साबुन बनाना, कागज बनाना, चमड़ा कमाना, तेल पेरना और इसी तरह के सामाजिक जीवन के लिए जरूरी और महत्त्व के दूसरे धंधों के बिना गाँवों की आर्थिक रचना संपूर्ण नहीं हो सकती—यानी गाँव स्वयंपूर्ण घटक नहीं बन सकते। कांग्रेसी आदमी इन सब धंधों में दिलचस्पी लेगा और अगर वह गाँव का निवासी होगा या गाँव में जाकर रहता होगा तो इन धंधों में नई जान फूँकेगा और इन्हें नए रास्ते पर ले जाएगा। हर एक आदमी को, हर हिंदुस्तानी को इसे अपना धर्म समझना चाहिए कि जब-जब और जहाँ-जहाँ मिलें, वहाँ वह हमेशा गाँवों की बनी चीजें ही काम में ले। अगर ऐसी चीजों की माँग पैदा हो जाए तो इसमें जरा भी शक नहीं कि हमारी ज्यादातर जरूरतें गाँवों से पूरी हो सकती हैं। जब हम गाँवों के लिए सहानुभूति से सोचने लगेंगे और गाँवों की बनी चीजें हमें पसंद आने लगेंगी तो पश्चिम की नकल के रूप में यंत्रों की बनी चीजें हमें नहीं जँचेंगी और हम ऐसी राष्ट्रीय अभिरुचि का विकास करेंगे, जो गरीबी, भुखमरी और आलस्य या बेकारी से मुक्त नए हिंदुस्तान के आदर्श के साथ मेल खाती होगी।

ग्रामोद्योगों का यह पुनरुद्धार ख़ादी कार्य का ही एक विस्तृत रूप है। हाथ का कता-बुना कपड़ा, हाथ का बना कागज, हाथ का कुटा चावल, घर की बनी रोटी और घर का बना अचार-मुरब्बा, ये सब पश्चिमी देशों के लिए सामान्य चीजें हैं। बात सिर्फ यह है कि हिंदुस्तान में इनका जितना महत्त्व है, उसका शतांश भी उन देशों में नहीं है। कारण यह है कि हमारे लिए तो इन चीजों का पुनरुद्धार ग्रामवासियों के जीवन का और इनका विनाश उनकी मृत्यु का प्रश्न है। यह यंत्र-युग चाहे जो करे, परंतु यंत्रों के इस अंधाधुंध प्रवेश के कारण जो करोड़ों मनुष्य निश्चित रूप से बेकार हो जाएँगे, उन्हें इससे रोजी तो कभी मिल ही नहीं सकती।

इस बात का हम सबको विश्वास हो जाना चहिए कि चरखा अहिंसक आर्थिक स्वावलंबन का प्रतीक है। पहला स्थान चरखे का है। उसकी साधना से ही ग्रामोद्योग, नई तालीम आदि अन्य दूसरी चीजें पैदा हुई हैं। अगर हम बुद्धिपूर्वक चरखे को अपना लेंगे तो गाँवों को फिर से जिंदा कर सकते हैं।

कार्यकर्ता ऐसे हों, जो गाँव में जाकर इन सभी कामों में—यानी गाँव के जीवन में ओत-प्रोत हो जाएँ और इन सब कामों का कुछ भी बोझ महसूस न करें।

चरखे को मैंने गाँवों के उत्थान का मध्यबिंदु यानी सूर्य माना है। इसके अलावा अपने गाँव में कौन से देहाती उद्योग चल सकते हैं, यह भी कार्यकर्ता को देखना होगा। इसमें प्रथम आएगी तेलघानी। मगनवाड़ी के झवेरभाई पटेल ने इसका पूरा शास्त्र बना लिया है, उसे भी जानना होगा। तीसरा उद्योग है हाथ-कागज का। इसे सारे हिंदुस्तान को कागज पूरा करने की दृष्टि से नहीं, लेकिन अपने गाँव को स्वावलंबी बनाने और कुछ आमदनी बढ़ाने की दृष्टि से सीखना है।

तेल और हाथ-कागज के उपरांत आटे की हाथ चक्की हर देहात में सजीवन करनी चाहिए। यह न हुआ तो आटे के मिल हमारे नसीब में लिखे हैं ही। इस बात को लेकर मेरे दिल में कई वर्षों से घबराहट-सी है। जैसे आटे का वैसे ही चावल का उपयोग कर सकते हैं। यदि पूरे चावल (WHOLE RICE) खाने की आदत हम देहाती लोगों में फिर से न डालेंगे तो खुराक की समस्या को हम हल न कर पाएँगे। मिल-कुटा चावल, सफेद चीनी वगैरह सब मनुष्य के स्वास्थ्य के लिए बड़े ही हानिकारक हैं, यह तो अब मानी हुई बात है।

हमारे यहाँ तो हम सभी को पूरे गाँव के सर्वांगीण विकास का ज्ञान प्राप्त करना होगा। गाँव में थोड़ी सिलाई भी चलेगी। गाँव के काश्तकार, लोहार, बढ़ई, चमार आदि सभी का काम आपस में सहयोग करके उनमें मेल बिठाना—इसके मानी हुए ग्रामों का संगठन। ये सब बातें दीखने में बहुत कठिन हैं, परंतु असल में वैसी नहीं हैं। निश्चयी तथा शरीर और बुद्धि दोनों से पूरा काम लेनेवाले कार्यकर्ता को ये बहुत कठिन नहीं लगनी चाहिए।

हमको अब सारा काम समूचे ग्रामोत्थान की कल्पना के ढाँचे में ढालकर नए सिरे से करना है। देखें, कहाँ तक हम इसे कर पाते हैं! एक कदम आगे जाकर भी मैं जो करने को कहता हूँ, सो यह है कि इस परिवर्तन के कारण कुछ समय के लिए यदि हमारा काम मंद हो जाए, शून्यवत् भी हो जाए, तब भी हमें इसे करना है। खादी के बारे में जो भावना हमने लोगों में पैदा की है, वह सही होने पर भी उसकी शक्ति के विषय में जो खयाल हमने लोगों में पैदा किया है, उसमें यदि कहीं भूल थी तो फिर से उस पर सोचना चाहिए। हमारा दावा यदि गलत था तो घोषणा करके हमें उसे वापिस खींचना होगा।

शहरवालों से मैं कहूँगा कि आप अपने लिए खादी स्वयं पहुँचाए तो पहुँचाने का लाभ मैं छोड़ दूँगा और फिर हम ग्रामों में डटकर बैठ जाएँगे। इस परिवर्तन के कारण कार्यकर्ता भाग जाएँगे तो हम उन्हें जाने देंगे। हमारे दिल और दिमाग का परिवर्तन जब इस हद तक होगा तब ही हम जो चाहते हैं, वह परिणाम मिलने वाला है। चरखा-संघ नीतिमात्र का संरक्षक रहेगा और काम को हम जितना विभक्त कर सकेंगे, कर देंगे और सारे बोझ से हलके हो जाएँगे। फिर हम अपनी सारी शक्ति और सारा ध्यान जिस देहात में हम डटे होंगे, वहीं के इर्द-गिर्द के पंचकोशी में चलनेवाले कामों के निरीक्षण के पीछे लगाएँगे। तब ही हमको पता चलेगा कि हमारे कामों में तथ्यांश कितना है।...आज तो इस काम की जितनी गहरी जड़ हो सके, उतनी गहरी हमें डालनी है।

अब मैं यही सोचता हूँ कि खेती, गो-पालन और अन्य सब ग्रामीण उद्योगों को किस तरह गाँवों में फिर से खड़ा करूँ, जिससे लोगों की स्थिति अच्छी हो। यदि मैं दो-चार गाँवों में भी यह कर सका तो मेरी समस्या हल हो जाएगी—'यथा पिंडे तथा ब्रह्मांडे।'

श्रीगणेश अपने से ही करें

बहुत से सज्जन पत्र लिखकर और अनेक मित्र खुद मुझसे मिलकर यह प्रश्न पूछ रहे हैं कि हम किस प्रकार ग्रामोद्योग कार्य का आरंभ करें और सबसे पहले किस चीज को हाथ में लें?

इसका स्पष्ट उत्तर तो यही है कि 'इस कार्य का श्रीगणेश आप अपने से ही करें; और सबसे पहले उसी काम को हाथ में लें, जो आपको आसान-से-आसान जान पड़े।' पर इस सूत्रात्मक उत्तर से पूछताछ करनेवालों को संतोष थोड़े ही होता है। इसलिए मैं इसे और स्पष्ट कर दूँ।

हममें से हर एक आदमी खाने-पीने, पहनने-ओढ़ने और अपने नित्य के उपयोग की चीजों को जाँच-परख सकता है और विलायती अथवा शहर की बनी चीजों की जगह ग्रामवासियों की बनाई हुई उन चीजों को काम में ला सकता है, जिन्हें वे अपनी मढ़ैया में या खेत-खलिहान में चार-छह पैसे के मामूली औजारों से सहज ही तैयार कर सकते हैं। इन औजारों को वे लोग आसानी से चला सकते हैं और बिगड़ जाएँ तो उन्हें सुधार भी सकते हैं। विदेशी या शहर की बनी चीजों की जगह गाँवों की बनी चीजों को आप काम में लाने लगें तो ग्रामोद्योग कार्य का यह बड़ा अच्छा आरंभ होगा और आपके लिए यह अपने आप में एक महत्त्व की चीज होगी। इसके बाद फिर क्या करना होगा, यह तो अपने आप ही मालूम हो जाएगा। मान लीजिए कि आज तक कोई आदमी बंबई के किसी कल-कारखाने के बने टूथब्रश से दाँत साफ करता आ रहा है। अब उसकी जगह वह गाँव का बना टूथब्रश चाहता है तो उसे आप बबूल या नीम की दतौन

से दाँत साफ करने की सलाह दें। अगर उसके दाँत कमजोर हैं या दाँत हैं ही नहीं तो वह दतौन का एक सिरा तो लोढ़ी या हथौड़ी से कुचल ले और दूसरे सिरे को चीरकर उसकी फाँकों से जीभी का काम ले। दतौन का यह ब्रश सस्ता भी काफी पड़ेगा और कारखानों के बने हुए अस्वच्छ ब्रश से स्वच्छ भी अधिक होगा। शहरों के बने दंत-मंजनों को वह छुएगा ही नहीं। वह तो लकड़ी के कोयले को खूब महीन पीसकर और उसमें थोड़ा सा साफ नमक मिलाकर अपने घर में ही बढ़िया मंजन तैयार कर लेगा। मिल के बने कपड़े के बजाय वह गाँव की बुनी खादी पहनेगा, मिल के कूटे चावल की जगह हाथ के कूटे तथा बिना पॉलिश किए चावल का और सफेद शक्कर के स्थान पर गाँव के बने गुड़ का उपयोग करेगा।...इस विषय पर मेरे साथ जिन लोगों की लिखा-पढ़ी या बातचीत चल रही है, उनकी बताई हुई कठिनाइयों को दृष्टि में रखकर मैंने पुनः खादी, चावल और गुड़ का यहाँ उल्लेख किया है।

दूध का उपयोग

हमारे ढोरों की दुर्दशा का एकमात्र कारण हमारी निर्दय लापरवाही है। हालाँकि हमारे पिंजरापोल हमारी दयावृत्ति पर खड़ी हुई संस्थाएँ हैं, तो भी वे उस वृत्ति का अत्यंत भद्दा अमल करनेवाली संस्थाएँ ही हैं। आदर्श डेरियाँ बनने और लाभदायक राष्ट्रीय संस्थाएँ बनने के बजाय वे केवल बूढ़े और कमजोर ढोरों के आश्रय-स्थल बनी हुई हैं।...आज तो गोरक्षा-धर्म का दावा करनेवाले हम लोग गाय और उसके वंश को गुलाम बनाकर स्वयं भी गुलाम बने हुए हैं।

आदर्श गोशाला अपने शहर को अपने ही पाले हुए ढोरों का अच्छा और सस्ता दूध काफी मात्रा में पहुँचाएगी। और कत्ल किए हुए ढोरों के नहीं बल्कि मरे हुए ढोरों के चमड़े से बने सस्ते और टिकाऊ जूते तैयार करके देगी। ऐसी गोशाला शहर के मध्य में या उसके आस-पास कहीं नजदीक में एक या दो एकड़ जमीन पर नहीं हो सकती; वह तो शहर से दूर जंगल के ५० या १०० एकड़ जमीन पर ही हो सकती। वहाँ डेयरी व चमड़े का कारखाना भी होगा और वे पूर्ण व्यावसायिक परंतु राष्ट्रीय दृष्टि से चलाए जाएँगे। इस प्रकार न तो कोई मुनाफा होगा और न मुनाफे का हिस्सा बाँटा जाएगा; साथ ही कोई नुकसान भी नहीं उठाना होगा। और यह गोरक्षा अर्थात् चौपायों की रक्षा के संबंध में हिंदुओं की सच्ची भावना का प्रमाण होगा। इससे हजारों आदमियों को, शिक्षित मनुष्यों को भी प्रामाणिक रोजी मिलेगी; क्योंकि डेयरी और चमड़े के काम में बड़े ही ऊँचे प्रकार के वैज्ञानिक ज्ञान की आवश्यकता होती है। डेयरी संबंधी उत्तम से उत्तम अनुभवों के लिए हिंदुस्तान ही आदर्श राज्य हो सकता है, डेनमार्क नहीं। हिंदुस्तान को सालाना ९ करोड़ रुपयों का मरे ढोरों का चमड़ा विदेशों को नहीं भेजना चाहिए और

कत्ल किए हुए ढोरों का चमड़ा अपने उपयोग में नहीं लाना चाहिए, क्योंकि यह उसके लिए लज्जा की बात है। और यदि यह भारत के लिए लज्जा की बात है तो हिंदुओं के लिए तो और भी अधिक लज्जा की बात है। मैं चाहता हूँ कि गिरीडी के अभिनंदन-पत्र का उत्तर देते हुए मैंने जो कुछ कहा है, उस पर सभी गोशाला-समितियाँ ध्यान दें और वे अपनी गोशालाओं को सभी प्रकार की बूढ़ी तथा निकम्मी गायों के आश्रय-स्थानों में, आदर्श डेरियों में और चमड़े के कारखानों में बदल दें।

हर एक गोशाला या पिंजरापोल में—गोरक्षिणी संस्था में—ऐसा चर्मालय होना ही चाहिए, जो उसके लिए काफी हो, अर्थात् जो ढोर मरें, उनका प्रारंभिक उपयोग करना व्यस्थापक को आना चाहिए। अगर ऐसा किया जाए तो यह प्रश्न उठता ही नहीं है कि प्रत्येक गोशाला में कितने जानवर होने चाहिए।

मुझे मालूम नहीं कि गोशालाओं में पशुओं की मृत्युसंख्या कितनी है। मगर चर्मालय की आवश्यकता प्रमाणित करने के लिए यह संख्या जानना जरूरी नहीं है। चाहे एक ही ढोर मरे, तो भी जैसे ढोर के जीते-जी उसे दाना-चारा देकर उसकी सार-सँभाल की क्रिया गो-सेवक जानता है, वैसे ही मरने के बाद की क्रिया भी उसे जान ही लेनी चाहिए।

गाँव में मरने वाले पशुओं पर भी स्वभावतः ऐसी धार्मिक संस्था का ही अधिकार होना चाहिए। इसमें चमारों, ढोरों और जनता तीनों की रक्षा है। जहाँ गोशाला या चर्मालय न हों, वहाँ ढोर मरें तो गोरक्षा का धर्म स्वीकार करनेवाले नागरिकों द्वारा उसे नजदीक- से-नजदीक की गोशाला में पहुँचा दिया जाए, या उस ढोर की लाश पर प्रारंभिक क्रिया करके बाकी के भाग वहाँ पहुँचा दिए जाएँ।

मेरे सुझाए हुए चर्मालय के लिए बड़ी पूँजी की आवश्यकता नहीं है। हाँ, इस शास्त्र को जानने वाले गो-सेवक तैयार करने में जो खर्च हो, उसकी आवश्यकता है।

हाथकुटा चावल और हाथपिसा आटा

अपने शत-प्रतिशत स्वदेशी के लेख में मैंने यह बताया है कि उसके कुछ अंग तो तुरंत हाथ में लिये जा सकते हैं और इस तरह देश के करोड़ों भूखों मरने वाले लोगों को आर्थिक तथा आरोग्य की दृष्टि से लाभ पहुँच सकता है। देश के धनाढ्य-से-धनाढ्य लोगों को इस लाभ में भाग मिल सकता है। चावल को ही लीजिए। अगर धान को गाँवों में उसी पुरानी रीति से ओखली और मूसल से कूटा जाए तो कूटनेवाली बहनों को तो रोजी मिलेगी ही; साथ ही करोड़ों मनुष्यों को, जिन्हें मशीन का कुटा चावल खाने से निरा 'स्टार्च' मिलता है, हाथ के कुटे चावल से कुछ पौष्टिक तत्त्व भी मिलने लगेंगे। हमारे देश के जिन भागों में धान की फसल होती है, वहाँ प्रायः सब जगह धान कूटने

के बड़े-बड़े कारखाने खुल गए हैं। इसका कारण है मनुष्य की लोभवृत्ति! मनुष्य की भयानक लोभवृत्ति न तो प्रजा के स्वास्थ्य का विचार करती है, न संपत्ति का। अगर लोकमत प्रबल हो तो वह हाथकुटे चावल के उपयोग का ही आग्रह कायम रखेगा। चावल के मिल-मालिकों से वह अनुरोध करेगा कि ऐसे हानिकारक धंधे को वे बंद कर दें, जो राष्ट्र के स्वास्थ्य को चौपट कर रहा है और गरीब लोगों के हाथों से ईमानदारी से गुजर-बसर करने का एक जरिया छीन रहा है; और इस तरह वह धान कूटने की मिलों का चलना असंभव कर देगा।

अगर हजारों गाँवों में आटा पीसने की चक्कियाँ हैं और वे इंजन से चलती हैं तो मैं इसे लाचारी की सीमा समझता हूँ। मेरा खयाल है कि हिंदुस्तान में कहीं इतनी चक्कियाँ या इतने इंजन नहीं बनते।...ये इतने ज्यादा इंजन और चक्कियाँ गाँवों में डालना इनके मालिकों के अतिलोभ का सूचक है। क्या गरीब लोगों को इस हद तक मोहताज बनाकर धन कमाना मुनासिब होगा? फिर इस तरह की इंजनवाली चक्कियों को रखने से आज देहात में चलनेवाली पत्थर की चक्कियाँ बेकार हो जाएँगी। चक्की बनाने का उद्योग करनेवाले लोग भी बेकार हो जाएँगे। इस तरह तो गाँव के उद्योगों का और उनके साथ कला का भी लोप हो जाएगा। एक उद्यम का लोप होकर अगर दूसरा उपयोगी उद्यम शुरू हो जाए, तब तो शायद बहुत कहने को न रहे। मगर मैं नहीं जानता कि कहीं ऐसा हुआ है! इसके सिवा, हाथ की चक्की चलानेवाले बड़े तड़के प्रभातियों और भजनों का जो मधुर संगीत बहाते हैं, उसका भी लोप हो जाएगा।

मिल का तेल और घानी का तेल

श्री झबेरभाई ने गाँव की घानी की गिरावट के कारणों की भी जाँच की है। सबसे जबरदस्त कारण तो उन्होंने यह बताया है कि तेली को अपने धंधे के लिए जरूरी तिलहन नियमित रूप से प्राप्त करने की क्षमता नहीं होती। मौसम समाप्त होने पर गाँवों में तिलहन देखने को भी नहीं मिलता। तेली के पास इतने रुपए नहीं होते कि वह तिलहन का संग्रह कर सके; शहरों में जाकर तो वह तिलहन खरीद ही नहीं सकता। इसलिए तेली का गाँव में लोप हो गया है अथवा बड़ी तेजी से लोप होता जा रहा है। लाखों घानियों के आज बेकार पड़े होने से देश की साधन सामग्री की भयानक बरबादी हो रही है। तिलहन के उत्पादन-क्षेत्रों में उसे सुरक्षित रखकर और उचित भाव पर गाँव के तेलियों को मुहैया करके गाँव की घानियों को फिर से जिलाने का कार्य निश्चित रूप से सरकार का है। इस प्रकार की मदद करने से सरकार को कोई नुकसान नहीं होता है। श्री झबेरभाई का कहना है कि यह मदद सहकारी समितियों या ग्राम-पंचायतों के जरिए दी जा सकती है। घानी-उद्योग की शोध के आधार पर श्री झबेरभाई का यह मत

है कि यदि ऐसा किया जाए तो गाँव के लोगों को आज जो मिलावटी तेल मिलता है, उसके कष्ट से उन्हें बचाया जा सकता है। यह याद रखना जरूरी है कि गाँववालों को जो एकमात्र चिकनाई मिलती है, वह तेल से ही मिलती है। घी तो उस बेचारे को आमतौर पर देखने को भी नहीं मिलता।

मिल का तेल घानी के तेल से क्यों सस्ता पड़ता है, इसका पता भी श्री झबेरभाई ने लगाया है। उन्होंने इसके तीन कारण दिए हैं, जिनमें ये दो कारण अनिवार्य हैं। पहला तो है पूँजी और दूसरा है तिलहनों में से आखिरी बूँद तक तेल निकालने की मशीन की शक्ति, वह भी घानी से कम समय में। ये लाभ तेल-मिल के मालिक को आढ़तियों को जो दलाली देनी पड़ती है, उससे बराबर हो जाते हैं। लेकिन श्री झबेरभाई तीसरी बुराई का —मिलावट का—सामना नहीं कर सकते—सिवा इसके कि वे खुद भी इस बुराई को अपना लें। यह स्वाभाविक है कि वे ऐसा नहीं करेंगे। इसलिए उन्होंने सुझाया है कि मिलावट की बुराई कानून द्वारा दूर की जाए। यह काम दो तरह से किया जा सकता है : या तो कोई मिलावट-विरोधी कानून बन चुका हो तो उस पर अमल किया जाए; या ऐसा कानून बनाया जाए और तेल-मिलों को परवाने लेने के लिए बाध्य किया जाए।

गुड़ और खांड़सारी

कपड़े के उद्योग के बाद दूसरे नंबर का बड़ा उद्योग शक्कर का है। इस उद्योग को हमारी मदद की बिलकुल जरूरत नहीं है। शक्कर के कारखानों की संख्या बड़ी तेजी से बढ़ रही है। इस उद्योग का विकास लोकप्रिय संस्थाओं की मदद लेने से नहीं हुआ है, इसका विकास तो अनुकूल कायदे-कानून के कारण हुआ है। आज यह उद्योग इतना समृद्ध हो गया है और इतना फैल रहा है कि गुड़ का उत्पादन भूतकाल की वस्तु होता जा रहा है। यह तो निर्विवाद बात है कि गुड़ में शक्कर की अपेक्षा अधिक पोषक तत्त्व हैं। यह अतिशय मूल्यवान् ग्रामोद्योग आपकी मदद के लिए पुकार मचा रहा है। इस एक ही उद्योग में शोध और ठोस मदद के लिए गुंजाइश है। हमें उन तरीकों और साधनों पर शोध करना है, जिनसे इस उद्योग को जीवित रखा जा सके। यह तो जो कुछ मैं कहना चाहता हूँ, उसे समझाने के लिए एक उदाहरण मात्र है।

ताड़ी में जो गुण माने जाते हैं, वे सब हमें दूसरी खुराक में मिल जाते हैं। ताड़ी खजूरी के रस से बनती है। खजूरी के शुद्ध रस में मादकता बिलकुल नहीं होती। उसे नीरा कहते हैं। ताजी नीरा पीने से कई लोगों को दस्त साफ आता है। मैंने खुद नीरा पीकर देखी है। लेकिन मुझ पर उसका ऐसा असर नहीं हुआ। परंतु वह खुराक का काम तो अच्छी तरह से देती है। चाय इत्यादि के बदले मनुष्य सबेरे नीरा पी ले तो उसे दूसरा

कुछ पीने या खाने की आवश्यकता नहीं रहनी चाहिए। नीरा को गन्ने के रस की तरह पकाया जाए तो उससे बहुत अच्छा गुड़ तैयार होता है। खजूरी ताड़ की एक जाति है। हमारे देश में अनेक प्रकार के ताड़ कुदरती तौर पर उगते हैं। उन सबमें से नीरा निकल सकती है। नीरा ऐसी चीज है, जिसे निकालने की जगह पर ही तुरंत पीना अच्छा है। नीरा में मादकता जल्दी पैदा हो जाती है। इसलिए जहाँ उसका तुरंत उपयोग न हो सके, वहाँ उसका गुड़ बना लिया जाए तो वह गन्ने के गुड़ की जगह ले सकता है। कई लोग मानते हैं कि ताड़-गुड़ गन्ने के गुड़ से अधिक गुणकारी है। उसमें मिठास कम होती है। इसलिए वह गन्ने के गुड़ की अपेक्षा अधिक मात्रा में खाया जा सकता है। ग्रामोद्योग-संघ के द्वारा ताड़-गुड़ का काफी प्रचार हुआ है। मगर अभी और ज्यादा मात्रा में इसका प्रचार होना चाहिए। जिन ताड़ों के रस से ताड़ी बनाई जाती है, उन्हीं से गुड़ बनाया जाए तो हिंदुस्तान में गुड़ और खांड़ की तंगी कभी पैदा न हो और गरीबों को सस्ते दाम में अच्छा गुड़ मिल सके। ताड़-गुड़ की मिश्री और शक्कर भी बनाई जा सकती है। मगर गुड़ शक्कर या चीनी से बहुत अधिक गुणकारी है। गुड़ में जो क्षार होते हैं, वे शक्कर या चीनी में नहीं होते। जैसे बिना भूसी का आटा और बिना भूसी का चावल होता है, वैसे ही बिना क्षार की शक्कर को समझना चाहिए। अर्थात् यह कहा जा सकता है कि खुराक जितनी अधिक स्वाभाविक स्थिति में खाई जाए, उतना ही अधिक पोषण उसमें से मिलता हैं।

मधुमक्खीपालन

मुझे ऐसा लगता है कि मधुमक्खियाँ पालने के उद्योग का हमारे देश में बेहद विकास हो सकता है। गाँवों की दृष्टि से तो इस उद्योग का महत्त्व है ही; पर धनाढ्य युवक और युवतियाँ इस काम को शौकिया भी कर सकते हैं। इस काम को करते हुए वे देश की संपत्ति बढ़ाएँगे और अपने लिए उत्तम-से-उत्तम स्वास्थ्यप्रद शक्कर पैदा करेंगे। अगर उनकी वृत्ति परमार्थ की ओर हो तो वे शहद को बतौर एक पौष्टिक आहार के अस्वस्थ हरिजन बालकों में बाँट सकते हैं। शहद श्रीमानों के शौक की चीज या वैद्य-हकीमों के हाथ में एक कीमती दवा के ही रूप में क्यों रहे ? इसमें शक नहीं कि अपनी नगण्य जानकारी के आधार पर बनाए हुए अनुमानों पर ही मेरी यह आशा निर्भर करती है। गाँवों और शहरों में युवक-युवतियाँ जो प्रयोग करें, उन्हें यह मालूम होना चाहिए कि शहद हमारे आहार की सामान्य वस्तु हो सकता है, या आज की भाँति वह असाधारण या दुर्लभ वस्तु ही बना रहेगा!

चमड़े का धंधा

हिसाब लगाकर देखा गया है कि नौ करोड़ रुपए का कच्चा चमड़ा हर साल हिंदुस्तान से बाहर जाता है और वह सबका सब बनी-बनाई चीजों के रूप में फिर यहाँ वापस आ जाता है। यह देश का सिर्फ आर्थिक ही नहीं, बौद्धिक शोषण भी है। चमड़ा कमाने और हमारे नित्य के उपयोग में आनेवाली उसकी अनगिनत चीजें बनाने की शिक्षा हमें आज कहाँ मिल रही है?

इस हुनर में काफी वैज्ञानिक दिमाग चाहिए। हजारों रसायन विशारद चाहें तो इस महान् उद्योग में अपनी आविष्कारक शक्ति का काफी उपयोग कर सकते हैं। उसे विकसित करने के दो मार्ग हैं। एक तो यह है कि जो हरिजन गाँवों में रहते हैं और गाँव की खास बस्ती से दूर, समाज के संसर्ग से अलग, टूटे-फूटे गंदे झोंपड़ों में पड़े सड़ रहे हैं और बड़ी मुश्किल से किसी तरह अपना पेट पाल रहे हैं, उनकी मदद करके उन्हें ऊँचा उठाया जाए। इसका यह अर्थ भी है कि गाँवों को पुन: संगठित करने में—अर्थात् कला, शिक्षा, स्वच्छता, समृद्धि और प्रतिष्ठा की वहाँ फिर से स्थापना करने में हमारे रसायन-विशारदों की बुद्धि का उपयोग हो। रसायनशास्त्रियों को चाहिए कि वे चमड़ा कमाने की अच्छी-से-अच्छी वैज्ञानिक क्रियाएँ ढूँढ़ निकालें। गाँव के रसायनशास्त्री को नम्रतापूर्वक इस कला पर अधिकार करना है। चमड़ा कमाने की अनघड़ कला गाँवों में अभी तक जीवित है, पर प्रोत्साहन न मिलने से और दुर्लक्ष के कारण वह भी बड़ी तेजी से लुप्त होती जा रही है। इन रसायनशास्त्रियों को वह कला सीखनी और समझनी चाहिए। उस अनघड़ पद्धति को यकायक नहीं छोड़ देना चाहिए; पहले कम-से-कम उसकी अच्छी तरह परीक्षा तो होनी ही चाहिए। उस पद्धति से सदियों तक बड़ी अच्छी तरह काम चला है। अगर उसमें कोई गुण नहीं होता तो उससे यह काम नहीं चलता। जहाँ तक मैं जानता हूँ, हमारे देश में शांति निकेतन में ही इस विषय की शोध हो रही है। उसके बाद साबरमती आश्रम में इस काम को आरंभ किया गया। शांति निकेतन के प्रयोग ने कितनी उन्नति की है, इसका पता मैं नहीं लगा सका हूँ। साबरमती आश्रम के स्थान पर अब जो हरिजन-आश्रम है, उसमें इस काम को फिर से आरंभ करने की पूरी संभावना है। यह शोध कार्य तो समुद्र के समान है; उसमें हमारे इन प्रयोगों को तो आप बिंदुमात्र ही समझें।

गोरक्षा हिंदू धर्म का एक अविभाज्य अंग है। कोई भी सच्चा हरिजन खाने के लिए गाय-भैंस को नहीं मारेगा। किंतु अस्पृश्य बनकर उसने मुर्दार मांस खाने की बुरी आदत सीख ली है। वह गाय की हत्या तो नहीं करेगा, परंतु मरी हुई गाय का मांस बड़े ही स्वाद से खाएगा। शारीरिक दृष्टि से यह मांस शायद हानिकारक न हो, लेकिन मनोवैज्ञानिक

दृष्टि से तो मुर्दार मांस खाने जैसी घृणा पैदा करनेवाली दूसरी कोई चीज है ही नहीं। तो भी चमार के घर में जब मरी हुई गाय आती है, तब उसका सारा कुटुंब आनंद से फूला नहीं समाता। बालक तो लाश के चारों ओर नाचने लगते हैं और जब उसकी खाल उधेड़ी जाती है तब हड्डियों और मांस के लोथड़ों को वे एक-दूसरे पर फेंकते हैं। अपना घर-बार त्यागकर हरिजन-आश्रम में जो एक चमार रहता है, उसने खुद अपने घर का खाका खींचते हुए मुझसे कहा कि मुर्दार जानवर को देखते ही चमार का सारा कुटुंब आनंद-विभोर हो जाता है। मैं ही जानता हूँ कि हरिजनों के बीच काम करते हुए उनसे मुर्दार मांस खाने का यह आत्मघातिनी कुटेव छुड़ाने में मुझे कितनी कठिनाई पड़ी है! चमड़ा कमाने की रीति में सुधार हो जाए तो मुर्दार मांस का यह रिवाज अपने आप ही बंद हो जाएगा।

इसमें ऊँची बुद्धि और चीर-फाड़ की कला की जरूरत है। गोरक्षा की दिशा में भी इस काम के सहारे हम काफी आगे बढ़ सकते हैं। अगर हमने गाय के दूध देने की शक्ति बढ़ाने की कला नहीं सीखी, उसकी संतति में हमने सुधार नहीं किया और उसके बछड़े को खेती तथा गाड़ी खींचने के काम के लिए अधिक उपयोगी न बनाया, गाय के गोबर व मूत्र का खाद में उपयोग नहीं किया और गाय तथा उसके बछड़ों के मरने पर उनकी खाल, हड्डियाँ, मांस, आँत आदि का अच्छे-से-अच्छा उपयोग करने के लिए अगर हम तैयार नहीं हुए तो गाय को कसाई के हाथों मरना ही है।

अभी तो मैं सिर्फ ढोरों की लाशों की ही बात कर रहा हूँ। यहाँ हमें इतना भली-भाँति स्मरण रखना चाहिए कि ईश्वर की कृपा से गाँवों में चमार को कातिल किए हुए ढोरों की नहीं, किंतु केवल मौत से मरे हुए ढोरों की ही खाल उधेड़नी पड़ती है। उसके पास मरे हुए ढोर को अच्छी तरह उठाकर ले जाने का कोई साधन नहीं होता। वह उसे उठाता है, घसीटता है और इससे ढोर की खाल खराब हो जाती है। कटे-फटे चमड़े के दाम भी कम मिलते हैं। चमार जो अनमोल और सुंदर समाज-सेवा करता है, उसका अगर गाँववालों और जनता को भान हो तो वे लाश को उठाकर ले जाने का कोई ऐसा आसान और सादा तरीका ढूँढ़ निकालेंगे, जिससे चमड़े को जरा भी नुकसान न पहुँचने पाए।

इसके बाद की क्रिया है ढोर की खाल उतारने की। इसमें भारी सुघड़ता ही जरूरत है। मैंने सुना है कि गाँव का चमार गाँव की बनी हुई अपनी छुरी से इस चीर-फाड़ को जिस कुशलता से और जितनी जल्दी करता है, उस सुघड़ता से, उतनी जल्दी दूसरा कोई, यहाँ तक कि डॉक्टर भी नहीं कर सकता। इस विषय का ज्ञान रखनेवालों से मैंने इस संबंध में जब पूछताछ की तो गाँव के चमार के चीर-फाड़ के तरीके से कोई बेहतर तरीका वे मुझे नहीं बता सके। परंतु इसका यह अर्थ नहीं कि इससे बेहतर तरीका दूसरा

है ही नहीं। मैं तो पाठकों को अपने अत्यंत सीमित अनुभव का लाभ बता रहा हूँ। गाँव का चमार हड्डियों का कोई भी उपयोग नहीं कर सकता। हड्डियों को वह फेंक देता है। खाल उधेड़ते समय लाश के इर्द-गिर्द जो कुत्ते घूमते रहते हैं, वे सब नहीं तो कुछ हड्डियाँ तो उठा ही ले जाते हैं। यह देश के लिए भारी नुकसान है। कुत्तों की छीना-झपटी से बाकी जो हड्डियाँ बची रहती हैं, वे विदेशों को भेज दी जाती हैं और वहाँ से मूठ, बटन वगैरह के रूप में वे फिर यहीं वापस आ जाती हैं। इन हड्डियों का अगर अच्छा चूरा बना लिया जाए तो उसकी बहुत बढ़िया खाद बन सकती है।

दूसरा रास्ता इस महान् उद्योग को शहरों में ले जाने का है। हिंदुस्तान में चमड़े के कई कारखाने आज यह काम कर रहे हैं। उन सबकी परीक्षा करना इस लेख का उद्देश्य नहीं है। शहरों में इस उद्योग को ले जाने से हरिजनों को शायद ही कोई फायदा होगा; गाँवों को तो कुछ भी लाभ पहुँचने वाला नहीं है। इस प्रक्रिया से गाँवों की दूनी बरबादी होगी। भारत में उद्योग-धंधों को शहर में ले जाने और बड़े-बड़े कारखानों के द्वारा उन्हें चलाने का अर्थ है—गाँवों को और गाँवों की जनता को धीरे-धीरे व अचूक रीति से मौत के मुँह में धकेलना। शहर के उद्योग भारत के ७ लाख गाँवों में बसनेवाली उसकी ९० फीसदी जनसंख्या को कभी सहारा नहीं दे सकते। गाँवों से चमड़े के धंधे को तथा ऐसे ही दूसरे उद्योगों को हटा देने का अर्थ तो यही होगा कि वहाँ हाथ और बुद्धि के कौशल को काम में लाने का जो थोड़ा सा अवसर अभी किसी तरह बच रहा है, वह भी उनसे छीन लिया जाए। और जब गाँव के उद्योग-धंधे नष्ट हो जाएँगे तब ढोरों के साथ खेत में मजदूरी करना और बरस के छह या चार महीने आलस में बैठे-बैठे बिताना, बस इतना ही ग्रामवासियों के नसीब में रह जाएगा। ऐसा हुआ, तब तो स्व. मधुसूदन दास के शब्दों में यही कहना चाहिए कि गाँव के मनुष्य जानवरों जैसे हो जाएँगे, न तो उन्हें मानसिक पोषण कहीं से मिलेगा, न शारीरिक। इसके फलस्वरूप उनकी आशा और आनंद नष्ट हो जाएँगे।

यहाँ शत-प्रतिशत स्वदेशी-प्रेमी के लिए काफी काम पड़ा हुआ है। साथ ही एक बहुत बड़ा सवाल हल करने में जिस वैज्ञानिक ज्ञान की आवश्यकता है, उसे काम में लाने का क्षेत्र भी मौजूद है। इस एक काम से तीन अर्थ सधते हैं। एक तो इससे हरिजनों की सेवा होती है, दूसरे ग्रामवासियों की सेवा होती है और तीसरे मध्यम वर्ग के जो बुद्धिशाली लोग रोजगार-धंधे की खोज में बेकार फिरते हैं, उन्हें जीविका का एक प्रतिष्ठित साधन मिल जाता है। और यह लाभ तो जुदा ही है कि गाँव की जनता के सीधे संपर्क में आने का भी उन्हें सुंदर अवसर मिलता है।

साबुन

साबुन जैसी चीजें स्वच्छ मिट्टी से घर में ही बनाकर ग्रामवासी साफ रहेंगे। उस साबुन में टाटा या गोदरेज साबुन के कारखानों की खुशबू नहीं होगी, न वैसा सुहावना पैकिंग होगा; परंतु देहात के लिए खादी के जितना ही उपयोगिता और स्वावलंबन उसमें भरा होगा।

हाथ-बना कागज

मुझे बतलाया गया था कि अगर काफी माँग हो तो यह कागज उसी भाव पर दिया जा सकता है, जिस भाव पर मिल का बना कागज बिक रहा है। मैं जानता हूँ कि हाथ का बना देशी कागज नित्यप्रति बढ़ती हुई कागज की माँग को कभी पूरा नहीं कर सकता। पर सात लाख गाँवों और वहाँ की दस्तकारियों के भक्त अगर हाथ का बना कागज आसानी से मिल सके तो उसी कागज पर लिखना पसंद करेंगे। जो लोग हाथ के बने कागज को काम में लाते हैं, उन्हें यह मालूम है कि उसमें अपनी एक खास मनोहरता होती है। अहमदाबाद के प्रसिद्ध कागज को कौन नहीं जानता? मिल का कागज अहमदाबादी कागज के टिकाऊपन और चिकनाहट का क्या मुकाबला करेगा!

पुराने ढंग के सब बही-खाते अब भी उसी कागज के बनते हैं। पर दूसरी बहुत सी ऐसी दस्तकारियों की तरह संभवत: यह उद्योग भी अब आखिरी साँसें गिन रहा है। थोड़ा ही प्रोत्साहन मिलने से यह उद्योग मृत्यु के मुख में जाने से बच सकता है। अगर ठीक तरह से देखभाल की जाए तो इसके बनाने की रीतियों में सुधार हो जाए; और हाथ के बने कागज में जो दोष आज दिखाई देते हैं, वे आसानी से दूर हो जाएँ। इन अप्रसिद्ध उद्योग-धंधों में जो असंख्य आदमी लगे हुए हैं, उनकी आर्थिक अवस्था की भली-भाँति जाँच-पड़ताल क्यों न की जाए? इस काम में रस लेनेवाले लोग अगर उन्हें सही राह बताएँ और काम की सलाह दें तो वे निश्चय ही ऐसे लोगों की बात मानेंगे और उनके कृतज्ञ होंगे।

स्याही

यह स्याही, जिससे मैं लिखता हूँ, टिनाली (मद्रास) की बनी हुई है। इससे १२ आदमियों की जीविका चल रही है। कठिनाई से किसी तरह वे काम को चलाए जा रहे हैं। तीन और नमूने स्याही के मेरे पास अलग-अलग बनानेवालों ने भेजे थे। उन सबका भी हाल टिनाली वालों के जैसा ही है। मुझे उनका काम अच्छा लगा। मैंने उनसे पत्र-व्यवहार किया। पर इससे अधिक मैं उनके लिए कुछ नहीं कर सका। स्वदेशी संघ हो तो वह वैज्ञानिक ढंग से इन स्याहियों की जाँच-पड़ताल करे और जो सबसे अच्छी चलने वाली हों, उन्हें प्रोत्साहन दे। स्याही का यह उद्योग है तो अच्छा, और तरक्की

भी कर रहा है, पर इसे अच्छे रासायनिक साधनों की जरूरत है।

यदि हम चाहते हैं और इसमें विश्वास रखते हैं कि गाँव केवल जिंदे ही न रहें, बल्कि मजबूत और खुशहाल भी बनें तो इसके लिए ग्राम-दृष्टि ही सच्ची दृष्टि है। अगर यह सच हो तो हमारे ग्राम-प्रदर्शनों में शहरों की तड़क-भड़क और दिखावे के लिए कोई जगह नहीं हो सकती। वहाँ शहरों के खेल-तमाशों और दूसरे मनोरंजनों की कोई आवश्यकता नहीं होनी चाहिए। ग्राम-प्रदर्शन को तमाशा नहीं बन जाना चाहिए, न उसे कमाई का जरिया ही बनना चाहिए। उसे व्यापारियों के विज्ञापन का साधन तो कभी बनना ही नहीं चाहिए। वहाँ चीजों की बिक्री की इजाजत नहीं होनी चाहिए। यहाँ तक कि खादी और ग्रामोद्योग की चीजें भी नहीं बेची जानी चाहिए। ग्राम-प्रदर्शन शिक्षा का साधन होना चाहिए। वह आकर्षक होना चहिए और ऐसा होना चाहिए, जो ग्रामवासियों में एक या दूसरा ग्रामोद्योग अपनाने की भावना उत्पन्न करे। उसे आज के ग्राम-जीवन के ज्वलंत दोष और कमियाँ बतानी चाहिए तथा उन्हें दूर करने के उपाय बताने चाहिए। उसे यह भी बताना चाहिए कि जब से ग्राम-सुधार का विचार प्रचलित हुआ और उस पर अमल किया जाने लगा, तब से आज तक में इन दोषों और कमियों को दूर करने में कितनी सफलता मिली है! उसे यह भी सिखाना चाहिए कि ग्राम-जीवन को कलात्मक और सुंदर कैसे बनाया जाए!

अब हम यह देखें कि ऊपर की शर्तें पूरी करने वाला ग्राम-प्रदर्शन कैसा होगा :

१. उसमें गाँवों के दो नमूने होने चाहिए—एक आज के गाँव का नमूना और दूसरा सुधरे हुए गाँव का नमूना। सुधरा हुआ गाँव चारों तरफ से बिलकुल साफ-सुथरा होगा। उसके मकान, उसकी सड़कें, उसके आसपास का वातावरण और उसके खेत सब साफ-स्वच्छ होंगे। मवेशी की हालत भी सुधरनी चाहिए। कौन से ग्रामोद्योग अधिक आमदनी देते हैं और कैसे, यह बताने के लिए पुस्तकों, चित्रों और नक्शों का उपयोग किया जाना चाहिए।

२. प्रदर्शन में यह दिखाना चाहिए कि विभिन्न ग्रामोद्योग कैसे चलाए जाएँ, उनके लिए आवश्यक औजार कहाँ से प्राप्त किए जाएँ और उन औजारों को कैसे तैयार किया जाए! प्रत्येक उद्योग की सारी प्रक्रियाएँ प्रत्यक्ष करके दिखाई जाएँ। इनके साथ नीचे की बातों को भी प्रदर्शन में स्थान मिलना चाहिए :

- आदर्श ग्राम-आहार।
- ग्रामोद्योग और यंत्रोद्योग की तुलना।
- पशुपालन के प्रत्यक्ष पाठ।
- कला-विभाग।

- गाँव के पाखाने का नमूना।
- सजीव खाद बनाम रासायनिक खाद।
- पशुओं के चमड़े, हड्डियों वगैरह का उपयोग।
- ग्राम-संगीत, तरह-तरह के ग्राम-वाद्य, ग्राम-नाटक।
- गाँव के खेल-कूद, अखाड़े और विभिन्न कसरतें।
- नई तालीम।
- गाँव की दवाइयाँ।
- गाँव का प्रसूति-गृह।

आरंभ में सूचित की गई नीति के आधार पर इस सूची को और भी बढ़ाया जा सकता है। इतनी बातें तो मैंने यहाँ उदाहरण के तौर पर दे दी हैं। यह सूची अपने आप में पूर्ण नहीं मानी जानी चाहिए। इसमें मैंने चरखे और अन्य ग्रामोद्योग का कोई उल्लेख नहीं किया है, क्योंकि उनका अस्तित्व तो मैं मानकर ही चला हूँ। उनके बिना ग्राम-प्रदर्शन बिलकुल निकम्मा होगा।

१. 'आरोग्य की कुंजी' में यहाँ क्युने का नाम दिया गया है। परंतु इस पुस्तक के अंग्रेजी संस्करण में जुस्ट का नाम है। जुस्ट नाम ही सही मालूम होने से यहाँ क्युने के बदले जुस्ट कर दिया गया है।

□

१७

गाँवों का यातायात

गाँव की गाड़ी की हिमायत

बड़ोदा के श्री ईश्वरभाई एस. अमीन ने मशीन के मुकाबले पशुओं के सामर्थ्य के विषय में एक लंबा पत्र मेरे पास भेजा। उसमें से प्रस्तुत बातें मैं यहाँ देता हूँ—"खेतों में या थोड़ी दूर के काम में पशुओं का उपयोग करना मशीन की ताकत से काम लेने के बनिस्बत महँगा नहीं पड़ता, और इसलिए अधिकांश बातों में पशु मशीन का मुकाबला कर सकते हैं। लेकिन इस समय प्रवृत्ति यह है कि पशुओं की तुलना में हम मशीन की शक्ति को ही ज्यादा पसंद करते हैं, उदाहरण के लिए, बैलगाड़ी को लीजिए। १०० रुपए गाड़ी के दाम हुए और २०० रुपए बैलों के। यह बैलगाड़ी गाँवों की ऊबड़-खाबड़ और रेतीली सड़कों पर १६ बंगाली मन का बोझा १५ मील प्रतिदिन के हिसाब से ढो सकती है। इसमें १२ आने दो बैलों का, ६ आने गाड़ीवान का और ४ आने टूट-फूट का—इस तरह कुल रुपए १-६-० रोज खर्च पड़ेगा। इसके विरुद्ध एक टनवाली मोटर-लारी पर १५ मील के लिए कम-से-कम एक गैलन पेट्रोल और कुछ लुब्रिकेटिंग ऑयल खर्च होगा। उसकी मरम्मत व सार-सँभाल पर भी भारी खर्च आएगा और उसके लिए बड़ी तनख्वाह का ड्राइवर रखना पड़ेगा। इस तरह १५ मील की मोटर-लारी की यात्रा में लुब्रिकेटिंग ऑयल सहित पेट्रोल पर रुपए १-१२-० खर्च होंगे, १२ आने रोज (८ घंटे के काम के रुपए ६ प्रतिदिन के हिसाब से) सार-सँभाल के पड़ेंगे और ८ आने ड्राइवर, क्लीनर व लारी में सामान चढ़ाते-उतारने के लिए एक और आदमी रखने पर खर्च होगा, जबकि १६ बंगाली मन बोझा ढोने वाली दो गाड़ियों पर रुपए १-६-१० फी गाड़ी के हिसाब से कुल रुपए २-१२-० खर्च होगा। एक बैलगाड़ी एक दिन में

७-८ गाड़ी तक खाद लादकर गाँव से खेत तक, जो लगभग आधे मील पर होता है, ले जा सकती है। इसमें रुपए 1-6-0+6 आने गाड़ी को भरने व खाली करने में गाड़ीवान की मदद करने वाले एक और व्यक्ति की मजदूरी का खर्च पड़ेगा, जबकि मोटर-लारी यह काम करे तो उसमें भी इससे कम खर्च नहीं पड़ेगा। हाँ, बढ़िया पक्की सड़क हो और लगातार काफी लंबी दूर तक वजन ले जाना हो, तब जरूर मोटर-लारी बाजी मार ले जाएगी और बैलगाड़ी धीमी तथा आर्थिक दृष्टि से अनुपयोगी मालूम पड़ेगी। बैलों को लगातार लंबी दूर तक भगाना भी वांछनीय नहीं है, क्योंकि इससे उनकी शक्ति और सामर्थ्य पर बहुत बुरा असर पड़ता है। पर इतने पर भी रेलवे स्टेशन से लेकर दूर-दूर के गाँवों तक बैलगाड़ियाँ मोटर-लारियों के मुकाबले में रात-दिन लंबी दूरी का सफर तय करती पाई जाती हैं। यह जरूर है कि इन बैलगाड़ियों के बैलों की शारीरिक दशा दयनीय होती है, क्योंकि थोड़ी कमाई के कारण गाड़ी के मालिक उन्हें खाने को कम देते हैं। इस प्रकार माल को शीघ्रता से ले जाने या आदमी के एक जगह से दूसरी जगह जाने के महत्त्व पर विचार करें तो सिर्फ धीमी चाल ही एक ऐसी चीज है, जो बैलगाड़ी के विरुद्ध जाती है! परंतु जो गाँववाले खाली वक्त में कोई कमाई नहीं करते और जिनके लिए मोटर के कारण बचने वाले समय का कोई महत्त्व नहीं है, उन्हें तो यही सोचना चाहिए कि थोड़ी दूर का काम वे पैदल चलकर ही निकालें और लंबे सफर के लिए बैलगाड़ी का उपयोग करें। अगर कोई किसान अपनी खुद की गाड़ी रखे और उसमें सफर करे तो नकद पैसे के रूप में उसे कोई रकम खर्च नहीं करनी पड़ेगी, बल्कि अपने खेत में पैदा हुई चीजें खिलाकर ही वह बैलों से काम लेगा। सच तो यह है कि किसान चारे व अनाज को ही अपना पेट्रोल, गाड़ी को अपनी मोटर-लारी और बैलों को घास से शक्ति उत्पन्न करने वाला अपना इंजन समझे। मशीन न तो घास खाती और न उससे गोबर ही निकलता है, जो कि खाद के लिए बड़ा उपयोगी है। गाँव में बैल तो रखने ही पड़ते हैं और घास भी हर हालत में होती है। अगर गाड़ी भी रहे तो उसके कारण गाँव के बढ़ई और लोहार का धंधा चलेगा, और अगर गाय को पालें तो वह कल्पतरु का काम देगी। घास-चारे से वह मक्खन या घी बनाएगी, साथ ही वह बैल पैदा करनेवाली मशीन भी होगी। इस प्रकार एक पंथ दो काज सधेंगे।''

मोटर-लारी का आक्रमण सफल हो या न भी हो, बुद्धिमान कार्यकर्ता इसके हानि, लाभ का अध्ययन करके निश्चित रूप से गाँववालों का पथ-प्रदर्शन करें तो यह समझदारी की बात होगी। अत: श्री ईश्वरभाई ने जो कुछ लिखा है और जो दिशा सुझाई है, उस पर सब ग्रामसेवकों को विचार करना चाहिए और देखना चाहिए कि ऐसा करना कहाँ तक ठीक है!

मोटर-लारी बनाम बैलगाड़ी

गाँवों में प्रचार कार्य करने के लिए मोटर-लारियाँ उपयोगी होंगी या बैलगाड़ियाँ—इस विषय पर अगस्त १९३९ की 'ग्रामोद्योग पत्रिका' में एक सुंदर तर्कपूर्ण लेख प्रकाशित हुआ है, जो नीचे उद्धृत किया जाता है—"हमसे पूछा गया है कि जिला बोर्ड और अन्य इसी प्रकार की स्थानीय संस्थाएँ, जो ग्रामोद्धार के लिए कुछ धनराशि अलग रखना चाहती हैं, उस रकम को गाँवों में विभिन्न प्रकार के प्रचार कार्य के लिए मोटर-लारी खरीदने में लगाएँ तो कैसा हो? यह शुभ चिह्न है कि इस प्रकार की संस्थाएँ ग्रामों के प्रति अपनी जिम्मेदारी महसूस करने लगी हैं और गाँवों, शहरों, शिक्षितों तथा अशिक्षितों के बीच की मौजूदा खाई को पूरा करने के लिए प्रयत्नशील हो रही हैं। यहाँ सवाल यह उठता है कि मोटर-लारियों का, जो एक रात में कई गाँवों का चक्कर लगा सकती हैं, इस काम को जल्दी करने के लिए उपयोग किया जा सकता है या नहीं?

"सब खर्चों में, विशेषकर उन खर्चों में, जो विशुद्ध ग्रामीणों की भलाई के लिए किए जाते हैं, हमें यह देखना जरूरी है कि व्यय हुई धनराशि लौटकर गाँवों में जाती है या नहीं! जिला और स्थानीय बोर्ड लोगों से धन प्राप्त करते हैं, अत: उन्हें ऐसी चीजें खरीदनी चाहिए, जिनसे लोगों में धन का प्रचलन और तेजी से हो। यदि जिला और स्थानीय बोर्ड लोगों से टैक्स आदि के रूप में जो रुपया वसूल करते हैं, उसे वे बाहर भेज दें तो इससे वहाँ के लोगों की गरीबी बढ़ेगी और इसका जिला तथा स्थानीय बोर्डों के कोष पर अवश्य असर पड़ेगा।

"कोई स्थानीय संस्था कुछ हजार रुपयों से अधिक धन ग्रामोद्धार के लिए अलग नहीं रखती। अगर वह इस प्रयोजन के लिए एक भी मोटर-लारी खरीदती है तो इसका अर्थ यह होता है कि वह ५००० रुपए जिले से बाहर भेज देती है; इसके सिवा टायरों आदि के स्थायी खर्च के साथ पेट्रोल आदि पर वह रोजाना जो खर्च करती है, वह भी गाँववालों के पास लौटकर नहीं आता, बल्कि बाहर ही जाता है। इस खर्च का स्पष्ट उद्देश्य गाँववालों की बेहतरी और खुशहाली है। किंतु खेती, स्वास्थ्य, बाल रक्षा और इसी प्रकार के अन्य विषयों पर कभी-कभी होने वाले भाषण सुन सकने या ग्रामोफोन व रेडियो सुन सकने के लिए ग्रामवासियों को यह भारी खर्च उठाना पड़ता है, जबकि उन्हें अपना और परिवार का गुजारा केवल २ रुपए माहवार में करना पड़ता है। इस समय गाँववालों को सबसे अधिक जिस चीज की जरूरत है, वह है रोजगार और काम। हम बाहर से चीजें मँगाकर उन्हें काम से वंचित कर देते हैं और उसके मुआवजे में उन्हें भाषण सुनाते, मैजिक लेंटर्न के खेल दिखाते और संगीत सुनाते हैं, जिसके लिए वे स्वयं खर्च करते हैं, और हम अपनी पीठ ठोंकते हैं कि हम उनकी बेहतरी के लिए काम कर

रहे हैं। क्या इससे ज्यादा बेहूदा और कोई बात हो सकती है?

"अब तुलना कीजिए कि मोटर-लारी की जगह बहुत नफरत से देखी जाने वाली बैलगाड़ी का उपयोग किया जाए तो क्या होगा? इससे बहुत तहलका शायद न मचे और न यह उतने जोर से ऐलान कर सके कि कुछ आश्चर्यजनक चीज दुनिया में गाँवों के लिए की जा रही है। लेकिन अगर हमें सिर्फ अभिनय करना और ढोल पीटना अभीष्ट नहीं है, बल्कि वास्तविक शांत रचनात्मक कार्य की जरूरत है तो हमें यह स्वीकार करना पड़ेगा कि बैलगाड़ी मोटर-लारी से ग्रामीणों का कहीं अधिक भला कर सकती है। वह दूर-दूर के गाँवों में पहुँच सकती है, जहाँ मोटर-लारी का जाना कठिन है। उसकी कीमत मोटर-लारी की कीमत का बहुत छोटा भाग होने के कारण उतनी ही रकम में कई बैलगाड़ियाँ खरीदी जा सकती हैं, जो जिले के कई ग्राम-समूहों का भला कर सकती हैं। इन पर खर्च किया हुआ पैसा गाँव के बढ़ई, लुहार और गाड़ीवान की जेब में जाता है। बैलगाड़ी भी देखने के लायक सुंदर बनाई जा सकती है, बशर्ते उसे वैज्ञानिक तरीके से बनाया जाए और उसमें बढ़िया पहिए, स्टील की हाल और धुरी वगैरह काम में लिये जाएँ। इन पर किया गया व्यय गाँव में से संपत्ति को बाहर ले जाने के बनिस्बत उसे गाँव की ही ओर मोड़ेगा। मोटर की तो वहाँ जरूरत समझी जा सकती है, जहाँ किसी भी काम की सफलता की कसौटी काम का जल्दी होना माना जाए। मगर गाँवों में प्रचार के लिए, जिसका उद्देश्य ग्रामीणों की बेहतरी है, ऐसी किसी चीज की जरूरत नहीं। इसके विपरीत, धीमे और स्थायी उपाय अधिक फायदेमंद साबित होंगे। एक गाँव से दूसरे गाँव में भागने के बनिस्बत एक ही गाँव में कुछ समय बिताना अधिक लाभप्रद कहा जा सकता हैं। इसी प्रकार इससे मनुष्यों के जीवन तथा उनकी समस्याएँ अच्छी तरह समझी जा सकती हैं और उन समस्याओं को सुलझाने के लिए किया जाने वाला काम प्रभावात्मक हो सकता है।

"इसलिए मोटर-लारियों और ग्राम-कार्य का एक साथ चलना बहुत बेतुका मालूम होता है। हमें जरूरत है स्थिर रचनात्मक प्रयत्न की, न कि बिजली जैसी तेज रफ्तार और ऊपरी तड़क-भड़क की। हम स्थानीय बोर्डों और सार्वजनिक संस्थाओं को, जो गाँववालों की भलाई के कार्य में वस्तुतः बहुत दिलचस्पी रखती हैं, सलाह देंगे कि वे ग्रामोद्धार के कार्य को गाँव की बनी हुई चीजों के इस्तेमाल से प्रारंभ करें और उन हालातों का अध्ययन करें, जिनसे देश में लगातार गरीबी बढ़ती जा रही है तथा उन्हें एक-एक करके हटाने में अपनी सारी शक्ति लगा दें। जब ग्रामीण जीवन के लिए चारों तरफ से गहरे और खूब सोच-विचारकर प्रयत्न करने की जरूरत है, तब ऐसे उपायों पर, जो एक रात में ग्रामोद्धार का सब्जबाग दिखाना चाहते हैं, सार्वजनिक धन खर्च

करना उसका नाश ही करना है।''

आशा है कि जो लोग ग्राम-सेवा के कार्य में दिलचस्पी रखते हैं, वे बैलगाड़ी के पक्ष में दी हुई इन स्पष्ट दलीलों पर ध्यान देंगे। जो गाँवों की भलाई करना चाहते हैं, उन्हीं के द्वारा गाँवों के पैसे का नाश हो, यह बड़ी निर्दयता की बात है।

बैल यातायात के साधन के रूप में

बैल हमारे गाँवों में हर जगह यातायात के साधन हैं; शिमला जैसी जगह में भी उनका इस रूप में उपयोग बंद नहीं हुआ है। रेल और मोटर-लारियाँ वहाँ जाती हैं, लेकिन सारे पहाड़ी रास्ते पर मैंने बैलों को भारी बोझ से लदी हुई गाड़ियाँ खींचते देखा है। ऐसा लगता है कि यातायात का यह साधन मानो हमारे जीवन और सभ्यता का अंग बन गया है। अगर हमारी हाथ-उद्योगों की सभ्यता को जिंदा रहना है, तो बैलों को जिंदा रहना ही होगा।

आपको इस बात का पता लगाना चाहिए कि गाँव में किसके ढोर सबसे अच्छे हैं, और फिर इस बात की खोज करनी चाहिए कि वह उन्हें इतनी अच्छी हालत में कैसे रखता है। आप इसका पता लगाएँ कि उसे किस तरह उसकी गाय सबसे ज्यादा दूध देती है, और यह जानें कि वह उसे किस तरह पालता और खिलाता है। आज सबसे अच्छे बैल के बिना हमारे गाँव आदर्श नहीं बन सकते।

□

१८

मुद्रा, विनिमय और कर

मेरी योजना में नकद (प्रचलित) सिक्का धातु नहीं, परंतु श्रम है। जो व्यक्ति श्रम कर सकता है, उसे यह सिक्का मिलता है, उसे धन प्राप्त होता है। वह अपने श्रम का रूपांतर कपड़े में करता है, अनाज में करता है। यदि उसे पेरेफीन तेल चाहिए, जिसे वह स्वयं पैदा नहीं कर सकता तो वह अपने पास का अतिरिक्त अनाज देकर यह तेल प्राप्त कर सकता है। इसमें श्रम का स्वतंत्र, न्यायसंगत और समान स्तर पर विनिमय होता है, इसलिए वह लूट नहीं है। आप आपत्ति कर सकते हैं कि यह तो वस्तु के बदले वस्तु बदलने की पुरानी पद्धति की ओर लौटना है। लेकिन क्या सारा अंतरराष्ट्रीय व्यापार इसी पद्धति पर आधारित नहीं है?

भारत का हर एक गाँव पोषण और रक्षण के लिए अपने ऊपर आधार रखनेवाला बनेगा और जिन वस्तुओं का स्थानीय उत्पादन नहीं होगा, उनका ही दूसरे गाँवों से लेन-देन रहेगा।

मेरा अनुभव मुझे बतलाता है कि यदि खादी को शहरों और गाँवों, दोनों में सार्वत्रिक बनाना हो तो वह सिर्फ सूत के बदले में ही सुलभ होनी चाहिए। मुझे आशा है कि जैसे-जैसे समय बीतता जाएगा, लोग खुद भी सूत के सिक्के से खादी खरीदने का आग्रह करेंगे।

तब वास्तव में श्रम भी धातु के सिक्के के जितना ही द्रव्य है। यदि कुछ लोग किसी कारखाने में अपनी पूँजी लगाते हैं तो आप उसमें अपना श्रम लगाते हैं। जिस तरह पूँजी के बिना आपका श्रम बेकार हो जाएगा, उसी तरह आपके श्रम के बिना दुनिया की पूँजी भी पूरी तरह बेकार हो जाएगी।

स्वावलंबन का अर्थ कूपमंडूकता नहीं है। किसी भी हालत में हम सभी चीजें पैदा

कर भी नहीं सकते और न हमें करनी है। हमको तो पूर्ण स्वावलंबन के नजदीक पहुँचना है। जो चीजें हम पैदा नहीं कर सकते, उन्हें पाने के लिए उनके बदले में देने को हमें अपनी आवश्यकता से अधिक चीजें पैदा करनी ही होंगी।

जिस तरह टकसाल में सोना-चाँदी आता है, लेकिन बाहर तो सोने-चाँदी के सिक्के ही जाते हैं, उसी तरह सूत के भंडार में से भी सिर्फ खादी रूपी सिक्के ही बाहर जा सकते हैं।

भारत के अनेक प्रदेश में कौड़ियों और सूखे हुए थोथे बादामों का आपस में लेन-देन के लिए, सरकारी खजाने में भरने के लिए नकदी के रूप में उपयोग होता था। उपयोगिता की दृष्टि से इन चीजों का कोई मूल्य नहीं था। यह लोगों की दरिद्रता का सूचक था। इसका मतलब यह था कि छोटे से छोटा नकद सिक्का रखने की भी उनकी ताकत न थी। पाँच कौड़ी से वे एक सूई या थोड़ी सी साग-सब्जी खरीदते थे। मैंने एक ऐसे माप की सूचना की है, जो प्रतीकमात्र नहीं, बल्कि जिसकी हमेशा अपनी स्वतंत्र कीमत रहेगी और वह भी उसके बाजार-भाव के बराबर। इस लिहाज से वह एक आदर्श द्रव्य होगा। हाल के लिए मेरी यह सूचना है कि प्रयोग के रूप में कातनेवालों के लिए और विशेषतया खादी-प्रेमियों के लिए सामान्य तौर पर आपसी व्यवहार के लिए कातने का एक तार छोटे-से-छोटे सिक्के की तरह उपयोग किया जाए। कातने वाले सूत के बदले में अपनी सामान्य दैनिक आवश्यकता की चीजें निश्चित भाव पर खरीद सकेंगे। शुरू में चरखा-संघ और ग्रामोद्योग-संघ को साथ में मिलकर भंडार खोलने होंगे। आगे चलकर जो कोई सहकार देना चाहे, उसकी सहायता इन भंडारों के खोलने में ली जाए। जिस तरह मैंने इस योजना की कल्पना की है, उसके अनुसार यह तभी सफल होगी, जब इसे विकेंद्रित करके चलाया जाए। वह इसका अवगुण नहीं, बल्कि विशेष गुण है।

परिश्रम-रूपी कर प्रजा को पुष्ट तथा बलवान् बनाता है। जहाँ प्रजाजन स्वेच्छापूर्वक समस्त प्रजा के कल्याण के लिए परिश्रम करते हैं, वहाँ रुपए का लेन-देन करने की कम जरूरत रहती है, और कर वसूल करने तथा उसका हिसाब रखने की मेहनत बच जाती है। इतने पर भी परिणाम कर अदा करने जितना ही होता है।

□

११

गाँवों की सफाई

श्रम की बुद्धि के बीच जो अलगाव हो गया है, उसके कारण हम अपने गाँवों के प्रति इतने लापरवाह हो गए हैं कि वह एक गुनाह ही माना जा सकता है। नतीजा यह हुआ है कि देश में जगह-जगह सुहावने और मनभावने छोटे-छोटे गाँवों के बदले हमें घूरे जैसे गंदे गाँव देखने को मिलते हैं। बहुत से या यों कहिए कि करीब-करीब सभी गाँवों में घुसते समय जो अनुभव होता है, उससे दिल को खुशी नहीं होती। गाँव के बाहर और उसके आस-पास इतनी गंदगी होती है और वहाँ इतनी बदबू आती है कि अकसर गाँव में जानेवाले को आँख मूँदकर और नाक दबाकर ही जाना पड़ता है। ज्यादातर कांग्रेसी गाँव के निवासी होने चाहिए। अगर ऐसा हो तो उनका कर्तव्य हो जाता है कि वे अपने गाँवों को सब तरह से सफाई के नमूने बनाएँ। लेकिन गाँववालों के हमेशा के यानी रोज-रोज के जीवन में शरीक होने या उनके साथ घुलने-मिलने को उन्होंने कभी अपना कर्तव्य माना ही नहीं। हमने राष्ट्रीय या सामाजिक सफाई को न तो जरूरी गुण माना और न उसका विकास ही किया। यों रिवाज के कारण हम अपने ढंग से नहा भर लेते हैं, परंतु जिस नदी, तालाब या कुएँ के किनारे हम श्राद्ध या वैसी ही दूसरी कोई धार्मिक क्रिया करते हैं और जिन जलाशयों में पवित्र होने के विचार से हम नहाते हैं, उनके पानी को बिगाड़ने या गंदा करने में हमें कोई हिचक नहीं होती। हमारी इस कमजोरी को मैं एक बड़ा दुर्गुण मानता हूँ। इस दुगुर्ण का ही यह नतीजा है कि हमारे गाँवों और हमारी पवित्र नदियों के पवित्र तटों की लज्जाजनक दुर्दशा और गंदगी से पैदा होने वाली बीमारियाँ हमें भोगनी पड़ती हैं।

गाँवों में करने के कार्य ये हैं। उनमें जहाँ-जहाँ कूड़ा-करकट तथा गोबर के ढेर हों,

वहाँ-वहाँ से उनको हटाया जाए और कुओं तथा तालाबों की सफाई की जाए। अगर कार्यकर्ता लोग नौकर रखे हुए भंगियों की भाँति खुद रोज सफाई का काम करना शुरू कर दें और साथ ही गाँववालों को यह भी बतलाते रहें कि उनसे सफाई के कार्य में शरीक होने की आशा रखी जाती है, ताकि आगे चलकर अंत में सारा काम गाँववाले स्वयं करने लग जाएँ तो यह निश्चित है कि आगे या पीछे, गाँववाले इस कार्य में अवश्य सहयोग देने लगेंगे।

वहाँ के बाजार तथा गलियों को सब प्रकार का कूड़ा-करकट हटाकर स्वच्छ बना लेना चाहिए। फिर उस कूड़े का वर्गीकरण कर देना चाहिए। उसमें से कुछ की तो खाद बनाई जा सकेगी, कुछ को सिर्फ जमीन में गाड़ देना ही होगा और कुछ हिस्सा ऐसा होगा कि सीधा संपत्ति के रूप में परिणत किया जा सकेगा। वहाँ मिली हुई प्रत्येक हड्डी एक बहुमूल्य कच्चा माल होगी, जिससे बहुत सी उपयोगी चीजें बनाई जा सकेंगी, या जिसे पीसकर कीमती खाद बनाई जा सकेगी। कपड़े के फटे-पुराने चिथड़ों तथा रद्दी कागजों से कागज बनाए जा सकते हैं और इधर-उधर से इकट्ठा किया हुआ मल-मूत्र गाँव के खेतों के लिए स्वर्णमय खाद का काम देगा।

गाँवों के तालाबों से स्त्री और पुरुष सब स्नान करने, कपड़े धोने, पानी पीने तथा भोजन बनाने का काम लिया करते हैं। बहुत से गाँवों के तालाब पशुओं के काम भी आते हैं। बहुधा उनमें भैंसें बैठी हुई पाई जाती हैं। आश्चर्य तो यह है कि तालाबों का इतना पापपूर्ण दुरुपयोग होते रहने पर भी महामारियों से गाँवों का नाश अब तक क्यों नहीं हो पाया है? यह एक सार्वत्रिक डॉक्टरी प्रमाण है कि पानी की सफाई के संबंध में गाँववालों की उपेक्षावृत्ति ही उनकी बहुत सी बीमारियों का कारण है।

सब इस बात को स्वीकार करेंगे कि इस प्रकार सेवाकार्य शिक्षाप्रद होने के साथ-ही- साथ अलौकिक रूप से आनंददायक भी है और इसमें भारतवर्ष के संताप-पीड़ित जन-समाज का अनिर्वचनीय कल्याण भी समाया हुआ है। मुझे उम्मीद है कि इस समस्या को सुलझाने के तरीके का मैंने ऊपर जो वर्णन किया है, उससे इतना तो स्पष्ट हो गया होगा कि अगर ऐसे उत्साही कार्यकर्ता मिल जाएँ, जो झाड़ू और फावड़े को भी उतनी ही आसानी और गर्व के साथ हाथ में ले लें, जैसे वे कलम और पेंसिल को लेते हैं, तो इस कार्य में खर्च का कोई सवाल ही नहीं उठेगा। अगर किसी खर्च की जरूरत पड़ेगी भी तो वह केवल झाड़ू, फावड़ा, टोकरी, कुदाली और शायद कुछ कीटाणुनाशक दवाइयाँ खरीदने तक ही सीमित रहेगी। सूखी राख संभवतः उतनी ही अच्छी कीटाणुनाशक दवा है जितनी कि कोई रसायनशास्त्री दे सकता है। लेकिन या तो उदार रसायनशास्त्री हमको यह बतलाएँ कि गाँव के लिए सबसे सस्ती और कारगर कीटाणुनाशक चीज कौन सी है, जिसे गाँववाले स्वयं अपने गाँवों में बना सकते हैं? □

२०

गाँवों का स्वास्थ्य

जो समाज सुव्यवस्थित है, उसमें रहनेवाले सभी लोग तंदुरुस्ती के नियमों को जानते हैं और उन पर अमल करते हैं। अब तो यह बात निर्विवाद सिद्ध हो चुकी है कि तंदुरुस्ती के नियमों को न जानने से और उन नियमों के पालन में लापरवाह रहने से ही मनुष्य-जाति का जिन-जिन रोगों से परिचय हुआ है, उनमें से ज्यादातर रोग उसे होते हैं। बेशक हमारे देश की दूसरे देशों से बढ़ी-चढ़ी मृत्युसंख्या का ज्यादातर कारण गरीबी है, जो हमारे देशवासियों के शरीर को कुरेदकर खा रही है। लेकिन अगर उनको तंदुरुस्ती के नियमों की ठीक-ठीक शिक्षा दी जाए तो इसमें कमी की जा सकती है।

मनुष्य-जाति के लिए साधारणत: स्वास्थ्य का पहला नियम यह है कि मन चंगा है तो शरीर भी चंगा है। निरोग शरीर में निर्विकार मन का वास होता है, यह एक स्वयंसिद्ध सत्य है। मन और शरीर के बीच अटूट संबंध है। अगर हमारे मन निर्विकार यानी निरोग हों तो वे हर तरह की हिंसा से मुक्त हो जाएँ। फिर हमारे हाथों तंदुरुस्ती के नियमों का सहजभाव से पालन होने लगे और किसी तरह की खास कोशिशों के बिना ही हमारे शरीर तंदुरुस्त रहने लगें।

शरीर के परिचय से पहले आरोग्य किसे कहते हैं, यह समझ लेना ठीक होगा। आरोग्य के माने हैं तंदुरुस्त शरीर। जिसका शरीर व्याधिरहित है, जिसका शरीर सामान्य काम कर सकता है, अर्थात् जो मनुष्य बगैर थकान के रोज दस-बारह मील चल सकता है, बगैर थकान के सामान्य मेहनत-मजदूरी कर सकता है, सामान्य भोजन पचा सकता है, जिसकी इंद्रियाँ और मन स्वस्थ है, ऐसे मनुष्य का शरीर तंदुरुस्त कहा जा सकता है।

तंदुरुस्ती के कायदे और आरोग्यशास्त्र के नियम बिलकुल सरल और सादे हैं, वे आसानी से सीखे जा सकते हैं। लेकिन उन पर अमल करना कठिन है। नीचे मैं ऐसे

कुछ नियम देता हूँ—

- हमेशा शुद्ध विचार कीजिए और तमाम गंदे व निकम्मे विचारों को मन से निकाल दीजिए।
- दिन-रात ताजी-से-ताजी हवा का सेवन कीजिए।
- शरीर और मन के काम का तौल बनाए रखें, यानी दोनों को बेमेल न होने दें।
- तनकर खड़े रहें, तनकर बैठें और अपने हर काम में साफ-सुथरे रहें; इन सब आदतों को अपनी आंतरिक स्वस्थता का प्रतिबिंब बनने दें।
- खाना इसलिए खाइए कि अपने जैसे अपने मानव-बंधुओं की सेवा के लिए ही जिया जा सके। भोग भोगने के लिए जीने और खाने का विचार छोड़ दीजिए। अतएव, उतना ही खाइए, जितने से आपका मन और शरीर अच्छी हालत में रहे और ठीक से काम कर सके। आदमी जैसा खाना खाता है, वैसा ही बन जाता है।
- आप जो पानी पिएँ, जो खाना खाएँ और जिस हवा में साँस लें, वे सब बिलकुल साफ होने चाहिए। आप सिर्फ अपनी निज की सफाई से संतोष न मानें, बल्कि हवा, पानी और खुराक की जितनी सफाई आप अपने लिए रखें, उतनी ही सफाई का शौक अपने आस-पास के वातावरण में भी फैलाएँ।

रोग का कुदरती इलाज

कुदरती इलाज के लिए बहुत बड़ी पंडिताई की या ऊँचे दरजे की यूनिवर्सिटी की डिग्रियाँ प्राप्त करने की जरूरत नहीं पड़ती। जो चीज हमें सब तक पहुँचानी है, सादगी उसकी खास निशानी होनी चाहिए। जो चीज करोड़ों के लाभ के लिए है, उसके लिए बड़े-बड़े पोथों को उलटकर प्राप्त किए गए ज्ञान की जरूरत नहीं। ऐसा पांडित्य तो बहुत थोड़े लोग पा सकते हैं, इसलिए वह अमीरों के ही काम का होता है। लेकिन हिंदुस्तान तो ऐसे ७ लाख गाँवों में बसा है, जिन्हें कोई जानता तक नहीं, जो बहुत छोटे-छोटे हैं और दूर-दूर के कोनों में बसे हुए हैं। उनमें से कई तो ऐसे हैं, जिनकी आबादी ५००-६०० से ज्यादा नहीं; और कुछ गाँव १०० से भी कम आबादीवाले होते हैं। मेरा वश चले तो मैं ऐसे ही किसी गाँव में जाकर रहूँ। वह सच्चा हिंदुस्तान है; उसी के लिए मैं जीता हूँ। इन गरीबों के बीच आप बड़ी-बड़ी डिग्रियों वाले डॉक्टरों और अस्पतालों की कीमती चीजों के बड़े काफिले को किस तरह ले जाएँगे? उन्हें तो सादे, कुदरती इलाज और रामनाम का ही आधार है।

मेरी राय में जिस जगह शरीर-सफाई, घर-सफाई हो तथा पथ्य खुराक युक्ताहार और योग्य व्यायाम हो, वहाँ कम-से-कम बीमारी होती या बीमारी असंभव हो जाती है।

रामनाम के बिना चित्तशुद्धि नहीं हो सकती। अगर ग्रामवासी इतनी बात समझ जाएँ

तो उन्हें वैद्य, हकीम या डॉक्टर की जरूरत न रह जाए।

कुदरती उपचार के गर्भ में यह बात रही है कि मानव-जीवन की आदर्श रचना में गाँव या शहर की आदर्श रचना आ ही जाती है, और उसका मध्य-बिंदु तो ईश्वर ही हो सकता है।

कुदरती इलाज के गर्भ में यह बात निहित है कि उसमें कम-से-कम खर्च और ज्यादा-से-ज्यादा सादगी होनी चाहिए। कुदरती उपचार का आदर्श ही यह है कि जहाँ तक संभव हो, उसके साधन ऐसे होने चाहिए कि उपचार गाँव में ही हो सके। जो साधन नहीं हैं, वे उत्पन्न किए जाने चाहिए। कुदरती उपचार में जीवन-परिवर्तन की बात आती है। यह कोई वैद्य की दी हुई पुड़िया लेने की बात नहीं है और न अस्पताल जाकर मुफ्त दवा लेने या वहाँ रहने की बात है। जो मुफ्त दवा लेता है, वह भिक्षुक बनता है। जो कुदरती उपचार करता है, वह कभी भिक्षुक नहीं बनता। वह अपनी प्रतिष्ठा बढ़ाता है और अच्छा होने का उपाय खुद ही कर लेता है। वह अपने शरीर में से जहर निकालकर ऐसा प्रयत्न करता है, जिससे दुबारा बीमार न पड़ सके।

पथ्य खुराक-युक्ताहार इस उपचार का अनिवार्य अंग है। आज हमारे गाँव हमारी ही तरह कंगाल हैं। गाँवों में साग-सब्जी, फल-दूध वगैरह पैदा करना कुदरती इलाज का खास अंग है। इसमें जो समय खर्च होता है, वह व्यर्थ नहीं जाता, बल्कि उससे सारे ग्रामवासियों को और अंत में सारे हिंदुस्तान को लाभ होता है।

ग्रामवासियों के, लिए मेरी कल्पना के नैसर्गिक उपचार का मतलब यह है कि वह गाँव में जितने देहाती साधन मिल सकें, उनसे बिजली और बर्फ की मदद के बिना जितना किया जा सके, उतना ही किया जाए। यह काम तो मेरे जैसे का ही हो सकता है, जो गाँव का बन गया है और जिसकी देह शहरों में रहते हुए भी मन गाँव में ही रहता है।

मेरा कुदरती इलाज तो सिर्फ गाँववालों और गाँवों के लिए ही है। इसलिए उसमें खुर्दबीन, एक्स-रे वगैरह का कोई स्थान नहीं है। और न ही कुदरती इलाज में कुनैन, एमिटीन, पेनिसिलीन वगैरह दवाओं की गुंजाइश है। उसमें अपनी सफाई, घर की सफाई, गाँव की सफाई और स्वास्थ्य की रक्षा का पहला और पूरा-पूरा स्थान है। इसकी तह में खयाल यह है कि अगर इतना किया जाए या हो सके तो कोई बीमारी ही न हो। और बीमारी आ जाए तो उसे मिटाने के लिए कुदरत के सभी कानूनों पर अमल करने के साथ-साथ रामनाम ही सच्चा इलाज है। यह इलाज सार्वजनिक नहीं हो सकता। जब तक स्वयं इलाज करनेवाले में रामनाम की सिद्धि न आ जाए, तब तक रामनाम रूपी उपचार को पलक मारते ही सार्वजनिक नहीं बनाया जा सकता। लेकिन पंचमहाभूतों में

से, यानी पृथ्वी, पानी, आकाश, तेज और हवा में जितनी शक्ति ली जा सके, उतनी लेकर रोग को मिटाने का यह एक प्रयत्न है। और मेरे विचार से कुदरती इलाज यहीं खत्म हो जाता है, इसलिए आजकल उरुलीकांचन में जो प्रयोग चल रहा है, वह गाँववालों को स्वास्थ्य की रक्षा करने की कला सिखाने और बीमारों की बीमारी को पंचमहाभूतों की मदद से मिटाने का प्रयोग है। जरूरत मालूम होने पर उरुली में मिलने वाली जड़ी-बूटी का उपयोग किया जा सकता है और पथ्य-परहेज तो कुदरती इलाज का जरूरी अंग है ही।

जिन तत्त्वों से यह मनुष्य-रूपी पुतला बना है, वे ही नैसर्गिक उपचारों के साधन हैं। यह शरीर पृथ्वी, पानी, आकाश (अवकाश), तेज (सूर्य) और वायु का बना हुआ है।

पृथ्वी अर्थात् मिट्टी

जुस्ट ने अपनी पुस्तक 'रिटर्न टु नेचर' में खास जोर मिट्टी पर दिया है। मुझे लगा कि उसका उपयोग मुझे अपने पर कर लेना चाहिए। जुस्ट ने कब्जियत में मिट्टी को ठंडे पानी में भिगोकर बगैर कपड़े के पेडू पर रखने की सूचना की है। पर मैंने तो एक बारीक कपड़े में पुलिटिस की तरह मिट्टी लपेटकर सारी रात अपने पेडू पर रखी। सवेरे उठा तो दस्त की हाजत थी। पाखाना जाते ही बँधा हुआ संतोषजनक दस्त हुआ।

मिट्टी की यह पट्टी तीन इंच चौड़ी, छह इंच लंबी और बाजरे की रोटी से दुगुनी मोटी या यह कहो कि आधा इंच मोटी होती है।

मेरा यह अनुभव है कि सिर में दर्द होता हो तो मिट्टी की पट्टी सिर पर रखने से ज्यादातर लाभ होता है। यह प्रयोग मैंने सैकड़ों लोगों पर किया है। मैं जानता हूँ कि सिरदर्द के अनेक कारण हो सकते हैं। परंतु सामान्यतः यह कहा जा सकता है कि किसी भी कारण से सिर में दर्द क्यों न हो, मिट्टी की पट्टी सिर पर रखने से तात्कालिक लाभ तो होता ही है।

सामान्य फोड़े-फुंसी को भी मिट्टी मिटाती है। मैंने तो बहते हुए फोड़े पर भी मिट्टी रखी है। ऐसे फोड़े पर मिट्टी रखने के पहले मैं साफ कपड़े को परमेंगनेट के गुलाबी पानी में भिगोता हूँ, फोड़े को साफ करता हूँ और फिर उस पर मिट्टी की पुलिटिस रखता हूँ। इससे अधिकांश फोड़े मिट ही जाते हैं। जिन लोगों पर मैंने यह प्रयोग किया है, उनमें से एक भी केस निष्फल रहा हो, ऐसा मुझे याद नहीं आता। बर्र वगैरह के डंक पर मिट्टी तुरंत फायदा करती है। बिच्छू के डंक पर भी मैंने मिट्टी का खूब प्रयोग किया है; मिट्टी दूसरे इलाजों से घटिया तो साबित नहीं हुई।

सख्त बुखार में मिट्टी का उपयोग पेडू पर रखने के लिए और सिर में दर्द हो तो

सिर पर रखने के लिए मैंने किया है। मैं यह नहीं कह सकता कि उससे हमेशा बुखार उतरा ही है, पर रोगी को उससे शांति जरूर मिली है। टायफाइड में मैंने मिट्टी का खूब प्रयोग किया है। वह बुखार तो अपनी मुद्दत लेकर ही जाता था, पर मिट्टी से रोगी को हमेशा शांति मिलती थी। सब रोगी मिट्टी माँगते थे।

मिट्टी न तो बहुत चिकनी होनी चाहिए और न बिलकुल रेतीली। खादवाली तो हरगिज न होनी चाहिए। वह रेशम की तरह मुलायम होनी चाहिए और उसमें कंकड़ी तो बिलकुल न होनी चाहिए। इसलिए उसे बारीक छलनी से छान लेना अच्छा है। बिलकुल साफ न लगे तो उसे सेंक लेना चाहिए। मिट्टी बिलकुल सूखी होनी चाहिए। गीली हो तो उसे धूप में या अंगीठी पर सुखा लेना चाहिए।

जुस्ट ने लिखा है कि साफ बारीक समुद्री रेती दस्त लाने के लिए उपयोग में ली जाती है। मिट्टी किस तरह काम करती है, इसके बारे में उसने बताया है कि मिट्टी पचती नहीं, उसे कचरे की तरह बाहर निकलना ही होता है। और अपने साथ वह मल को भी निकालती है। लेकिन इसका मैंने कभी अनुभव नहीं किया है। इसलिए जो लोग यह प्रयोग करना चाहें, वे सोच-समझकर करें। एक-दो बार आजमाकर देखने में कोई नुकसान होने की संभावना नहीं है।

पानी

क्युने के उपचार में मध्यबिंदु कटि-स्नान और घर्षण-स्नान हैं। उनके लिए उसने खास टब की भी योजना की है। पर उसकी खास आवश्यकता नहीं है। मनुष्य के कद के अनुसार तीस से छत्तीस इंच गहरा टब ठीक काम देता है। अनुभव से ज्यादा बड़े टब की आवश्यकता मालूम हो तो ज्यादा बड़ा ले सकते हैं। उसमें ठंडा पानी भरना चाहिए। गरमी की ऋतु में पानी को ठंडा रखने की खास आवश्यकता है। पानी को तुरंत ठंडा करने के लिए यदि मिल सके तो उसमें थोड़ी बर्फ डाल सकते हैं। समय हो तो मिट्टी के घड़े में ठंडा किया हुआ पानी अच्छी तरह काम दे सकता है। टब में पानी के ऊपर एक कपड़ा ढककर जल्दी-जल्दी पंखा करने से भी पानी तुरंत ठंडा किया जा सकता है।

टब को दीवार के साथ लगाकर रखना चाहिए और उसमें पीठ को सहारा देने के लिए एक लंबा लकड़ी का तख्ता रखना चाहिए, ताकि उसका सहारा लेकर रोगी आराम से बैठ सके। रोगी को अपने पैर पानी से बाहर रखकर बैठना चाहिए। पानी से बाहर का शरीर का भाग ढका रहना चाहिए, ताकि रोगी को सर्दी न लगे। जिस कमरे में टब रखा जाए, वह हवा और रोशनी वाला होना चाहिए। रोगी को आराम से टब में बैठकर पेड़ू पर नरम तौलिए से धीरे-धीर घर्षण करना चाहिए। पाँच मिनट से लेकर तीस मिनट तक टब में बैठ सकते हैं। स्नान के बाद शरीर के गीले हिस्से को सुखाकर रोगी को

बिस्तर में सुला देना चाहिए।

यह स्नान बहुत सख्त बुखार को भी उतार देता है। इस तरह स्नान लेने में हानि तो है ही नहीं, जबकि लाभ प्रत्यक्ष देखा जा सकता है। स्नान भूखे पेट ही लेना चाहिए। इससे कब्जियत में भी लाभ होता है और अजीर्ण भी मिटता है। स्नान लेनेवाले के शरीर में स्फूर्ति आती है। कब्जियतवालों को स्नान के बाद आधा घंटा टहलने की सलाह क्युने ने दी है। इस स्नान का मैंने बहुत उपयोग किया है। मैं यह नहीं कह सकता कि वह हमेशा ही सफल हुआ है, परंतु इतना मैं कह सकता हूँ कि सौ में पचहत्तर बार वह सफल हुआ है। बुखार चढ़ा हुआ हो, तब यदि रोगी की स्थिति ऐसी हो कि उसे टब में बैठाया जा सके तो इससे तीन डिग्री तक बुखार अवश्य उतर जाएगा और सन्निपात का भय मिट जाएगा।

अब मैं घर्षण-स्नान पर आता हूँ। जननेंद्रिय बहुत नाजुक इंद्रिय है। उसकी ऊपर की चमड़ी के सिरे में कोई अद्भुत वस्तु होती है। उसका वर्णन करना मुझे नहीं आता है। इस ज्ञान का लाभ लेकर क्युने ने कहा है कि इंद्रिय के सिरे पर (पुरुष हो तो सुपारी पर चमड़ी चढ़ाकर) नरम रूमाल को पानी में भिगोकर घिसते जाना चाहिए और पानी डालते जाना चाहिए। उपचार की पद्धति यह बताई है—पानी के टब में एक स्टूल रखा जाए। स्टूल की बैठक पानी की सतह से थोड़ी ऊँची होनी चाहिए। इस स्टूल पर पाँव टब से बाहर रखकर बैठ जाना चाहिए और इंद्रिय के सिरे पर घर्षण करना चाहिए। उसे तनिक भी तकलीफ नहीं पहुँचनी चाहिए। यह क्रिया बीमार को अच्छी लगनी चाहिए। स्नान लेनेवाले को इस घर्षण से बहुत शांति मिलती है। क्युने ने इस स्नान को कटिस्नान से ऊँचा स्थान दिया है। मुझे जितना अनुभव कटिस्नान का है उतना घर्षण-स्नान का नहीं है। इसमें मुख्य दोष तो मैं अपना ही मानता हूँ। मैंने घर्षण-स्नान का प्रयोग करने में आलस्य किया है। जिनको यह उपचार करने की मैंने सूचना की थी, उन्होंने इसका धीरज से प्रयोग नहीं किया। इसीलिए इस स्नान के परिणाम के बारे में मैं निजी अनुभव से कुछ नहीं लिख सकता। सबको इसे स्वयं आजमाकर देख लेना चाहिए। टब वगैरह न मिल सके तो लोटे में पानी भरकर भी घर्षण-स्नान किया जा सकता है। उससे रोगी को शांति तो अवश्य मिलेगी। लोग इस इंद्रिय की सफाई पर बहुत कम ध्यान देते हैं। घर्षण-स्नान से वह आसानी से साफ हो जाती है। ध्यान न रखा जाए तो सुपारी को ढकने वाली चमड़ी में मैल भर जाता है। इस मैल को साफ करने की पूरी आवश्यकता है। जननेंद्रिय का उपयोग घर्षण-स्नान के लिए करने और उसे साफ-सुथरी रखने से ब्रह्मचर्य-पालन में मदद मिलती है। इससे आस-पास के तंतु मजबूत और शांत बनते हैं और इस इंद्रिय के द्वारा व्यर्थ वीर्य-स्खलन न होने देने की सावधानी बढ़ती है;

क्योंकि इस तरह स्राव होने देने में जो गंदगी रहती है, उसके प्रति मन में घृणा पैदा होती है, और होनी भी चाहिए।

शरीर में घमौरी निकली हो, पित्ती (prickly heat) निकली हुई हो, आमवात (urticaria) निकला हो, बहुत खुजली आती हो, खसरा या चेचक निकली हो, तब चद्दर-स्नान उपयोगी सिद्ध होता है। मैंने इन रोगों में चद्दर-स्नान का उपयोग छूट से किया है। चेचक या खसरे का रोग हो, तब पानी में गुलाबी रंग आ जाए, इतना परमेंगनेट मैं डालता था। चद्दर का उपयोग हो जाने पर उसे उबलते पानी में डाल देना चाहिए और जब पानी कुनकुना हो जाए तब उसे अच्छी तरह धोकर सुखा लेना चाहिए।

मैंने देखा है कि जब रक्त की गति मंद पड़ गई हो, पाँव टूटते हों, तब बर्फ घिसने से बहुत फायदा होता है। बर्फ के उपचार का असर गरमी की ऋतु में अधिक अच्छा होता है। सर्दी की ऋतु में कमजोर मनुष्य पर बर्फ का उपचार करने में खतरा है।

अब गरम पानी के उपचारों के बारे में हम विचार करें। गरम पानी का समझदारी से उपयोग करने से अनेक रोग शांत हो जाते हैं। जो काम प्रसिद्ध दवा आयोडीन करती है, वही काम काफी हद तक गरम पानी कर देता है। सूजन वाले भाग पर हम आयोडीन लगाते हैं। उस पर गरम पानी की पट्टी रखने से आराम होने की संभावना है। कान के दर्द में आयोडीन की बूँदें डालते हैं, उसमें भी गरम पानी की पिचकारी लगाने से दर्द शांत होने की संभावना है। आयोडीन के उपयोग में कुछ खतरा रहता है, जबकि गरम पानी के उपचार में कुछ नहीं। जिस तरह आयोडीन जंतुनाशक है, उसी तरह उबलता गरम पानी भी जंतुनाशक है। इसका यह अर्थ नहीं कि आयोडीन बहुत उपयोगी वस्तु नहीं है। उसकी उपयोगिता के बारे में मेरे मन में तनिक भी शंका नहीं है। पर गरीब के घर में आयोडीन नहीं होता। वह मँहगी चीज है। वह हर एक आदमी के हाथ में रखा नहीं जा सकता। पर पानी तो हर जगह होता है। इसीलिए हम दवा के तौर पर उसके उपयोग की अवगणना करते हैं। ऐसी अवगणना से हमें बचना चाहिए। ऐसे घरेलू उपचारों को सीखकर और अपनाकर हम अनेक भयों से बच जाते हैं।

भाप के रूप में पानी बहुत काम देता है। रोगी को पसीना न आता हो तो भाप के द्वारा वह लाया जा सकता है। गठिया से जिनका शरीर निकम्मा बन गया हो या जिनका वजन बहुत बढ़ गया हो, उनके लिए भाप बहुत उपयोगी है।

भाप लेने का पुराना और आसान-से-आसान तरीका यह है—सन की या सुतली की खाट का उपयोग करना ज्यादा अच्छा है, लेकिन निवार की खाट भी चल सकती है। खाट पर एक खेस या कंबल बिछाकर रोगी को उस पर सुला देना चाहिए। उबलते पानी के दो पतीले या हंडे खाट के नीचे रखकर रोगी को इस तरह ढक देना चाहिए कि

कंबल खाट पर से लटककर चारों तरफ जमीन को छू ले, ताकि खाट के नीचे बाहर की हवा जा ही न सके। इस तरह से लपेटने के बाद पानी के पतीलों या हंडों पर से ढकना उतार देना चाहिए। इससे रोगी को भाप मिलने लगेगी। अच्छी तरह भाप न मिले तो पानी को बदल देना चाहिए। दूसरे हंडे में पानी उबलता हो तो उसे खाट के नीचे रख देना चाहिए। साधारणतया हम लोगों में यह रिवाज है कि खाट के नीचे हम अंगारे रखते हैं और उसके ऊपर उबलते हुए पानी का बरतन रखते हैं। इस तरह पानी की गरमी कुछ ज्यादा मिल सकती है, लेकिन उसमें दुर्घटना का डर रहता है। एक चिनगारी भी उड़े और कंबल या किसी दूसरी चीज को आग लग जाए तो रोगी की जान खतरे में पड़ सकती है। इसलिए तुरंत गरमी पाने का लोभ छोड़कर जो उपाय मैंने बताया है, उसी का उपयोग करना अच्छा है।

कुछ लोग भाप के पानी में वनस्पतियाँ डालते हैं, जैसे कि नीम के पत्ते। मुझे स्वयं इसकी उपयोगिता का अनुभव नहीं है, परंतु भाप का उपयोग तो प्रत्यक्ष है। यह हुआ पसीना लाने का तरीका।

किसी के पाँव ठंडे हो गए हों या टूटते हों तो एक गहरे बरतन में, जिसमें कि घुटने तक पाँव तक पहुँच सकें, सहन होने लायक गरम पानी भरना चाहिए और उसमें राई की भुक्की डालकर कुछ मिनट तक पाँव रखने चाहिए। इससे पाँव गरम हो जाते हैं, बेचैनी मिट जाती है और पाँवों का टूटना बंद हो जाता है, खून नीचे उतरने लगता है और रोगी को आराम मालूम होता है। बलगम हो या गला दुखता हो तो केटली में उबलता पानी भरकर गले और नाक को भाप दी जा सकती है। केटली को एक स्वतंत्र नली लगाकर उसके द्वारा आराम से भाप ली जा सकती है। यह नली लकड़ी की होनी चाहिए। इस नली पर रबड़ की नली लगा लेने से काम और भी आसान हो जाता है।

आकाश

आकाश को हम अवकाश कह सकते हैं।

हम आकाश से घिरे हुए न हों तो हमारा दम घुट जाए और हम मर जाएँ। जहाँ कुछ नहीं है, वहाँ आकाश है। इसलिए हम दूर-दूर जो आसमानी रंग देख रहे हैं। वही केवल आकाश नहीं है। आकाश हमारे पास से ही शुरू होता है; वह तो हमारे भीतर भी है। अवकाश मात्र को हम आकाश नहीं कह सकते। सच है कि जो खाली दिखाई देता है, वह हवा से भरा हुआ है।

हम हवा को तो नहीं देख सकते, पर वह कहाँ रहती है ? वह आकाश में विहार करती है। इसलिए आकाश हमें छोड़ ही नहीं सकता; परंतु आकाश को कौन खींच सकता है ?

इस आकाश की मदद हमें आरोग्य की रक्षा के लिए या आरोग्य खो चुके हों तो उसे पुन: प्राप्त करने के लिए लेनी है।

जिस प्रकार आकाश यहाँ है, उसी तरह आवरण के बाहर भी है। इसलिए सर्वव्यापी तो आकाश ही है। फिर भले वैज्ञानिक सिद्ध करें कि इस आवरण के ऊपर ईथर नामक पदार्थ है अथवा अन्य कोई पदार्थ है। ईथर भी जिसमें रहता है, वह आकाश है। इसलिए यह कहा जा सकता है कि ईथर का भेद जाना जा सके तो ही आकाश का भेद जाना जा सकता है।

ऐसे महान् तत्त्व का अध्ययन और उपयोग हम जितना करेंगे, उतना ही अधिक आरोग्य हम भोग सकेंगे।

पहला पाठ तो यह है कि इस सुदूर और अदूर तत्त्व के और हमारे बीच में कोई आवरण नहीं आने देना चाहिए। अर्थात् यदि घरबार के बिना या कपड़ों के बिना हम इस अनंत के साथ अपना संबंध जोड़ सकें तो हमारा शरीर, बुद्धि और आत्मा पूरी तरह आरोग्य का अनुभव कर सकेंगे। इस आदर्श तक हम भले न पहुँच सकें या करोड़ों में से कोई एक ही पहुँच सके, तो भी इस आदर्श को जानना, समझना और उसके प्रति आदरभाव रखना आवश्यक है। और यदि वह हमारा आदर्श हो तो जिस हद तक हम उसे प्राप्त कर सकेंगे, उस हद तक हम सुख, शांति और संतोष का अनुभव करेंगे।

इस विचार-श्रेणी के अनुसार घर-बार, वस्त्रादि के उपयोग में हम काफी अवकाश रख सकते हैं। कई घरों में इतना साज-समान देखने में आता है कि मेरे जैसे गरीब आदमी का तो उसमें दम ही घुटने लगता है। उन सब चीजों का उपयोग क्या है, यह उसकी समझ में नहीं आता। उसे वे सब धूल और जंतुओं को इकट्ठा करने के साधन ही मालूम होंगे।

मनुष्य के सोने का स्थान आकाश के नीचे होना चाहिए। ओस और सर्दी से बचने के लिए काफी कुछ ओढ़ने को रखा जा सकता है। वर्षाऋतु में एक छाते की-सी छत भले हो, पर बाकी हर समय उसकी छत अगणित तारागणों से जड़ित आकाश ही होगा। जब आँख खुलेगी तो वह प्रतिक्षण नया दृश्य दिखेगा। इस दृश्य से वह कभी ऊबेगा नहीं। इससे उसकी आँखें चौंधियाएँगी नहीं, बल्कि वे शीतलता का अनुभव करेंगी। तारागणों का भव्य संघ उसे घूमता ही दिखाई देगा। जो मनुष्य उनके साथ संपर्क साधकर सोएगा, उसे अपने हृदय का साक्षी बनाएगा, वह अपवित्र विचारों को कभी अपने हृदय में स्थान नहीं देगा और शांत निद्रा का उपभोग करेगा।

परंतु जिस तरह हमारे आस-पास आकाश है, उसी तरह हमारे भीतर भी है। चमड़ी के एक-एक छिद्र में, दो छिद्रों के बीच की जगह में भी आकाश है। इस आकाश-

अवकाश को भरने का हम जरा भी प्रयत्न न करें। इसलिए हम जितना आवश्यक हो, उतना ही आहार लें, तो शरीर को अवकाश रहेगा। हमें इस बात का हमेशा भान नहीं रहता कि हम कब अधिक या अयोग्य आहार कर लेते हैं। इसलिए अगर हम हफ्ते में एक दिन या पखवारे में एक दिन या सुविधा से उपवास करें, तो शरीर का संतुलन कायम रख सकते हैं। जो पूरे दिन का उपवास न कर सकें, वे एक या एक से अधिक जून का खाना छोड़ने से भी लाभ उठाएँगे।

तेज

जैसे हम पानी का स्नान करके साफ-स्वच्छ होते हैं, वैसे ही सूर्य-स्नान करके भी साफ और तंदुरुस्त हो सकते हैं। दुर्बल मनुष्य या जिसका खून सूख गया हो, वह यदि प्रात:काल के सूर्य की किरणें नंगे शरीर पर ले तो उसके चेहरे का फीकापन और दुर्बलता दूर हो जाएगी और अगर पाचन-क्रिया मंद हो तो वह जाग्रत् हो जाएगी। सबेरे जब धूप ज्यादा न चढ़ी हो, यह स्नान करना चाहिए। जिसे नंगे शरीर लेटने या बैठने में सर्दी लगे, वह आवश्यक कपड़े ओढ़कर लेटे या बैठे और जैसे-जैसे शरीर सहन करता जाए, वैसे-वैसे कपड़े हटाते जाएँ। नंगे बदन हम धूप में टहल भी सकते हैं। कोई न देख सके, ऐसी जगह ढूँढ़कर यह क्रिया की जा सकती है। अगर ऐसी सहूलियत पैदा करने के लिए दूर जाना पड़े और इतना समय न हो तो बारीक लँगोटी से गुहह भागों को ढककर सूर्य-स्नान लिया जा सकता है।

ऐसे सूर्य-स्नान से बहुत लोगों को लाभ हुआ है। क्षयरोग में इसका खूब उपयोग किया जाता है।

कई बार फोड़े का घाव भरता ही नहीं है। उसे सूर्य-स्नान दिया जाए तो वह भर जाता है।

वायु

जैसे पहले चार तत्त्व उपयोगी हैं, वैसे ही यह पाँचवाँ तत्त्व भी अत्यंत उपयोगी है। जिन पाँच तत्त्वों का यह मनुष्य-शरीर बना है, उनके बिना मनुष्य टिक ही नहीं सकता। इसलिए वायु से किसी को डरना नहीं चाहिए। आमतौर पर हम जहाँ कहीं जाते हैं, वहाँ घर में वायु और प्रकाश का प्रवेश बंद करके अपने आरोग्य को खतरे में डालते हैं। सच तो यह है कि यदि हम बचपन से ही हवा का डर न रखना सीखे हों तो शरीर को हवा सहन करने की आदत हो जाती है और हम जुकाम, बलगम इत्यादि से बच जाते हैं।

डॉक्टरी मदद की सीमा

अखिल भारतीय ग्रामोद्योग-संघ की प्रवृत्तियाँ शुरू होते ही डॉक्टरी सहायता ने कई कार्यकर्ताओं के कार्यक्रम में यदि एकमात्र नहीं तो अत्यंत महत्त्व का स्थान जरूर ले लिया है। इस सहायता में डॉक्टरी, आयुर्वेदिक, यूनानी या होमियोपैथी की दवाइयाँ या सब दवाइयाँ मिलाकर गाँववालों को मुफ्त बाँटने का काम रहता है। इन दवाइयों के व्यापारी अपने पास आने वाले हैं। इन दवाइयों की कीमत उन्हें बहुत थोड़ी चुकानी होती है और इस तरह दी गई ये दवाइयाँ, उनकी अपनी राय में—अगर वे इस दान के प्रति केवल स्वार्थ की दृष्टि से ही देखें—बदले में उन्हें ज्यादा ग्राहक दे सकती हैं। गरीब बीमार नेकनीयत लेकिन अधूरी जानकारी रखनेवाले या जरूरत से ज्यादा उत्साही कार्यकर्ताओं के शिकार हो जाते हैं। इनमें से तीन-चौथाई दवाइयाँ न सिर्फ बेकार होती हैं, बल्कि दृश्य नहीं तो अदृश्य रूप में बीमारों को नुकसान भी पहुँचाती हैं। जहाँ वे बीमारों को थोड़े समय के लिए राहत भी पहुँचाती हैं, वहाँ गाँव के बाजार में उनकी जगह लेने वाली दवाइयाँ आमतौर पर मिलती हैं।

इसलिए जिस डॉक्टरी राहत का मैंने वर्णन किया है, उसे अ.भा. ग्रामोद्योग-संघ बिलकुल छोड़ रहा है। इसलिए उसकी मुख्य चिंता स्वास्थ्य-संबंधी और आर्थिक बातों में गाँववालों को शिक्षा देने की है। लेकिन क्या इन दोनों का कोई परस्पर संबंध नहीं है? क्या लाखों लोगों के लिए स्वास्थ्य ही धन नहीं है? उनके शरीर, न कि उनकी बुद्धि, धन कमाने के मुख्य साधन हैं। इसलिए ग्रामोद्योग-संघ लोगों को बीमारी से बचने की शिक्षा देना चाहता है। सब जानते हैं कि देश के लाखों लोगों को पोषण की दृष्टि से बहुत घटिया खुराक मिलती है। और जो कुछ वे खाते हैं, उसका दुरुपयोग करते हैं। सफाई और स्वच्छता का उन्हें बिलकुल ज्ञान नहीं है। गाँवों में सफाई का नाम नहीं है। इसलिए अगर ये दोष दूर कर दिए जाएँ और गाँव के लोग सफाई के सादे नियमों को समझकर उनका पालन करने लगें तो उनकी ज्यादातर बीमारियाँ बिना ज्यादा प्रयत्न या खर्च के मिट सकती हैं। इसलिए संघ दवाखाने खोलने का विचार नहीं करता। इस बात की जाँच की जा रही है कि गाँव दवाइयों के रूप में क्या दे सकते हैं। सतीशबाबू के सस्ते इलाज उसी दशा में किए गए प्रयत्न हैं। यद्यपि वे अत्यंत सादे हैं, फिर भी सतीशबाबू इस बात का प्रयोग कर रहे हैं कि गुणकारिता को कम किए बिना इन इलाजों की संख्या बहुत कम कैसे की जा सकती है। वे बाजार में मिलनेवाली जड़ी-बूटियों का अध्ययन कर रहे हैं, उनकी परीक्षा कर रहे हैं और उसी तरह की अंग्रेजी दवाओं से उनकी तुलना कर रहे हैं। हेतु यही है कि भोले-भाले ग्रामवासियों को रहस्यमयी गोलियों और दवाओं के डर से दूर रखा जाए।

१. 'घर और गाँव का डॉक्टर', लेखक सतीशचंद्र दास गुप्त, खादी प्रतिष्ठान, १५ कॉलेज स्क्वेअर, कलकत्ता; पृष्ठ २४-१२७८, कीमत १०-०-०१

जहाँ ज्वर, अजीर्ण या इसी प्रकार के सामान्य रोगों के रोगी ग्रामसेवकों की मदद लेने आएँ, वहाँ वे उनकी जो मदद कर सकें, जरूर करें। रोग का निदान भर अच्छी तरह मालूम हो जाए, फिर गाँव में उस रोग की सस्ती-से-सस्ती और अच्छी-से-अच्छी दवा तो मिल ही जाएगी। दवाइयाँ कोई अपने पास रखना ही चाहे तो अंडी का तेल, कुनैन और उबला हुआ गरम पानी—ये सबसे बढ़िया दवाइयाँ हैं। अंडी का तेल सभी जगह मिल सकता है। सनाय की पत्ती से भी वही काम निकल सकता है। कुनैन का मैं कम ही उपयोग करता हूँ। प्रत्येक प्रकार के ज्वर में कुनैन देने की जरूरत नहीं; और न प्रत्येक ज्वर कुनैन से काबू में ही आता है। अधिकांश ज्वर तो पूर्ण या अर्ध-उपवास से ही शांत हो जाते हैं। अन्न और दूध को छोड़ देना और फलों का रस अथवा मुनक्के का उबला हुआ पानी लेना तथा नींबू के ताजे रस या इमली के साथ गुड़ का उबला हुआ पानी लेना भी अर्ध-उपवास है। उबला हुआ पानी तो रामबाण औषधि है। आँतों को वह खलभला डालता है और पसीना लाता है, जिससे बुखार का जोर कम हो जाता है। यह एक ऐसी रोगाणुनाशक औषधि है, जिसमें किसी भी तरह का खतरा नहीं है, और सस्ती इतनी कि एक कौड़ी भी खर्च नहीं होती। हर हालत में जब भी पानी पीना हो, उसे कुछ सिराकर पीना चाहिए; उतना ही गरम पानी पीना चाहिए, जितना कि अच्छी तरह सहन हो सके। पानी उबालने का मतलब महज गरम करना नहीं है। पानी में जब बुलबुले उठने लगें और उससे भाप निकलने लगे, तभी उसे उबला हुआ समझना चाहिए।

जहाँ ग्रामसेवक खुद किसी निश्चय पर न पहुँच सकें, वहाँ उन्हें स्थानीय वैद्यों का अवश्य पूरा-पूरा सहयोग लेना चाहिए। जहाँ वैद्य न हो अथवा भरोसे का वैद्य न हो और ग्रामसेवक पड़ोस के किसी परमार्थी डॉक्टर को जानते हों, वहाँ उन्हें जरूर उसकी मदद लेनी चाहिए।

पर उन्हें यह मालूम होना चाहिए कि रोग के उपचार में भी स्वच्छता का स्थान सबसे महत्त्व का है। उन्हें यह याद रखना चाहिए कि सर्वश्रेष्ठ वैद्य तो प्रकृति ही है। इस बात का वे विश्वास रखें कि मनुष्य जिसे बिगाड़ देता है, प्रकृति उसे सुधारती रहती है। लाचार तो वह उस समय मालूम पड़ती है, जब मनुष्य लगातार उसकी अवहेलना किया करता है। तब जो असाध्य हो जाता है, उसे नष्ट कर डालने के लिए वह अपने अंतिम और अटल दूत 'मृत्यु' को भेजती है और उस देहधारी को नया चोला पहना देती है। इसलिए स्वच्छता और स्वास्थ्य रक्षा का कार्य करनेवाले मनुष्य प्रत्येक व्यक्ति के

सर्वश्रेष्ठ सहायक या उत्तम वैद्य हैं, भले उसे इसका पता हो या न हो।

भिन्न-भिन्न संस्थाओं की ओर से किए जाने वाले ग्राम-कार्य या समाज-सेवा के काम की जो रिपोर्टें मेरे पास आती हैं, मैं देखता हूँ कि उनमें से बहुतों में दवा-दारू की सहायता के काम को बहुत महत्त्व दिया जाता है। यह सहायता बीमारों को दवा बाँटने के रूप में की जाती है। और बीमारों का तो कहना ही क्या! उन्होंने किसी को दवा बाँटने की बात कहते सुना नहीं कि उसे आकर घेर लिया। इस तरह जो व्यक्ति दवा बाँटता है, उसे इसके लिए कोई खास अभ्यास करने का कष्ट नहीं उठाना पड़ता। रोग और उसके लक्षणों का विशेष या किसी तरह का भी ज्ञान रखने की उसे जरूरत नहीं होती। यहाँ तक कि दवाएँ भी अकसर दयालु दवाफरोशों से मुफ्त ही मिल जाती हैं। ऐसे दानियों से इसके लिए चंदा भी हमेशा मिल ही जाता है, जो चंदा देते समय ज्यादा सोच-विचार नहीं करते। बस इसी खयाल से उन्हें आत्म-संतोष हो जाता है कि हम जो दान दे रहे हैं, उससे दीन-दुखियों की मदद होगी।

सेवा के जितने भी तरीके हैं, उनमें यह सामाजिक सेवा मुझे सबसे ज्यादा काहिल और अकसर हानिकारक मालूम होती है। इसकी बुराई का आरंभ तो तभी हो जाता है जबकि मरीज यह समझने लगता है कि बस दवा गटक जाने के सिवा मुझे और कुछ नहीं करना है। दवा पाकर वह आगे के लिए सावधान बने, ऐसा नहीं होता। अलबत्ता, कभी-कभी वह पहले से भी गया-बीता बन जाता है; क्योंकि इस खयाल से वह तत्संबंधी बचाव, संयम रखने की चिंता नहीं करता कि अनियमितता नाम पैसों की कुछ दवा लेकर खा लूँगा और सब ठीक-ठाक हो जाएगा। फिर इस बात से कि उसे ऐसी (दवा-दारू की) मदद बिना कुछ खर्च किए मुफ्त ही मिल जाती है, उसके उस आत्मसम्मान का भी ह्रास होता है, जो बिना कोई काम किए दान में कुछ लेना गवारा नहीं कर सकता।

लेकिन दवा-दारू की सहायता का एक और तरीका है, निस्संदेह वह हमारे लिए एक बड़ी नियामत है। जो लोग रोग और उसे पैदा करने वाले कारणों को जानते हैं, वही ऐसी सहायता कर सकते हैं। वे बीमारों को खाली दवा ही नहीं देंगे, बल्कि यह भी बताएँगे कि उन्हें क्या खास बीमारी है और क्या करने से आगे वे उससे बचे रह सकते हैं। ऐसे सेवक रात-दिन की कोई परवाह नहीं करेंगे और हर समय सहायता के लिए तैयार रहेंगे। ऐसी सहायता से रोग-निवारण ही नहीं होगा, बल्कि स्वास्थ्य-विज्ञान की शिक्षा भी लोगों को मिलेगी, जिससे वे जान सकेंगे कि स्वास्थ्य और सफाई के नियमों का पालन करते हुए वे किसी प्रकार तंदुरुस्त रह सकते हैं। लेकिन ऐसी सेवा बहुत कम देखने में आती है। अधिकांश रिपोर्टों में तो दवा-दारू की सहायता का

उल्लेख बतौर विज्ञापन के ही होता है, ताकि लोग उसे पढ़कर उनके दूसरे ऐसे कामकाज के लिए चंदा देने को प्रेरित हों, जिनमें शायद दवा-दारू की सहायता से भी कम ज्ञान की आवश्यकता होती है। इसलिए समाज-सेवा के कार्य में लगे हुए सब भाइयों से, चाहे वे शहरों में काम करते हैं या गाँवों में, मेरी प्रार्थना है कि दवा-दारू की अपनी इस हलचल को वे अपने सेवा-कार्य का सबसे महत्त्वपूर्ण अंग मानें। बेहतर तो यह होगा कि वे अपनी रिपोर्टों में ऐसे सहायता कार्य का कोई उल्लेख ही न करें। इसके बजाय यदि वे ऐसे उपायों का सहारा लें, जिनसे उस स्थान में बीमारी में रुकावट हो, तो अलबत्ता वे अच्छा काम करेंगे। दवा-दारू का सामान तो जहाँ तक हो, कम करना चाहिए। जो दवाएँ उनके गाँव में ही मिल सकें, उनके उपयोग की जानकारी उन्हें हासिल करनी चाहिए और जहाँ तक हो, उन्हीं का उपयोग करना चाहिए। ऐसा करने पर उन्हें पता लगेगा, जैसाकि सिंदी गाँव में हमें मालूम होता जा रहा है कि बहुत से रोगों में तो गरम पानी, धूप, साफ नमक और सोडा के साथ कभी-कभी अंडी के तेल व कुनैन का प्रयोग करने से ही काम चल जाता है। जो भी ज्यादा बीमार हों, उन सबको शहर के बड़े अस्पताल में भेज देने का हमने नियम बना लिया है। नतीजा यह हुआ है कि मरीज लोग मीरा बहन के पास दौड़े चले आते हैं और उनसे स्वास्थ्य, सफाई व रोग-निवारण के उपाय मालूम करते हैं। दवा के बजाय रोग-निवारण का उपाय ग्रहण करने में उन्हें कोई आपत्ति हो!, ऐसा मालूम नहीं पड़ता।

□

२१

आहार

यह बात सच है कि हवा और पानी के बिना आदमी जीवित ही नहीं रह सकता, परंतु जीवन को टिकानेवाली चीज तो भोजन ही है। अन्न मनुष्य का प्राण है।

आहार तीन प्रकार का होता है—मांसाहार, शाकाहार और मिश्राहार। असंख्य लोग मिश्राहारी हैं। मांस में मछली और पक्षी भी आ जाते हैं। दूध को हम किसी भी तरह शाकाहार नहीं मान सकते। सच पूछा जाए तो वह मांस का ही एक रूप है। परंतु लौकिक भाषा में वह मांसाहारों में नहीं गिना जाता। जो गुण मांस में हैं, वे अधिकतर दूध में भी हैं। डॉक्टरों की भाषा में वह प्राणी का आहार—एनिमल फूड—माना जाता है। अंडे सामान्यत: मांसाहार में गिने जाते हैं, लेकिन दरअसल वे मांस नहीं हैं। आजकल तो अंडे ऐसे तरीके से पैदा किए जाते हैं कि मुरगी मुरगे को देखे बिना भी अंडे देती है। इन अंडों में चूजा कभी बनता ही नहीं। इसलिए जिन्हें दूध पीने में कोई संकोच नहीं, उन्हें इस प्रकार के अंडे खाने में भी कोई संकोच नहीं होना चाहिए।

डॉक्टरी मत का झुकाव मुख्यत: मिश्राहार की ओर है। परंतु पश्चिम में डॉक्टरों का एक बड़ा समुदाय ऐसा है, जिसका यह दृढ़ मत है कि मनुष्य के शरीर की रचना को देखने से वह शाकाहारी ही लगता है। उसके दाँत, आमाशय इत्यादि उसे शाकाहारी सिद्ध करते हैं। शाकाहार में फलों का समावेश होता है। फलों में ताजे फल और सूखा मेवा अर्थात् बादाम, पिस्ता, अखरोट, चिलगोजा इत्यादि आ जाते हैं।

मैं शाकाहार का पक्षपाती हूँ। परंतु अनुभव से मुझे यह स्वीकार करना पड़ा है कि दूध और दूध से बनने वाले पदार्थ, जैसे मक्खन, दही वगैरह के बिना मनुष्य-शरीर पूरी तरह टिक नहीं सकता। मेरे विचारों में यह महत्त्व का परिवर्तन हुआ है। मैंने दूध, घी के बगैर छह वर्ष निकाले हैं। उस समय मेरी शक्ति में किसी तरह की कमी नहीं आई

थी। पर अपनी मूर्खता के कारण मुझे १९१७ में सख्त पेचिश हो गई। मेरा शरीर हाड़-पिंजर बन गया। मैंने हठपूर्वक दवा न ली और उतने ही हठ से दूध या छाछ भी लेने से इनकार किया। शरीर किसी तरह बनता ही नहीं था। मैंने दूध न लेने का व्रत लिया था। लेकिन डॉक्टर कहने लगा—'यह व्रत तो आपने गाय-भैंस के दूध को नजर में रखकर लिया था।' बकरी का दूध लेने में आपको कोई हर्ज नहीं होना चाहिए। मेरी धर्मपत्नी ने डॉक्टर का समर्थन किया और मैं पिघला। सच कहा जाए तो जिसने गाय-भैंस के दूध का त्याग किया है, उसे बकरी वगैरह का दूध लेने की छूट नहीं होनी चाहिए; क्योंकि उस दूध में भी पदार्थ तो वही होते हैं, सिर्फ मात्रा का ही फर्क होता है। इसलिए मेरे व्रत के अक्षरों का ही पालन हुआ है, उसकी आत्मा का नहीं।

जो भी हो, बकरी का दूध तुरंत आया और मैंने उसे लिया। लेते ही मुझमें नई चेतना आई, शरीर में शक्ति आई और मैं खाट से उठा। इस पर से और ऐसे अनेक दूसरे अनुभवों पर से मैं लाचार होकर दूध का पक्षपाती बना हूँ। लेकिन मेरा यह दृढ़ मत है कि असंख्य वनस्पतियों में से कोई-न-कोई ऐसी जरूर होगी, जो दूध और मांस की आवश्यकता अच्छी तरह पूरी कर सके और उनके दोषों से मुक्त हो।

मेरी दृष्टि से दूध और मांस लेने में दोष तो हैं ही। मांस के लिए हम पशु-पक्षियों का नाश करते हैं। माँ के दूध के सिवा दूसरा दूध पीने का हमें अधिकार नहीं है। नैतिक दोष के सिवा केवल आरोग्य की दृष्टि से भी इनमें दोष हैं। दोनों में पशु के दोष आ ही जाते हैं। पालतू पशु सामान्यत: पूरे तंदुरुस्त नहीं होते। मनुष्य की तरह पशुओं में भी अनेक रोग होते हैं। अनेक परीक्षाएँ करने के बाद भी कई रोग परीक्षा की नजर से छूट जाते हैं। सब पशुओं की अच्छी तरह परीक्षा करवाना असंभव लगता है। मेरे पास गोशाला है। मित्रों की मदद आसानी से मिल जाती है। परंतु मैं निश्चयपूर्वक नहीं कह सकता कि मेरी गोशाला में सब पशु निरोगी ही हैं। इससे उलटे यह देखने में आया है कि जो गाय निरोगी मानी जाती थी, वह अंत में रोगी सिद्ध हुई। इसका पता चलने से पहले तो उस रोगी गाय के दूध का उपयोग होता ही रहता था।

सेवाग्राम-आश्रम आस-पास के किसानों से भी दूध लेता है। उनके पशुओं की परीक्षा कौन करता है? दूध निर्दोष है या नहीं, इसकी परीक्षा करना कठिन है। इसलिए दूध उबालने से जितना निर्दोष बन सके, उससे ही काम चलाना होगा। दूसरी सब जगहों पर आश्रम से तो पशुओं की परीक्षा कम ही हो सकती है। जो बात दूध देनेवाले पशुओं के लिए सच है, वह मांस के लिए होने वाले पशुओं के लिए तो है ही। पर अधिकतर तो हमारा काम भगवान् के भरोसे ही चलता है। मनुष्य अपने आरोग्य की बहुत चिंता नहीं रखता। उसने अपने लिए वैद्यों, डॉक्टरों और नीम-हकीमों की एक संरक्षक फौज

खड़ी कर रखी है और उसके बल पर वह अपने आपको सुरक्षित मानता है। उसे सबसे अधिक चिंता रहती है धन और प्रतिष्ठा वगैरह प्राप्त करने की। यह चिंता दूसरी सब चिंताओं को हजम कर जाती है। इसलिए जब तक कोई पारमार्थिक डॉक्टर, वैद्य या हकीम लगन से परिश्रम करके संपूर्ण गुणोंवाली कोई वनस्पति नहीं ढूँढ़ निकालता तब तक मनुष्य दुग्धाहार या मांसाहार करता ही रहेगा।

अब जरा युक्ताहार के बारे में विचार करें। मनुष्य-शरीर को स्नायु बनानेवाले, गरमी देनेवाले, चरबी बढ़ानेवाले, क्षार देनेवाले और मल निकालनेवाले द्रव्यों की आवश्यकता रहती है। स्नायु बनानेवाले द्रव्य दूध, मांस, दालों और सूखे मेवों से मिलते हैं। दूध और मांस से मिलनेवाले द्रव्य दालों वगैरह की अपेक्षा अधिक आसानी से पच जाते हैं और सर्वांश में अधिक लाभदायक हैं। दूध और मांस में दूध का स्थान अधिक ऊँचा है। डॉक्टर लोग कहते हैं कि जब मांस नहीं पचता तब भी दूध पच जाता है। जो लोग मांस नहीं खाते, उन्हें तो दूध से बहुत बड़ी मदद मिलती है। पाचन की दृष्टि से कच्चे अंडे सबसे अच्छे माने जाते हैं।

परंतु दूध या अंडे सब लोग कहाँ से पाएँ? सब जगह ये मिलते भी नहीं। दूध के बारे में एक बहुत जरूरी बात मैं यहीं कह दूँ। मक्खन निकाला हुआ दूध निकम्मा नहीं होता। वह अत्यंत कीमती पदार्थ है। कभी-कभी तो वह मक्खनवाले दूध से भी अधिक उपयोगी होता है। दूध का मुख्य गुण स्नायु बनानेवाले प्राणियों के पदार्थ की आवश्यकता पूरी करना है। मक्खन निकाल लेने पर भी उसका यह गुण कायम रहता है। इसके अलावा सब-का-सब मक्खन दूध में से निकाल सकें, ऐसा यंत्र तो अभी तक बना ही नहीं है, और बनने की संभावना भी कम ही है।

पूर्ण या अपूर्ण दूध के सिवा दूसरे पदार्थों की शरीर को आवश्यकता रहती है। दूध से दूसरे दरजे पर गेहूँ, बाजरा, जुआर, चावल वगैरह अनाज रखे जा सकते हैं। हिंदुस्तान के अलग-अलग प्रांतों में अलग-अलग किस्म के अनाज पाए जाते हैं। कई जगहों पर केवल स्वाद के लिए एक ही गुण वाले एक से अधिक अनाज खाए जाते हैं। जैसेकि गेहूँ, बाजरा और चावल तीनों चीजें थोड़ी-थोड़ी मात्रा में एक साथ खाई जाती हैं। शरीर के पोषण के लिए इस मिश्रण की आवश्यकता नहीं है। इससे आहार की मात्रा पर अंकुश नहीं रहता और आमाशय का काम अधिक बढ़ जाता है। एक समय में एक ही तरह का अनाज खाना ठीक माना जाएगा। इन अनाजों में से मुख्यत: स्टार्च (निशास्ता) मिलता है। गेहूँ सब अनाजों का राजा है। दुनिया पर नजर डालें तो गेहूँ सबसे ज्यादा खाया जाता है। आरोग्य की दृष्टि से गेहूँ मिले तो चावल अनावश्यक है। जहाँ गेहूँ न मिले और बाजरा, जुआर इत्यादि अच्छे न लगें या अनुकूलन न आएँ, वहाँ चावल लेना चाहिए।

अनाज मात्र को अच्छी तरह साफ करके, हाथ-चक्की में पीसकर, आटे का बिना छाने इस्तेमाल करना चाहिए। अनाज की भूसी में सत्त्व और क्षार भी रहते हैं। दोनों बड़े उपयोगी पदार्थ हैं। इसके उपरांत भूसी में एक ऐसा पदार्थ होता है, जो बगैर पचे बाहर निकल जाता है और अपने साथ मल को भी निकालता है। चावल का दाना नाजुक होने के कारण ईश्वर ने उसके ऊपर का छिलका बनाया है, जो खाने के काम में नहीं आता। इसलिए चावल को कूटना पड़ता है। कुटाई उतनी ही करनी चाहिए, जिससे ऊपर का छिलका निकल जाए। मशीन में चावल के छिलके के अलावा उसकी भूसी भी बिलकुल निकाल डाली जाती है। इसका कारण यह है कि चावल की भूसी में बहुत मिठास रहती है, इसलिए अगर भूसी रखी जाए तो उसमें सुरसरी या कीड़ा पड़ जाता है। गेहूँ और चावल की भूसी निकाल दें तो बाकी केवल स्टार्च ही रह जाता है; और भूसी में अनाज का बहुत कीमती हिस्सा चला जाता है। गेहूँ और चावल की भूसी को अकेली पकाकर भी खाया जा सकता है। उसकी रोटी भी बन सकती है। कोंकणी चावलों का तो आटा पीसकर उसकी ही रोटी गरीब लोग खाते हैं। पूरे चावल पकाकर खाने की अपेक्षा चावल के आटे की रोटी शायद अधिक आसानी से पचती हो और थोड़ी खाने से पूरा संतोष भी दे।

हम लोगों को दाल या शाक के साथ रोटी खाने की आदत है। इससे रोटी पूरी तरह चबाई नहीं जाती। स्टार्चवाले पदार्थों को जितना चबाएँ और वे लार के साथ जितने मिलें, उतना ही अच्छा है। यह लार स्टार्च के पचने में मदद करती है। अगर भोजन को बिना चबाए निगल जाएँ तो उसके पचने में लार की मदद नहीं मिल सकती। इसलिए खुराक को ऐसी स्थिति में खाना अधिक लाभदायक है, जिसमें उसे चबाना पड़े।

स्टार्च-प्रधान अनाजों के बाद स्नायु बाँधनेवाली (प्रोटीन-प्रधान) दालों इत्यादि को दूसरा स्थान दिया जाता है। दाल के बिना भोजन को सब लोग अपूर्ण मानते हैं। मांसाहारी को भी दाल तो चाहिए ही। जिसको मेहनत-मजदूरी करनी पड़ती है और जिसे पूरी मात्रा में या बिलकुल दूध नहीं मिलता, उसका गुजारा दाल के बिना नहीं हो सकता। इसे मैं समझ सकता हूँ। पर मुझे यह कहने में जरा भी संकोच नहीं होता कि जिन्हें शारीरिक काम कम करना पड़ता है, जैसे कि व्यापारी, वकील, डॉक्टर या शिक्षक और जिन्हें दूध पूरी मात्रा में मिल जाता है, उन्हें दाल की आवश्यकता नहीं है। सामान्यत: दाल भारी आहार मानी जाती है और स्टार्च-प्रधान अनाज की अपेक्षा बहुत कम मात्रा में खाई जाती है। दालों में मटर और लोबिया बहुत भारी हैं। मूँग और मसूर हलके माने जाते हैं।

तीसरा दरजा शाक-भाजी और फलों को देना चाहिए। शाक और फल हिंदुस्तान में

सस्ते होने चाहिए, लेकिन ऐसा नहीं है। वे केवल शहरियों का भोजन माने जाते हैं। गाँवों में हरी तरकारी भाग्य से ही मिलती है और बहुत जगह फल भी नहीं मिलते। शाक-भाजी और फलों की कमी हिंदुस्तान के लिए बड़ी शर्म की बात है। ग्रामवासी चाहें तो काफी शाक-भाजी पैदा कर सकते हैं। फलों के पेड़ों के बारे में कठिनाई जरूर है, क्योंकि जमीन की खेती के कानून सख्त और गरीबों को दबाने वाले हैं। लेकिन यह तो हमारे विषय के बाहर की बात हुई।

ताजी शाक-भाजी में पत्तोंवाली जो भी भाजी मिले, वह काफी मात्रा में हर रोज लेना चाहिए। जो शाक स्टार्च-प्रधान हैं, उनकी गिनती यहाँ मैंने शाक-भाजी में नहीं की है। आलू, शकरकंद, रतालू और जिमीकद स्टार्च-प्रधान शाक हैं। इन्हें अनाज की श्रेणी में रखना चाहिए। दूसरे कम स्टार्चवाले शाक काफी मात्रा में लेने चाहिए। ककड़ी, लूनी की भाजी, सरसों का साग, सोये की भाजी, टमाटर इत्यादि को पकाने की कोई आवश्यकता नहीं रहती। उन्हें साफ करके और अच्छी तरह धोकर थोड़ी मात्रा में कच्चा खाना चाहिए।

फलों के मौसम में जो फल मिल सकें, उन्हें लेना चाहिए। आम के मौसम में आम, जामुन के मौसम में जामुन, इसी तरह अमरूद, पपीता, संतरा, अंगूर, मीठे नीबू (शरबती या स्वीट लाइम), मौसमी वगैरह फलों का ठीक-ठीक उपयोग होना चाहिए। फल खाने का सबसे अच्छा समय सुबह का है। सवेरे दूध और फल का नाश्ता करने से पूरा संतोष मिल जाता है। जो लोग खाना जल्दी खाते हैं, उनके लिए सवेरे केवल फल ही खाना अच्छा है।

केला एक अच्छा फल है। परंतु उसमें स्टार्च बहुत रहता है। इसलिए वह रोटी की जगह लेता है। केला, दूध और भाजी संपूर्ण आहार है।

मनुष्य के आहार में थोड़ी-बहुत चिकनाई की आवश्यकता होती है। वह घी और तेल से मिल जाती है। घी मिल सके तो तेल की कोई आवश्यकता नहीं रहती। तेल पचने में भारी होते हैं और शुद्ध घी के बराबर गुणकारी नहीं होते। सामान्य मनुष्य के लिए तीन तोला घी काफी समझना चाहिए। दूध में घी आ ही जाता है। इसलिए जिसे घी न मिल सके, वह तेल खाकर चरबी की मात्रा पूरी कर सकता है। तेलों में तिल का, नारियल का और मूँगफली का तेल अच्छा माना जाता है। तेल ताजा होना चाहिए। इसलिए देशी घानी का तेल मिल सके तो अच्छा है। जो घी और तेल बाजार में मिलता है, वह लगभग निकम्मा होता है। यह दुःख और शर्म की बात है। परंतु जब तक व्यापार में कानून या लोक शिक्षण के द्वारा ईमानदारी दाखिल नहीं होती, तब तक लोगों को सावधानी रखकर और मेहनत करके अच्छी और शुद्ध चीजें प्राप्त करनी होंगी। अच्छी

और शुद्ध चीज के बदले जैसी-वैसी चीज से कभी संतोष नहीं मानना चाहिए। बनावटी घी या खराब तेल खाने के बदले घी-तेल के बिना रहने का निश्चय ज्यादा पसंद करने योग्य है।

जैसे आहार में चिकनाई की आवश्यकता रहती है, वैसे ही गुड़ और खांड़ की भी। मीठे फलों से काफी मिठास मिल जाती है, तो भी तीन तोला गुड़ या खांड़ लेने में कोई हानि नहीं है। मीठे फल न मिलें तो गुड़ या खांड़ लेने की आवश्यकता रहती है। पर आजकल मिठाई पर जोर दिया जाता है, वह ठीक नहीं है। शहरों में रहनेवाले बहुत ज्यादा मिठाई खाते हैं, जैसेकि खीर, रबड़ी, श्रीखंड, पेड़ा, बरफी, जलेबी वगैरह। ये सब अनावश्यक हैं और अधिक खाने से नुकसान ही करती हैं। जिस देश में करोड़ों लोगों को पेट भर अन्न भी नहीं मिलता, वहाँ जो लोग पकवान खाते हैं, वे चोरी का माल खाते हैं, यह कहने में मुझे तनिक भी अतिशयोक्ति नहीं लगती।

जो मिठाई के बारे में कहा गया है, वह घी-तेल पर भी लागू होता है। घी-तेल में तली हुई चीजें खाना बिलकुल जरूरी नहीं है। पूरी, लड्डू वगैरह बनाने में घी खर्च करना अविचारीपन है। जिन्हें आदत नहीं होती, वे लोग ये चीजें खा ही नहीं सकते। अंग्रेज जब हमारे देश में आते हैं तब हमारी मिठाइयाँ और धीमे पकाई हुई चीजें वे खा ही नहीं सकते। जो खाते हैं, वे बीमार पड़ते हैं, यह मैंने कई बार देखा है। स्वाद तो सिर्फ आदत की बात है। भूख जो स्वाद पैदा करती है, वह छप्पन भोगों में भी नहीं मिलता। भूखा आदमी सूखी रोटी भी बहुत स्वाद से खाएगा। जिसका पेट भरा हुआ है, वह अच्छे-से- अच्छा माना जानेवाला पकवान भी नहीं खा सकेगा।

अब हम यह विचार करें कि हमें कितना खाना चाहिए और कितनी बार खाना चाहिए! सब प्रकार का आहार औषधि के रूप में खाना चाहिए, स्वाद की खातिर हरगिज नहीं। स्वाद मात्र रस में होता है और रस भूख में रहता है। पेट क्या चाहता है, इसका पता बहुत कम लोगों को रहता है। कारण यह है कि हमें गलत आदतें पड़ गई हैं।

जन्मदाता माता-पिता त्यागी और संयमी नहीं होते। उनकी आदतें थोड़ी-बहुत बच्चों में भी उतरती हैं। गर्भाधान के बाद माता जो खाती है, उसका असर बालक पर पड़ता ही है। फिर बाल्यावस्था में माता बच्चे को अनेक स्वाद सिखाती है। जो कुछ वह स्वयं खाती है, उसमें से बच्चे को भी खिलाती है। परिणाम यह होता है कि बचपन से ही उसके पेट को बुरी आदतें पड़ जाती हैं। पड़ी हुई आदतों को मिटा सकनेवाले विचारशील लोग थोड़े ही होते हैं। लेकिन जब मनुष्य को यह भान होता है कि वह अपने शरीर का संरक्षक है और उसने शरीर को सेवा के लिए अर्पण कर दिया है, तब शरीर को

स्वस्थ रखने के नियम जानने की उसे इच्छा होती है और उन नियमों का पालन करने का वह महाप्रयास करता है।

ऊपर के दृष्टि-बिंदु से बुद्धिजीवी मनुष्य के लिए चौबीस घंटे में आहार का नीचे लिखा प्रमाण योग्य माना जा सकता है—

- गाय का दूध दो पौंड।
- अनाज छह औंस अर्थात् १५ तोला (चावल, गेहूँ, बाजरा इत्यादि मिलाकर)।
- शाक में पत्ता-भाजी तीन औंस और दूसरे शाक पाँच औंस।
- कच्चा शाक एक औंस।
- तीन तोले घी या चार तोले मक्खन।
- गुड़ या शक्कर तीन तोले।
- ताजे फल, जो मिल सकें, रुचि और आर्थिक शक्ति के अनुसार।

रोज दो नीबू लिये जाएँ तो अच्छा है। नीबू का रस निकालकर भाजी के साथ या पानी के साथ लेने से खटाई का दाँतों पर खराब असर नहीं पड़ेगा।

यह सब वजन कच्चे अर्थात् बिना पकाए हुए पदार्थों के हैं। नमक का प्रमाण यहाँ नहीं दिया है। वह रुचि के अनुसार ऊपर से लिया जा सकता है।

हमें दिन में कितनी बार खाना चाहिए? बहुत लोग तो दिन में केवल दो ही बार खाते हैं। सामान्यत: तीन बार खाने की प्रथा है—सवेरे काम पर बैठने से पहले, दोपहर को और शाम या रात्रि को। इससे अधिक बार खाने की आवश्यकता नहीं होती। शहरों में रहने वाले कुछ लोग समय-समय पर कुछ-न-कुछ खाते ही रहते हैं। यह आदत हानिकारक है। आमाशय को भी आखिर आराम चाहिए।

□

२२
गाँव की रक्षा

शांतिसेना

कुछ समय पहले मैंने ऐसे स्वयंसेवकों की एक सेना बनाने का प्रस्ताव रखा था, जो दंगों—खासकर सांप्रदायिक दंगों को शांत करने में अपने प्राणों तक की बाजी लगा दें। इसके पीछे विचार यह था कि यह सेना पुलिस का ही नहीं, बल्कि फौज तक का स्थान ले ले। यह बात बड़ी महत्त्वाकांक्षी-सी मालूम पड़ती है। शायद यह असंभव भी साबित हो। फिर भी अगर कांग्रेस को अपनी अहिंसात्मक लड़ाई में सफलता प्राप्त करनी है तो उसे ऐसी परिस्थितियों का शांतिपूर्वक मुकाबला करने की अपनी शक्ति बढ़ानी ही चाहिए।

इसलिए हम देखें कि जिस शांतिसेना की हमने कल्पना की है, उसके सदस्यों की योग्यताएँ क्या होनी चाहिए—

१. शांतिसेना का सदस्य पुरुष हो या स्त्री, अहिंसा में उसका जीवित विश्वास होना चाहिए। यह तभी संभव है, जबकि ईश्वर में उसका जीवित विश्वास हो। अहिंसक व्यक्ति तो ईश्वर की कृपा और शक्ति के बिना कुछ कर ही नहीं सकता। इसके बिना उसमें क्रोध, भय और बदले की भावना रखते हुए मरने का साहस नहीं आएगा। ऐसा साहस तो इस श्रद्धा से ही आता है कि सबके हृदयों में ईश्वर का निवास है और ईश्वर की उपस्थिति में किसी भी भय की जरूरत नहीं है। ईश्वर की सर्वव्यापकता के ज्ञान का यह भी अर्थ है कि जिन्हें विरोधी या गुंडे कहा जा सकता हो, उनके प्राणों का भी हम खयाल रखें। यह विचारपूर्वक किया जाने वाला हस्तक्षेप उस समय मनुष्य के क्रोध को शांत करने का एक तरीका है, जबकि उसके अंदर का पशुभाव उस पर हावी हो जाए।

२. शांति के इस दूत में दुनिया के सभी खास-खास धर्मों के प्रति समान-श्रद्धा होना

जरूरी है। इस प्रकार अगर वह हिंदू हो तो हिंदुस्तान में प्रचलित अन्य धर्मों का आदर करेगा। इसलिए देश में माने जाने वाले विभिन्न धर्मों के सामान्य सिद्धांतों का उसे ज्ञान होना चाहिए।

३. आमतौर पर कहा जाए तो शांति का यह काम केवल स्थानीय लोगों द्वारा अपने-अपने मुहल्लों में ही किया जा सकता है।

४. यह काम अकेले या समूहों में हो सकता है। इसलिए किसी को संगी-साथियों के लिए इंतजार करने की जरूरत नहीं। फिर भी आदमी स्वभावत: अपनी बस्ती में से कुछ साथियों को ढूँढ़कर स्थानिक सेना का निर्माण करेगा।

५. शांति का यह दूत व्यक्तिगत सेवा द्वारा अपनी बस्ती या किसी चुने हुए क्षेत्र में लोगों के साथ ऐसे संबंध स्थापित करेगा, जिससे उसे भद्दी स्थितियों में काम करना पड़े, तब उपद्रवियों के लिए वह बिलकुल ऐसा अजनबी न हो, जिस पर वे शक करें या जो उन्हें नागवार मालूम पड़े।

६. यह कहने की तो जरूरत नहीं कि शांति के लिए काम करनेवाले स्वयंसेवक का चरित्र ऐसा होना चाहिए, जिस पर कोई अंगुली न उठा सके और वह अपनी निष्पक्षता के लिए प्रसिद्ध हो।

७. आमतौर पर दंगों के आने से पहले तूफान आने की चेतावनी मिल जाया करती है। अगर ऐसे आसार दिखाई दें तो शांति सेना आग भड़क उठने का इंतजार न करे, तभी से परिस्थिति को सँभालने का काम शुरू कर दे, जब से उसकी संभावना दिखाई दे।

८. अगर यह आंदोलन बढ़े तो कुछ पूरे समय काम करनेवाले कार्यकताओं का इसके लिए रहना अच्छा होगा, लेकिन यह बिलकुल जरूरी नहीं कि ऐसा हो ही। कल्पना यह है कि जितने भी अच्छे स्त्री-पुरुष मिल सकें, उतने रखे जाएँ। लेकिन वह तभी मिल सकते हैं, जबकि स्वयंसेवक ऐसे लोगों में से मिलें, जो जीवन के विविध कार्यों में लगे हुए हों; पर उनके पास इतना अवकाश हो कि अपने क्षेत्रों में रहनेवाले लोगों के साथ मित्रता के संबंध पैदा कर सकें तथा वे सब योग्यताएँ रखते हों, जोकि शांति सेना के सदस्य में होनी चाहिए।

९. इस सेना के सदस्यों की एक खास पोशाक होनी चाहिए, जिससे कालांतर में उन्हें बिना किसी कठिनाई के पहचाना जा सके।

ये सिर्फ सामान्य सूचनाएँ हैं। इनके आधार पर हर एक केंद्र अपना विधान बना सकता है।

पुलिस-बल की मेरी कल्पना

अहिंसक शासन में भी एक मर्यादित हद तक पुलिस-बल के लिए स्थान होगा। यह मान्यता मेरी अपूर्ण अहिंसा का चिह्न है। पुलिस के बिना मैं काम चला सकूँगा, यह कहने की मेरी हिम्मत नहीं; जैसेकि यह कहने की मेरी हिम्मत है कि बिना फौज के मैं काम चला

लूँगा। मैं ऐसी स्थिति की कल्पना जरूर करता हूँ, जब पुलिस की भी जरूरत नहीं होगी। पर इसका सच्चा पता तो अनुभव से ही लग सकता है।

यह पुलिस आज की पुलिस से बिलकुल भिन्न प्रकार की होगी। उसमें अहिंसा में विश्वास रखने वालों की भरती होगी। वे लोगों के सेवक होंगे, सरदार नहीं। लोग उनकी मदद करते होंगे और रोज-व-रोज कम होते जाने वाले उपद्रवों का वे आसानी से मुकाबला कर सकेंगे। पुलिस के पास कुछ शस्त्र तो होंगे, पर उनका उपयोग शायद ही कभी होगा। असल में देखा जाए तो इस पुलिस को सुधारक के तौर पर समझना चाहिए। ऐसी पुलिस का उपयोग मुख्यत: चोर-डाकुओं को काबू में रखने के लिए ही होगा। अहिंसक शासन में मजदूर-मालिकों का झगड़ा कदाचित् ही होगा, हड़तालें शायद ही होंगी; क्योंकि अहिंसक बहुमत की प्रतिष्ठा स्वभावत: इतनी बढ़ी हुई होगी कि समाज के मुख्य अंग इस शासन का आदर करने वाले होंगे। सांप्रदायिक झगड़े भी इस शासन में नहीं होने चाहिए।

अहिंसक सेवादल

कुछ समय पहले मेरे सुझाने से ही शांतिदल कायम करने की कोशिशें हुई थीं, लेकिन उनका कोई नतीजा नहीं निकला। उनसे इतना सीखने को मिला कि शांतिदल बड़े पैमाने पर काम नहीं कर सकते। बड़े-बड़े दलों को चलाने के लिए सजा नहीं तो सजा का डर जरूर होना चाहिए और जरूरत मालूम होने पर सजा भी दी जानी चाहिए। ऐसे हिंसक दल में आदमी के चाल-चलन को नहीं देखा जाता। उसके कद और डील-डौल को ही देखा जाता है। अहिंसक दल में इसका ठीक उलटा होता है। उसमें शरीर की जगह गौण होती है। शरीरी सबकुछ है, यानी चरित्र ही सबकुछ है। ऐसे चरित्रवान् आदमी को पहचानना कठिन है। इसलिए बड़े-बड़े शांतिदल कायम नहीं किए जा सकते। वे छोटे ही होंगे। जगह-जगह होंगे, हर गाँव या हर मुहल्ले में होंगे। मतलब यह कि जो जाने-पहचाने लोग हैं उन्हीं की टुकड़ियाँ बनेंगी। वे मिलकर अपना एक मुखिया चुन लेंगे। सबका दर्जा बराबर होगा। जहाँ एक से ज्यादा आदमी एक ही तरह का काम करते हैं, वहाँ उनमें एकाध ऐसा होना चाहिए, जिसके हुक्म के मुताबिक सब कोई चल सकें। ऐसा न हो तो मेल-जोल के साथ, सहयोग से काम न हो सकेगा। दो या दो से ज्यादा लोग अपनी-अपनी मरजी से काम करें तो मुमकिन है कि उनके काम की दिशा एक-दूसरे से उल्टी हो। इसलिए जहाँ दो या दो से ज्यादा दल हों, वहाँ वे हिल-मिलकर काम करें, तभी काम चल सकता है और उसमें कामयाबी हो सकती है।

इस तरह के शांतिदल जगह-जगह हों तो वे आराम से और आसानी से दंगे-फसाद को रोक सकते हैं। ऐसे दलों को अखाड़ों में दी जाने वाली सभी तरह की तालीम देना जरूरी नहीं। उसमें से कुछ तालीम लेना जरूर हो सकता है।

इन शांतिदलों के लिए एक चीज सामान्य होनी चाहिए। शांति दल के हर एक मेंबर का ईश्वर में अटल विश्वास होना चाहिए। उसमें यह श्रद्धा होनी चाहिए कि ईश्वर ही सच्चा साथी है और वही सबका सरजनहार है, कर्ता है। इसके बिना जो शांति सेनाएँ बनेंगी, और खयाल में वे बेजान होंगी, ईश्वर को आप अल्लाह के नाम से पहचानें, अहुरमज्द कहें, जेहोवा कहें, जीता-जागता नियम कहें, राम कहें, रहमान कहें, किसी भी नाम से पुकारें, पर उसकी शक्ति का उपयोग तो आपको करना ही है। ऐसा आदमी किसी को मारेगा नहीं, बल्कि खुद मरकर मृत्यु को जीतेगा और जी जाएगा।

जिस आदमी के लिए यह कानून एक जीती-जागती चीज बन जाएगा, उसको समय के अनुसार बुद्धि भी अपने आप सूझती रहेगी।

फिर भी अपने अनुभव से यहाँ मैं कुछ नियम देता हूँ—

१. सेवक अपने साथ कोई भी हथियार न रखे।

२. वह अपने बदन पर ऐसी कोई निशानी रखे, जिससे फौरन पता चले कि वह शांतिदल का मेंबर है।

३. सेवक के पास घायलों वगैरह की सार-सँभाल के लिए तुरंत काम देनेवाली चीजें रहनी चाहिए, जैसे पट्टी, कैंची, छोटा चाकू, सुई वगैरह।

४. सेवक को ऐसी तालीम मिलनी चाहिए, जिससे वह घायलों को आसानी से उठाकर ले जा सके।

५. जलती आग को बुझाने की, बिना जले या झुलसे, आगवाली जगह में जाने की तथा ऊपर चढ़ने और उतरने की कला सेवक में होनी चाहिए।

६. अपने मुहल्ले के सब लोगों से उसकी अच्छी जान-पहचान होनी चाहिए। यह अपने आप में एक सेवा है।

७. उसे मन-ही-मन रामनाम का बराबर जप करते रहना चाहिए और इसे मानने वाले दूसरों को भी ऐसा करने के लिए समझाना चाहिए।

कुछ लोग आलस्य की वजह से या झूठी आदत की वजह से यह मान बैठते हैं कि ईश्वर तो है ही, और वह बिना माँगे मदद करता है; फिर उसका नाम रटने से क्या फायदा? हम ईश्वर की हस्ती को स्वीकार करें या न करें, इससे उसकी हस्ती में कोई कमी-बेशी नहीं होती, यह सच है। फिर भी उस हस्ती का उपयोग तो अभ्यासी ही कर पाता है। यदि हर एक भौतिकशास्त्र के लिए यह बात सौ फीसदी सच है, तो फिर अध्यात्म के लिए तो यह उससे भी ज्यादा सच होनी चाहिए। फिर भी हम देखते हैं कि इस मामले में हम तोते की तरह रामनाम रटते हैं और फल की आशा रखते हैं। सेवक में इस सच्चाई को अपने जीवन में सिद्ध करने की ताकत होनी चाहिए। □

२३

ग्रामसेवक

आदर्श ग्रामसेवक

आज मुझे तुम्हारे भावी कार्य और जीवन के आदर्श के विषय में कहना है। जिस अर्थ में आज अंग्रेजी का 'कॅरियर' शब्द प्रयुक्त होता है, वैसा 'कॅरियर' बनाने को तुम यहाँ नहीं आए हो। आज तो लोग मनुष्य की कीमत पैसे से आँकते हैं और उसकी शिक्षा बाजार की बिक्री की चीज बन गई है। मन में यह गज लेकर अगर तुम लोग यहाँ आए हो, तब तो समझ लो कि तुम्हारे जीवन में निराशा ही लिखी है। यहाँ से शिक्षा प्राप्त करके निकलोगे तो शुरू में जो १० रुपए माहवार पारिश्रमिक तुम्हें मिलेगा, अंत तक वही मिलता रहेगा। किसी बड़ी कोठी के मैनेजर या बड़े अफसर को जो तनख्वाह मिलती है, उसके साथ इसकी तुलना न करना।

हमें तो ये चालू पैमाने (स्टैंडर्ड) ही बदल देने हैं। हम तुम्हें ऐसे किसी 'कॅरियर' का वचन नहीं देते। सच्ची बात तो बल्कि यह है कि इस तरह की अगर तुम्हारी महत्त्वाकांक्षा हो तो हम उससे तुम्हें बचा लेना चाहते हैं। आशा हम यह रखते हैं कि तुम्हारा भोजन खर्च ६ रुपए मासिक के भीतर हो। एक आई.सी.एस. का भोजन खर्च शायद ६० रुपए आएगा। पर इसका यह मतलब नहीं कि वह किसी तरह तुमसे शारीरिक शक्ति, बुद्धि या नैतिकता में बड़ा होगा। यह राजसी भोग भोगते हुए भी संभव है कि वह शारीरिक शक्ति, बुद्धि या नैतिकता में तुमसे कम हो। मैं मानता हूँ कि तुम अपनी शक्ति को रुपए-पैसे के गज से नापने के लिए इस शिक्षणशाला में नहीं आए हो; नगण्य-सा निर्वाह खर्च लेकर देश को अपनी सेवा देने में ही तुम आनंद अनुभव करते हो। शेयर बाजार में एक मनुष्य भले हजारों रुपए कमाता हो, परंतु वह हमारे इस काम के लिए बिलकुल निकम्मा साबित

हो सकता है। वह मनुष्य हमारे इस सीधे-सादे वातावरण में आ जाए तो दुःखी ही होगा, जिस तरह हम उसके वातावरण में पहुँच जाएँ तो दुःखी होंगे।

देश के लिए हमें आदर्श मजदूरों की जरूरत है। वे इस चिंता में न पड़ें कि उन्हें खाने-पहनने को क्या मिलेगा या गाँवों के लिए उन्हें क्या-क्या सुख-सुविधाएँ देंगे। अपनी आवश्यकताओं को वे श्रद्धापूर्वक ईश्वर पर छोड़ दें, और इससे उन्हें जो भी कठिनाइयाँ या दुःख सहने पड़ें, उनमें भी वे सुख मानें। जिस देश में ७ लाख गाँवों का विचार करना है, वहाँ यह सब अनिवार्य है। हमें ऐसे वेतनभोगी सेवक नहीं पुसा सकते, जिनकी नजर हमेशा वेतन-वृद्धि, प्रोविडेंट फंड या पेंशन पर रहती है। हमारे लिए तो ग्रामवासियों की निष्ठामय सेवा ही संतोष है।

तुममें से कुछ लोगों के मन में यह प्रश्न उठ रहा होगा कि गाँवों के लोगों के लिए भी क्या यही पैमाना है। निश्चय ही नहीं। यह तो हम सेवकों के लिए है, हमारे स्वामी जो ग्रामवासी हैं, उनके लिए नहीं। इतने बरसों से हम उनके ऊपर भार रूप बने हुए हैं। अब हम इसलिए अपनी इच्छा से गरीबी स्वीकार करना चाहते हैं कि उनकी स्थिति कुछ सुधरे। हमें करना यह है कि आज वे जो कमाते हैं, उसमें वे हमारे प्रयत्न से कुछ वृद्धि कर सकें। ग्रामोद्योग-संघ का यही उद्‌देश्य है। मैंने जैसे सेवकों का वर्णन किया है, उनकी संख्या संघ में अगर बढ़ती न गई तो यह उद्‌देश्य सफल नहीं हो सकेगा तुम सब इस प्रकार के ग्रामसेवक बनो।

आवश्यक योग्यताएँ

[नीचे दी गई कुछ योग्यता में गांधीजी ने सत्याग्रहियों के लिए आवश्यक बातें बतलाई थीं। लेकिन चूँकि उनके मतानुसार एक ग्रामसेवकों को भी सच्चा सत्याग्रही होना चाहिए, इसलिए ये योग्यताएँ ग्रामसेवक पर भी लागू होने वाली मानी जा सकती हैं।]

१. ईश्वर में उसकी सजीव श्रद्धा होनी चाहिए, क्योंकि वही उसका आधार है।

२. वह सत्य और अहिंसा को धर्म मानता हो और इसलिए उसे मनुष्य-स्वभाव की सुप्त सात्त्विकता में विश्वास होना चाहिए। अपनी तपश्चर्या के रूप में प्रदर्शित सत्य और प्रेम के द्वारा वह उस सात्त्विकता को जाग्रत् करना चाहता है।

३. वह चरित्रवान् हो और अपने लक्ष्य के लिए जान तथा माल को कुरबान करने के लिए तैयार हो।

४. वह आदतन खादीधारी हो और कातता हो। हिंदुस्तान के लिए यह बहुत आवश्यक है।

५. वह निर्व्यसनी हो, जिससे कि उसकी बुद्धि हमेशा स्वच्छ और स्थिर रहे।

६. अनुशासन के नियमों का पालन करने में हमेशा तत्पर रहता हो।

यह न समझना चाहिए कि इन शर्तों में ही सत्याग्रही की योग्यताओं की परिसमाप्ति हो जाती है। ये तो केवल दिशा-दर्शक हैं।

ग्रामसेवक के कर्तव्य

१. हर एक सेवक अपने हाथों कते हुए सूत की खादी या चरखा-संघ द्वारा प्रमाणित खादी हमेशा पहननेवाला और नशीली चीजों से दूर रहनेवाला होना चाहिए। अगर वह हिंदू है तो उसे अपने में से तथा अपने परिवार में से हर तरह की छुआछूत दूर करनी चाहिए और जातियों के बीच एकता के, सब धर्मों के प्रति समभाव के एवं जाति, धर्म या स्त्री-पुरुष के किसी भेदभाव के बिना सबके लिए समान अवसर और समान दरजे के आदर्श में विश्वास रखनेवाला होना चाहिए।

२. अपने कार्यक्षेत्र में उसे हर एक गाँववाले के व्यक्तिगत संसर्ग में रहना चाहिए।

३. वह गाँववालों में से कार्यकर्ताओं को चुनेगा और उन्हें तालीम देगा। इन सबका वह एक रजिस्टर रखेगा।

४. वह अपने प्रतिदिन के काम का लेखा रखेगा।

५. वह गाँवों को इस तरह संगठित करेगा कि वे अपनी खेती और गृह-उद्योगों द्वारा स्वयंपूर्ण और स्वावलंबी बन जाएँ।

६. गाँववालों को वह सफाई और तंदुरुस्ती की तालीम देगा और उनकी बीमारी और रोगों को रोकने के लिए सारे उपाय काम में लाएगा।

७. हिंदुस्तानी तालीमी संघ की नीति के अनुसार नई तालीम के आधार पर वह गाँववालों की जन्म से लेकर मृत्यु तक की सारी शिक्षा का प्रबंध करेगा।

८. जिनके नाम मतदाताओं की सरकारी रिकॉर्ड में न आ पाए हों, उनके नाम वह उसमें दर्ज कराएगा।

९. जिन्होंने मतदान के अधिकार के लिए आवश्यक योग्यता प्राप्त न की हो, उन्हें वह योग्यता प्राप्त करने के लिए प्रोत्साहन देगा।

ग्रामसेवा

ग्रामसेवक के जीवन का मध्यबिंदु चरखा होगा। यह चिंतन मैं करता ही रहता हूँ कि गाँवों में व्यापक और सहायक उद्योग के रूप में तथा दरिद्रता दूर करनेवाले साधन के रूप में चरखा किस प्रकार स्थापित किया जा सकता है। अभी तो इस तरह चरखे की हमारे जीवन में ठीक-ठीक साधना हुई ही नहीं। खादी के मूल में मेरी जो कल्पना है, वह तो यह है कि खादी हमारे किसानों के लिए 'अन्नपूर्णा' का काम करेगी। वह उन्हें काम देगी। आज हमारे देश में न तो उद्योग हैं, न स्वावलंबन। यहाँ तो आलस्य ने गहरी जड़ें

जमा ली हैं। उद्योग और स्वावलंबन को यदि देश में पुन: लौटाना है तो यह केवल चरखे के द्वारा ही संभव है।

ग्रामसेवक गाँव में जाकर नियमपूर्वक चरखा चलाकर सूत ही नहीं कातेगा, बल्कि अपनी जीविका के लिए बसूला या हथौड़ा चलाएगा, कुदाली या फावड़ा चालाएगा या हाथ-पैर से जो भी मजदूरी कर सके, करेगा। खाने-पीने और सोने के लिए आठ घंटे निकालकर बाकी का उसका सारा समय किसी-न-किसी काम में लगा ही रहेगा। अपना एक मिनट भी वह बेकार न जाने देगा। काहिली को न तो वह अपने पास फटकने देगा, न दूसरों के पास। लोगों को वह यह बतलाता रहेगा कि मुझे तो यज्ञ करना है, शरीर का पालन-पोषण शारीरिक श्रम से ही करना है। हमारे देश से अगर यह आलस्य विदा न हुआ तो कितनी भी सुविधाएँ क्यों न मिलें, फिर भी लोग भूखों ही मरेंगे। जो अन्न के दो दाने खाता है, उसे चार दाने उपजाने का धर्म स्वीकार करना ही चाहिए। ऐसा न हुआ तो जनसंख्या चाहे कितनी ही कम हो जाए, हमारी भुखमरी की समस्या हल न होगी। और अगर ऐसा हो जाए, इसे धर्म मान लिया जाए तो दूसरे करोड़ों मनुष्य भी हिंदुस्तान में पलने लगें।

इस तरह ग्रामसेवक उद्यम की जीती-जागती मूर्ति होगा। वह कपास बोने से लेकर कपास चुनने और कपड़ा बुनने तक की खादी की सभी क्रियाओं में निष्णात बनेगा और हमेशा उन्हें पूर्ण बनाने का ही विचार करता रहेगा। अगर वह इसे शास्त्र मानेगा तो यह उसे अरुचिकर नहीं लगेगा, बल्कि ज्यों-ज्यों वह इसकी भारी संभावनाओं को समझेगा, त्यों-त्यों रोजाना वह इससे नया आनंद प्राप्त करेगा। इस प्रकार जिन सेवकों ने ग्रामसेवा के काम में रस लिया होगा, वे गाँव में जाएँगे तो शिक्षक के रूप में, परंतु वहाँ खुद सीखने वाले बनकर रहेंगे; नित्य-नूतन शोध और साधना करते रहेंगे। मेरी कल्पना यह नहीं है कि वे १६ घंटे खादी के ही काम में लगे रहें, बल्कि खादी के काम के बाद जितना समय उन्हें मिले, उसमें वे गाँव के चालू उद्योग-धंधे की खोज करें और उनमें दिलचस्पी लें तथा लोगों के जीवन में अपने को ओत-प्रोत कर दें। खादी या चरखे में भले ही लोगों का विश्वास न हो, तो भी इन सेवकों को वे मनुष्य तो समझेंगे ही और इनके जीवन से उन्हें जो उपयोगी बातें मिलेंगी, वे ग्रहण करेंगे। सेवक किसानों के कर्ज की समस्या हल करने जैसे अपनी शक्ति से बाहर के कामों में हाथ नहीं डालेंगे।

गाँवों की सफाई और स्वच्छता ग्रामसेवक का एक दूसरा मुख्य काम होगा। अपने रहने के घर और आस-पास की जगह को वह ऐसी साफ-सुथरी रखेगा कि देखनेवालों का दिल ही न भरेगा। पर जिस तरह वह अपने घर-आँगन को साफ रखेगा, उसी तरह लोगों के आँगन और सारे गाँव की सफाई रखेगा।

ग्रामसेवक गाँवों में वैद्यराज या डॉक्टर बनने का धंधा नहीं करेंगे, ये ऐसे फंदे हैं जिनसे बचना चाहिए। हरिजन-प्रवास में मुझे एक ग्रामाश्रम देखने का मौका आया। पर वहाँ मैंने जो देखा, उससे बड़ा क्षोभ हुआ। आश्रम के व्यवस्थापक और कार्यकताओं को मैंने खूब खरी-खोटी सुनाई। मैंने कहा, 'वाह, आपने यह खूब आश्रम बनाया! यहाँ तो आप एक आलीशान महल बनाकर बैठे हैं। इसमें दवाखाना भी खोल दिया। पास-पड़ोस के गाँवों में आपके स्वयंसेवक घर-घर दवाएँ बाँटते फिरते हैं। आप मुझे बड़े गर्व से कहते हैं कि नित्य दूर-दूर से लोग दवा लेने हमारे आश्रम में आते हैं और हर माह १,२०० मरीजों की औसत हाजिरी रहती है। लोगों को इस तरह दवा-दारू देने का काम आपका नहीं है। आपका काम तो उन्हें सफाई, स्वच्छता और आरोग्य के नियम सिखाने का है। स्वेच्छाचारी बनकर, गंदे रहकर और गाँव को गंदा रखकर ये लोग बीमार पड़ें और आपका दवाखाना इन्हें दवाइयाँ दे, यह तो ग्रामसेवा नहीं है। आपको तो गाँववालों को संयम और स्वच्छता सिखानी चाहिए, जिससे बीमारी उनके पास फटकने ही न पाए। इस आलीशान इमारत को छोड़कर आप सामने के झोंपड़े में जा बसें। यह मकान भाड़े पर लोकल बोर्ड को उठा दें। आपको याद होगा कि चंपारन में हमारे पास कुनैन, अंडी का तेल और आयोडीन यही दो-तीन दवाएँ रहती थीं। आरोग्य और सफाई की बात ही ग्रामसेवक को लोगों के दिलों में बिठानी है।'

इसके बाद ग्रामसेवक को गाँव के हरिजनों की सेवा करनी है। उसका घर हमेशा हरिजनों के लिए खुला रहेगा। संकट और कठिनाई के समय स्वभावतः वे लोग उसके पास दौड़ें आएँगे। अगर गाँववाले उस सेवक के घर में हरिजनों का आना-जाना पसंद न करें और उसे अपनी बस्ती से निकाल बाहर कर दें, या वह वहाँ रहकर हरिजन-सेवा न कर सके तो वह हरिजन-बस्ती में ही जाकर बस जाए।

अब दो शब्द शिक्षा के बारे में। बात असल में यह है कि हाथ के पहले बालकों की आँख, कान और जीभ काम करेगी। इसलिए इतिहास, भूगोल आदि जो भी अध्यापक उन्हें पढ़ाएगा, वह जबानी ही पढ़ाएगा। इसके बाद बच्चा वर्णमाला और बारहखड़ी पढ़ेगा और फिर अक्षर-चित्र बनाने का अभ्यास करेगा। इसका पूरा-पूरा प्रयोग आपको करना चाहिए। मुझे लगता है कि लोगों की बुद्धि तक पहुँचकर उसे जाग्रत् करने का मेरा यह स्वाभाविक मार्ग सुगम से सुगम है।

ग्रामसेवक का जीवन गाँव के जीवन से मेल खाने वाला होगा। वह साहित्यिक या ज्ञान-विलासी जीवन बिताकर गाँववालों को सच्ची शिक्षा नहीं दे सकेगा। उसके पास तो चरखा, करघा, बसूला, हथौड़ा, कुदाली, फावड़ा वगैरह औजार होंगे। किताबें पढ़ने में वह कम-से-कम समय देगा। लोग जब उससे मिलने आवें तो वे उसे पड़े-पड़े किताबों

के पन्ने उलटते न देखेंगे। उन्हें वह औजार चलाता हुआ ही मिलेगा। मनुष्य जितना खाता है उससे अधिक पैदा करने की शक्ति ईश्वर ने उसे दी है। दुर्बल-से-दुर्बल मनुष्य भी इतना पैदा कर सकता है। इसके लिए वह अपने बुद्धिबल का उपयोग करेगा। लोगों से वह कहेगा कि मैं आपकी सेवा करने के लिए आया हूँ, पेट के लिए आप मुझे दो रोटियाँ दे दें। संभव है कि लोग उसका तिरस्कार करें। फिर भी वह अपने गाँव में जमा रहेगा।

किसी जगह उसे सनातनी रोटी न दें, तो हरिजन भाई तो देंगे ही। उसने यदि सर्वार्पण कर दिया है तो हरिजनों के घर से रोटी लेने में उसे लज्जित न होना चाहिए। पर जहाँ लोगों का सहयोग न मिले, वहाँ वह खुद कोई भी उद्योग करके अपनी जीविका चला सकता है। शुरू-शुरू में तो जहाँ संभव हो, किसी सामाजिक संस्था से थोड़ा सा पैसा लेकर वह अपना निर्वाह कर सकता है।

याद रखिए कि हमारे सारे अस्त्र-शस्त्र आध्यात्मिक हैं। आध्यात्मिक शक्ति हाथ में आई कि फिर उसे कोई रोक नहीं सकता। यद्यपि आध्यात्मिक शक्ति इन आँखों से प्रत्यक्ष दिखाई देने वाली कोई साकार चीज नहीं है। आपकी सब प्रवृत्तियों की भूमिका आध्यात्मिक ही होनी चाहिए। इसलिए आपका व्यवहार और चरित्र सौ टंच शुद्ध होना चाहिए।

आप यह न कहें कि ग्रामसेवा का यह कार्यक्रम तो हमसे पूरा नहीं होगा, यह चीज असंभव है, हममें इसके लिए जरूरी योग्यता नहीं है। मेरा तो यह कहना है कि यदि यह बात अच्छी तरह आपके दिल में बैठ गई हो तो आप सब लोग यह कार्यक्रम पूरा कर सकते हैं। आप इसके योग्य हैं। प्रयोग करने में शर्म कैसी ? हमें तो गाँवों में बैठकर इसे अमल में लाना है। अमल करते-करते ही तो अनुभव प्राप्त होगा।

ग्रामसेवा के आवश्यक अंग

एक गाँव के कार्यकर्ता को सबसे पहले गाँव की सफाई और आरोग्य के सवाल को अपने हाथ में लेना चाहिए। यों तो ग्रामसेवकों को किंकर्तव्यविमूढ़ बना देने वाली अनेक समस्याएँ हैं, पर यह समस्या ऐसी है, जिसकी सबसे अधिक उपेक्षा की जा रही है। फलत: गाँव की तंदुरुस्ती बिगड़ती रहती है और रोग फैलते रहते हैं। अगर ग्रामसेवक स्वेच्छापूर्वक भंगी बन जाएँ, तो प्रतिदिन मैला उठाकर उसकी खाद बना सकता है और गाँव के रास्ते बुहार सकता है। वह लोगों से कहे कि उन्हें पाखाना-पेशाब कहाँ करना चाहिए, किस तरह सफाई रखनी चाहिए, उसके क्या लाभ हैं और सफाई न रखने से क्या-क्या नुकसान होते हैं। गाँव के लोग उसकी बात चाहे सुनें या न सुनें, वह अपना काम बराबर करता रहे।

ग्राम-उद्धार में अगर सफाई न आए तो हमारे गाँव कचरे के घूरे जैसे ही रहेंगे। ग्राम-

सफाई का सवाल प्रजा के जीवन का अविभाज्य अंग है। यह प्रश्न जितना आवश्यक है, उतना ही कठिन भी है। अनादिकाल से जिस अस्वच्छता की आदत हमें पड़ गई है, उसे दूर करने के लिए महान् पराक्रम की आवश्यकता है। जो सेवक ग्राम-सफाई का शास्त्र नहीं जानता, खुद भंगी का काम नहीं करता, वह ग्रामसेवा के लायक नहीं बन सकता।

नई तालीम के बिना हिंदुस्तान के करोड़ों बालकों को शिक्षण देना लगभग असंभव है, यह चीज आज सर्वमान्य हो गई कही जा सकती है। इसलिए ग्रामसेवकों को उसका ज्ञान होना ही चाहिए। उसे नई तालीम का शिक्षक होना चाहिए।

इस तालीम के पीछे प्रौढ़-शिक्षण तो अपने आप चला आएगा। जहाँ नई तालीम ने घर कर लिया होगा, वहाँ बच्चे ही माता-पिता के शिक्षक बन जाने वाले हैं। कुछ भी हो, ग्रामसेवक के मन में प्रौढ़-शिक्षण देने की लगन होनी चाहिए।

स्त्री को अर्धांगिनी माना गया है। जब तक कानून से स्त्री और पुरुष के हक समान नहीं माने जाते, जब तक लड़की के जन्म का लड़के के जन्म जितना ही स्वागत नहीं किया जाता, तब तक समझना चाहिए कि हिंदुस्तान लकवे के रोग से ग्रस्त है। स्त्री की अवगणना अहिंसा की विरोधी है। इसलिए ग्रामसेवक को चाहिए कि वह हर स्त्री को उमर के अनुसार अपनी माँ, बहन या बेटी के समान समझे और उसके प्रति आदरभाव रखे। ऐसा ग्रामसेवक ही ग्रामवासियों का विश्वास प्राप्त कर सकेगा।

रोगी प्रजा के लिए स्वराज्य प्राप्त करना मैं असंभव मानता हूँ। इसलिए हम लोग आरोग्य-शास्त्र की जो अवगणना करते हैं, वह दूर होनी चाहिए। अतः ग्रामसवेक को आरोग्य-शास्त्र का सामान्य ज्ञान होना चाहिए।

राष्ट्रभाषा के बिना राष्ट्र नहीं बन सकता। ग्रामसेवक अगर राष्ट्रभाषा नहीं जानता तो 'हिंदी-हिंदुस्तानी-उर्दू' के झगड़े में न पड़कर वह राष्ट्रभाषा का ज्ञान प्राप्त करे। उसकी बोली ऐसी होनी चाहिए, जिसे हिंदू-मुसलमान सब समझ सकें।

हमने अंग्रेजी के मोह में फँसकर मातृभाषा का द्रोह किया है। इस द्रोह के प्रायश्चित्त के तौर पर भी राष्ट्रसेवक मातृभाषा के प्रति लोगों के मन में प्रेम उत्पन्न करेगा। उसके मन में हिंदुस्तान की सब भाषाओं के लिए आदर होगा। उसकी अपनी मातृभाषा जो भी हो, जिस प्रदेश में वह बसेगा, वहाँ की मातृभाषा सीखकर वह स्वयं अपनी मातृभाषा के प्रति वहाँ के लोगों की भावना बढ़ाएगा।

अगर इस सबके साथ-साथ आर्थिक समानता का प्रचार न किया गया तो यह सब निकम्मा समझना चाहिए। आर्थिक समानता का यह अर्थ हरगिज नहीं कि हर एक के पास धन की समान राशि होगी। मगर यह अर्थ जरूर है कि हर एक के पास ऐसा घर-बार, वस्त्र और खाने-पीने का सामान होगा कि जिससे वह सुख से रह सके। और जो

घातक असमानता आज मौजूद है, वह केवल अहिंसक उपायों से ही नष्ट होगी।

ग्रामसेवकों के साथ बातचीत

खादी निश्चय ही हमारे ग्रामोद्योग-रूपी सौरमंडल का केंद्रीय स्थान लेगी। किंतु यह याद रखें कि हमें गाँवों को वस्त्र-स्वावलंबी बनाने में अपना सारा ध्यान एकाग्र करना है। वस्त्र स्वावलंबी की खादी के पीछे-पीछे व्यापार की खादी तो चलेगी ही।

बेशक, गाँवों में दूसरा जो भी उद्योग प्राप्त हो और जिस चीज की बाजार में खपत हो सके, उसे आप अवश्य हाथ में ले लें। पर यह ध्यान में रखना चाहिए कि घाटे पर कोई दुकान न चलाई जाए और न ऐसी चीजें बनाई जाएँ, जिनकी बाजार में खपत न हो। जो भी देशी हुनर आपको पसंद हो, उसमें नित्य आठ घंटे का समय दीजिए और गाँववालों को यह करके बतलाइए कि जिस तरह हम लोग गुजारे भर का पैसा पैदा कर सकते हैं, उसी तरह आप लोग भी आठ घंटे काम करके इतना पैसा पैदा कर सकते हैं।

गाँव में आप अपने साथ कोई संगी-साथी न ले जाएँ। हमारी नीति यह है कि एक ग्राम में या ग्राम-समूह में केवल एक ही सेवक भेजा जाए। जितने भी संगी-साथी वह चाहे, उतने अपने गाँव में से चुन ले। वे सब उसकी निगरानी में काम करेंगे, परंतु उस गाँव की खास जिम्मेदारी तो उसी पर रहेगी।

हमें इस यंत्र के लोभपाश में नहीं फँसना चाहिए। हम तो अपने शरीर-यंत्रों को पूर्ण और काम करने योग्य साधन बनाएँ और उनका अच्छे-से-अच्छा उपयोग करें। यही आपका कर्तव्य है। इसी को लेकर आप हिम्मत के साथ आगे बढ़ें।

भय की भावना

अनेक ग्रामसेवक इस बात से बड़े भयभीत रहते हैं कि गाँवों में अपने गुजर-बसर के लिए वे क्या करेंगे! उन्हें इस बात का बड़ा भय है कि अगर किसी संस्था या व्यक्ति से उन्हें वेतन न मिला तो गाँवों में कोई काम करके तो वे अपना गुजारा शायद ही चला सकें। फिर अगर वे कहीं विवाहित हुए और कुटुंब का भार भी उन पर हुआ, तब तो उन्हें और भी ज्यादा चिंता होती है। लेकिन मेरी राय में उनकी यह धारणा ठीक नहीं है। इसमें शक नहीं कि अगर कोई आदमी शहरी मनोवृत्ति के साथ गाँव में जाए और शहर की ही तरह वहाँ भी अपना रहन-सहन रखना चाहे, तब तो उसके लिए वहाँ अपने निर्वाह के लायक कताई करना असंभव ही है। उस हालत में तो वह तभी उतनी कमाई कर सकता है, जबकि शहरवालों की तरह वह ग्रामवासियों का शोषण करे। लेकिन अगर कोई किसी एक गाँव में जा बसे और वहाँ गाँववालों की तरह ही रहने की कोशिश करे तो अपने परिश्रम द्वारा अपना निर्वाह करने में कोई दिक्कत नहीं होगी। उसे इस बात का विश्वास

होना चाहिए कि जब वे ग्रामवासी भी किसी-न-किसी तरह अपने गुजारे के लायक कमा ही लेते हैं, जो बारहों महीने बाप-दादों के वक्त से चले आए ढर्रे पर, अपनी बुद्धि का उपयोग किए बगैर, आँख मूँदकर चले जाते हैं, तो वह भी कम-से-कम उतना तो कमा ही लेगा जितना कि औसतन कोई ग्रामवासी कमा लेता है। और ऐसा करते हुए वह किसी ग्रामवासी की रोजी भी नहीं मारेगा; क्योंकि गाँव में वह उत्पादक बनकर जाएगा, न कि दूसरों की कमाई पर गुलछर्रे उड़ानेवाला (परोपजीवी) बनकर।

गाँव में जाने वाले ग्रामसेवक के साथ अगर उसका साधारण परिवार भी हो तो उसकी पत्नी तथा परिवार के अन्य व्यक्तियों को चाहिए कि वे भी दिन भर पूरी मेहनत करें। यह तो नहीं कहा जा सकता कि गाँव में जाते ही कोई कार्यकर्ता गाँववालों की तरह कड़ी मेहनत करने लगेगा। लेकिन अगर वह अपनी हिचक और भय की भावना को छोड़ दे तो यह जरूर है कि अपनी मेहनत की कमी की पूर्ति वह बुद्धि का उपयोग करके कर लेगा। जब तक गाँववाले उसकी सेवा की इतनी कद्र न करने लगें कि उसका सारा समय उनकी अधिक-से-अधिक सेवा में ही बीतने लगे, तब तक उसे कोई ऐसा उत्पादक कार्य करते रहना चाहिए, जिससे दूसरों पर बोझ पड़े बिना उसका खर्च चलता रहे। हाँ, जब उसका सारा समय सेवा में ही लगने लगे तब वह उस अतिरिक्त उत्पत्ति में से कमीशन के रूप में कुछ पाने का पात्र होगा, जोकि उसके द्वारा प्रेरित उपायों के फलस्वरूप होने लगेगी। लेकिन ग्रामोद्योग-संघ की देख-रेख में जो ग्राम कार्य शुरू हुआ है, उसका कुछ महीनों का अनुभव तो यह प्रकट करता है कि गाँववालों में हमारी पैठ बहुत धीरे-धीरे होगी और कार्यकर्ता को गाँववालों के सामने अपने आचरण से यह सिद्ध कर देना पड़ेगा कि श्रम और सदाचरण की दृष्टि से वह उनके लिए एक उम्दा उदाहरण है। इससे उन्हें बड़ा सुंदर पाठ मिलेगा और अगर कार्यकर्ता गाँववालों का संरक्षक बनकर अपनी पूजा कराने के बजाय उन्हीं में से एक बनकर, अर्थात् उनके साथ हिल-मिलकर रहेगा तो देर-सबेर उसका असर पड़े बिना नहीं रहेगा।

अब सवाल यह है कि जीविका के लिए गाँव में कौन सा काम किया जाए? उसे और उसके घरवालों को अपना कुछ समय तो गाँव की सफाई में लगाना ही होगा, चाहे गाँववाले इसमें उसकी मदद करें या न करें। और साधारण तौर पर वह दवा-दारू की जो सीधी-सादी मदद कर सकता है, वह भी करेगा ही। इतना तो हर कोई कर ही सकता है कि कुनैन या किसी तरह की मामूली दवा बता दे, घाव या जख्म धोकर साफ कर दे, मैली आँखों व कानों को धो दे तथा घाव पर साफ मरहम लगा दे। मैं ऐसी किसी पुस्तक की खोज में हूँ, जिसमें गाँवों में हमेशा ही होने वाली मामूली बीमारियों के लिए सरल-से सरल उपाय और सूचनाएँ हों; क्योंकि कैसी भी हों, ये दोनों बातें तो ग्रामकार्य का मूल

अंग होंगी ही। लेकिन इनमें ग्रामसेवक का दो घंटे रोज से अधिक समय नहीं लगना चाहिए। ग्रामसेवक के लिए आठ घंटे का दिन जैसी कोई बात नहीं है। ग्रामवासियों के लिए वह जो श्रम करता है, वह तो प्रेम का श्रम है। अत: अपने निर्वाह के लिए, इन दो घंटों के अलावा, उसे कम-से-कम आठ घंटे तो लगाने ही होंगे। यह ध्यान रखने की बात है कि चरखा-संघ और ग्रामोद्योग-संघ ने जो नई योजना बनाई है, उसके अनुसार तो सब तरह के श्रम का कम-से-कम मूल्य या महत्त्व एक-सा ही है। इस प्रकार जो पिंजारा अपनी पींजन पर एक घंटा काम करके औसत परिमाण में रुई धुनकता है, वह ठीक उतनी ही मजदूरी पाएगा, जितनी कि उतने समय के अर्थात् एक घंटे तक निश्चित परिमाण में किए हुए काम के लिए किसी बुनकर, कतवैये या कागज बनानेवाले को मिलेगी। इसलिए ग्रामसेवक अपनी इच्छा के अनुसार कोई भी ऐसा काम कर सकता है, जिसे वह आसानी से कर सके; अलबत्ता यह सावधानी उसे हमेशा रखनी चाहिए कि काम ऐसा ही चुना जाए, जिसके फलस्वरूप तैयार होने वाला माल उसी गाँव में या उसके आस-पास के प्रदेश में खप सके अथवा जिस माल की इन संघों को जरूरत हो।

इस बात की बड़ी जरूरत तो हर गाँव में है ही कि वहाँ ऐसी कोई दुकान हो, जहाँ से खाने-पीने की चीजें शुद्ध और वाजिब दामों पर मिल सकें। यह ठीक है कि दुकान चाहे कितनी ही छोटी हो, फिर भी उसके लिए थोड़ी-बहुत पूँजी तो चाहिए ही। लेकिन जो कार्यकर्ता अपने कार्यक्षेत्र में थोड़ा भी परिचित होगा, उसकी ईमानदारी पर लोगों का इतना विश्वास तो होगा ही कि दुकान के लिए थोड़ा थोक माल उसे उधार मिल जाए।

इस तरह के और उदाहरण देने की अब जरूरत नहीं। जो सेवक सतत निरीक्षण की बुद्धि से काम करेगा, उसे नित-नई बातों का पता लगता ही रहेगा और वह जल्दी ही यह जान लेगा कि उसे कौन सा ऐसा काम करना चाहिए, जिससे उसका निर्वाह भी हो और जिन ग्रामवासियों की उसे सेवा करनी है, उनके लिए वह आदर्श भी उपस्थित कर सके। अतएव, उसे ऐसा कोई काम चुनना पड़ेगा, जिससे ग्रामवासियों का शोषण न हो और न उनके आरोग्य या नैतिकता को ही धक्का लगे, बल्कि उन्हें अपने फुरसत के समय में हुनर-उद्योग का कोई काम करके अपनी बरायनाम आमदनी में कुछ वृद्धि करने की शिक्षा मिले। सतत निरीक्षण से उसका ध्यान उन चीजों की ओर जाएगा, जो गाँवों में अकारण ही बरबाद होती हैं, जैसे—खेतों में फसल के साथ उग आने वाला घास-पात और दूसरी अपने आप पैदा होने वाली चीजें। बहुत जल्द उसे पता लग जाएगा कि उनमें से बहुत सी चीजें तो बड़ी उपयोगी हैं। उनमें से वह खाने योग्य या अन्य उपयोग की वनस्पतियों का चुनाव कर ले तो गोया वह अपनी रोजी कमाने के बराबर ही होगा। मीरा बहन ने तरह-तरह के पत्थर गाँवों से लाकर मुझे दिए हैं, जो देखने में संगमरमर जैसे सुंदर लगते

हैं और बड़े उपयोगी हैं। मुझे फुरसत मिली तो शीघ्र ही मैं मामूली औजारों से उन्हें तरह-तरह की शक्लों में बदलकर बाजार में बेचने लायक बना दूँगा। काका साहब ने बाँस की सड़ी-गली खपचियों को, जो निकम्मी समझकर जलाई जाने वाली थीं, एक मामूली चाकू के सहारे कागज काटने के चाकुओं और लकड़ी के चम्मचों में परिणत कर दिया, जिन्हें एक हद तक बाजार में बेचा भी जा सकता है। मगनवाड़ी में कुछ लोग फुरसत के समय का उपयोग रद्दी कागजों को, जो एक तरफ कोरे होते हैं, लिफाफे बनाने में करते हैं।

दरअसल, बात यह है कि गाँववाले अब बिलकुल निराश हो चुके हैं। किसी भी अजनबी को देखकर उन्हें यही खयाल होता है कि वह उनका गला दबाने और उनका शोषण करने के लिए ही आया है। बुद्धि और श्रम का संबंध-विच्छेद हो जाने से अर्थात् बुद्धिशक्ति न होने से उनकी विचारशक्ति कुंठित हो गई है। काम के समय का भी वे सर्वोत्तम उपयोग नहीं करते। ग्रामसेवक को चाहिए कि ऐसे गाँवों में वह अपने हृदय में प्रेम और आशा भरकर जाए। उसे इस बात का आत्मविश्वास होना चाहिए कि जहाँ विवेकहीनता से काम करनेवाले स्त्री-पुरुष साल में छह महीने बेकार बैठे रहते हैं, वहाँ वह पूरे साल विवेकपूर्वक काम करेगा तो निश्चय ही ग्रामवासियों का विश्वासपात्र बन जाएगा और उनके बीच परिश्रम करते हुए ईमानदारी के साथ अपने निर्वाह के लायक कमाई कर सकेगा।

'लेकिन मेरे बाल-बच्चों और उनकी पढ़ाई का क्या होगा?' यह बात ग्रामसेवा के इच्छुक कार्यकर्ता पूछते हैं। अगर बच्चों को आधुनिक ढंग की शिक्षा देनी हो, तब तो मैं कोई ऐसी बात नहीं बता सकता, जो कारगर हो। हाँ, अगर उन्हें स्वस्थ, मजबूत, ईमानदार और समझदार ग्रामवासी बनाना काफी समझा जाए, जिससे कि वे जब चाहें तब गाँव में अपनी रोजी कमा सकें तो उन्हें सारी शिक्षा अपने माँ-बाप की छत्रच्छाया में ही मिल जाएगी; और उसके साथ-साथ जैसे ही वे सोचने-समझने लायक उमर को पहुँचेंगे और अपने हाथ-पैरों का ठीक-ठीक उपयोग करने लग जाएँगे, वैसे ही अपने परिवार के लिए वे थोड़ी-बहुत कमाई भी करने लगेंगे। सुघड़ घर के समान कोई स्कूल नहीं हो सकता, न ईमानदार और सदाचारी माता-पिता के समान कोई अध्यापक हो सकते हैं। आधुनिक माध्यमिक शिक्षा तो गाँववालों पर एक बोझ है। उनके बच्चे कभी भी उसे ग्रहण नहीं कर सकेंगे। और ईश्वर की कृपा है कि सुघड़ घरेलू शिक्षा, यदि उन्हें प्राप्त हो, तो वे उससे महरूम भी हरगिज नहीं रहेंगे। ग्रामसेवक, चाहे वह पुरुष हो या स्त्री, अगर ऐसा न हो कि अपने घर को सुघड़ रख सके, तो उसके लिए ग्रामसेवक बनने का ऊँचा विशेषाधिकार और सम्मान प्राप्त करने की आकांक्षा न रखना ही ठीक होगा।

ग्रामसेवकों के प्रश्न

: १ :

[ग्रामसेवकों की सभा में गांधीजी से कुछ प्रश्न पूछे गए थे। ये प्रश्न ग्रामसेवक के कर्तव्यों, ग्रामसेवकों की आजीविका के साधनों, शरीर-श्रम, डायरी तथा गुजरात के आदिवासी दुर्बलों की सेवा आदि से संबंध रखते थे।]

ग्रामसेवक का एकमात्र कर्तव्य यह है कि वह गाँववालों की सेवा करे। वह उनकी सर्वोत्तम सेवा तभी कर सकता है, जब वह ग्यारह व्रतों को प्रकाश-स्तंभ की तरह सदा अपने सामने रखे। ये व्रत विनोबाजी के बनाए हुए दो पद्यों में आ जाते हैं, जिन्हें देश के अधिकांश आश्रमों में प्रार्थना के समय रोज गाया जाता है—

अहिंसा सत्य अस्तेय ब्रह्मचर्य असंग्रह।
शरीरश्रम अस्वाद सर्वत्र भय-वर्जन॥
सर्वधर्मी समानत्व स्वदेशी स्पर्श-भावना।
हीं एकादश सेवावीं नम्रत्वे व्रत-निश्चये॥

[अर्थात् अहिंसा, सत्य, अस्तेय (चोरी न करना), ब्रह्मचर्य, असंग्रह (किसी चीज पर अपना अधिकार करके न बैठ जाना), शारीरिक श्रम, अस्वाद, निर्भयता, सब धर्मों के प्रति एक-सा आदरभाव, स्वदेशी, छुआछूत का भाव न रखते हुए सबके प्रति भ्रातृभाव—इन ग्यारह व्रतों का विनम्रता के साथ पालन करना चाहिए।]

ग्रामसेवकों को अपना निर्वाह कैसे करना चाहिए? क्या वे किसी संस्था से वेतन लें या उसके लिए कोई काम करें अथवा गाँववालों पर आश्रित रहें? आदर्श मार्ग तो गाँववालों पर आश्रित रहना ही है। इसमें शर्म की कोई बात नहीं; यह तो विनम्रता है। इसमें कार्यकर्ता के बहुत खर्चीला हो जाने की भी गुंजाइश नहीं है, क्योंकि गाँववाले उसके खर्चीलेपन को न तो प्रोत्साहन देंगे और न बरदाश्त ही करेंगे। इस दशा में कार्यकर्ता का काम इतना ही होगा कि काम के समय वह गाँववालों के लिए ही काम करे और अपने लिए जितने अनाज और साग-सब्जी की जरूरत हो, उसे गाँववालों से जुटा ले। डाक के तथा अन्य छोटे-मोटे खर्च की अगर उसे जरूरत हो, हालाँकि मेरे खयाल में तो ये खर्च ऐसे नहीं हैं कि उनके बिना ग्रामसेवक का काम ही न चल सके तो उनके लिए भी वह उनसे थोड़ी रकम ले सकता है। अगर गाँववालों के कहने पर भी वह गाँव में गया होगा तो गाँववाले खुशी से उसका खर्च चलाएँगे। हाँ, ऐसा भी हो सकता है कि गाँववालों को उसके विचार न पटें और वे उससे सहयोग करना बंद कर दें, जैसाकि १९१५ में जब मैंने अस्पृश्यों को सत्याग्रह-आश्रम में भरती किया, तब मेरे साथ हुआ था। उस समय ग्रामसेवक को अपने

निर्वाह के लिए खुद कोई काम करना चाहिए; किसी संस्था पर आश्रित रहना व्यर्थ है।

गाँव में काम करनेवाले को जहाँ तक हो सके ज्यादा-से-ज्यादा शारीरिक श्रम करके गाँववालों को अपनी काहिली दूर करने की शिक्षा देनी चाहिए। वैसे तो वह हर तरह की मेहनत के काम कर सकता है, लेकिन मैला उठाने के काम को उसे ज्यादा पसंद करना चाहिए। यह निश्चय ही उत्पादक श्रम है। कुछ कार्यकर्ताओं ने कम-से-कम आध घंटा पूर्णत: सेवा में और उत्पादक-श्रम में ही लगाने पर जो जोर दिया है, वह मुझे पसंद है। और मैला उठाने का काम निश्चय ही इस तरह का है। यही बात चक्की-पिसाई पर लागू होती है, क्योंकि बचत करना भी तो एक तरह से कमाई ही है।

ग्रामसेवक को अपने समय के एक-एक मिनट का हिसाब देने के लिए तैयार रहना चाहिए और सब समय के कार्य को स्पष्ट रूप से अपनी डायरी में अंकित करना चाहिए। सच्ची डायरी तो डायरी लिखनेवाले के मन और आत्मा की एक झाँकी होती है। लेकिन यह जरूर है कि बहुतों को अपनी मानसिक हलचलों का सच्चा विवरण अंकित करना बहुत मुश्किल मालूम पड़ेगा। उस हालत में वे अपनी शारीरिक हलचलों को ही उसमें अंकित करें। लेकिन यह लापरवाही के साथ नहीं होना चाहिए। खाली इस तरह लिख देने से काम नहीं चलेगा कि 'रसोई में काम किया।' इसके साथ निश्चित रूप से यह भी लिखना होगा कि कब-से-कब तक, क्या-क्या और किस तरह काम किया।

दुर्बलों की सेवा का अर्थ यह है कि हम उनके दु:ख-दर्द में भागीदार बनें और उनके मालिकों से मिल-जुलकर इस बात का प्रयत्न करें कि वे उनके साथ न्याय और दयालुता का व्यवहार करें।

ग्रामसेवक को राजनीति से अलग रहना चाहिए। वह कांग्रेस का सदस्य तो बन सकता है, लेकिन चुनाव की हलचल में उसे भाग नहीं लेना चाहिए; क्योंकि वह तो अपने काम की दिशा निश्चित कर चुका है। ग्रामोद्योग-संघ और चरखा-संघ दोनों कांग्रेस के बनाए हुए हैं, पर अपना काम वे स्वतंत्र रूप से करते हैं। यही कारण है कि वे और उनके सदस्य कांग्रेस की राजनीतिक हलचलों से अलग रहते हैं। यही अहिंसक मार्ग है।

गाँव की दलबंदियों, वहाँ के झगड़ों-टंटों में भी उसे (ग्रामसेवकों) नहीं पड़ना चाहिए। उसे तो वहाँ इस निश्चय के साथ जाकर जमना चाहिए कि जिन बहुत सी बातों के बिना शहर से उसका काम नहीं चलता था, उनके बिना उसे वहाँ रहना होगा। अगर मैं किसी गाँव में बैठ जाऊँ तो मुझे इस बात का निश्चय करना पड़ेगा कि कौन-कौन सी चीजें ऐसी हैं, जो चाहे जितनी निर्दोष हों, फिर भी मुझे गाँव में नहीं ले जानी चाहिए। देखना यह होगा कि वे चीजें साधारण ग्रामवासियों के जीवन से मेल खाती हैं या नहीं और उनसे वहाँ बजाय भलाई के कोई बुराई तो नहीं फैलेगी ? ग्रामसेवक बहुत शुद्ध और ऊँचे दरजे का

होना चाहिए, जो खुद तो किसी प्रलोभन में फँसे ही नहीं, साथ में गाँववालों को भी प्रलोभनों का शिकार न होने दे। यह तो निश्चय है कि एक शुद्धात्मा भी सारे गाँव को बचा सकता है, जैसे कि एक विभीषण ने लंका को बचाया था। इसलिए बहुत पहले ही मैं यह कह चुका हूँ कि अपनी रक्षा के लिए हिंदुस्तान सत्य को छोड़े, इसके बजाय खुद वही मिट जाए तो कोई बुराई न होगी।

: २ :

इस प्रश्न के उत्तर में कि क्या ग्रामसेवक दूध, फल और शाकभाजी ले सकता है, जिन्हें गाँववाले नहीं खा सकते, गांधीजी ने लिखा है—

ग्रामसेवकों को खास बात यह ध्यान में रखनी चाहिए कि वह ग्रामवासियों की सेवा करने के लिए ही गाँव में गया है और वहाँ आहार तथा दूसरी ऐसी जरूरत की चीजें लेने का उसे अधिकार है, उसका धर्म है, जिनसे वह अपने शरीर में इतना स्वास्थ्य और शक्ति बनाए रखे कि गाँव की सेवा अच्छी तरह कर सके। यह सही है कि ऐसा करते हुए ग्रामसेवक को अपने रहन-सहन के ढंग पर ग्रामवासियों की अपेक्षा कुछ अधिक खर्च करना पड़ेगा। पर मेरा ऐसा खयाल है कि ग्रामवासी ग्रामसेवक की जरूरी चीजों को ईर्ष्या की दृष्टि से नहीं देखते। ग्रामसेवक का अंत:करण ही उसके आचरण की कसौटी है। वह संयम से रहे, स्वाद के लिए कोई चीज न खाए, विलासिता में न पड़े, और जब तक जागता रहे तब तक सेवा-कार्य में ही लगा रहे। फिर भी यह संभव है कि उसके रहन-सहन पर कोई टीका-टिप्पणी करे। पर उस आलोचना या निंदा की उसे कोई परवाह नहीं करनी चाहिए। मैंने जिस आहार की सलाह दी है, वह सब गाँवों में मिल सकता है। दूध आम तौर से गाँवों में मिल जाता है और बेर, करौंदा, अमरूद वगैरह अनेक प्रकार के फल भी गाँवों में आसानी से मिल जाते हैं। इन फलों को इसीलिए हम कोई महत्त्व नहीं देते कि वे आसानी से मिल जाते हैं। गाँवों में अनेक तरह की पत्तियाँ या वनस्पतियाँ काफी प्रचुरता से मिलती हैं। पर हम केवल अपने अज्ञान या आलस्य के कारण उन्हें उपयोग में नहीं लाते। मैं खुद आजकल ऐसी अनेक प्रकार की हरी पत्तियाँ खा रहा हूँ, जिन्हें पहले मैंने कभी जीभ पर नहीं रखा था। पर अब मुझे ऐसा मालूम होता है कि ये सब पत्तियाँ मुझे पहले से ही खानी चाहिए थीं। गाँव में गाय रखना संभव हो सकता है और अपना खर्च तो वह खुद निकाल सकती है। मैंने यह प्रयोग किया नहीं है। किंतु मुझे लगता है कि यह चीज संभव होनी चाहिए। मेरा यह भी खयाल है कि ग्रामसेवक के जैसा ही आहार ग्रामवासियों को भी मिल सकता है और उसे वे ले सकते हैं। और इस तरह ग्रामसेवक के जैसा रहन-सहन रखना ग्रामवासियों के लिए भी कोई असंभव बात नहीं है।

: ३ :

प्रश्न—करीब-करीब हर गाँव में पार्टियाँ और उनके आपसी मतभेद रहते हैं। इसलिए जब ग्रामसेवा के लिए हम स्थानीय या उसी गाँव की मदद लेने जाते हैं तो हमारी इच्छा हो या न हो, हम सत्ता के लिए होने वाले वहाँ के राजनीतिक झगड़ों में फँस जाते हैं। इस मुश्किल को किस तरह टाला जा सकता है ? क्या हमें स्थानीय पार्टियों से अलग रहने की कोशिश करके बाहरी कार्यकताओं की मदद से काम चालू रखना चाहिए ? हमारा अनुभव है कि इस तरीके से किया जाने वाला काम तभी तक चलता है, जब तक बाहर की मदद मिलती रहती है। इसलिए स्थानीय जनता का सहयोग प्राप्त करने और उसमें आगे बढ़कर काम करने की सूझ पैदा करने के लिए हमें क्या करना चाहिए ?

उत्तर—यह हिंदुस्तान का दुर्भाग्य है कि जैसी दलबंदी और मतभेद उसके शहरों में हैं, वैसे ही गाँवों में भी देखे जाते हैं। और जब गाँवों की भलाई का खयाल न रखते हुए अपनी पार्टी की ताकत बढ़ाने के लिए गाँवों का उपयोग करने के खयाल से राजनीतिक सत्ता की बू हमारे गाँवों में पहुँचती है तो उससे ग्रामवासियों को मदद मिलने के बजाय उनकी तरक्की में रुकावट होती है। मैं तो कहूँगा कि चाहे जो नतीजा हो, हमें ज्यादा-से-ज्यादा मात्रा में स्थानीय मदद लेनी चाहिए; और अगर हम राजनीतिक सत्ता हड़पने की बुराई से दूर रहे तो हमारे हाथों कोई गलती होने की संभावना नहीं रहती। हमें याद रखना चाहिए कि शहरों के अंग्रेजी शिक्षा पाए हुए स्त्री-पुरुषों ने हिंदुस्तान के आधारभूत गाँवों को भुला देने का अपराध किया है। इसलिए आज तक की हमारी इस लापरवाही को याद करने से हममें धीरज पैदा होगा। अभी तक मैं जिस-जिस गाँव में गया हूँ, वहाँ मुझे एक-न-एक सच्चा कार्यकर्ता मिला ही है। लेकिन गाँवों में भी लेने लायक कोई अच्छी चीज होती है, ऐसा मानने की नम्रता जब हममें नहीं होती तब वहाँ हमें कोई नहीं मिलता। बेशक हमें स्थानीय राजनीतिक मामलों से दूर रहना चाहिए। लेकिन यह हम तभी कर सकते हैं जब सारी पार्टियों की और किसी भी पार्टी में शामिल न होनेवाले लोगों की सच्ची मदद लेना हम सीख जाएँगे। अगर हम गाँववालों से अलग रहेंगे या उन्हें अपने कामों से अलग रखेंगे तो हमारा किया-कराया सब व्यर्थ जाएगा। इस मुश्किल का मुझे खयाल था। इसलिए एक गाँव में एक कार्यकर्ता रखने के नियम का सख्ती से पालन की मैंने कोशिश की है। जहाँ काम करनेवाले भाई या बहन को बँगला नहीं आती; वहाँ मैंने बँगला जाननेवाला एक दुभाषिया रखा है। अभी तो मैं यही कह सकता हूँ कि इस तरीके से मेरा काम अच्छा चल रहा है। यहाँ मैं यह भी कह देना चाहता हूँ कि किसी नतीजे पर जल्दी से पहुँच जाने की हमें बुरी आदत पड़ गई है। प्रश्न करनेवाले भाई कहते हैं कि 'इस तरह जारी रखा जाने वाला काम बाहर की मदद से ही चलता है और इस तरह की

मदद के बंद होते ही वह काम भी बंद हो जाता है।' किसी काम में झट से ऐसा दोष निकालने के पहले मैं तो यह कहूँगा कि किसी एक गाँव में कुछ साल रहकर वहाँ के कार्यकर्ताओं के द्वारा काम करने का अनुभव भी इस बात का पूरा प्रमाण नहीं माना जा सकता कि स्थानीय कार्यकर्ता खुद कोई काम नहीं कर सकते या उनके द्वारा कोई काम नहीं हो सकता। यह स्पष्ट है कि इससे उलटी बात ही सच है। इसलिए प्रश्न के अंतिम भाग की विस्तृत जाँच करना जरूरी है। मैं प्रमुख कार्यकर्ता से साफ शब्दों में यह कहूँगा—"अभी बाहर की जो मदद मिल रही है, उसे लेना बंद कर दीजिए। सिर्फ स्थानीय मदद से ही अकेले हिम्मत और समझ से अपना काम चलाइए। अगर आपका काम सफल न हो तो दूसरे लोगों या परिस्थितियों को दोष देने के बजाय खुद को ही दोष देना सीखिए।"

ग्रामसेवक-शिक्षणालय के विद्यार्थियों से बातचीत

प्रश्न—इस गाँव के लोग आपसे कभी मिलने आते हैं?

उत्तर—आते हैं, पर कुछ डरते-डरते और शायद थोड़ी शंका भी उनके मन में रहती है। ग्रामवासियों में ये भी कमजोरियाँ हैं। उनकी ये कमजोरियाँ भी हमें दूर करनी होंगी।

प्रश्न—यह आप कैसे करेंगे?

उत्तर—धीरे-धीरे उनके दिल में जगह करके हमें उनका यह भय और संदेह दूर करना होगा कि हम उनसे जबरन कोई काम कराने आए हैं। हम अपने रोज के प्रेमपूर्ण व्यवहार से ही यह दिखा सकेंगे कि हमारा जबरदस्ती करने का या स्वार्थ साधने का कोई इरादा नहीं है। पर यह सब धीरज का काम है। आप अपनी सच्चाई और ईमानदारी का एकाएक तो उन पर विश्वास नहीं जमा सकते।

प्रश्न—क्या यह ठीक है कि जो लोग किसी संस्था या किसी गाँव से कोई पारिश्रमिक या वेतन लिये बिना काम करते हैं, वे ही जनता के विश्वासपात्र बन सकते हैं?

उत्तर—नहीं, मेरा ऐसा खयाल नहीं है। बेचारे गाँववालों को तो यह भी पता नहीं होता कि कौन वेतन लेकर काम कर रहा है और कौन नहीं! उनके ऊपर तो असल में हमारी इन बातों का असर पड़ता है कि हम किस ढंग से रहते हैं, हमारी आदतें कैसी हैं, हम कैसी बातचीत करते हैं! यही नहीं, हमारे हर एक भाव या चेष्टा तक का उनके ऊपर असर पड़ता है। शायद उनमें से कुछ लोग हम पर यह संदेह करें कि हम यहाँ रुपया-पैसा कमाने की गरज से काम कर रहे हैं। तो हमें उनका यह संदेह भी दूर करना होगा। पर तुम यह बात दिल में न जमा लेना कि जो ग्रामसेवक किसी संस्था या गाँव से कुछ भी नहीं लेता, वही आदर्श ग्रामसेवक है। ऐसा मनुष्य अकसर घमंड में आकर अपने को औरों से ऊँचा समझने लगता है, जिससे उसका पतन हो जाता है।

प्रश्न—आप हमें गाँव के उद्योग-धंधे सिखा रहे हैं, इसका उद्देश्य क्या है? क्या ये

धंधे हमारे जीविका कमाने के साधन होंगे या इन्हें हम गाँव के लोगों को सिखा सकेंगे? अगर गाँव के लोगों को सिखाने के लिए ही हमें ये विषय पढ़ाए जा रहे हैं तो एक वर्ष में हम इन उद्योग-धंधों में निपुण कैसे हो सकते हैं?

उत्तर—तुम्हें तो मामूली धंधों का ही ज्ञान कराया जा रहा है; क्योंकि जब तक तुम्हें इनकी जानकारी न होगी तब तक तुम अपनी सलाह से लोगों को मदद नहीं पहुँचा सकोगे। तुममें जो सबसे अधिक उत्साही और कर्मशील होंगे, वे बेशक किसी एक धंधे के जरिए अपनी रोजी कमा सकते हैं। जो विषय यहाँ सिखाए जाते हैं, वे ऐसे हैं कि उनसे तुम ग्रामवासियों को कई बातों का अच्छा ज्ञान करा सकते हो। आटा पीसने की चक्की, धान कूटने की ओखली और तेलघानी में हमने सुधार किए हैं। हम अपने औजारों में सुधार करने के प्रयोग कर रहे हैं। तुम सुधरे हुए औजारों को गाँवों में ले जा सकते हो। पर सबसे बड़ी बात जो हमें उन्हें सिखानी है, वह है आचरण की सच्चाई और ईमानदारी। जरा से फायदे के लिए वे दूध में, घी में, तेल में और अपनी सच्चाई तक में मिलावट कर देते हैं। पर यह उनका नहीं, हमारा दोष है। हम इतने दिनों तक उनकी उपेक्षा और शोषण ही करते रहे। उन्हें कभी कोई अच्छी बातें हमने नहीं सिखाईं। अब उनके निकट संपर्क में रहने से हम उनकी बुरी आदतों को आसानी से सुधार सकेंगे। हमारी इतनी लंबी लापरवाही और अलगाव से उनकी बुद्धि और अंतरात्मा तक जड़ हो गई है। हमें उनकी इन जड़ शक्तियों को फिर से जाग्रत् और अनुप्रमाणित करना है।

आंतरिक भय

कोई भी शक्तिशाली आंदोलन या संस्था बाह्य आक्रमणों से नहीं मर सकती। आंतरिक विनाश ही उसकी मृत्यु का कारण हो सकता है। इसलिए जिन चीजों की सबसे ज्यादा जरूरत है, वे ये हैं—असंदिग्ध और निष्कलंक चरित्र, कार्यकुशलता की वृद्धि, अनवरत प्रयत्न और अत्यंत सादा जीवन। कार्य के ज्ञान से शून्य होने पर ग्रामीणों पर किसी प्रकार भी अच्छा असर नहीं डाल सकते।

इन पंक्तियों को लिखते हुए मुझे उन कार्यकर्ताओं का स्मरण आ रहा है, जिन्होंने सच्चरित्र और सादगी के अभाव में ग्रामीणों के हित को तथा खुद को भी नुकसान पहुँचाया है। सौभाग्य से दुश्चरित्रता के स्पष्ट उदाहरण बहुत कम हैं; किंतु इस कार्य में सबसे बड़ी रुकावट कार्यकर्ताओं की ग्रामीण जीवन के स्तर पर अपने जीवन को चला सकने की अयोग्यता है। अगर प्रत्येक कार्यकर्ता अपने काम की इतनी कीमत लगाने लगे, जिसका बोझ ग्रामसेवा उठा न सके तो नतीजा यह होगा कि इन संस्थाओं को अपना कारोबार समेटना पड़ेगा।

कुछ विरले और अपवादस्वरूप अस्थायी उदाहरणों को छोड़कर शहरों के पैमाने पर

तनख्वाहें देने का अर्थ यह हुआ कि गाँवों और शहरों के बीच की खाई को पाटा नहीं जा सकता। हमें इस तथ्य को अपनी आँखों से ओझल न कर देना चाहिए कि ग्राम-सुधार का आंदोलन शहरियों के लिए भी उतना ही शिक्षा की वस्तु है जितना कि स्वयं ग्रामीणों के लिए है। शहर से आए हुए कार्यकताओं को ग्रामीण मनोवृत्ति अपनाकर उसके अनुसार ग्राम्य-जीवन बिताने की कला सीखनी चाहिए। इसका मतलब यह कभी नहीं कि वे भी ग्रामीणों की तरह आधे भूखे रहने लगें। इसका सिर्फ इतना ही मतलब है कि उनके पुराने जीवन के ढंग में मौलिक परिवर्तन होना चाहिए। जहाँ एक तरफ गाँवों के जीवन-मान को ऊँचा उठाने की जरूरत है, वहाँ दूसरी तरफ शहरों के जीवन-मान को इस तरह नीचा करने की जरूरत है कि जिससे उनके स्वास्थ्य पर कोई बुरा असर न पड़े।

हमारे गाँव

एक युवक ने, जो गाँव में रहकर अपना निर्वाह करने की कोशिश कर रहा है, मुझे एक दु:खजनक पत्र भेजा है। वह अंग्रेजी ज्यादा नहीं जानता। इसलिए उसने जो पत्र भेजा है, उसे मैं यहाँ संक्षिप्त रूप में ही देता हूँ—

''१५ साल एक कस्बे में बिताकर, तीन साल पहले, जबकि मैं २० बरस का था, मैंने इस ग्राम-जीवन में प्रवेश किया। अपनी घरेलू परिस्थितियों के कारण मैं कॉलेज की शिक्षा प्राप्त नहीं कर सका। अत: आपने ग्राम-पुनर्रचना का जो काम शुरू किया, उसने मुझे ग्राम-जीवन ग्रहण करने का प्रोत्साहन दिया। मेरे पास कुछ जमीन है। मेरे गाँव की बस्ती कोई २५०० की है। लेकिन इस गाँव के निकट संपर्क में आने के बाद करीब तीन-चौथाई से भी ज्यादा लोगों में मुझे नीचे लिखी बातें मिलती हैं :

- दलबंदी और लड़ाई-झगड़े।
- ईर्ष्या-द्वेष।
- निरक्षरता।
- दुष्टता।
- फूट।
- लापरवाही।
- सभ्यता का अभाव।
- पुरानी निरर्थक रूढ़ियों का आग्रह, और
- निर्दयता।

''यह स्थान दूर के एक कोने में है, जहाँ आमतौर पर कोई आता-जाता नहीं। कोई बड़ा आदमी तो ऐसे दूर के गाँवों में कभी नहीं गया। लेकिन उन्नति के लिए बड़े आदमियों की संगति आवश्यक है। इसलिए गाँव में रहते हुए मैं डरता हूँ। आप मुझे क्या सलाह

और आदेश देते हैं?"

इसमें शक नहीं कि इस नवयुवक ने ग्राम-जीवन की जो तस्वीर खींची है, वह अतिशयोक्तिपूर्ण है। पर उसने जो कुछ कहा है, उसे आमतौर पर सच माना जा सकता है। गाँवों की यह बुरी हालत क्यों है, इसकी वजह मालूम करने के लिए दूर जाने की जरूरत नहीं; क्योंकि जिन्हें शिक्षा का सौभाग्य प्राप्त हुआ है, उन्होंने गाँवों की बहुत उपेक्षा की है। उन्होंने अपने लिए शहरी जीवन चुना है। ग्राम-आंदोलन तो इसी बात का एक प्रयत्न है कि जो लोग सेवा की भावना रखते हैं, उन्हें गाँवों में बसने की तथा ग्रामवासियों की सेवा में लग जाने की प्रेरणा देकर गाँवों के साथ स्वास्थ्यप्रद संपर्क स्थापित किया जाए। पत्र-प्रेषक युवक ने जो बुराइयाँ देखीं, वे ग्राम-जीवन में बद्धमूल नहीं हैं। फिर जो लोग सेवाभाव से ग्रामों में बसे हैं, वे अपने सामने कठिनाइयाँ देखकर हतोत्साह नहीं होते। वे तो इस बात को जानकर ही वहाँ जाते हैं कि अनेक कठिनाइयों में, यहाँ तक कि गाँववालों की उदासीनता के होते हुए भी, उन्हें वहाँ काम करना है। जिन्हें अपने मिशन में और खुद अपने-आपमें विश्वास है, वे गाँववालों की सेवा करके उनके जीवन पर कुछ असर डाल सकेंगे। सच्चा जीवन बिताना अपने-आप में एक ऐसा सबक है, जिसका आस-पास के लोगों पर जरूर असर पड़ता है। लेकिन इस नवयुवक के साथ शायद कठिनाई यह है कि वह किसी सेवाभाव से नहीं, बल्कि सिर्फ अपने जीवन-निर्वाह के लिए रोजी कमाने के लिए गाँव में गया है। और जो सिर्फ कमाई के लिए ही गाँव में जाते हैं, उनके लिए ग्राम-जीवन में कोई आकर्षण नहीं है, यह मैं स्वीकार करता हूँ। सेवाभाव के बगैर जो लोग गाँवों में जाते हैं, उनके लिए तो उसकी नवीनता नष्ट होते ही ग्राम-जीवन नीरस हो जाएगा।

अत: गाँवों में जानेवाले किसी नवयुवक को कठिनाइयाँ से घबराकर कभी अपना रास्ता नहीं छोड़ना चाहिए। धैर्य के साथ प्रयत्न जारी रखा जाए तो मालूम पड़ेगा कि गाँव वाले शहरवालों से बहुत भिन्न नहीं हैं और उन पर दया करने तथा ध्यान देने से वे भी साथ देते हैं। यह निस्संदेह सच है कि गाँवों में देश के बड़े आदमियों के संपर्क का अवसर नहीं मिलता। हाँ, ग्राम-मनोवृत्ति की वृद्धि होने पर नेताओं के लिए यह जरूरी हो जाएगा कि वे गाँवों में दौरा करके उनके साथ जीवित संपर्क स्थापित करें। परंतु चैतन्य, रामकृष्ण, तुलसीदास, कबीर, नानक, दादू, तुकाराम, तिरुवल्लुवर जैसे संतों के ग्रंथों के रूप में महान् और श्रेष्ठजनों का सत्संग तो सबको आज भी प्राप्त है। कठिनाई यही है कि ये स्थायी महत्त्व की बातें मन को ग्रहण करने लायक कैसे बनाई जाएँ! अगर आधुनिक विचारों का राजनीतिक, सामाजिक, आर्थिक और वैज्ञानिक साहित्य प्राप्त करने से पत्र-लेखक का मतलब हो तो कुतूहल शांत करने के लिए ऐसा साहित्य मिल सकता है।

लेकिन मैं यह स्वीकार करता हूँ कि जितनी आसानी से धार्मिक साहित्य मिल जाता है, उतनी आसानी से यह साहित्य नहीं मिलता। संतों ने तो सर्वसाधारण के ही लिए लिखा और कहा है। पर आधुनिक विचारों को सर्वसाधारण के ग्रहण करने योग्य रूप में अनूदित करने की प्रथा अभी पूरी तरह आरंभ नहीं हुई है। यह जरूर है कि समय रहते ऐसा होना चाहिए। अतएव, इस पत्र-प्रेषक जैसे नवयुवकों को मेरी सलाह है कि अपना प्रयत्न छोड़ न दें, बल्कि उसमें लगे रहें और अपनी उपस्थिति से गाँवों को अधिक प्रिय और रहने योग्य बना दें। लेकिन यह वे करेंगे ऐसी सेवा के ही द्वारा, जो गाँववालों के अनुकूल हो। अपने ही परिश्रम से गाँवों को अधिक साफ-सुथरा बनाकर और अपनी योग्यतानुसार गाँवों की निरक्षरता दूर करके हर एक व्यक्ति इसका प्रारंभ कर सकता है। और अगर उनके जीवन शुद्ध, सुघड़ और परिश्रमी हो तो इसमें कोई शक नहीं कि जिन गाँवों में वे काम कर रहे होंगे, उनमें भी इसकी छूत फैलेगी और गाँववाले भी शुद्ध, सुघड़ और परिश्रमी बनेंगे।

ग्रामसेवकों की तीर्थयात्रा

श्री सीताराम शास्त्री ग्रामसेवकों की ऐसी यात्राओं का आयोजन कर रहे हैं, जिन्हें हम 'तीर्थयात्रा' कह सकते हैं। ये ग्रामसेवक अपने इर्द-गिर्द के गाँवों में ग्रामसेवा का संदेश लेकर जाते हैं। मैं यह सलाह दूँगा कि ग्रामयात्रियों को रेल, मोटर और गाँव की बैलगाड़ियों तक की सवारी से दूर रहना चाहिए। अगर वे मेरी सलाह मानेंगे तो देखेंगे कि उनके काम का और भी अधिक असर पड़ेगा और असल में एक पाई भी उनकी खर्च न होगी। दो-तीन आदमियों से अधिक का यात्री-दल नहीं होना चाहिए। मुझे आशा है कि ग्रामवासी ऐसे छोटे-छोटे यात्री-दलों को अपने घरों में टिका भी लेंगे और उन्हें प्रेम से रोटी-भाजी भी खिला देंगे। भार तो बेचारे गाँववालों पर बड़े-बड़े यात्री-दलों की मेहमानी का पड़ता है, दो-दो, तीन-तीन सेवकों की छोटी टोलियों का नहीं।

इन दलों को अधिक ध्यान ग्रामों के स्वास्थ्य और स्वच्छता पर देना चाहिए। उन्हें गाँवों की स्थिति के तथ्य और आँकड़े इकट्ठे करने चाहिए। गाँववालों को ऐसी सलाह देनी चाहिए कि बिना अधिक पूँजी लगाए वे कौन सा उद्योग शुरू कर सकते हैं और किस तरह अपने स्वास्थ्य एवं आर्थिक स्थिति को सुधार सकते हैं।

पुरानों की जगह नए तरीके

काफी अनुभव के बिना ग्रामसेवकों को पुराने औजारों, पुराने तरीकों और पुराने नमूनों में हस्तक्षेप नहीं करना चाहिए। पुरानी वर्तमान भूमिका को कायम रखकर अगर वे सुधार की बात सोचेंगे तो सुरक्षित रहेंगे और देखेंगे कि यही सच्चा अर्थशास्त्र है।

समग्र ग्रामसेवा

अठारह-विध कार्यक्रम में समग्र ग्रामसेवा आ जाती है; जैसे—गाँव में जितने लोग रहते हैं, उन्हें पहचानना; उन्हें जो सेवा चाहिए, वह देना, अर्थात् उसके लिए साधन जुटा देना और उनको वह काम करना सिखा देना, दूसरे कार्यकर्ता पैदा करना आदि। ग्रामसेवक ग्रामवासियों पर इतना प्रभाव डालेगा कि वे खुद आकर उससे सेवा माँगेंगे और उसके लिए जो साधन या दूसरे कार्यकर्ता चाहिए, उन्हें जुटाने में उसकी पूरी मदद करेंगे। मान लो कि मैं एक देहात में तेल घानी लगाकर बैठा हूँ। तो मैं घानी से संबंध रखनेवाले सब काम तो करूँगा ही; परंतु मैं १५ से २० रुपए कमानेवाला सामान्य घांची (तेली) नहीं बनूँगा। मैं महात्मा घांची बनूँगा। 'महात्मा' शब्द का मैंने विनोद में उपयोग किया है। इसका अर्थ केवल यह है कि अपने घांचीपन में मैं इतनी सिद्धि डाल दूँगा कि गाँववाले आश्चर्यचकित हो जाएँगे। मैं गीता पढ़नेवाला, कुरान शरीफ पढ़नेवाला, उनके बच्चों को शिक्षा देने की शक्ति रखनेवाला घांची बनूँगा। समय के अभाव में मैं लड़कों को पढ़ा न सकूँ, वह दूसरी बात है। लोग आकर कहेंगे कि 'तेली महाशय, हमारे लड़कों के लिए एक शिक्षक तो ला दीजिए।' मैं कहूँगा— 'शिक्षक मैं ला दूँगा, पर उसका खर्चा आपको बरदाश्त करना होगा।' वे खुशी से मेरी बात स्वीकार करेंगे। मैं उन्हें कातना सिखा दूँगा। जब वे बुनकर की मदद की माँग करेंगे तो शिक्षक की तरह मैं उन्हें बुनकर ला दूँगा, ताकि जो चाहें, सो बुनना भी सीख ले। मैं उन्हें ग्राम-सफाई का महत्त्व बताऊँगा। जब वे सफाई के लिए भंगी माँगेंगे तो मैं कहूँगा, 'मैं खुद भंगी हूँ। आइए, आपको यह काम भी सिखा दूँ।' यह है मेरी समग्र ग्रामसेवा की कल्पना!!

□

२४

सरकार और गाँव

सरकार क्या कर सकती है?

यह पूछना उचित है कि कांग्रेसी मंत्री, जो अब पदों पर आ गए हैं, खद्दर और दूसरे ग्रामीण उद्योगों के लिए क्या करेंगे? मैं तो इस प्रश्न को और भी फैलाना चाहता हूँ, ताकि यह हिंदुस्तान के तमाम प्रांतों की सरकारों पर लागू हो। गरीबी तो हिंदुस्तान के सभी प्रांतों में है। इसी तरह आम जनता के उद्धार के साधन भी हैं। अखिल भारत चरखा-संघ और अखिल भारत ग्रामोद्योग-संघ का ऐसा ही अनुभव है। यह एक सुझाव भी आया है कि इस काम के लिए एक अलग मंत्री होना चाहिए, क्योंकि इसके व्यवस्थित संगठन में एक मंत्री का पूरा समय लग जाएगा। मैं तो इस सुझाव से डरता हूँ, क्योंकि अभी तक हम अपने खर्च के नाप में से अंग्रेजी पैमाने को छोड़ नहीं सके हैं। अलग मंत्री रखा जाए या न रखा जाए, पर इस काम के लिए एक विभाग तो बेशक जरूरी है। आजकल खाने और पहनने के संकट में जमाने में यह विभाग बड़ी मदद कर सकता है। अखिल भारत चरखा-संघ और अखिल भारत ग्रामोद्योग-संघ के निष्णात व्यक्ति मंत्रियों को मिल सकते हैं। आज यह संभव है कि थोड़े समय में थोड़ी-से-थोड़ी रकम लगाकर तमाम हिंदुस्तान को खादी पहना दी जाए। हर प्रांत की सरकार को गाँववालों से कहना होगा कि उन्हें अपने उपयोग के लिए खद्दर स्वयं तैयार कर लेना चाहिए। इस तरह स्थानीय उत्पादन और बँटवारे का प्रश्न अपने-आप हल हो जाएगा और शहरों के लिए कम-से- कम थोड़ी खादी जरूर बच रहेगी, जिससे स्थानीय मिलों पर पड़ने वाला दबाव कम हो जाएगा। तब ये मिलें दुनिया के दूसरे हिस्सों में कपड़े की जरूरत पूरी करने में हाथ बँटा सकेंगी।

यह नतीजा कैसे पैदा किया जा सकता है?

सरकारें गाँववालों को यह सूचना कर दें कि उनसे यह आशा रखी जाएगी कि वे अपने गाँव की जरूरत के लिए एक निश्चित तारीख के अंदर खद्दर तैयार करें। इसके बाद उनको कोई कपड़ा न दिया जाएगा। सरकार अपनी तरफ से गाँववालों को बिनौले या रुई (जिसकी भी उन्हें जरूरत हो) लागत भाव से देगी और उत्पादन के औजार भी ऐसे दामों पर देगी, जो आसानी से वसूल होने वाली किस्तों में लगभग पाँच साल या इससे ज्यादा समय में अदा हो सके। सरकार जहाँ कहीं जरूरी हो, उन्हें सिखानेवाले भी दे और यह जिम्मा ले कि अगर गाँववालों के तैयार किए हुए खद्दर से उनकी जरूरतें पूरी हो जाएँ तो बाकी का खद्दर सरकार खरीद लेगी। इस तरह बिना किसी शोरगुल के और बहुत थोड़े व्यवस्था-खर्च से कपड़े की कमी दूर हो जाएगी।

गाँवों की जाँच-पड़ताल की जाएगी और ऐसी चीजों की एक सूची तैयार की जाएगी, जो किसी मदद के बिना या बहुत थोड़ी मदद से गाँवों में ही तैयार हो सकती हैं और जिनकी जरूरत गाँव में बरतने के लिए या बाहर बेचने के लिए हो। जैसे घानी का तेल, घानी की खली, घानी से निकला हुआ जलाने का तेल, हाथ का कुटा हुआ चावल, ताड़ का गुड़, शहद, खिलौने, मिठाइयाँ, चटाइयाँ, हाथ से बना हुआ कागज, गाँव का साबुन वगैरह चीजें। अगर इस तरह काफी ध्यान दिया जाए तो उन गाँवों में, जिनमें से ज्यादातर उजड़ चुके हैं या उजड़ रहे हैं, जीवन की चहल-पहल पैदा हो जाए और उनमें अपनी और हिंदुस्तान के शहरों तथा कस्बों की अधिकतर जरूरतें पूरी करने की जो अपार शक्ति है, वह दिखाई पड़ने लगे।

फिर हिंदुस्तान में अपार पशुधन है, जो हमारी भयंकर उपेक्षा के कारण कष्ट भोग रहा है। गो-सेवा-संघ को अभी ठीक अनुभव नहीं है; फिर भी वह कीमती मदद दे सकता है।

बुनियादी तालीम के बिना गाँववाले विद्या से वंचित रहते हैं। यह जरूरी बात हिंदुस्तान तालीमी संघ पूरी कर सकता है।

यदि मैं मंत्री होता

ऊपर मैंने जो विचार प्रकट किए थे, उनमें कोई परिवर्तन नहीं हुआ है। एक बात से कुछ गलतफहमी पैदा हुई है। कुछ भाइयों को उसमें जबरदस्ती दिखाई दी है। मुझे इस अस्पष्टता के लिए खेद है। उसमें मैंने इस प्रश्न का उत्तर दिया था कि आम लोगों की प्रतिनिधि-सरकारें चाहें तो क्या-क्या कर सकती हैं! मैंने मान लिया था—आशा है वह मान्यता क्षम्य थी—कि इन सरकारों के नोटिसों को भी कोई जोर-जबरदस्ती नहीं मानेगा। कारण, किसी सच्ची प्रतिनिधि-सरकार के प्रत्येक कार्य में जिन निर्वाचकों की

वह प्रतिनिधि है, उनकी अनुमति मान ली जाएगी। निर्वाचकों का अर्थ होगा—सारी जनता, चाहे उनका नाम निर्वाचक सूची में हो या न हो। इस पृष्ठभूमि को खयाल में रखकर मैंने लिखा था कि सरकार से ग्रामवासियों को मिल का कपड़ा नहीं दिया जाएगा, ताकि वे अपनी ही तैयार की हुई खादी पहन सकें।

मेरे पिछले लेख का कुछ भी अर्थ हो, मैं कह देना चाहता हूँ कि संबंधित लोगों के स्वेच्छापूर्ण सहयोग के बिना अपनाई हुई खादी-संबंधी कोई भी योजना व्यर्थ सिद्ध होगी और वह उस खादी को मार डालेगी, जिसे हम स्वराज्य प्राप्त करने का साधन बनाना चाहते हैं। फिर तो खादी के बारे में लोगों का यह ताना सही होगा कि खादी हमें मध्यकालीन गुलामी और अज्ञान की ओर ले जाती है; परंतु मेरा विचार इसके विपरीत रहा है। जहाँ जबरन अपनाई गई खादी गुलामी की निशानी है, वहाँ बुद्धिपूर्वक और स्वेच्छा से तैयार की हुई खादी, जो मुख्यत: अपने ही उपयोग के लिए हो, हमारी आजादी की निशानी है। स्वतंत्रता अगर सर्वांगीण स्वावलंबन का विकास न करे तो उसका कोई अर्थ नहीं है। अगर खादी स्वतंत्र मनुष्य के अपने अधिकार और कर्तव्य की निशानी न हो तो कम-से-कम मुझे उसमें कोई दिलचस्पी न रहेगी।

मित्रभाव से टीका करनेवाले एक भाई पूछते हैं कि इस योजना के अनुसार तैयार की गई खादी क्या बेची भी जा सकती है ? मेरा उत्तर यह है कि यदि बिक्री उसका गौण उद्‌देश्य हो तो ऐसा किया जा सकता है; लेकिन अगर बिक्री ही उसका एकमात्र या मुख्य लक्ष्य हो तो हरगिज नहीं बेची जा सकती। हमने बिक्री के लिए खादी पैदा करके अपना काम शुरू किया, उसका कारण यह था कि उसके बारे में तब हम दूर तक सोच नहीं पाए थे और यह भी कि उस समय हमें उसकी जरूरत थी। अनुभव एक महान् शिक्षक है। उसने हमें अनेक बातें सिखाई हैं। उनमें से एक बड़ी बात यह है कि खादी का मुख्य उपयोग अपने लिए उसका व्यवहार करना है। परंतु यह भी अंतिम उपयोग नहीं है। खैर, मुझे कल्पना के इस मनोहर क्षेत्र को छोड़कर शीर्षक में पूछे गए प्रश्न का निश्चित उत्तर देना चाहिए।

संपूर्ण शासन-कार्य के केंद्र के रूप में गाँवों के पुनरुद्धार की जिम्मेदारी सँभालनेवाले मंत्री की हैसियत से मेरा पहला काम यह होगा कि स्थायी राज्य-कर्मचारियों में से इस काम के लिए मैं ईमानदार और निष्ठावान् आदमी ढूँढ़ निकालूँ। मैं उनमें से उत्तम लोगों का चरखा-संघ और ग्रामोद्योग-संघ से, जो कांग्रेस के बनाए हुए हैं, संपर्क कराकर गाँवों के हाथ-उद्योगों को अधिक-से-अधिक प्रोत्साहन देने के लिए एक योजना पेश करूँगा। मैं यह शर्त रखूँगा कि ग्रामवासियों पर कोई जबरदस्ती नहीं की जाएगी, उन्हें दूसरों की बेगार करने के लिए मजबूर नहीं किया जाएगा, उन्हें अपनी मदद आप करना

तथा भोजन, वस्त्र और अन्य आवश्यक वस्तुओं के उत्पादन के लिए अपनी ही मेहनत व कुशलता पर भरोसा करना सिखाया जाएगा। इस प्रकार योजना को व्यापक बनाना होगा। इसलिए मैं अपने पहले आदमी को यह आदेश दूँगा कि वह हिंदुस्तानी तालीमी संघ का काम देखे, उसके अधिकारियों से मिले और समझे कि इस विषय में उनका क्या कहना है।

मैं मान लेता हूँ कि इस प्रकार तैयार की हुई योजना में एक धारा यह होगी—ग्रामवासी स्वयं घोषणा करते हैं कि उन्हें एक निश्चित तारीख से एक वर्ष के बाद मिल के कपड़े की जरूरत नहीं होगी, और यह कि अपना कपड़ा तैयार करने के लिए उन्हें रुई, ऊन और आवश्यक औजार तथा शिक्षा चाहिए। ये चीजें वे दान के रूप में नहीं लेंगे, बल्कि आसान किस्तों में उनकी कीमत चुकाने की शर्त पर लेंगे। इस योजना में यह बात भी होगी कि वह किसी सारे प्रांत पर एकदम लागू नहीं होगी, परंतु शुरू में उसके एक हिस्से पर ही लागू होगी। योजना में यह भी कहा जाएगा कि चरखा-संघ इस योजना को अमल में लाने के लिए पथ-प्रदर्शन और सहायता देगा।

उसके लाभप्रद होने का विश्वास हो जाने पर मैं कानून-विभाग की सलाह से उसे कानूनी रूप दूँगा और एक सूचना निकालूँगा, जिसमें योजना की उत्पत्ति का पूरा वर्णन होगा। ग्रामवासी, मिल-मालिक और अन्य लोग इसमें शरीक रहेंगे। सूचना में साफ बताया जाएगा कि यह जनता का काम है, भले ही उस पर सरकार की मुहर लगी हो। सरकारी रुपया गरीब-से-गरीब ग्रामवासियों के लाभ के लिए खर्च किया जाएगा, ताकि संबंधित लोगों को उसका अधिक-से-अधिक लाभ पहुँचे। इसलिए वह शायद पूँजी का सबसे लाभप्रद नियोजन होगा, जिसमें विशेषज्ञों की सहायता स्वेच्छापूर्ण होगी और व्यवस्था-खर्च कम-से-कम होगा। सूचना में देश पर पड़ने वाले सारे खर्च और लोगों को मिलने वाले लाभ का पूरा ब्योरा दिया जाएगा।

मंत्री के नाते मेरे लिए एकमात्र प्रश्न यह है कि चरखा-संघ में वह दृढ़ विश्वास और क्षमता है या नहीं, जिससे वह खादी की एक योजना तैयार करके उसे सफलता तक पहुँचा देने का भार उठा सके? अगर उसमें यह दृढ़ विश्वास और क्षमता है तो मैं पूरे विश्वास के साथ अपनी छोटी नैया को समुद्र में उतार दूँगा।

□

२५

भारत और विश्व

जब भारत स्वावलंबी और स्वाश्रयी बन जाएगा, और इस तरह न तो खुद किसी की संपत्ति का लोभ करेगा और न अपनी संपत्ति का शोषण होने देगा, तब वह पश्चिम या पूर्व के किसी भी देश के लिए, फिर उसकी शक्ति कितनी भी प्रबल क्यों न हो, लोभमय आकर्षण का विषय नहीं रह जाएगा, और तब वह खर्चीले शस्त्रास्त्रों का बोझ उठाए बिना ही अपने को सुरक्षित अनुभव करेगा। उसकी यह भीतरी स्वाश्रयी अर्थव्यवस्था बाहरी आक्रमण के खिलाफ सुदृढ़तम सुरक्षा सिद्ध होगी।

पूर्ण स्वराज्य की मेरी कल्पना दूसरे-दूसरे देशों से कोई नाता न रखने वाली स्वतंत्रता की नहीं, बल्कि स्वस्थ और प्रतिष्ठित स्वतंत्रता की है। मेरा राष्ट्रप्रेम उग्र तो है, पर वह वर्जनशील नहीं है; उसमें किसी दूसरे तरह के उतने कानूनी नियम नहीं हैं, जितने कि वे नैतिक हैं। 'अपनी संपत्ति का उपयोग इस तरह करो कि पड़ोसी की संपत्ति को कोई हानि न पहुँचे'—कानूनी सिद्धांत एक सनातन सत्य को प्रकट करता है और उसमें मेरा पूरा विश्वास है।

स्वतंत्र प्रजातांत्रिक भारत आक्रमण के खिलाफ पारस्परिक रक्षण और आर्थिक सहकार के लिए दूसरे स्वतंत्र देशों के साथ खुशी से सहयोग करेगा। वह आजादी और जनतंत्र पर आधारित ऐसी विश्व-व्यवस्था की स्थापना के लिए काम करेगा, जो मानव-जाति की प्रगति और विकास के लिए दुनिया के समूचे ज्ञान और उसकी समूची साधन-संपत्ति का उपयोग करेगी।

पश्चिमी राष्ट्रों को अपनी कुशलता का लाभ दूसरों को देना चाहिए। यदि वे अपनी कुशलता का उपयोग विदेशों में परमार्थ-बुद्धि से करना चाहते हों तो अमेरिका कहेगा—'अच्छा देखिए, हम पुल बनाना जानते हैं। इस कला को हम गुप्त नहीं रखना चाहते।

हम तो समूची दुनिया से कहेंगे कि हम आपको पुल बनाना सिखाएँगे और उसके लिए आपसे कुछ भी कीमत नहीं लेंगे।' अमेरिका आगे कहेगा—'जब अन्य राष्ट्र गेहूँ का एक ही दाना पैदा कर पाते हैं, तब हम दो हजार दाने पैदा कर सकते हैं।' पर अमेरिका सीखने वालों को यह कला मुफ्त सिखाएगा और समूची दुनिया के लिए गेहूँ पैदा करने की महत्त्वाकांक्षा न रखेगा; नहीं तो सचमुच दुनिया के लिए वह एक दुःखद दिन होगा।

अफ्रीकावासी यह जानना चाहते थे कि हिंदुस्तान उन्हें क्या दे सकता है और उनका जो भयंकर शोषण आज हो रहा है, उससे बचने के लिए वे अपने देश में सहयोग के आधार पर चलनेवाले उद्योग-धंधे कैसे स्थापित कर सकते हैं!

पश्चिमी शोषक आपसे कच्चा माल लेकर तैयार माल आपको देते हैं; हिंदुस्तान ऐसा धंधा नहीं करेगा। हिंदुस्तान और अफ्रीका के बीच विचारों और सेवा की अदला-बदली होगी। हिदुंस्तान आपको चरखा दे सकता है। जब मैं दक्षिण अफ्रीका में था, तब मुझे चरखे का ज्ञान हो गया होता तो उन अफ्रीकीवासियों में, जो फिनिक्स में मेरे पड़ोसी थे, मैंने उसका प्रचार जरूर किया होता। आप लोग कपास पैदा कर सकते हैं, आपके पास काफी समय है और आप लोग हाथ से काम करने की कला भी जानते हैं। गाँव के उद्योग-धंधों को फिर से जिलाने की हम जो कोशिश कर रहे हैं, उसका आपको अध्ययन करना चाहिए और उससे सबक सीखना चाहिए। आपकी मुक्ति की कुंजी इसी में छिपी है।

'क्या अमेरिकावालों के लिए चरखे का कोई संदेश है? क्या अणु बम के खिलाफ, उसके इलाज के रूप में, चरखे का हथियार काम दे सकता है?'

चरखे का संदेश अकेले अमेरिका के लिए ही नहीं, बल्कि सारी दुनिया के लिए है।...मुझे इसमें जरा भी शंका नहीं कि चरखे में हिंदुस्तान का ही नहीं, बल्कि सारी दुनिया का उद्धार और उसकी सुरक्षा समाई हुई है। मगर मैं जानता हूँ कि यह (आदर्श ग्राम निर्माण) उतना ही कठिन है, जितना कि सारे हिंदुस्तान को आदर्श बनाना।...लेकिन एक ही गाँव को कोई एक आदमी आदर्श बना सके तो कहा जाएगा कि उसने सारे हिंदुस्तान के लिए ही नहीं, बल्कि सारे जगत् के लिए रास्ता ढूँढ़ निकाला। साधक इसके आगे जाने का लोभ न करे।

'स्वतंत्र भारत में किसका हित सबसे बढ़कर रहेगा? अगर पड़ोसी राज्य को किसी चीज की जरूरत हो तो स्वतंत्र भारत क्या यह कहकर अलगाव का रुख अपना लेगा कि पहले उसकी जरूरतें पूरी होनी चाहिए?'

अगर भारत सच्चे अर्थ में स्वतंत्र होगा तो वह अपने मुसीबत के मारे पड़ोसी देशों को जरूर मदद देगा। जिस मनुष्य की बलिदान की भावना अपने समाज से आगे नहीं

बढ़ती, वह खुद स्वार्थी है और अपने समाज को भी स्वार्थी बनाता है। मेरी राय में स्वार्थ के बलिदान का अनिवार्य परिणाम यह है कि मनुष्य समाज के लिए अपना बलिदान दे, समाज जिले के लिए अपना बलिदान दे, जिला प्रांत के लिए अपना बलिदान दे, प्रांत देश के लिए अपना बलिदान दे और देश सारी दुनिया के लिए अपना बलिदान दे। समुद्र से अलग की गई पानी की बूँद बिना किसी को लाभ पहुँचाए सूख जाती है। किंतु यदि वह समुद्र का अंग बनकर रहती है तो वह अपनी छाती पर विशाल जहाजी बेड़े को ले जाने का यश कमाती है।

कोई यह सोचने की गलती न करें कि रामराज्य का अर्थ हिंदुओं का राज्य है। मेरा राम खुदा या गॉड का दूसरा नाम है। मैं तो खुदाई राज चाहता हूँ, जो पृथ्वी पर 'ईश्वरीय राज्य' जैसा ही है। ऐसे राज्य की स्थापना का अर्थ केवल सारे भारतीय जनसमुदाय का कल्याण नहीं, बल्कि समूचे विश्व का कल्याण है।

मैं भारत को स्वतंत्र और बलवान् देखना चाहता हूँ, ताकि वह दुनिया के भले के लिए स्वेच्छापूर्वक अपनी पवित्र आहुति दे सके। शुद्ध व्यक्ति कुटुंब के लिए, कुटुंब गाँव के लिए, गाँव जिले के लिए, जिला प्रांत के लिए, प्रांत राष्ट्र के लिए और राष्ट्र सारे मानव-समाज के लिए अपना बलिदान करता है।

स्वराज्य के द्वारा हम सारे विश्व की सेवा करेंगे।

राज्य द्वारा खड़ी की गई सीमाओं के उस पार बसे हुए अपने पड़ोसियों तक अपनी सेवाओं को फैलाने की कोई सीमा नहीं है। ईश्वर ने ऐसी सीमाएँ कभी नहीं बनाई हैं।

□□□